OZZY

Belas Letras

MÚSICA CULTURA POP CINEMA

OZZY OSBOURNE

Com Chris Ayres

EU SOU OZZY

TRADUÇÃO
Marcelo Barbão

1ª reimpressão/2026

Belas Letras

Título original: *I am Ozzy*

Publicado originalmente no Reino Unido em 2009 por Sphere, um selo de Little, Brown Book Group

Publisher
Gustavo Guertler

Coordenador editorial
Germano Weirich

Supervisora comercial
Jéssica Ribeiro

Gerente de marketing
Jociele Muller

Supervisora de operações logísticas
Daniele Rodrigues

Supervisora de operações financeiras
Jéssica Alves

Edição
Equipe Belas Letras

Tradução
Marcelo Barbão

Revisão
Cacilda Guerra e Beatriz de Freitas Moreira

Capa e projeto gráfico
Celso Orlandin Jr.

Diagramação
Linea Editora Ltda.

Finalização
Eduardo Amaral – Duligraf

Chris Ayres e Sphere agradecem ao jornal *The Times* pelo apoio a este livro.

O autor agradece a autorização para utilizar trechos de autoria dos seguintes compositores: "Evil Woman", L. Weigand, R. Weigand, Waggoner. EMI Music Ltd.; "Spiral Architect", Ward, Butler, Osbourne, Iommi. Westminster Music; "Suicide Solution", Osbourne, Deisley, Rhoads. Blizzard Music/Westminster Music.

2026
Todos os direitos desta edição reservados à
Editora Belas Letras Ltda.
Rua Visconde de Mauá, 473/301 – Bairro São Pelegrino
CEP 95010-070 – Caxias do Sul – RS
www.belasletras.com.br

Dados Internacionais de Catalogação na Fonte (CIP)
Biblioteca Pública Municipal Dr. Demetrio Niederauer
Caxias do Sul, RS

O81e Osbourne, Ozzy
Eu sou Ozzy / Ozzy Osbourne com Chris Ayres; tradutor: Marcelo Barbão. - Caxias do Sul, RS: Belas Letras, 2026.
384 p.

Título original: I am Ozzy
ISBN: 978-65-5537-510-7

1. Osbourne, Ozzy, 1948-. 2. Autobiografia. 3. Rock (Música). 3. Músicos de rock - Inglaterra – Biografia. 5. Black Sabbath (Conjunto musical). I. Ayres, Chris. II. Barbão, Marcelo. III. Título.

22/33 CDU 820-94

Catalogação elaborada por Vanessa Pinent, CRB-10/1297

Gostaria de dedicar este livro a todos os meus fãs. Por causa de vocês, eu tive uma vida extraordinária. Agradeço a todos do fundo do meu coração.

Deus abençoe a todos.

Ozzy

E sem esquecer um cara muito especial que significou muito para mim, o Sr. Randy Rhoads, que descanse em paz. Nunca vou esquecê-lo e espero que nos encontremos novamente, em algum lugar, de alguma forma.

Sumário

Diziam que eu nunca escreveria este livro.

Bom, que se fodam — porque aqui está ele.

Tudo que preciso fazer é me lembrar de algo...

Droga, não consigo me lembrar de *nada*.

Oh, só dessas coisas...*

* As lembranças de outras pessoas sobre os eventos que estão neste livro podem ser diferentes das minhas. Não vou discutir com elas. Nos últimos quarenta anos, tomei muito álcool, cocaína, ácido, sedativos, cola, xaropes, heroína, Rohypnol, Klonopin, Vicodin e muitas outras substâncias pesadas que nem daria para listar nesta nota de pé de página. Em mais de uma ocasião, tomei todas ao mesmo tempo. Não sou a porra da *Enciclopédia Britânica*, digamos assim. O que você vai ler aqui é o que consegui tirar da geleia que chamo de cérebro quando tentei lembrar a história da minha vida. Nada mais, nada menos...

OZZY

PARTE UM

No começo...

1

John, o Ladrão

Meu pai sempre disse que eu iria fazer algo importante algum dia. "Sinto isso, John Osbourne", ele me dizia, depois de algumas cervejas. "Ou você vai fazer algo muito especial ou vai acabar na cadeia."

E ele estava certo, meu velho pai.

Fui parar na cadeia antes de completar dezoito anos.

Roubo — foi por isso que acabei lá. Ou, como estava escrito no documento de acusação: "Invasão de domicílio e roubo de bens no valor de £25". O que equivale a umas trezentas libras nos dias de hoje. Não foi exatamente o Assalto ao Trem Pagador, podemos dizer. Eu era um ladrão ruim pra caralho. Quis fazer o mesmo "trabalho" várias vezes. Roubei uma loja de roupas chamada Sarah Clarke's, na rua atrás da minha casa, em Aston. Na primeira vez, agarrei um monte de roupas penduradas em cabides e pensei: Maravilha, vou poder vender essas coisas no pub. Mas esqueci de levar uma lanterna e as roupas que roubei eram babadores e roupinhas de bebê.

Eu deveria ter tentado vender o cocô junto.

Assim, eu voltei. Dessa vez levei uma televisão de vinte e quatro polegadas. Mas a porra da TV era muito pesada e, quando estava tentando subir na parede de trás, ela caiu sobre meu peito e não consegui me mexer por quase uma hora. Fiquei deitado lá naquele lugar sujo, me sentindo um otário. Era como o Mr. Magoo drogado, isso sim. No final, consegui tirar a TV de cima de mim, mas tive de deixá-la ali.

Na terceira tentativa, consegui roubar umas camisas. Até tive a brilhante ideia de usar um par de luvas, como um verdadeiro profissional. O único problema era que uma das luvas não tinha o dedão, e assim deixei perfeitas impressões digitais por todos os lados. Os policiais vieram até minha casa uns dias depois e encontraram as luvas e minha pilha de mercadorias. "Uma luva sem o dedão, hein?", disse o policial, enquanto me algemava. "Você não é exatamente um Einstein, né?"

Mais ou menos uma semana depois, me levaram ao tribunal e fui multado em quarenta libras pelo juiz. Era mais do que já tinha ganho em toda a minha vida. Nunca conseguiria pagar, a menos que roubasse um banco... ou que meu pai me emprestasse. Mas o velho não quis me ajudar.

— Ganho um salário honesto — ele falou. — Por que deveria lhe dar esse dinheiro? Você precisa aprender essa lição.

— Mas pai...

— É para seu próprio bem, filho.

Fim da conversa.

O juiz me sentenciou a três meses em Winson Green por "falta de pagamento da multa".

Quase caguei nas calças quando me contaram que ia para a prisão, para ser honesto. Winson Green era uma antiga instituição correcional vitoriana, que fora construída em 1849. Os presos eram conhecidos por sua violência. Na verdade, o inspetor-chefe das prisões de todo o país afirmou, mais tarde, que Winson Green era o buraco mais violento, fedido e desregrado que já tinha visto. Eu implorei para meu pai pagar a multa, mas ele continuou dizendo que ficar preso talvez enfiasse um pouco de bom senso em mim.

Como a maioria dos jovens que começam no crime, eu só queria ser aceito por meus amigos. Achei que seria legal me tornar um cara mau, então foi o que tentei ser. Mas logo mudei de ideia quando entrei em Winson Green. Na recepção, meu coração estava batendo tão alto e rápido que achei que ia pular do peito e cair no chão de concreto. Os policiais esvaziaram meus bolsos e colocaram todas as minhas coisas num saco plástico — carteira, chaves, cigarros —, e riram muito do meu cabelo comprido.

— Os rapazes do Bloco H vão amar — um deles sussurrou para mim. — Divirta-se no chuveiro, docinho.

Não tinha ideia do que ele queria dizer.

Mas logo descobri.

A menos que sua ambição seja trabalhar numa fábrica, se matar no turno noturno de uma linha de montagem, não há muito mais para fazer em Aston. Os únicos empregos que existem estão nas fábricas. E as casas não têm banheiro interno, além de estarem caindo aos pedaços. Como muitos tanques, caminhões e aviões foram feitos nas Midlands durante a guerra, Aston foi muito atacada durante a Blitz. Em cada esquina, quando eu era criança, havia "lugares bombardeados" — casas que tinham sido destruídas pelos alemães quando estavam tentando acertar a fábrica Castle Bromwich Spitfire. Durante anos, achei que "lugares bombardeados" era o nome que se dava aos playgrounds.

Nasci em 1948 e cresci no número 14 de uma fileira de casas geminadas em Lodge Road. Meu pai, John Thomas, era mestre ferramenteiro e trabalhava à noite na GEC, em Witton Lane. Todos o chamavam de Jack, pois, por alguma razão, este era um apelido comum para John, na época. Ele sempre me contava sobre a guerra — como quando estava trabalhando em King's Stanley, Gloucestershire, no começo dos anos 40. Toda noite, os alemães bombardeavam toda a porra de Coventry, que ficava a uns oitenta quilômetros. Lançavam explosivos e minas com paraquedas, e a luz dos incêndios era tão forte que meu pai conseguia ler o jornal durante o blecaute. Quando eu era criança, nunca entendi realmente como tudo aquilo deve ter sido difícil. Imaginem isso: as pessoas iam dormir à noite sem saber se suas casas estariam de pé na manhã seguinte.

A vida depois da guerra não era muito mais fácil, podem acreditar. Quando meu pai chegava em casa de manhã, após uma noite de trabalho na GEC, minha mãe, Lillian, começava seu turno na fábrica Lucas. Era uma rotina destruidora de merda, todo dia. Mas nunca ouvi nenhum dos dois reclamando.

Minha mãe era católica, mas não muito religiosa. Nenhum Osbourne frequentava a igreja — apesar de eu ter ido durante um tempo à escola dominical da Igreja Anglicana, porque era a única merda que tinha para fazer e eles davam chá e biscoitos de graça. Todas aquelas manhãs lendo as histórias da Bíblia e desenhando o Menino Jesus não me ajudaram em nada. Não acho que o padre sentiria orgulho desse ex-aluno, digamos.

Domingo era o pior dia da semana para mim. Eu era do tipo de garoto que sempre queria se divertir e não havia muito a fazer em Aston. Só o céu cinzento, pubs nas esquinas e pessoas que pareciam doentes de tanto trabalhar como animais na linha de montagem. Havia muito orgulho por ser parte da classe trabalhadora. As pessoas até colocavam aqueles tijolos de pedra falsos na parte de fora das casas, para parecer que estavam vivendo na porra do Castelo de Windsor. Só faltava o fosso e a ponte levadiça. A maioria das casas era geminada, como a nossa, de modo que a fachada de uma terminava onde começava a da outra. Era muito feio.

Eu era o quarto filho e o primeiro homem. Minhas três irmãs mais velhas eram Jean, Iris e Gillian. Não sei quando meus pais encontravam tempo para transar, mas não demorou para eu ter outros dois irmãos mais novos, Paul e Tony. Então, éramos seis na Lodge Road 14. Era um pandemônio. Como disse, não havia banheiro dentro da casa, no começo, só um penico embaixo da cama. Jean, a mais velha, acabou tendo um quarto próprio, num anexo ao fundo. O resto de nós precisava compartilhar, até Jean crescer e se casar, quando o seguinte na linha sucessória ocupou seu lugar.

Eu tentava ficar fora do caminho das minhas irmãs na maior parte do tempo. Elas estavam sempre brigando, como as meninas fazem, e eu não queria ser pego no fogo cruzado. Mas Jean sempre se esforçou por cuidar de mim. Ela funcionava quase que como outra mãe. Até hoje em dia conversamos por telefone todo domingo, não importa onde eu esteja.

Não sei o que teria feito sem Jean, para ser honesto, porque eu era muito nervoso. O medo do desastre iminente sempre dominou minha vida. Eu me convenci de que, se pisasse nas rachaduras que havia na calçada enquanto voltava para casa, minha mãe morreria. E quando meu pai estava dormindo durante o dia, eu começava a achar que ele estava morto e tinha de cutucá-lo para ter certeza de que ainda estava respirando. Ele não gostava nem um pouco disso, posso garantir. Mas todas essas coisas loucas ficavam girando na minha cabeça.

Eu sentia medo a maior parte do tempo.

Até mesmo minha primeira lembrança é de medo. Era 2 de junho de 1953: Dia da Coroação da Rainha Elizabeth. Naquela época, meu pai adorava Al Jolson, a estrela de vaudeville norte-americana. Meu velho cantava as músicas de Jolson pela casa, repetia as piadas dele, até se vestia como ele quando podia.

E Al Jolson era mais famoso por essas apresentações com o rosto pintado de negro — o tipo de coisa politicamente incorreta, como dizem hoje. Então meu pai pediu para minha tia Violet fazer um par de ternos para que eu e ele usássemos durante as comemorações da Coroação. Eram ótimos, esses ternos. A tia Violet até nos conseguiu chapéus e gravatas combinando, além de bengalas vermelhas e brancas. Mas quando meu pai desceu com o rosto pintado de negro, eu fiquei completamente louco. Comecei a gritar e chorar: "O que você fez com ele? *Devolva meu pai!*". Não parei até alguém explicar que ele só estava usando cera de sapato. Aí tentaram colocar um pouco em mim e eu voltei a ficar doido. Não deixei colocarem nada em mim. Achei que ia ficar grudado para sempre.

— Não! Não! Não! *Nãoooooo!* — gritava.

— Não seja tão medroso, John — disse meu pai.

— Não! Não! Não! *Nãoooooo!*

Mais tarde descobri que a loucura é de família. Minha avó por parte de pai tinha transtorno de personalidade limítrofe. Louca de pedra. Ela batia em mim o tempo todo, sem motivo. Tenho essa lembrança de receber seus tapas. E também havia a irmã mais nova da minha mãe, tia

Edna, que se suicidou pulando num canal. Ela simplesmente saiu do hospital psiquiátrico um dia e decidiu se jogar num canal. Minha avó por parte de mãe também era um pouco doida. Ela tinha as iniciais de meu avô — A. U., de Arthur Unitt — tatuadas no braço. Penso nela toda vez que vejo uma dessas garotas lindas na TV com tinta por todo o corpo. Parece legal quando você não tem compromissos, mas, pode acreditar, não é nem um pouco divertido quando se é avó e está tentando fazer seu neto dormir com uma adaga e duas cobras no bíceps. Mas ela não se importava nem um pouco. Minha avó chegou até os noventa e nove anos. Quando comecei a beber muito, ela me batia na bunda com um jornal enrolado e dizia: "Você está ficando muito gordo! Pare de beber! Você fede como um maldito bêbado!". Mesmo assim, eu a adorava.

Meus pais eram relativamente normais, em comparação. Meu pai era rígido, mas nunca me bateu ou me deixou trancado no porão, nem nada do estilo. O pior que poderia fazer passar era ganhar um tapa se fizesse algo de errado, como quando tentei acertar o joelho do meu avô com o atiçador quente da lareira enquanto ele dormia. Mas meu pai brigava muito com minha mãe e mais tarde descobri que batia nela. Ela o denunciou, uma vez, aparentemente, mas eu não fiquei sabendo de nada na época. Eu os ouvia gritando, mas nunca soube por que brigavam — dinheiro, acho. Entendam, ninguém que vive no mundo real passa o tempo todo falando: "Oh, claro, querida, entendo, vamos conversar sobre nossos 'sentimentos', la-la-cacete-la-ra". As pessoas que dizem que nunca brigaram vivem em outra porra de planeta. E casamento era algo diferente naqueles dias. Não posso nem imaginar o que devia ser, trabalhar a noite toda enquanto sua esposa trabalha todo dia e não ter nenhum centavo.

Ele era um cara bom, meu velho: simples, antiquado. Fisicamente, era forte como um peso-pena e usava esses óculos grossos e negros. Costumava me dizer: "Você pode não ter uma boa educação, mas boas maneiras não custam nada". E praticava o que falava: ele sempre dava seu assento para uma mulher no ônibus ou ajudava uma senhora a cruzar a rua.

Um homem bom. Eu realmente tenho saudades dele.

Mas consigo ver agora que era um pouco hipocondríaco. Talvez tenha me passado isso. Sempre tinha algum tipo de problema com a perna. Sempre tinha faixas enroladas em alguma parte do corpo, o tempo todo, mas nunca ia ver um médico. Preferia cair morto a ir ao médico. Tinha pavor deles, como muita gente na mesma idade. E nunca tirava folga do trabalho. Se ficasse em casa por doença, era porque já precisávamos chamar o agente funerário.

Uma coisa que não herdei do meu pai foram meus vícios. Meu pai tomava umas cervejas quando saía, mas não bebia em excesso. Costumava gostar da Mackeson Stout, acima das outras. Ia ao clube dos trabalhadores, rir com os amigos da fábrica, e voltava cantando "Show Me the Way to Go Home". E era tudo. Eu nunca o vi caído no chão, mijando nas calças ou vomitando na casa. Ele só ficava alegre. Às vezes, eu ia com ele ao pub nos domingos, ficava brincando na rua e ouvia como cantava. E pensava: Puta merda, aquela limonada que meu pai está bebendo deve ser *maravilhosa*... Eu tinha uma imaginação incrível. Passei anos me perguntando como deveria ser o gosto da cerveja, até que finalmente bebi um pouco e pensei: Mas que merda é essa? Meu pai nunca beberia isso! Mas logo descobri como ela podia mudar suas sensações e sempre adorei qualquer coisa que pudesse mudar a forma como eu me sentia. Quando fiz dezoito anos, conseguia tomar uma caneca em cinco segundos.

Meu pai não era o único na nossa família que gostava de cantar quando tinha tomado umas cervejas. Minha mãe e minhas irmãs também. Jean vinha para casa com esses discos de Chuck Berry e Elvis Presley, e todos aprendiam as músicas e organizavam esses pequenos shows familiares nos sábados à noite. Minhas irmãs até conseguiam fazer umas harmonias estilo Everly Brothers. A primeira vez que me apresentei foi numas dessas festas dos Osbournes. Cantei "Living Doll", de Cliff Richard, que tinha ouvido no rádio. Nunca, nem em um milhão de anos, pensei que teria uma carreira como cantor. Não imaginei que isso fosse possível. Para mim a única forma de conseguir algum dinheiro era trabalhar numa fábrica, como todo mundo em Aston. Ou roubar a porra de um banco.

E isso não era algo completamente fora de questão.

Ser criminoso aconteceu de forma natural. Eu até tinha um cúmplice — um menino na minha rua chamado Patrick Murphy. Os Murphys e os Osbournes eram amigos, apesar de os filhos deles serem verdadeiros católicos e estudarem em outra escola. Começamos a roubar maçãs, Pat e eu. Não as vendíamos — simplesmente comíamos porque tínhamos fome. De vez em quando, pegávamos alguma podre e cagávamos durante dias. Não muito longe de onde vivíamos, havia um lugar chamado Trinity Road, que dava para uma rua lateral, então era possível se encostar numa parede, transformar sua camisa numa espécie de rede e enchê-la com maçãs das árvores do outro lado. Uma vez, eu estava parado no muro parecendo um ladrão de maçãs grávido e o dono da terra soltou dois pastores alemães em cima de mim. Eles correram e eu caí de cabeça, dentro do pomar. Em segundos, meu olho inchou e ficou parecendo um balão preto. Meu velho ficou louco quando cheguei em casa. Aí fui até o hospital e o médico me deu outra bronca.

Isso não nos impediu de continuar, no entanto.

Depois das maçãs, passamos a roubar os parquímetros. E pequenos roubos em lojas. Meus pais tinham seis filhos e pouco dinheiro, e quando se está nesse tipo de situação desesperada, você faz o que for preciso para conseguir a refeição seguinte. Não tenho orgulho do que fiz, mas não sou um desses caras que dizem: "Oh, estou bem agora, tenho muito dinheiro, só quero esquecer meu passado".

É a base de quem sou.

Outro esquema que montamos foi parar do lado de fora do estádio do Aston Villa em dias de jogos e cobrar meio shilling dos fãs para "cuidar" dos carros. Todos deixavam os carros destrancados naquele tempo, assim, durante o jogo entrávamos neles só para zoar. Às vezes, tentávamos ganhar um extra lavando-os. Era um plano brilhante até decidirmos lavar o carro de um pobre fodido com uma esponja de aço. Metade da pintura tinha desaparecido quando terminamos. O cara ficou *puto da vida*.

Eu não era um cara mau, apesar de querer ser. Só era um garoto tentando ser aceito pelas gangues locais. Costumávamos inventar ótimas brincadeiras, eu me lembro. Uma rua lutava contra a outra, jogando pedras e usando tampas de latas de lixo como escudos, como se fossem gregos contra romanos ou algo do gênero. Foi divertido até que alguém tomou uma pedrada na cara e precisou ir ao hospital com o sangue saindo do olho. Fazíamos jogos de guerra, também, e nossas próprias bombas: eu comprava um penny em bombinhas, tirava a pólvora, amassava um lado de um tubo de cobre, fazia um buraco no meio, enchia de pólvora, dobrava o outro lado, aí tirava o estopim de uma das bombinhas e colocava no buraco. Aí, só precisava acender o estopim e sair da frente, rápido.

Bang!

He-he-he.

Nem tudo que fazíamos era louco como essas bombas, mas a maior parte era bastante perigosa.

Pat e eu construímos um refúgio embaixo da terra uma vez, feito de argila da beira do rio. Colocamos uma cama velha ali e pedaços de madeira, também havia um buraco no teto para uma chaminé. Perto dali havia esses tambores de petróleo enferrujados e arrancamos um pedaço de metal ondulado que serviu perfeitamente como trampolim — *Boing!* — íamos parar no teto do refúgio. Fizemos isso por semanas até que um dia eu caí dentro do buraco da chaminé e quase quebro o pescoço.

Pat achou que eu ia morrer.

Os lugares bombardeados eram os melhores, no entanto. A gente ficava zoando durante horas, construindo coisas com o lixo, destruindo outras, acendendo fogueiras. E estávamos sempre procurando por tesouros... nossa imaginação era doida. Havia também várias casas vitorianas abandonadas para brincar, porque estavam quase reconstruindo Aston na época. Eram casas antigas magníficas — três ou quatro andares — e dava para fazer todo tipo de merda nelas. Comprávamos uns cigarros baratos e íamos a algum quarto da casa bombardeada, para fumar. Woodbine ou Park Drive — eram nossas marcas favoritas. A gente ficava sentado na sujeira e na poeira, fumando um cigarro e respirando aquela fumaça grossa e amarela de Birmingham, ao mesmo tempo.

Ah, que tempo bom.

†

Eu odiava a escola. *Odiava*.

Ainda consigo lembrar meu primeiro dia no Prince Albert Juniors em Aston: tiveram de me arrastar até lá pelo colarinho, porque eu chutava e chorava muito.

A única coisa que queria da escola era que o sinal tocasse às quatro da tarde. Eu não conseguia ler direito, por isso não tinha boas notas. Nada entrava na minha cabeça e não conseguia entender por que meu cérebro era um pedaço inútil de geleia. Eu olhava para a página de um livro e era como se tudo estivesse escrito em chinês. Sentia que não era bom em nada, como se fosse um desastre. Só com trinta anos descobri que tinha dislexia, além de transtorno de déficit de atenção e hiperatividade. Ninguém sabia dessas coisas na época. Estava numa classe com quarenta crianças e, se não entendesse, os professores não tentavam ajudar — eles o deixavam de lado. Foi o que aconteceu comigo. E quando eu precisava fazer alguma merda — como quando tinha de ler em voz alta — eu tentava divertir a classe. Pensava em todos os tipos de coisas doidas para fazer os outros rirem.

A única coisa boa da dislexia é que os disléxicos são normalmente pessoas muito criativas, ou foi o que me disseram. Pensamos de forma pouco convencional. Mas é um péssimo estigma para se carregar, não ser capaz de ler como as pessoas normais. Até hoje eu sinto falta de uma educação correta. Adoro livros, realmente. Ser capaz de se perder num livro é algo fenomenal. Todo mundo deveria ser capaz de fazer isso. Mas eu só consegui terminar poucos livros na vida. Muito raramente essa coisa na minha cabeça começa a funcionar e eu tento ler o máximo de livros que posso, porque ela para e volta a ser o que era, e eu termino sentado ali, olhando para o alfabeto chinês.

Desde que me lembro, as pessoas me chamavam de "Ozzy" na escola. Não tenho ideia de quem inventou isso ou quando ou por quê. Acho que era só um apelido para Osbourne, imagino, mas combinava com minha personalidade de palhaço. Assim que o apelido pegou, só minha família mais próxima continuou me chamando de John. Nem eu reconheço meu nome, agora. Se alguém disser: "Ei, John! Venha aqui!", eu não olho.

Depois do Prince Albert Juniors, fui para Birchfield Road Secondary Modern, em Perry Barr. Eles tinham uniforme. Não era obrigatório, mas a maioria dos garotos usava, incluindo Paul, meu irmão mais novo, que se achava muito bom. Ele ia todo dia com o blazer, as calças de flanela cinza, a gravata e a camisa. Eu andava com minhas botas, jeans e um suéter fedido. O diretor, Sr. Oldham, me dava uma bronca sempre que me encontrava. "John Osbourne, arrume-se, você é um desastre!", gritava no corredor. "Por que não pode ser mais parecido com seu irmão?"

A única vez que o Sr. Oldham falou algo bom sobre mim foi quando contei que um dos meninos mais velhos tinha tentado matar o peixe da escola colocando Fairy Liquid no aquário. Ele até me elogiou em público. "Por causa de John Osbourne", ele disse, "fomos capazes de deter o vilão responsável por esse ato cruel." O que o Sr. Oldham não sabia era que tinha sido eu que havia tentado matar o peixe colocando Fairy Liquid no aquário — mas desisti no meio do caminho. Sabia que todos iam me culpar pelas bolhas no tanque, porque me culpavam por *tudo*, por isso pensei que, se acusasse outro primeiro, poderia me livrar. E funcionou.

Havia um professor de quem eu gostava: o Sr. Cherrington. Era fanático pela história local e uma vez nos levou a esse lugar chamado Pimple Hill, onde havia um velho castelo em Birmingham. Foi legal pra cacete. Ele falava de fortes, cemitérios e aparelhos de tortura medieval. Foi a melhor aula que já tive, mas não conseguia boas notas porque não conseguia anotar nada disso. O mais engraçado foi que a única matéria em que consegui boas notas em Birchfield Road foi "trabalho com metal". Acho que isso aconteceu porque meu pai era mestre ferramenteiro e era algo natural para mim. Eu até ganhei um primeiro prêmio numa competição com um fecho de metal para janelas. Isso não me impedia de continuar fazendo doideiras, no entanto. O professor, Sr. Lane, acabava me batendo na bunda com um pedaço de madeira gigante. Ele me batia tão forte que eu achava que minha bunda ia cair. O Sr. Lane era um cara legal, na verdade. Um terrível racista, no entanto. Puta merda, as coisas que ele dizia... iria para a cadeia se fosse agora.

Minha brincadeira favorita com o metal era pegar uma moeda e passar três ou quatro minutos esquentando-a com um maçarico, depois deixá-la em cima da mesa do Sr. Lane, para que ele visse e a pegasse, curioso.

Primeiro ouvia: "Aiiiiiiii!".

Depois: "Osbourne, seu maldito!".

He-he-he.

O velho truque da moeda quente. Não tem preço, cara.

Fui perseguido por um tempo quando era mais jovem. Alguns meninos mais velhos costumavam esperar por mim a caminho de casa e puxar minhas calças, ficar zoando comigo. Eu devia ter uns onze ou doze anos. Era algo feio. Eles não queriam me foder ou mexer no meu pênis, nada disso — eram só garotos zoando com garotos —, mas eu ficava com vergonha e isso me deixava louco, porque não podia contar para meus pais. Havia muita provocação na minha família — o que é normal quando há seis crianças em uma pequena casa geminada —, mas isso significava que não havia ninguém a quem pedir ajuda. Parecia que tudo era culpa minha.

Pelo menos, isso me fez decidir que, quando crescesse e tivesse meus próprios filhos, eu diria a eles: "Não tenham medo de contar seus problemas para mamãe e papai. Vocês sabem o que é certo e sabem o que é errado e se alguém mexer com partes do seu corpo, fizer coisas que vocês não gostarem, contem para a gente". E acreditem, se eu descobrisse que algo estranho estava acontecendo com alguém da família, haveria muito *sangue*.

No final, acabei descobrindo um jeito de evitar esses valentões. Encontrei o cara mais forte da escola e comecei a fazer palhaçadas até ele rir. Ao fazer isso, o cara virou meu amigo. Era forte como um touro. Se alguém mexesse com ele, tomaria seu jantar de canudinho por um mês e meio. Mas, no fundo, era um gigante gentil. Os valentões me deixaram em paz depois que nos tornamos amigos, o que foi um alívio porque eu era tão ruim brigando quanto lendo.

Um cara na escola que *nunca* me bateu era Tony Iommi. Estava um ano na minha frente e todos o conheciam porque ele tocava guitarra. Ele nunca me bateu, mas mesmo assim eu me sentia intimidado: era um cara grande e bonitão, todas as garotas gostavam dele. E ninguém vencia Tony Iommi numa briga. Ninguém conseguia derrubá-lo. Como era mais velho do que eu, ele pode ter me dado umas porradas de vez em quando, mas nada mais do que isso. O que eu me lembro bem nos tempos da escola foi o dia em que pudemos levar nossos presentes de Natal para a escola. Tony mostrou sua nova guitarra vermelha. Eu me lembro de ter pensado que era a coisa mais legal que já tinha visto na vida. Sempre quis tocar algum instrumento, mas meus pais não tinham dinheiro para comprar e eu não tinha paciência para aprender. Meu nível de atenção era de apenas uns cinco segundos. Mas Tony tocava bem. Era incrível, um cara naturalmente talentoso: era só dar umas flautas da Mongólia e ele aprendia a tocar blues com elas em pouco tempo. Na escola, eu sempre ficava pensando no que seria da vida de Tony Iommi.

Mas demoraria alguns anos até nossos caminhos se cruzarem de novo.

Quando fiquei mais velho, comecei a passar menos tempo na aula e mais no banheiro, fumando. Eu fumava tanto que sempre chegava tarde na entrada da manhã. Era o professor de rugby, Sr. Jones, que fazia a conferência. Ele me odiava. Estava sempre me deixando de castigo e me zoando na frente dos outros. A coisa que ele mais gostava era de me bater com um sapato. Ele me mandava ir ao armário de tênis que ficava no fundo da sala, pegar o maior que havia e levar para ele. Aí inspecionava o armário e, se encontrasse um tênis maior, me dava o dobro de golpes na bunda. Era o pior bully de todo o lugar.

Outra coisa que o Sr. Jones fazia era colocar todos os meninos em fila toda manhã na sala de aula. Aí ficava andando de um lado para o outro, olhando nossos pescoços para ter certeza de que tínhamos nos lavado. Se achasse um pescoço sujo, esfregava uma toalha branca — e, se ela ficasse suja, arrastava o menino pelo colarinho até a pia no canto e o lavava como um animal.

Esse Sr. Jones era o pior bully de toda a escola.

Não demorou muito para perceber que meus pais tinham menos dinheiro que a maioria das outras famílias. Com certeza não íamos de férias para Maiorca todo verão — não com seis pequenos Osbournes para vestir e alimentar. Eu nunca nem vi o mar antes dos catorze anos. E isso aconteceu graças à minha tia Ada, que vivia em Sunderland. E não vi o oceano — com o tipo de água que não tem cocô flutuando e não dá hipotermia em três segundos — até os vinte e tantos anos.

Há outras formas de contar como éramos pobres. Como os quadrados de jornal que tínhamos em vez de rolos de papel higiênico. E as botas que precisava usar no verão porque não tinha sapatos. E o fato de que minha mãe nunca me comprou roupa de baixo. Havia também esse velho que vinha sempre em nossa casa, pedindo dinheiro. Nós o chamávamos de "toc-toc". Era um vendedor de porta em porta, basicamente, e vendia essas coisas para minha mãe, depois voltava toda semana para receber. Mas minha mãe nunca tinha dinheiro, então ela me mandava atender e dizer que não estava. Eu me enchia disso, de vez em quando. "A mamãe mandou dizer que não está", falava.

Anos depois, eu me vinguei abrindo a porta para o cara e pagando toda a dívida dela. Aí falei para ele se foder e nunca mais voltar. Mas não ajudou. Duas semanas depois, cheguei em casa e vi minha mãe recebendo um sofá novinho. Não foi preciso muita imaginação para descobrir de quem ela tinha comprado.

O dinheiro era tão curto quando eu era criança que um dos piores dias de toda a minha infância foi quando minha mãe me deu dez shillings de aniversário para comprar uma lanterna — era do tipo que iluminava em várias cores diferentes — e, no caminho de casa, eu perdi o troco. Devo ter passado pelo menos quatro ou cinco horas procurando em toda valeta e buraco em Aston por aquelas moedas. O mais engraçado é que não consigo me lembrar o que minha mãe falou quando cheguei em casa. Só me lembro de ter ficado com muito medo.

Não que a vida em Lodge Road 14 fosse ruim. Mas tampouco era a porra da felicidade doméstica.

Minha mãe não era nenhuma Delia Smith*, para começar.

Todo domingo, ela ficava suando na cozinha, preparando o almoço, e todos tinham medo do resultado. Mas ninguém reclamava. Uma vez, estava comendo um repolho e parecia sabão. Jean viu minha cara, deu um soco na minha barriga e disse: "Não diga uma palavra". Mas estava passando mal e não queria morrer envenenado por uma merda de repolho ruim. Estava a ponto de dizer algo quando meu pai voltou do pub, pendurou seu casaco e sentou-se para comer seu jantar. Pegou seu garfo, espetou no repolho e, quando levantou para levar à boca, havia um monte de fios emaranhados na ponta! Deus abençoe minha velha mãe, ela tinha fervido uma esponja de lavar pratos!

Todos corremos para o banheiro, para vomitar.

De outra vez minha mãe fez um sanduíche de ovos cozidos para eu levar de almoço. Abri o pão e havia cinzas de cigarro e pedaços da casca do ovo.

Saúde, mãe.

Tudo que posso dizer é: o jantar na escola salvava minha vida. Era uma pequena parte da merda da minha educação de que gostava. Eram mágicos, esses jantares. Você recebia um prato principal e um pudim. Era incrível. Hoje em dia, você pega alguma coisa e automaticamente diz: "Oh, isso tem duzentas calorias", ou "Oh, isso tem oito gramas de gordura saturada". Mas não existia merda nenhuma de caloria naquela época. Só havia comida no seu prato. E nunca havia suficiente, na minha opinião.

Toda manhã eu tentava pensar numa desculpa para não ir à escola. Portanto, ninguém acreditava em mim quando minhas desculpas eram verdadeiras.

Como quando ouvi um fantasma.

---

* Delia Smith é uma conhecida cozinheira britânica com diversos livros publicados e programas de televisão. (N. do T.)

Estava na cozinha, prestes a sair de casa. Era inverno e fazia muito frio. Não tínhamos água quente na pia, então estava fervendo água na chaleira para poder lavar os pratos. Aí ouvi uma voz dizendo: "Osbourne, Osbourne, *Osbourne*".

Como meu pai trabalhava à noite naquele tempo, ele nos preparava para a escola quando chegava do trabalho de manhã, para depois dormir. Assim, virei para meu velho e disse:

— Pai! Pai! Estou ouvindo alguém gritar nosso nome! Acho que é um fantasma! Acho que nossa casa está mal-assombrada!

Ele levantou os olhos do jornal.

— Bela tentativa, filho — disse. — Você vai pra escola, com ou sem fantasma. Anda logo com esses pratos.

Mas a voz continuou.

— Osbourne, Osbourne, *Osbourne.*

— Mas, pai! — gritei. — Tem uma voz! Tem, *tem sim*. Ouça!

Finalmente, meu pai ouviu também.

— Osbourne, Osbourne, *Osbourne.*

Parecia vir do jardim. Por isso, saímos os dois — eu descalço —, mas o jardim estava vazio. Aí ouvimos a voz mais uma vez, mais alto. "Osbourne, Osbourne, *Osbourne.*" Vinha do outro lado da cerca. Olhamos no jardim da casa ao lado e lá estava nossa vizinha, uma senhora de idade que vivia sozinha, caída no chão, numa poça de gelo. Ela deve ter escorregado e caído, não conseguia se levantar. Se não fosse por nós, ela teria congelado. Meu pai e eu pulamos a cerca e a levamos até a sua sala, onde nunca tínhamos entrado antes, apesar de sermos vizinhos há muitos anos. Sua história era muito triste. A senhora fora casada e tinha filhos, mas durante a guerra seu marido tinha sido mandado para a França e morto pelos nazistas. Para piorar, seus filhos tinham morrido num abrigo antibombas. Mas ela vivia como se todos estivessem ali na casa. Havia fotografias por todos os lados, roupas espalhadas, brinquedos e tudo o mais. Toda a casa estava congelada no tempo. Era a coisa mais triste que já tinha visto. Lembro da minha mãe enxugando os olhos depois que voltou da casa da vizinha naquele dia.

Incrível, não? É possível viver a poucos centímetros do seu vizinho e não saber nada sobre ele.

Aquele dia, cheguei atrasado na escola, mas o Sr. Jones não perguntou por quê, já que eu sempre chegava atrasado. Era só outra desculpa para tornar minha vida um inferno. Uma manhã — pode ter sido no dia em que encontramos a senhora caída no gelo, mas não tenho certeza —, cheguei tão atrasado para a entrada que todos já estavam na classe.

Era um dia especial para mim, porque meu pai tinha me dado um monte de varetas de metal da GEC, assim eu poderia fazer algumas chaves de fenda na aula do Sr. Lane. As varetas estavam na minha mochila e não via a hora de mostrá-las para meus amigos.

Mas o dia foi arruinado antes de começar. Lembro de estar parado ali, na frente da mesa do Sr. Jones, e ele estava louco comigo enquanto os alunos da outra sala se sentavam. Eu estava muito embaraçado, queria cavar um buraco e nunca mais sair.

— OSBOURNE! — ele gritava. — VOCÊ É UMA VERGONHA PARA SI MESMO E PARA ESTA ESCOLA. TRAGA-ME UM SAPATO.

A sala ficou tão silenciosa que dava para ouvir um rato peidar.

— Mas, senhor!

— TRAGA-ME UM SAPATO, OSBOURNE. E QUE SEJA O MAIOR OU VOU BATER TÃO FORTE NO SEU TRASEIRO QUE VOCÊ NÃO PODERÁ SE SENTAR POR UM MÊS.

Olhei ao redor e só via rostos estranhos olhando para mim. Queria morrer, cara. Os alunos eram de um ano superior ao meu e só ficavam olhando como se eu fosse um louco de merda. Abaixei a cabeça e fiz o caminho da vergonha até o fundo da sala. Alguém tentou me fazer tropeçar. Aí outro menino empurrou sua mochila na minha frente para que eu tivesse de pular. Todo o meu corpo estava tremendo e entorpecido, a bosta da minha cara estava pegando fogo. Não queria chorar na frente de todos esses meninos mais velhos, mas já podia sentir que estava começando. Fui até o armário e encontrei um tênis — estava tão nervoso com todo mundo olhando para mim que não consegui ver qual era o maior — e levei-o para onde estava o Sr. Jones. Entreguei sem olhar para cima.

— VOCÊ ACHA QUE ESTE É O MAIOR? — perguntou o Sr. Jones. Ele foi até o fundo da sala, olhou o armário, voltou com outro, maior, e mandou eu me inclinar.

Todos ainda estavam olhando. Nesse ponto eu estava tentando parar de chorar e havia uma merda de uma meleca escorrendo do meu nariz, por isso limpei a cara com a mão.

— EU MANDEI SE INCLINAR, OSBOURNE.

Obedeci. Ele levantou o braço o mais alto que pôde e mandou aquele tênis tamanho 41 o mais forte que conseguiu.

— *ARRRGGGHHHHHH!!!*

Doeu pra caralho. Aí o maldito repetiu. E mais uma vez. Mas na terceira ou quarta vez, eu fiquei louco. Crescia uma raiva repentina. Um ódio cego. Assim, quando ele levantou o tênis para me acertar de novo, peguei minha mochila, tirei as varetas de metal e joguei o mais forte que consegui na cara gorda e suada do Sr. Jones. Nunca fui bom em esportes, mas naqueles dois segundos poderia ter feito parte da seleção inglesa de críquete. O Sr. Jones caiu para trás com sangue saindo de seu nariz e eu percebi o que havia acabado de fazer. A sala parou de respirar. Oh, *merrrrrrda*. E saí correndo, o mais rápido que conseguia, fugi pelo corredor, saí da escola, até a rua, atravessei o portão e voltei correndo para a Lodge Road 14. Subi correndo a escada até onde meu pai estava dormindo e o acordei. Aí comecei a chorar.

Ele ficou doido.

Não comigo, graças a Deus, mas com o Sr. Jones. Foi direto para a escola e exigiu ver o Sr. Oldham. Dava para ouvir os gritos do outro lado da escola. O Sr. Oldham disse que não tinha ideia de que o Sr. Jones fazia aquilo, mas prometeu cuidar da situação. Meu pai disse que era melhor mesmo ele fazer isso.

Nunca mais apanhei depois disso.

Não era exatamente um Romeu na escola — a maioria das garotas achava que eu era doido —, mas por um tempo tive uma namorada chamada Jane. Ela era da escola só de garotas que ficava ali perto. Eu era doido por ela. Muito. Sempre que íamos nos encontrar, eu ia primeiro no banheiro e passava sabão no meu cabelo para jogá-lo para trás, assim ela ia pensar que eu era legal. Mas um dia começou a chover e, quando cheguei, minha cabeça parecia uma bolha de sabão, com tudo escorrendo pela minha testa e dentro dos meus olhos. Ela olhou para mim e disse: "Que *merda* você fez?". Tomei um pé na bunda. Na hora. Fiquei arrasado. Alguns anos depois, a reencontrei saindo de um clube em Aston, completamente bêbada, e fiquei pensando por que tinha ficado tão mal por ela.

Tive outras namoradas, mas na maior parte do tempo nunca dava em nada. Logo descobri como era doloroso ver uma garota que você gosta ficando com outro cara. Ficar plantado não era muito divertido, também. Uma vez, marquei com uma menina do lado de fora do Crown and Cushion, em Perry Barr. Estava chovendo muito quando cheguei, às sete e meia, mas ela não estava. Falei para mim mesmo: "Oh, ela vai chegar daqui a meia hora". Então, esperei até as oito. Nada. Dei mais meia hora. Ainda nada. Fiquei até as dez, no final. Aí, caminhei para casa, completamente molhado e me sentindo triste e rejeitado. Agora que sou pai, claro, penso: Que merda eu tinha na cabeça? Eu não deixaria minha filha sair na chuva para se encontrar com um menino da escola.

Era um amor inocente naqueles dias. Você sentia como se estivesse ficando adulto, mas não estava. De outra vez, quando eu tinha uns catorze, levei uma garota ao cinema. Achei que era um galã, então decidi fumar para impressioná-la. Eu já fumava há um certo tempo, mas não muito. Essa noite, tinha cinco cigarros e uma caixa de fósforos no bolso. Estava sentado no cinema, tentando parecer importante, e, de repente, comecei a suar frio. Pensei: Que merda está acontecendo? Arrotei e senti gosto de vômito. Corri para o banheiro, me tranquei no lavabo e vomitei. Estava muito mal, cara. Fui me arrastando até a saída e direto para casa, vomitando por todo o caminho. Não sei o que aconteceu com a garota, mas pelo menos ela conseguiu uma caixa de Maltesers.

Não foi minha única experiência ruim com cigarros, quando era jovem. Uma outra noite, na mesma época, lembro de ter fumado um cigarro no meu quarto em Lodge Road, aí apaguei a ponta, para poder reacender na manhã seguinte. Acordei algumas horas depois, tossindo.

Fumaça por todo lado. *Que merda*, pensei, *botei fogo na casa!* Mas aí olhei para o cinzeiro ao lado da cama e vi que meu cigarro não estava nem aceso. O que não sabia era que meu pai tinha chegado um pouco alegre em casa naquela noite e também tinha fumado. Mas em vez de apagar o cigarro, ele tinha jogado atrás do sofá e agora toda a espuma da almofada estava queimando e soltando uma fumaça negra horrorosa.

Desci correndo para a sala e encontrei meu pai de ressaca e com cara de culpado, e minha mãe às lágrimas, dobrada, tossindo.

— Jack Osbourne — ela dizia, entre ataques de tosse. — Que merda você f...

Aí ela tossiu tão forte que sua dentadura saiu voando da boca e quebrou o vidro da janela, deixando que o vento frio entrasse, o que alimentou o fogo — fazendo com que o sofá queimasse como uma porra de uma fogueira. Não sabia se ria ou ficava com medo. De alguma forma, meu pai e eu conseguimos apagar o fogo enquanto minha mãe procurava a dentadura dela no jardim.

Mas a casa ficou com um cheiro ruim por semanas.

Isso não me fez parar de fumar, claro. Estava convencido de que fumar me fazia parecer um cara legal. E talvez estivesse certo, porque algumas semanas depois do incêndio consegui transar pela primeira vez. Tinha acabado de descobrir que meu pênis não existia só para mijar e me masturbava o tempo todo. Batia uma e gozava em todo lugar. Não conseguia dormir antes de descascar uma. Bom, uma vez eu estava numa festa num pub em Aston. Foi antes de começar a beber, então deve ter sido uma festa de aniversário ou algo assim. Havia uma garota mais velha ali — não consigo me lembrar do nome dela, juro por Deus — e ela dançou comigo. Aí me levou para a casa dos pais dela e me fodeu muito naquela noite. Não tenho ideia de por que ela me escolheu. Talvez estivesse com tesão e eu era o único pinto livre na sala. Vai saber? Mas eu não reclamei. Claro, queria mais depois daquilo. Assim, no dia seguinte, fui correndo para a casa dela, como um cachorro cheirando o velho poste.

Mas ela só me falou: — Que merda *você* quer?

— Que tal outra trepada?

— Vai se foder.

Foi o fim do nosso lindo romance.

Eu tinha quinze anos quando deixei a escola. E o que consegui dos dez anos que passei no sistema educacional britânico? Um pedaço de papel onde estava escrito:

> John Osbourne frequentou a Birchfield Road Secondary Modern.
>
> Assinado,
>
> Sr. Oldham (diretor)

Só isso. Nenhum título. Nada. Eu tinha duas carreiras a seguir: trabalho manual ou trabalho manual. A primeira coisa que fiz foi procurar um emprego nas páginas do *Birmingham Evening Mail*. Naquela semana, eles estavam publicando uma matéria especial sobre empregos para pessoas que tinham acabado de sair da escola. Olhei todos eles — leiteiro, lixeiro, operário, pedreiro, gari, motorista de ônibus, esse tipo de coisa — e me decidi por encanador, porque, pelo menos, era um ofício. E me falaram que nunca seria ninguém na vida sem um ofício. Quando consegui o emprego que queria, alguns meses depois, já estava começando o inverno. Não sabia que os encanadores trabalham como doidos no meio do inverno, quando todos os canos estouram. Então eu passava a maior parte do tempo inclinado num buraco com cinco graus negativos e o saco congelado. Não durei uma semana. Não foi por causa do frio, no entanto. Fui demitido por roubar maçãs durante o almoço.

É difícil acabar com velhos hábitos.

Meu emprego seguinte era menos ambicioso. Era numa fábrica nos arredores de Aston. Esse lugar fazia peças para carros e eu tomava conta de uma enorme máquina desengraxadora. Recebia cestas cheias de peças — varetas, molas, alavancas, o que fosse — e jogava nesse tanque com produtos químicos borbulhantes que limpavam tudo. O conteúdo era tóxico e havia um sinal em cima da máquina que dizia: "PERIGO! AS MÁSCARAS DE PROTEÇÃO DEVEM SER USADAS O TEMPO TODO. **NUNCA** SE INCLINE SOBRE O TANQUE".

Lembro de perguntar o que tinha no tanque e alguém me falou que era diclorometano. Pensei: Hummm, será que dá pra ficar doidão com isso? Então, um dia, eu tirei a máscara e me inclinei sobre o tanque, só por um segundo. E fiquei: *"Uauuuuuuuuu!"*. Era como cheirar cola... vezes cem. Assim, toda manhã eu começava dando uma cheirada na velha máquina de desengraxar. Era muito mais barato do que ir até o pub. Comecei a fazer isso duas vezes por dia. Depois três. Aí, a cada cinco minutos. O problema era que cada vez que me inclinava sobre o tanque ficava com a cara preta de graxa. Não demorou para os outros caras na fábrica perceberem o que estava acontecendo. Na parada para o chá, eles viam meu rosto coberto com aquela coisa preta e falavam: "Você está naquela porra de máquina de desengraxar de novo, não é? Vai acabar se matando, cara".

— O que vocês estão falando? — eu dizia, todo inocente.

— Aquela porra é tóxica, Ozzy.

— É por isso que uso a máscara protetora o tempo todo e *nunca* me inclino sobre o tanque, como diz a placa.

— Besteira. Pare de fazer isso, Ozzy. Vai acabar se matando.

Depois de algumas semanas, cheguei ao ponto de estar louco o tempo todo, andando perdido pelo lugar, cantando. Até comecei a ter alucinações. Mas continuava cheirando — não conseguia parar. Um dia, perdi a consciência. Eles me encontraram caído perto do tanque, desmaiado. "Coloque esse cara na ambulância", disse o supervisor. "E que esse idiota não volte mais aqui."

Meus pais ficaram loucos quando descobriram que tinha sido demitido de novo. Ainda estava morando na Lodge Road 14 e eles esperavam que eu ajudasse com o aluguel, apesar de tentar gastar o menos possível em casa. Assim, minha mãe falou com seus chefes e eles conseguiram um emprego na fábrica Lucas, onde ela poderia ficar de olho em mim. "É um estágio, John", ela contou. "A maioria das pessoas na sua idade daria um braço para ter essa oportunidade. Você vai ser treinado. Será afinador de buzina de carro."

Meu coração quase parou.

Afinador de buzina de carro?

Naqueles dias, a mentalidade dos trabalhadores era assim: receber o mínimo de educação, conseguir um treinamento, conseguir um emprego de merda e aceitar com orgulho, mesmo sendo um emprego de merda. Depois, continuar nesse mesmo emprego de merda pelo resto da vida. Seu emprego de merda era *tudo*. Muitas pessoas em Birmingham nunca se aposentavam. Só caíam mortas no chão da fábrica.

Eu precisava cair fora dessa merda antes de ficar preso na mesma armadilha. Mas não tinha ideia de como sair de Aston. Tentei fazer essa coisa de "migrar para a Austrália", mas não tinha as dez libras de taxa. Até tentei entrar no exército, mas eles não me quiseram. O cara de uniforme olhou minha foto horrorosa e disse: "Desculpe, queremos sujeitos, não *objetos*".

Assim, aceitei o emprego na fábrica. Disse a meu amigo Pat que tinha conseguido um emprego na indústria musical.

— O que quer dizer indústria musical? — ele falou.

— Eu afino coisas — falei, vagamente.

— Que tipo de coisas?

— Ah, vai cuidar da porra da sua vida.

No meu primeiro dia na Lucas, o supervisor me mostrou essa sala à prova de som, onde eu faria meu turno. Meu trabalho era pegar as buzinas que vinham pela esteira e colocá-las na máquina em forma de capacete. Aí você as ligava numa corrente elétrica e ajustava com uma chave de fenda, e elas faziam: *"BAGH, BOOO,WEEE, URRH, BEEOOP"*. Novecentas por dia — era o número de buzinas que eles queriam afinadas. Contavam, porque sempre que completava uma você apertava um botão. Havia cinco pessoas na sala, então havia cinco buzinas tocando ao mesmo tempo, das oito da manhã até as cinco da tarde.

Você saía daquela porra de lugar com um zumbido tão alto nos ouvidos que não dava para ouvir os próprios pensamentos.

Assim era o meu dia:

Pegar buzina.

Ligar conectores.

Ajustar com chave de fenda.

BAGH, BOOO, WEEE, URRH, BEEOOP.

Colocar buzina na correia.
Apertar botão.
Pegar buzina.
Ligar conectores.
Ajustar com chave de fenda.
BAGH, BOOO, WEEE, URRH, BEEOOP.
Colocar buzina na correia.
Apertar botão.
Pegar buzina.
Ligar conectores.
Ajustar com chave de fenda.
BAGH, BOOO, WEEE, URRH, BEEOOP.
Colocar buzina na correia.
Apertar botão.

Enquanto fazia isso, minha mãe me olhava com orgulho pelo vidro. Mas depois de umas horas disso, eu comecei a ficar louco. Estava pronto para matar alguém. Então comecei a apertar o botão duas vezes para cada buzina que fazia, achando que assim conseguiria sair mais cedo. Qualquer coisa para sair daquela sala de merda. Quando percebi que estava dando certo, comecei a apertar três vezes. Depois quatro. Depois cinco.

Isso continuou por algumas horas até sentir um tapinha e um ruído acima de mim. A esteira transportadora parou de repente. Aí uma voz brava saiu do alto-falante:

— OSBOURNE. SALA DO SUPERVISOR. *AGORA*.

Eles queriam saber como eu tinha feito quinhentas buzinas de carro em vinte minutos. Falei que obviamente havia algo errado com o botão. Eles me falaram que não tinham nascido ontem e que a única coisa errada com o botão era o idiota que estava apertando e que se eu fizesse aquilo de novo seria demitido e ponto final. Tinha entendido? Respondi: "Entendi, sim" e voltei para a sala.

Pegar buzina.
Ligar conectores.
Ajustar com chave de fenda.
BAGH, BOOO, WEEE, URRH, BEEOOP.

Colocar buzina na correia.

Apertar botão.

Depois de mais algumas semanas dessa merda, decidi conversar com o cara mais velho que se sentava perto de mim, Harry.

— Há quanto tempo você trabalha aqui? — perguntei.

— Hã?

— Há quanto tempo você está aqui?

— Pare de sussurrar, filho.

— HÁ QUANTO TEMPO VOCÊ TRABALHA AQUI? — gritei. Harry tinha ficado completamente surdo de tanto ouvir buzinas o dia todo.

— Vinte e nove anos e sete meses — disse, com um sorriso.

— Está brincando.

— Hã?

— Nada.

— Pare de falar baixinho, filho.

— É TEMPO PRA CARALHO, HARRY.

— Sabe o melhor?

Levantei minhas mãos e balancei a cabeça.

— Em cinco meses, vou ganhar meu relógio de ouro. Vou completar trinta anos aqui!

O pensamento de trinta anos naquela sala me fez querer que os russos mandassem a bomba e acabassem com tudo.

— Se queria tanto um relógio de ouro — falei —, deveria ter roubado a porra de uma joalheria. Mesmo se fosse pego, cumpriria um décimo do tempo que passou nesse buraco de merda.

— Como é, filho?

— Nada.

— Hã?

— NADA.

Foi o limite. Larguei minha chave de fenda, saí pela porta, passei por minha mãe, pelo portão da fábrica e fui direto para o pub mais próximo. Foi o fim do meu primeiro emprego na indústria musical.

†

A ideia de conseguir um verdadeiro emprego na indústria musical era uma puta piada. Era uma daquelas coisas impossíveis, como virar astronauta ou dublê, ou trepar com a Elizabeth Taylor. Mesmo assim, desde que cantei "Living Doll" nas reuniões familiares, pensava em montar uma banda. Até passei um tempo contando que era membro de um grupo chamado Black Panthers. Estúpido, é isso que eu era. Minha "banda" era um case de guitarra vazio com "The Black Panthers" escrito do lado (eu tinha usado alguma tinta que encontrei no jardim). Era tudo fruto da minha imaginação. Costumava falar que tinha um cachorro também: era um sapato da marca Hush Puppy que tinha encontrado num lixão e amarrei na ponta de uma corrente. Eu andava pelas ruas de Aston com meu case de guitarra vazio, puxando esse sapato velho atrás de mim, pensando que era algum bluesman de Mississippi. O resto das pessoas achava que eu estava louco.

Quando não passava o tempo com minha banda imaginária e meu cachorro-sapato, costumava me encontrar com os Teddy Boys. Essa coisa de ser um Teddy Boy já era meio ultrapassada na época, então nunca usei esses casacos compridos e aqueles sapatos estranhos e toda aquela merda. Mas eu gostava da música que eles tocavam na jukebox. Ficava cantando "Hey Paula", de Paul & Paula, durante semanas. Aquelas velhas canções eram ótimas. Aí adotei a coisa mod — gostava de ternos de angorá bem ajustados. Também fui rocker, com as jaquetas de couro e os cintos com tachas. Mudava o tempo todo. Estava procurando aventura. Qualquer coisa que não envolvesse trabalhar numa fábrica.

Aí chegaram os Beatles.

De repente, esses quatro caras de Liverpool, com cabelo tigelinha, invadiram o rádio e a televisão. Usando meu último pagamento do emprego na fábrica Lucas, comprei o segundo LP deles, *With the Beatles.*

No momento em que entrei em casa, tudo mudou.

Uma luz se acendeu na minha cabeça quando ouvi aquele disco. Fui sugado. As harmonias de Lennon e McCartney eram mágicas. Eles me tiraram de Aston e me levaram para o mundo dos Beatles. Não conseguia parar de ouvir essas catorze canções (oito eram originais, seis eram covers, incluindo uma versão de "Roll Over Beethoven", de Chuck Berry). Pode parecer exagerado dizer isso agora, mas pela primeira vez senti que minha vida tinha algum sentido. Toquei esse disco muitas vezes na grande vitrola de meu pai, que era uma combinação de rádio de válvula e fonograma antiquado, feito para se parecer com uma peça de mobília, que ocupava um lugar de honra na sala. Aí eu ia até o rinque de patinação no gelo Silver Blades e eles tocavam no sistema de som deles. Às vezes, ficava andando por aí com o álbum embaixo do braço, de tão feliz que estava. Logo comecei a colecionar tudo dos Beatles. Fotografias. Pôsteres. Cartões. *Tudo*. Essas coisas acabavam nas paredes do meu quarto. Meus irmãos não se importavam — eles também adoravam os Beatles.

Mas não com a mesma intensidade.

Obviamente, eu precisava guardar algum dinheiro para comprar o primeiro álbum, *Please Please Me*. Depois, quando saiu *A Hard Day's Night*, fui um dos primeiros a entrar na fila da loja de discos para comprar. Graças à Beatlemania, parecia certo não querer trabalhar numa fábrica. John Lennon e Paul McCartney tampouco tinham ido trabalhar numa fábrica! E eles eram como eu — jovens da classe trabalhadora, que cresceram numa rua qualquer de uma cidade industrial longe de Londres. A única diferença era que a cidade deles era Liverpool, não Aston. Eu imaginava que, se eles tinham conseguido formar uma banda, então talvez eu também conseguisse. Eu era oito anos mais jovem do que Lennon e seis do que McCartney, então ainda tinha muito tempo para conseguir ter sucesso. O problema era que não tinha nem ideia de como poderia fazer isso. Além de Tony Iommi — que eu nunca mais tinha visto depois de sair da escola —, não conhecia ninguém que pudesse tocar algum instrumento. Assim, em vez disso, decidi deixar o cabelo crescer e fazer algumas tatuagens. Pelo menos, eu iria *ter o visual*.

O cabelo foi fácil. As tatuagens doeram pra cacete.

Primeiro foi uma adaga no braço. Aí eu descobri como fazê-las, eu mesmo, com uma agulha e um pouco de tinta. Tudo que precisava era tinta suficiente na ponta da agulha e enfiar fundo o suficiente pela pele para torná-la permanente. Quando tinha dezessete anos, passei toda uma tarde em Sutton Park — uma área elegante de Birmingham — escrevendo "O-Z-Z-Y" nos dedos. Fui para casa aquela noite me sentindo muito feliz.

Meu pai não ficou tão feliz. Ficou branco quando me viu.

— Filho, você parece um idiota — ele disse.

Em 1964, algo totalmente inesperado aconteceu.

Consegui um emprego de que gostava.

Acontece que, apesar de não ser bom como encanador ou afinador de buzinas de carros ou trabalhando na construção civil ou fazendo algum dos outros vários empregos de merda dos quais sempre era demitido, matar animais era algo muito natural para mim. Dizem que quando uma pessoa comum conhece como é um abatedouro, vira vegetariano. Eu não. Tendo dito isso, no entanto, tudo aquilo foi uma educação. Logo descobri que não existem galinhas pequenas em formato de nuggets ou vacas em forma de hambúrguer. Animais são coisas grandes e fedidas. Acho que qualquer pessoa que come carne deveria visitar um abatedouro pelo menos uma vez na vida, só para ver o que acontece. É um lugar sangrento, sujo e pútrido.

O abatedouro que me contratou ficava em Digbeth, uma das partes mais antigas de Birmingham. Meu primeiro trabalho era remover vômito. Eles me mostraram essa grande pilha de estômagos de cordeiro num canto e eu tinha de abri-los, um por um, e remover todo o que tinha dentro. Passei o primeiro dia vomitando como um filho da puta. E não melhorou por muito tempo. Vomitei a cada hora, mais ou menos, por quatro semanas. Meu estômago doía muito. Às vezes, os outros caras se divertiam me dando o estômago de um animal condenado — como um carneiro doente que não estava apto para consumo humano ou algo assim. Uma vez, peguei um estômago doente e ele estourou na minha mão — toda aquela merda de pus e sangue direto na minha cara. Todos acharam aquilo muito engraçado.

Mas eu acabei gostando do abatedouro. Acabei me acostumando com o cheiro e, depois de ter passado um tempo abrindo estômagos, eles me promoveram a matador de vacas.

Que emprego do caralho era aquele, vou contar: se você já foi chutado por uma vaca, vai saber. Quando uma delas me acertou, achei que minhas bolas iam sair pela boca.

O processo começa com um grupo de cinco ou seis caras amarrando o animal na sala da morte. A vaca sobe uma rampa e eu estou parado no outro lado com uma pistola de pressão. A arma está carregada com um cartucho vazio, o que cria pressão suficiente para atirar um cravo grande, como um cinzel redondo, direto no cérebro da vaca. É feito assim para garantir que o animal não sinta nenhuma dor — além do momento em que essa porra de prego gigante entra na cabeça dele —, mas isso não o mata de verdade. O problema é: você precisa estar bem perto da vaca para usar a arma e, se pegar um animal que está muito bravo, não será capaz de acertá-lo na primeira vez. Mas não há escapatória para nenhum dos dois. Não sei dizer quantas lutas mortais vaca-contra-humano tive no abatedouro de Digbeth. Precisei atirar cinco ou seis vezes num touro antes de derrubá-lo. Eu me fodi porque ele estava realmente bravo. Num momento, achei que eu acabaria no meio do pão, coberto de ketchup.

Depois de derrubar a vaca, amarrava as pernas e prendia numa espécie de trilho, que colocava o animal de cabeça para baixo e o levava pela linha de produção. Aí, alguém cortava o pescoço e o sangue drenava numa canaleta embaixo. No final, o animal morre pela perda de sangue. Uma vez, uma das vacas ainda estava consciente quando eu a amarrei no trilho, mas não percebi. Quando ela estava balançando de cabeça para baixo, me mandou uma patada na bunda e eu saí voando de cabeça para baixo na canaleta de sangue. Quando me tiraram, eu parecia um porra de um recém-nascido. Minhas roupas estavam ensopadas de sangue, meus sapatos estavam cheios de sangue e meu cabelo estava todo emaranhado. Até minha boca estava cheia de sangue. E não é só sangue que vai pela canaleta. Há outras substâncias que é melhor nem mencionar. Ninguém queria se sentar perto de mim no ônibus por várias semanas, de tanto que eu fedia.

Tive muitas funções em Digbeth. Acabei me especializando em tripas por um tempo: cortar o estômago da vaca, colocá-lo nesse grande carrinho de mão, depois deixar de molho toda a noite. Também fui arrancador de pata. Tripa é uma coisa, mas não sei quem gosta de comer pata. Também passei um tempo matando porcos. Dizem que a única coisa que não se aproveita num porco é o guincho, e é verdade. Cada parte daquelas coisas transforma-se em algum tipo de produto, de uma forma ou de outra. Meu trabalho consistia em pegar umas pinças com esponjas na ponta, mergulhá-las na água, colocá-las na cabeça do porco, apertar um botão na manivela e fazer com que o porco desmaiasse. Novamente, nem sempre funcionava na primeira vez, mas ninguém se importava. Os caras costumavam zoar os porcos às vezes, cometendo todo tipo de atrocidade. Seria como Auschwitz num dia ruim; a loucura tomava conta. Às vezes, os porcos eram jogados num tanque de água fervente ainda conscientes. Ou ainda estavam acordados quando eram colocados numa fornalha que queimava todo o pelo das costas. Eu me arrependo de muita coisa agora. Matar um porco para comer é uma coisa. Mas não há nenhuma desculpa para a crueldade, mesmo se você é um adolescente de saco cheio.

Você tem uma perspectiva diferente em relação à carne depois de trabalhar num abatedouro por algum tempo. Lembro de ter ido a um acampamento depois de Digbeth e estava fazendo um churrasco. Algumas vacas da fazenda ao lado vieram até ali perto, cheirando, como se soubessem que algo estava errado. Comecei a me sentir estranho. "Tenho certeza de que não era nenhuma vaca que vocês conheciam", falei, mas elas não foram embora. Arruinaram a porra do meu churrasco. Não parece certo comer carne quando se está na companhia de uma vaca.

Eu adorava meu emprego em Digbeth, no entanto. Os caras com quem trabalhava eram bem loucos e sempre dispostos a se divertir. E, depois de terminar com a matança, era possível ir para casa. Assim, se começasse cedo, dava para ir embora às nove ou dez da manhã. Lembro que recebíamos na quinta e íamos direto para o pub. O que sempre era uma desculpa para praticar minha piada favorita — colocar olhos de vaca nas bebidas das pessoas. Eu roubava um monte do abatedouro, só para fazer isso. A melhor coisa era encontrar uma garota sensível e, quando ela ia até o banheiro, colocar um olho em sua Coca. Elas ficavam loucas quando viam aquela merda. Uma vez, o dono me expulsou porque fiz alguém vomitar por todo o tapete. Por isso peguei outro olho, fiquei do lado de fora e o arrebentei com uma faca. Isso fez com que outras pessoas vomitassem também e, por alguma razão, achei isso brilhante.

Outra coisa ótima em Digbeth era o clube noturno do outro lado da rua chamado Midnight City. Eles tocavam soul music, de modo que depois de sair do pub eu podia dançar até as cinco da manhã, com uma força do Dexedrine. Aí eu voltava para o abatedouro e matava mais umas vacas. Eu continuava assim durante todo o fim de semana até o domingo à noite, quando voltava para a Lodge Road 14.

Era mágico.

Fiquei uns dezoito meses no abatedouro. Tendo sido removedor de intestino, matador de vaca, pendurador de tripa, cortador de pata e "torturador" de porco, meu trabalho final foi de coletor de gordura. Um animal tem o que se conhece como mesentério, uma camada de gordura ao redor do estômago — meio como uma barriga de cerveja —, e meu trabalho era cortar isso, esticar e pendurar num poste a noite toda para secar, assim dava para guardar na manhã seguinte. A maior parte é usada para maquiagem feminina. Mas antes de pendurar para secar era preciso limpar. Eles tinham esse grande tanque de água fervendo e o truque era limpar a gordura usando o vapor, depois lavar, colocá-la numa estante e pendurar nos postes.

Mas os caras no abatedouro sempre ficavam zoando. Cortavam as tiras do avental de açougueiro quando você estava em cima do tanque, para que todo o sangue, a merda e vai saber o que mais sujasse suas roupas. Fiquei cheio de fazerem isso comigo e estava puto com um cara em especial. Uma vez, estava inclinado sobre o tanque, e esse cara veio atrás de mim e cortou as tiras do meu avental. Sem pensar, me virei e acertei sua cabeça com um dos postes de gordura. Só perdi a paciência, cara. Foi uma cena pesada. Eu o acertei algumas vezes e o sangue começou a sair da cara dele. No final, tiveram de mandá-lo para o hospital.

Foi o fim do abatedouro para mim.

— Vai se foder e não volte — disse o chefe.

†

Foi por isso que eu me tornei John, o Ladrão. Realmente não poderia encarar outro trabalho em fábrica. A lembrança de Harry e seu relógio de ouro, além do salário de duas libras por semana, era demais para mim.

Mas logo aprendi minha lição quando me mandaram para Winson Green. Uma hora é muito naquele lugar de merda, imaginem três meses. A primeira coisa que fiz foi perguntar o que queriam dizer quando falaram do meu cabelo e dos chuveiros. Aí passei o resto da semana pedindo uma tesoura para poder parecer menos com uma garota. Toda manhã durante o banho eu ficava com a mão nas minhas bolas e de costas para a parede, estava morrendo de medo. Se o sabonete caía, ficava no chão.

Eu não ia me abaixar para pegar.

Mas eu tinha outras preocupações, além de ser estuprado. Muitos presos morriam naquele lugar se cruzassem com o cara errado. Havia brigas todo dia e eu era muito ruim brigando. Então fiz a mesma coisa que em Birchfield Road: encontrei o cara mais fodido e mais forte no pátio de exercícios e o fiz rir com minhas palhaçadas.

Foi a minha proteção.

A prisão era exatamente como eu imaginava, com portas pesadas, chaves e diferentes níveis para diferentes categorias de prisioneiros, cada uma com seu próprio terraço virado para a área central. Estava na "Ala YP", que significava "Young Offenders" [Infratores Jovens], e no nível acima do nosso ficavam os prisioneiros adultos que estavam esperando julgamento ou sentença. Assassinos, estupradores, ladrões de banco — todo tipo de gente indesejável que você imagina estava ali em cima. Tudo que eles conseguiam contrabandear era incrível. Tinham cerveja, cigarro, toda a merda — apesar de que qualquer tipo de tabaco era muito valorizado. Fumar ajuda a matar o tédio, que era o pior inimigo. Mesmo bitucas de cigarro velho valiam uma fortuna ali dentro.

Fazer tatuagens era outra forma de passar o tempo mais rapidamente. Um dos caras me mostrou como fazer sem uma agulha apropriada.

Desenhou o Santo no meu braço com uma caneta — eu era fã da série desde que ela começou, em 1962 — e depois usou um alfinete de costura que tinha roubado e um pouco de graxa derretida para fazer a tatuagem.

Eu comecei a tatuar todo o meu corpo depois que saí de Winson Green. Até coloquei uma cara sorridente nos dois joelhos para me alegrar quando estava sentado na privada de manhã. Outra coisa que aprendi na prisão foi dividir fósforos. Eram uma mercadoria bem escassa, assim os caras tinham inventado uma forma de fazer quatro com uma agulha. Eu me lembro de ter pensado: Se eram inteligentes o suficiente para fazer isso, por que esses caras não eram milionários?

Minha lembrança mais vívida de Winson Green é de quando Bradley entrou. Era um notório molestador de crianças e foi parar numa cela um nível acima da Ala YP. Eles colocaram uma grande placa do lado de fora de sua porta onde estava escrito "REGRA 43". Isso significava que ele devia ter uma guarda vinte e quatro horas, para protegê-lo dos outros prisioneiros. Eles o teriam enforcado, se tivessem alguma chance. Mas os guardas odiavam Bradley tanto quanto os presos — o cara tinha sido condenado por abusar de dezessete crianças, incluindo seu próprio filho — e eles faziam tudo para tornar a vida dele um inferno. Uma vez, vi um cara enorme com uma tatuagem de cobra na cara dando uma surra em Bradley, e os guardas só olhavam para o outro lado, nem falaram nada. Só o primeiro soco deve ter quebrado o nariz de Bradley. Um monte de sangue, muco e cartilagem caiu de sua boca e ele gemia de dor.

Meu trabalho na prisão era distribuir comida. Os presos vinham com essas bandejas com pequenos compartimentos e eu colocava carne gordurosa e ervilhas ou qualquer outra merda nojenta que tinha sido cozinhada naquele dia. Sempre que Bradley chegava, o guarda responsável me dizia: "Osbourne, não dê nada para esse merda". Então, eu não colocava quase nada para ele. Bradley precisava ser acompanhado até a cantina para garantir que nada aconteceria com ele, mas isso nem sempre funcionava. Lembro de uma vez, quando ele quase não tinha comido nada durante semanas e pediu ao cara que estava servindo o mingau: "Pode me dar um pouco mais, por favor?". O cara só olhou para ele. Aí enfiou a grande e pesada concha de volta na panela, tirou, girou e enfiou na cara de Bradley. Nunca vou esquecer o som daquela porra de concha de mingau na cabeça dele. *Tuc!* Seu nariz ainda não estava bom do último ataque e explodiu de novo. Bradley chorava, gritava e cambaleava, mas o guarda bateu na bunda dele com o cassetete e mandou que seguisse a fila. Era uma situação pesada.

Bradley se recusou a sair da cela depois disso.

Isso se tornou um problema para os guardas, porque os regulamentos da prisão diziam que era preciso fazer uma busca na cela toda noite, sair e limpar o chão toda manhã. Assim, quando o chefe da prisão percebeu que Bradley não estava saindo para comer, todos esses alarmes da prisão começaram a tocar. Eu estava na cozinha no momento. Um guarda veio até mim e um dos outros caras e disse: "Vocês dois, quero que tirem aquele pedaço de merda nojento e levem para o banho. E quero que o limpem".

Não sei quanto tempo eles tinham deixado Bradley apodrecer na cela antes de soar o alarme, mas deve ter sido por alguns dias, julgando pelo estado em que se encontrava. O tanque que deveria usar como privada estava derrubado e havia mijo e merda por todos os lados. O próprio Bradley estava coberto de merda, também. Nós o arrastamos e demos um banho de água gelada nele. Aí usamos as vassouras do pátio para esfregá-lo. Todo o seu rosto estava inchado e escuro, o nariz estava todo ferrado, e ele tremia e chorava. Senti pena do cara. As pessoas dizem que os molestadores de crianças não sofrem muito. Acreditem, não é verdade. Eu me surpreendo por Bradley não se matar. Talvez fosse covarde. Talvez não tivesse encontrado uma forma.

Num dos meus últimos dias em Winson Green, estava caminhando pelo pátio de exercícios e vi um cara que conhecia.

— Ei, Tommy! — gritei.

Tommy olhou, sorriu e veio na minha direção, batendo os braços para se esquentar enquanto fumava um cigarro.

— Ozzy? — ele disse. — Caralho, cara, é você!

Tommy tinha trabalhado comigo no abatedouro Digbeth. Era um dos caras que laçavam as vacas antes de eu acertá-las com a arma de pressão. Ele perguntou há quanto tempo eu estava ali e contei que tinha sido condenado a três meses, mas por causa do meu trabalho na cozinha e da minha ajuda com Bradley eles iam me liberar depois de seis semanas.

— Bom comportamento — disse. — Quanto tempo você pegou?

— Quatro — ele respondeu, soltando a fumaça do seu cigarro.

— Semanas?

— Anos.

— Que merda, Tommy. O que você fez, roubou a Rainha?

— Roubei uns cafés.

— Quanta grana?

— Merda nenhuma. Mas levei uns duzentos pacotes de cigarros, umas barras de chocolate e coisas assim.

— Quatro anos por uns cigarros e chocolates?

— Terceira prisão. O juiz disse que não tinha aprendido minha lição.

— Que merda, Tommy.

Ouvimos um apito e um dos guardas nos mandou continuar andando.

— A gente se vê, Ozzy.

— Claro que sim, Tommy.

Meu velho tinha feito a coisa certa não pagando minha fiança. Eu nunca mais voltaria para a prisão depois de Winson Green e realmente consegui ficar longe da prisão. Cadeia, tudo bem. Mas prisão, nunca.

Tendo dito isso, eu passei perto umas duas vezes.

Não estou orgulhoso de ter passado esses meses na prisão, mas é uma parte da minha vida, sabe? Então não tento fingir que nunca aconteceu, como algumas pessoas. Se não fossem aquelas seis semanas, vai saber o que eu teria feito. Talvez eu tivesse me tornado meu amigo Pat, meu parceiro no roubo de maçãs de Lodge Road. Ele continuou se envolvendo com coisas cada vez mais perigosos. Acabou se metendo com uns caras realmente perigosos. Drogas, acho que era. Nunca soube os detalhes, porque nunca perguntei. Quando saí, me afastei de Pat, porque não queria saber mais daquelas coisas. Mas de vez em quando a gente se cruzava, tomava umas cervejas e conversava. Era um cara legal. As pessoas sempre são rápidas em falar mal de alguém, mas Patrick Murphy era legal. Ele só tomou algumas decisões erradas e era difícil sair. No final, acabou virando Prova da Rainha, o que significa ter a sentença diminuída por entregar provas ou alguém que é mais importante. Quando sai da prisão, eles dão uma nova identidade. Ele foi mandado para viver em Southend ou algum lugar assim. Ficava sob proteção policial vinte e quatro horas por dia. Mas depois de anos esperando que ele saísse da prisão, sua esposa pediu o divórcio. Pat foi até a garagem, ligou o carro, colocou uma mangueira no escapamento e prendeu na janela do motorista. Entrou e esperou até que o monóxido de carbono o matasse.

Tinha trinta e poucos anos.

Quando fiquei sabendo, liguei para sua irmã, Mary, e perguntei se ele estava drogado quando se matou. Ela respondeu que não tinham encontrado nada: ele tinha feito aquilo completamente sóbrio.

Era o meio do inverno de 1966 quando saí da prisão. Puta merda, cara, estava frio. Os guardas ficaram com pena de mim e me deram um casaco velho para usar, mas ele cheirava muito mal. Entregaram o saco plástico com minhas coisas e colocaram sobre a mesa. Carteira, chaves, cigarros. Lembro de ter pensado: Como deve ser receber suas coisas depois de trinta anos, quando tudo é como uma cápsula do tempo de um universo alternativo? Depois de ter assinado alguns formulários, eles abriram a porta, empurraram um portão coberto de arame farpado e eu saí na rua.

Era um homem livre, e tinha sobrevivido na prisão sem estuprarem meu rabo ou tomar uma surra violenta.

Então por que cacete eu estava *triste*?

2

Ozzy Zig precisa de uma banda

Toc-toc.

Olhei pela cortina da sala e vi um cara com nariz grande, cabelo comprido e bigode do lado de fora da porta. Ele parecia um cruzamento de Guy Fawkes* e Jesus de Nazaré. E aquela...? Vai se foder, era. Ele estava usando calças de *veludo*.

— JOHN! Atenda a porta!

Minha mãe podia acordar metade do cemitério de Aston com o volume da sua voz. Desde que eu tinha saído da prisão, ela ficava enchendo meu saco. A cada dois segundos era: "John, faça isso. John, faça aquilo". Mas eu não queria atender a porta logo. Precisava de um momento para preparar minha cabeça, controlar os nervos. Esse cara parecia sério.

Podia ser algo importante.

Toc-toc.

— JOHN OSBOURNE! *ATENDE A MERDA...!*

— Estou indo! — Caminhei pelo corredor, girei a maçaneta da porta da frente e a abri.

— Você é... "Ozzy Zig"? — perguntou aquele Guy Fawkes, num sotaque de Birmingham.

— Quem quer saber? — perguntei, cruzando os braços.

* Soldado inglês católico que participou da Conspiração da Pólvora para tentar matar o Rei James I em 1605. Acabou preso e enforcado. (N. do T.)

— Terry Butler — respondeu. — Vi seu anúncio.

Era exatamente o que eu esperava que ele dissesse. A verdade era que eu tinha esperado muito tempo por esse momento. Sonhava com isso. Fantasiava o tempo todo. Eu tinha conversas comigo mesmo na privada sobre esse momento. Um dia, pensava, as pessoas iriam escrever artigos nos jornais sobre meu anúncio na janela da Ringway Music, dizendo que tinha sido o momento em que a vida de John Michael Osbourne, ex-afinador de buzinas, tinha mudado. "Diga-me, Sr. Osbourne", Robin Day, da BBC, me perguntava, "quando o senhor era garoto em Aston, achava que um simples anúncio numa loja musical iria levá-lo a se transformar no quinto membro dos Beatles e sua irmã Iris acabaria se casando com Paul McCartney?" E eu respondia: "Nem em um milhão de anos, Robin, nem em um milhão de anos".

Era um anúncio legal pra caralho. "OZZY ZIG PRECISA DE UMA BANDA", dizia em letras maiúsculas. Embaixo eu tinha escrito: "Vocal com experiência, possui sistema de PA", e aí tinha colocado o endereço (Lodge Road 14) onde eu poderia ser encontrado entre seis e nove nas noites de semana. Quando eu não estava no pub, tentando que me pagassem uma bebida. Ou no rinque de gelo Silver Blades. Ou em algum outro lugar.

Não tínhamos telefone naquela época.

Não me pergunte de onde surgiu o "Zig" em "Ozzy Zig". Só surgiu na minha cabeça, um dia. Depois que saí da prisão, estava sempre pensando em novas formas de me promover como cantor. As chances de conseguir eram uma em um milhão — e mesmo assim eram otimistas —, mas eu faria qualquer coisa que pudesse me salvar do destino de Harry e seu relógio dourado. Além disso, bandas como Move, Traffic e Moody Blues estavam provando que não era preciso ser de Liverpool para ter sucesso. As pessoas estavam falando sobre "brumbeat" ser o próximo "merseybeat". Independentemente de que merda isso significasse.

Não vou fingir que consigo me lembrar de cada palavra da conversa que tive com o cara estranho, com calças de veludo, na porta de casa aquela noite, mas tenho quase certeza de que foi algo mais ou menos assim:

— Então você tem uma banda para mim, Terence?

— Me chamam de Geezer.

— *Geezer?*

— É.

— Está se mijando?

— Não.

— Como em "Aquele ancião* cagou nas calças"?

— É uma piada muito engraçada para um cara que sai por aí se apresentando como "Ozzy Zig". E que merda é essa no alto da sua cabeça, cara? Parece que você teve um acidente com um cortador de grama. Não dá para subir no palco *assim*.

Na verdade, eu tinha raspado minha cabeça durante uma das minhas fases mod, mas no momento eu já era roqueiro de novo, então estava tentando deixá-lo crescer. Eu tinha muita consciência de como estava meu cabelo, para dizer a verdade, então não gostei do que Geezer falou. Quase respondi com uma piada sobre o narigão dele, mas no final pensei melhor e só disse:

— Então, você tem algum show para mim ou não?

— Você ouviu falar da banda Rare Breed?

— Claro que sim. Vocês são os caras com luzes estroboscópicas e o cara hippie com bongôs ou algo assim, certo?

— Somos nós. Só que acabamos de perder nosso cantor.

— Ah, é?

— O anúncio dizia que você tinha seu próprio sistema PA — disse Geezer, indo direto ao ponto.

— É verdade.

— Você já cantou em alguma banda antes?

— Porra, claro que sim.

— Bem, você está dentro, então.

E foi como eu conheci Geezer.

* *Old Geezer* significa ancião. (N. do T.)

Ou, pelo menos, é como eu me lembro. Eu era um safado mal-humorado naqueles dias. Você aprende a ser assim quando está tentando encontrar sua chance. Eu também estava ficando bastante inquieto: muitas das coisas que nunca tinham me importado muito antes agora começavam a encher o saco de verdade. Como ainda viver com meus pais na Lodge Road 14. Como ainda não ter dinheiro. Como ainda não estar numa banda.

As merdas hippies que tocavam no rádio depois que saí de Winson Green também me cansavam, muito. Todos esses moleques estudantes iam comprar músicas como "San Francisco (Be Sure to Wear Some Flowers in Your Hair)". *Flores no cabelo?* Faça-me o favor.

Eles até tinham começado a tocar aquela merda nos pubs ao redor de Aston. Você ficava sentado lá com sua cerveja e seus cigarros, seus ovos e picles, numa bosta de mesa amarela, indo mijar a cada cinco minutos, com todo mundo cansado, quebrado e morrendo de envenenamento por amianto ou outra merda tóxica que respiravam todo dia. Aí, de repente, ouvia essa merda hippie sobre "pessoas gentis" indo para love-ins em Haight-Ashbury, onde quer que fosse essa merda de lugar.

Quem se importava com o que as pessoas estavam fazendo em San Francisco? As únicas flores que a gente via em Aston eram aquelas que jogavam no buraco depois do enterro quando alguém morria com cinquenta e três anos porque tinha trabalhado sem parar até bater as botas.

Eu odiava aquelas músicas hippies, cara.

Realmente odiava.

Estavam tocando uma quando começou uma briga no pub, uma vez. Lembro desse cara me dando uma chave de braço e tentando arrancar meus dentes, e só ouvia no rádio essa merda de "kumbaya" tocando numa porra de carrilhão e algum estúpido com uma voz de mármore gorjeando algo sobre "estranhas vibrações". Enquanto isso, o cara que estava tentando me matar me arrastou até a rua e começou a socar minha cara. Consegui sentir meu olho inchando e o sangue escorrendo do meu nariz. Soquei o cara também, fazia qualquer coisa para tirá-lo de cima de mim, e havia uma roda de caras em volta da gente gritando: "ACABA COM ELE, ACABA COM ELE". Aí, *CRRRRAAAAASSSSSHHHHH!*

Quando abri os olhos estava deitado, semiconsciente, em cima de um monte de vidro quebrado, um monte de cortes nos braços e pernas, minha roupa rasgada, as pessoas gritando, sangue por todos os lados. Não sei como, durante a briga, perdemos o equilíbrio e caímos para trás, direto numa vitrine. A dor era inacreditável. Aí eu vi uma cabeça toda amassada ao meu lado e quase me caguei nas calças. Por sorte era de um dos manequins, não uma cabeça *de verdade*. Aí, ouvi sirenes e tudo ficou escuro.

Passei quase a noite toda no hospital sendo costurado. O vidro arrancou tanta pele que eu quase perdi uma tatuagem, e os médicos me disseram que as cicatrizes na minha cabeça iam ficar para sempre. Isso não seria um problema, enquanto eu não ficasse careca. No ônibus, de volta para casa, no dia seguinte, lembro de cantar "San Francisco" e pensar: deveria escrever minha própria música anti-hippie. Até tinha um título: "Aston (Be Sure to Wear Some Glass in Your Face)".

O engraçado é que nunca fui muito de brigar. Melhor um covarde vivo do que um herói morto, esse era o meu lema. Mas, por alguma razão, eu continuava me metendo em brigas quando era jovem. Talvez parecesse que eu queria brigar, acho. Minha última grande briga foi em outro pub, perto de Digbeth. Não tenho ideia de como começou, mas lembro de copos, cinzeiros e cadeiras voando por todo o lugar. Eu estava muito puto, aí quando um cara caiu de costas em cima de mim eu o empurrei para outro lado. Mas o cara se levantou, com o rosto muito vermelho, e disse:

— Era melhor não ter feito isso, lindinho.

— Fazer o quê? — perguntei, todo inocente.

— Não brinque comigo.

— Que tal essa brincadeira, então? — perguntei e tentei acertar o cara. Isso teria sido uma coisa razoável a se fazer, se não fosse por duas questões: primeiro, eu tinha caído quando o empurrei; e, segundo, o cara era um policial. Um segundo depois eu estava de cara no tapete do pub e ouvia a voz dele gritando comigo:

— Você acabou de atacar um policial, seu vagabundo. Está fodido.

Assim que ouvi isso, me levantei e saí correndo. Mas o policial correu atrás de mim e me derrubou na calçada. Uma semana depois eu estava na frente do juiz com o lábio inchado e dois olhos roxos. Por sorte, a multa foi somente algumas libras, que eu podia pagar. Mas fiquei pensando: Eu realmente quero voltar para a prisão?

Meus dias de boxeador terminaram logo depois disso.

Quando meu velho descobriu que eu estava tentando entrar numa banda, se ofereceu para me comprar um PA. Até hoje não tenho ideia do motivo: ele quase não conseguia colocar comida na mesa, muito menos conseguir um empréstimo de duzentas e cinquenta libras para comprar um amplificador e dois alto-falantes. Mas naquela época não dava para se chamar de cantor sem seu próprio PA. Era o mesmo que tentar ser baterista sem ter uma bateria. Até meu velho sabia disso. Então ele me levou para a loja de música de George Clay perto do clube noturno Rum Runner, em Birmingham, e escolhemos um sistema Vox de cinquenta watts. Espero que meu pai tenha percebido como sou grato por isso. Afinal, ele nem gostava da música que eu ficava ouvindo o tempo todo.

Ele me dizia: "Deixe-me dizer algo sobre os Beatles, filho. Eles não vão durar cinco minutos. Eles não têm *canções*. Não dá para cantar essas loucuras no pub".

Fiquei louco por ele achar que os Beatles não tinham "canções". "Taxman"? "When I'm Sixty-Four"? Era preciso ser surdo para não apreciar aquelas melodias.

Eu não conseguia entender o que havia de *errado* com ele. Mesmo assim, não ia discutir — não depois de ele ter me dado duzentas e cinquenta libras.

Claro, assim que as pessoas descobriram que eu tinha meu próprio PA, me tornei o Sr. Fodão Popular. A primeira banda que me convidou chamava-se Music Machine, e o líder era um cara chamado Mickey Breeze.

"Ambiciosos" não era uma palavra que alguém usaria para nos descrever. Nosso grande sonho era tocar num pub para ganhar umas cervejas como pagamento. O problema era que, para tocar num pub, devíamos saber tocar. E nunca chegamos a aprender a tocar, porque estávamos sempre no pub, falando como um dia íamos tocar num pub e ganhar cerveja como pagamento. A Music Machine nunca fez um show, até onde me lembro.

Depois de uns meses sem grandes mudanças, finalmente fizemos algo: mudamos nosso nome. A partir de então, Music Machine era The Approach. Não fez nenhuma diferença, no entanto. Tudo que fazíamos era passar por infinitas sessões de afinação, aí eu cantava com a voz bem aguda enquanto os outros tentavam lembrar os acordes de algum cover ruim. Eu costumava brincar que dava para saber que eu tinha trabalhado num abatedouro, porque eu era muito bom em abater músicas como "(Sitting on the) Dock of the Bay". Mas pelo menos eu era capaz de manter o tom e alcançar as notas mais agudas sem quebrar as janelas e sem que os gatos tentassem transar comigo, o que já era algo. E o que faltava em termos de técnica, eu completava com entusiasmo. Sabia pelas palhaçadas nas aulas de Birchfield Road que conseguia divertir as pessoas, mas para isso eu precisava de shows. Mas The Approach quase não conseguia ensaiar, quanto mais fazer um show.

Foi por isso que coloquei o anúncio na Ringway Music. A loja ficava em Bull Ring, um megashopping de concreto que tinham acabado de inaugurar no centro de Birmingham. Era uma monstruosidade, aquele lugar. A única forma de entrar era através dos túneis do metrô que fediam a mijo e estavam cheios de ladrões, traficantes e mendigos o tempo todo.

Mas ninguém ligava: o Bull Ring era o novo lugar para encontrar seus amigos, então todo mundo ia lá.

E Ringway Music — que basicamente vendia o mesmo tipo de coisas da George Clay's — era a melhor loja do lugar. Todos os caras cool ficavam por ali, fumando, comendo batata frita, discutindo sobre os discos que estavam ouvindo na época. Tudo que eu precisava, achei, era me misturar com esses caras e daria tudo certo. Então escrevi o anúncio e, claro, umas semanas depois, Geezer veio bater na minha porta.

Agora, ele não era um cara normal, o Geezer. Para começar, nunca falava palavrões. Estava sempre lendo livros sobre poesia chinesa ou guerras da Grécia antiga ou alguma merda como essa. Tampouco comia carne. A única vez que o vi comer carne foi quando estávamos encalhados na Bélgica, quase morrendo de fome, e alguém nos deu um cachorro-quente. Ele foi parar no hospital no dia seguinte. A carne simplesmente não se dá bem com ele — o cara não se dá bem com o velho e bom sanduíche de bacon. Quando o conheci, ele também fumava muita maconha. A gente saía, ia até um clube, digamos, e ele começava a falar sobre *worm holes* na vibração da consciência ou alguma outra merda louca dessas. Mas também tinha um senso de humor seco. Eu sempre fazia palhaçadas, tentando fazer com que ele acabasse rindo, o que me deixava feliz e a gente ficava rindo por horas.

Geezer tocava guitarra-base na Rare Breed e não era ruim. Mas o mais importante era que tinha a imagem adequada, com o cabelo de Jesus e o bigode de Guy Fawkes. Ele tinha grana, também. Havia estudado, por isso tinha um emprego de verdade, como contador trainee numa fábrica. Eles pagavam pouco, mas ele provavelmente ganhava mais do que eu, apesar de ser um ano mais novo. E devia gastar quase tudo em roupas. Estilosas, nada era absurdo para Geezer. Ele aparecia para ensaiar com calças verde-limão e botas de plataforma prateadas. Eu olhava para ele e dizia: "Por que merda você quer usar *isso?*".

Eu não era exatamente um cara que se vestia de forma conservadora, entendam. Andava com uma velha camiseta de pijama com uma torneira presa a uma corrente como colar. A verdade é que não era fácil tentar se parecer com uma estrela de rock sem a porra do dinheiro. Você precisa usar a imaginação. E eu nunca usava sapatos — nem mesmo no inverno. As pessoas me perguntavam onde eu "me inspirava para a moda", e eu respondia: "Minha inspiração é a completa falta de grana, nem mesmo tomo banho".

A maioria das pessoas achava que eu tinha saído direto de um hospital psiquiátrico. Mas eles olhavam para Geezer e pensavam: aposto que ele tem uma banda. O cara estava com tudo. É um cara muito inteligente, provavelmente poderia ter tido sua própria empresa, com seu nome na porta: Geezer & Geezer Ltda. Mas a coisa mais impressionante que ele fazia era escrever letras realmente intensas sobre guerras e super-heróis, magia negra e um monte de outras coisas doidas. Na primeira vez que ele me mostrou as letras, eu apenas disse: "Geezer, precisamos começar a escrever nossas próprias músicas, assim podemos usar essas letras. Elas são incríveis".

Ficamos muito amigos, Geezer e eu. Sempre vou me lembrar quando andávamos por Bull Ring na primavera ou começo do verão de 1968 e, de repente, um cara com cabelo enrolado loiro e as calças mais apertadas que já vi apareceu do nada e deu um tapa nas costas de Geezer.

— Porra, se não é o Geezer Butler.

Geezer se virou e disse:

— Rob! Como você está, cara?

— Ah, sabe... poderia ser pior.

— Rob, esse é Ozzy Zig — disse Geezer. — Ozzy, esse é Robert Plant, ele cantava na Band of Joy.

— Ah, *claro* — falei, reconhecendo o cara. — Fui ver um dos seus shows. Puta voz legal, cara.

— Valeu — respondeu Plant, dando-me um de seus sorrisos charmosos.

— Então, o que você anda fazendo? — perguntou Geezer.

— Bom, já que você mencionou, me chamaram para uma banda.

— *Legal*. Qual é?

— Yardbirds.

— *Uau!* Parabéns, cara. São ótimos. Mas eles não tinham se separado?

— Tinham, mas o Jimmy, sabe, o guitarrista, Jimmy Page, ainda está com a banda. Também o baixista. E eles têm umas obrigações contratuais na Escandinávia, então querem montar algo.

— Isso é ótimo — disse Geezer.

— Bom, não sei se vou fazer os shows, para dizer a verdade — disse Plant, dando de ombros. — Tenho umas coisas legais rolando por aqui, sabe? Para dizer a verdade, acabei de montar uma nova banda.

— Oh, hã... legal — falou Geezer. — Qual é o nome?

— Hobbstweedle — disse Plant.

†

Mais tarde, quando Plant foi embora, perguntei a Geezer se o cara estava louco.

— É sério que ele vai desistir de uma turnê com Jimmy Page por essa Hobbsporcaria? — perguntei.

Geezer deu de ombros.

— Acho que deve estar preocupado, com medo de que a coisa não dê certo. Mas ele vai fazer, se os caras mudarem de nome. Não podem ficar se chamando de "New Yardbirds" por muito tempo.

— É melhor do que essa porra de Hobbstweedle.

— É verdade.

Encontrar alguém como Robert Plant não era raro quando você estava com Geezer. Ele parecia conhecer *todo mundo*. Era parte da turma cool, então íamos para as festas legais, tomávamos as melhores drogas e saíamos com os caras mais fodas. Realmente abriu minha cabeça e eu adorava ser parte daquilo. Mesmo assim, ainda havia um grande problema sobre nossos ombros: nossa banda, Rare Breed, era uma merda. A gente fazia o Hobbstweedle parecer como a porra do The Who. Quando eu entrei, eles estavam numa onda "experimental": tinham toda aquela parafernália de palco e luzes estroboscópicas, como se estivessem querendo ser o próximo Pink Floyd. Agora, não havia nada errado em tentar ser o próximo Pink Floyd — mais tarde, eu até curti tomar algumas drogas ouvindo "Interstellar Overdrive" —, mas a gente não conseguia fazer o mesmo. Pink Floyd era música para garotos ricos da faculdade e nós éramos o exato oposto daquilo. Assim, Rare Breed não estava indo para lugar nenhum, e nós sabíamos disso. Os ensaios eram uma longa discussão sobre quando o solo de bongô deveria entrar. Pior de tudo, havia um cara na banda que se chamava Brick e ele se vestia como um hippie de San Francisco.

— Brick é um otário — eu dizia para Geezer.

— Ah, ele é legal.

— Não, Brick é um *otário*.

— Dá um tempo, Ozzy.

— Ele é um *otário*, aquele Brick.

E por aí eu continuava.

Eu me dava bem com os outros caras da banda. Mas com Brick ali, me deixando cada vez mais puto, o Rare Breed nunca poderia durar muito. Até mesmo o Geezer começou a perder a paciência depois de um tempo.

O único show em que me lembro de ter tocado naqueles primeiros dias — e acho que foi com Rare Breed, mas pode ter sido com outro nome, com outros caras, porque a formação estava sempre mudando — foi a festa de aniversário da Estação de Bombeiros de Birmingham. A plateia era formada por dois bombeiros, um balde e uma escada. Ganhamos o suficiente para comprar uma cerveja, dividida entre seis.

Mas aquele show me deixou uma impressão, porque foi a primeira vez que tive medo do palco.

E, puta merda, cara, eu realmente fiquei com um cagaço de verdade.

Dizer que sofri de nervosismo pré-show é como dizer que dói um pouco ser alvo de uma bomba atômica. Fiquei completamente petrificado quando subi no palco. Suava. A boca mais seca que um casamento mórmon. As pernas moles. O coração disparado. As mãos tremendo. A porra toda, cara. Literalmente, quase mijei nas calças. Nunca tinha sentido nada parecido na minha vida. Lembro de ter virado uma cerveja antes para tentar me acalmar, mas não funcionou. Teria tomado vinte cervejas se tivesse dinheiro. No final, consegui cantar umas duas músicas até que estouramos um dos alto-falantes do PA. Aí acabamos o show. Não contei a meu velho sobre o alto-falante. Apenas troquei por um do rádio dele.

"Vou comprar um novo quando arranjar um emprego", falei para mim mesmo. E parecia que realmente ia procurar um emprego porque, julgando pelo show nos bombeiros, eu nunca teria uma chance na música.

Uns dias depois, decidi parar de cantar.

Lembro de ter falado com Geezer no pub:

— Já me cansei, cara, isso não vai dar em nada.

Geezer franziu a testa e ficou mexendo os dedões. Aí, com uma voz abatida, falou:

— Me ofereceram uma promoção no trabalho. Vou ser o número três no departamento de contabilidade.

— Bom, então é isso, não? — perguntei.

— Acho que sim.

Terminamos nossas bebidas, apertamos as mãos e nos separamos.

— A gente se vê, Geezer — falei.

— Fica na boa, Ozzy Zig.

Toc-toc.

Olhei pela cortina da sala e vi um cara com olhar sério, cabelo comprido e bigode na porta. Que porra era isso, *déjà vu*? Mas não, apesar do cabelo e do bigode, o cara não se parecia com Geezer. Ele parecia... um mendigo. E havia outro cara parado ao lado dele. Também tinha cabelo comprido e um bigode que parecia um bicho de tão grande. Era mais alto e se parecia um pouco com... Não, não podia ser. Não podia ser *ele*. Estacionada atrás deles na rua estava uma velha van azul com um buraco de ferrugem em cima da roda e umas letras apagadas na lateral que diziam "Mythology".

— JOHN! *Atenda a porta!*

— *Já estou indo!*

Já fazia uns meses que tinha deixado a Rare Breed. Tinha vinte anos e desistido de ser cantor ou mesmo de sair de Aston. Com ou sem PA, não ia funcionar. Tinha me convencido de que não havia sentido tentar, porque eu ia fracassar, como tinha acontecido na escola, no trabalho ou em tudo o mais que já tinha tentado. "Você não é um bom vocalista", tinha dito para mim mesmo. "Não consegue tocar nenhum instrumento, então para que ter esperança?" A Lodge Road 14 tinha se transformado na Cidade da Autocompaixão. Eu já tinha conversado com minha mãe sobre tentar conseguir meu velho emprego na Lucas. Ela estava vendo o que podia fazer. E eu tinha pedido ao dono da Ringway Music para tirar o anúncio. Ozzy Zig era um nome estúpido, de qualquer modo — Geezer estava certo. Com tudo isso, não havia nenhuma razão para que dois caras cabeludos estivessem parados na minha porta às nove da noite de uma terça-feira. Seriam amigos do Geezer? Tinham algo a ver com a Rare Breed? Não fazia nenhum sentido.

Toc-toc.

Toc-toc.

Toc-toc-toc-toc.

Girei a maçaneta e abri. Uma pausa estranha. Aí o cara mais baixo e mais desleixado perguntou:

— Você é... Ozzy Zig?

Antes que eu pudesse responder, o cara maior se inclinou e me olhou de perto. Agora eu sabia com certeza quem era o cara. E ele me conhecia também. Fiquei congelado.

— Ah, que merda — ele falou. — É *você*.

Não podia acreditar. O cara na minha porta era Tony Iommi: o bonitão que estava um ano na minha frente em Birchfield Road, que levara sua guitarra elétrica no Natal, deixando os professores loucos com o barulho. Há cinco anos não o via, mas tinha ouvido falar dele. Tinha se tornado meio que uma lenda em Aston depois de deixar a escola. Todo mundo sabia quem era ele. Se quisesse estar numa banda com alguém, esse cara era o Tony. Infelizmente, ele não sentia o mesmo em relação a mim.

— Vamos, Bill — disse para o cara que parecia um mendigo. — É uma perda de tempo. Vamos embora.

— Espere um minuto — disse Bill. — Quem é esse cara?

— Vou te contar uma coisa: o nome dele não é "Ozzy Zig". E ele também não é vocalista. Ele é o Ozzy Osbourne e é um idiota. Vamos, vamos embora daqui.

— Espere um minuto — eu interrompi. — Como vocês conseguiram esse endereço? Como sabem de Ozzy Zig?

— "Ozzy Zig precisa de uma banda" — disse Bill, dando de ombros.

— Eu falei para tirarem aquela porra de cartaz há meses.

— Bom, você deveria pedir de novo porque está lá até hoje.

— Na Ringway Music?

— Na janela.

Tentei não parecer muito satisfeito.

— Tony — disse Bill. — Não podemos dar uma chance para esse cara? Ele parece legal.

— Dar uma chance? — Tony já tinha perdido a paciência. — Ele era o palhaço da escola! Não vou montar uma banda com esse merda tonto.

Não conseguia pensar em nada para dizer, então fiquei ali parado, olhando para o chão.

— Mendigos não podem ficar escolhendo muito, Tony — falou Bill. — É por isso que estamos aqui, não?

Mas Tony só bufou e começou a andar de volta para a van.

Bill balançou a cabeça e me fez um movimento com os ombros, como se dissesse: "Desculpa, cara. Não posso fazer nada".

Parecia ser o fim. Mas aí algo chamou a minha atenção. Foi a mão direita de Tony. Havia algo errado com ela.

— Que merda, Tony — eu falei. — O que aconteceu com seus dedos, cara?

A questão é que eu não tinha sido o único a sofrer com empregos depois de sair da escola aos quinze anos. Enquanto estava me envenenando com a máquina de desengraxar e ficando surdo com buzinas de carro, Tony estava trabalhando como aprendiz de metalúrgico. Mais tarde, ele me contou que sua educação envolvia aprender a usar um soldador elétrico.

Agora, essas coisas são letais. O maior risco é ficar exposto à radiação ultravioleta, o que pode literalmente derreter a pele do seu corpo antes de você perceber, ou fazer buracos nos seus olhos. Dá para morrer com choques elétricos ou terminar envenenado por exposição à merda tóxica que eles colocam nos painéis. Bom, Tony estava fazendo esse trabalho de solda durante o dia e tocando numa banda chamada Rocking Chevrolets no circuito de clubes à noite, esperando por uma chance. Sempre foi talentoso, mas tocar as músicas de Chuck Berry, Bo Diddley e Eddie Cochran toda noite ajudou muito. No final, um agente o viu e ofereceu uma turnê profissional na Alemanha, assim Tony decidiu sair do emprego na fábrica. Achou que ia conseguir viver de música.

Aí, tudo deu errado.

No último dia na fábrica, o cara que deveria prensar e cortar o metal antes de ser soldado não apareceu. Então, Tony precisou fazer isso.

Ainda não sei exatamente o que aconteceu — se Tony não sabia usar a máquina ou se ela estava quebrada ou o que foi —, mas essa porra de prensa acabou cortando as pontas dos dedos médio e anular da mão direita. Tony é canhoto, por isso é com a mão direita que toca no braço da guitarra. Eu fico arrepiado só de pensar naquilo, mesmo hoje. Não dá para imaginar que cena horrível deve ter sido, com todo o sangue e os gritos e a procura dos dedos no chão, depois Tony ouviu dos médicos no hospital que nunca mais seria capaz de tocar. Passou por dezenas de especialistas nos meses seguintes e todos disseram a mesma coisa: "Filho, seus dias numa banda de rock 'n' roll estão terminados, fim da história, encontre outra coisa para fazer". Ele deve ter pensado que tudo tinha terminado. Deve ter sido como se eu tomasse um tiro na garganta.

Tony ficou terrivelmente deprimido por um bom tempo depois do acidente. Não sei como ele conseguia levantar da cama de manhã. Aí, um dia, um amigo trouxe um disco de Django Reinhardt, o guitarrista de jazz cigano da Bélgica que tocava todos os seus solos usando somente dois dedos porque tinha queimado os outros num incêndio.

E Tony pensou: Bem, se o velho Django pode, eu também consigo.

No começo, tentou tocar como destro, mas isso não funcionou. Aí voltou a tocar como canhoto, tentando tocar no braço com apenas dois dedos, mas não gostou disso também. Finalmente, descobriu o que fazer. Fez um par de dedais para seus dedos lesados a partir de uma garrafa derretida de Fairy Liquid, poliu até que eles ficassem mais ou menos do mesmo tamanho de seus dedos e depois colou esses pequenos pedaços de couro nas pontas para melhorar a adesão às cordas. Soltou as cordas um pouco também, para não precisar pressionar com muita força.

Aí reaprendeu a tocar a guitarra, apesar de não ter sensação nenhuma em dois dedos. Até hoje, não tenho ideia de como fez isso. Para todo lugar que vai, ele carrega uma bolsa cheia de dedais feitos em casa e pedaços de couro e sempre mantém um ferro de soldar à mão para fazer ajustes. Sempre que o vejo tocar, fico espantado com quanto ele precisou superar. Respeito muito Tony Iommi por causa disso. E também, de uma forma estranha, acho que o acidente o ajudou, porque quando reaprendeu a tocar guitarra desenvolveu um estilo único, que ninguém será capaz de copiar. E puta merda, cara, muita gente já tentou.

Depois do acidente, Tony tocou numa banda chamada Rest. Mas seu coração não estava ali. Ele achava que toda a moda do brumbeat* era besteira e queria sair, aí, quando chamaram para fazer um teste numa banda chamada Mythology em Carlisle, ele foi na hora. Até convenceu o cantor do Rest a ir com ele. Depois que os caras da Mythology ouviram os dois, não demoraram a incorporá-los. Aí, uns dois meses depois, o baterista da Mythology saiu. E Tony chamou seu velho amigo Bill Ward, de Aston, que aceitou, feliz.

Nunca tinha ido num show da Mythology, mas me disseram que eles destruíam tudo onde tocavam: faziam um blues pesado, sujo, lamacento e faziam covers de bandas como Buffalo Springfield, Jimi Hendrix Experience e John Mayall & the Bluesbreakers — cujo novo guitarrista, na época, era Eric Clapton, que tinha saído dos Yardbirds, abrindo espaço para a entrada de Jimmy Page. Era a época clássica do rock 'n' roll e estava indo tudo bem para a Mythology. A banda logo conquistou uma excelente base de fãs em Cumberland, tocando em shows lotados em todos os lugares, abrindo para Gary Walker, dos Walker Brothers. Mas aí começaram os problemas com a justiça. Era o que acontecia na época se você tivesse cabelo comprido, bigode e calças de couro justas. Pelo que soube, o primeiro problema foi eles usarem o rótulo de uma garrafa de cerveja no lugar do adesivo de impostos na van que usavam para levar os instrumentos. O segundo foi mais complicado e acabou com a banda. O traficante que vendia maconha para eles — um estudante de Leeds, acho — foi preso. Aí os policiais fizeram uma lista dos clientes do cara, conseguiram mandados de busca e entraram no apartamento da Mythology, que ficava em Compton House, em Carlisle. Foi uma merda.

Os quatro membros da banda foram presos por posse de maconha. Isso pode não ser grande coisa hoje, mas naqueles dias era terrível. Não

---

* O brumbeat, também conhecido como o beat de Birmingham, foi um gênero de música pop desenvolvido no Reino Unido na década de 1960. Trata-se de uma fusão de rock 'n' roll, doo wop e soul. (N. do T.)

tanto por causa da punição — todos se declararam culpados e receberam uma multa de apenas quinze libras cada —, mas por causa do estigma. Ninguém contratava uma banda que tinha sido presa por drogas, porque achavam que você traria uma turma ruim. E ninguém queria problemas com a lei, não quando tinham licenças que podiam ser revogadas. No verão de 1968, os shows da Mythology tinham secado a ponto de todos ficarem quebrados. Quase não conseguiam comprar comida. Tony e Bill tinham duas escolhas: desistir de ser músicos em tempo integral e conseguir emprego em Carlisle, como os outros membros da banda estavam planejando fazer; ou voltar para Aston, onde podiam viver na casa dos pais enquanto tentavam salvar suas carreiras. Escolheram Aston, e foi assim que terminaram na porta da minha casa.

Não tinha ideia do que falar para Tony naquela noite para fazer com que ele mudasse de ideia e me desse uma chance. O fato de ter um sistema de PA provavelmente ajudou. E talvez ele tenha percebido que já tinham se passado cinco anos desde a escola; os dois tinham crescido bastante desde então. Bem, talvez eu não tivesse crescido muito, mas pelo menos sabia que não queria nunca mais voltar para a prisão ou trabalhar numa fábrica. Acho que Tony sentia o mesmo depois de ter sido preso com drogas e seu acidente na metalúrgica. E apesar de seus pais viverem decentemente — tinham uma pequena loja em Park Lane — ele tinha saído de Birchfield Road sem nenhum futuro, como eu.

Sem a música, estaríamos fodidos, os dois.

Bill também ajudou a acalmar Tony. Bill é o cara mais legal que existe. Um baterista fenomenal — como eu descobriria em seguida —, mas também um cara muito pé no chão. Dava para ver na forma como ele se vestia: era o anti-Geezer quando se tratava de moda. Se não o conhecesse, pensaria que estava vivendo dentro de uma caixa de papelão à beira da estrada M6. Durante todo o tempo que o conheço, ele nunca mudou. Anos depois, viajei de Concorde pela primeira vez com Bill. Ele estava atrasado e eu estava a bordo pensando: Onde está esse puto? No final, ele entrou no avião usando um casaco velho e carregando duas bolsas cheias de latas de sidra. Olhei para ele e disse: “Bill, você sabia que eles têm bebidas no Concorde, não? Que não precisa trazer sua própria bebida?". E ele respondeu: "Oh, não quero criar nenhum problema".

Esse é Bill Ward.

Depois que Tony tinha ficado mais tranquilo, passamos o resto da noite na parte de trás da van, fumando, contando histórias sobre a prisão, Carlisle, prisões por drogas, dedos cortados, o Sr. Jones da escola, como matar vacas com armas de pressão e quais discos de blues estávamos ouvindo ultimamente. Aí começamos a planejar nosso próximo movimento.

— Antes de fazermos algo, vamos precisar de um nome e de um baixista — disse Tony.

— Não conheço nenhum baixista — disse. — Mas conheço um cara chamado Geezer que toca guitarra-base.

Tony e Bill olharam para mim. Depois um para o outro.

— *Geezer Butler?* — disseram ao mesmo tempo.

— É.

— Aquele cara é louco — disse Bill. — A última vez que o vi, ele estava muito louco no Midnight City.

— É porque Geezer já é uma estrela de rock na cabeça dele — falei. — O que é bom. E ele não come carne, portanto vamos economizar grana na estrada. *E* ele é contador formado.

— Ozzy está certo — concordou Tony. — Geezer é um cara legal.

— Vou na casa dele amanhã e pergunto se ele quer entrar — disse. — O cara vai precisar de algum tempo para aprender a tocar baixo, mas isso não deve ser difícil, né? Só tem quatro cordas, porra.

— E o nome? — disse Tony.

Os três se entreolharam.

— Deveríamos pensar por alguns dias — eu disse. — Não sei vocês dois, mas tenho um lugar especial onde vou para pensar em coisas importantes como essa. Nunca falha.

Quarenta e oito horas depois, eu gritei:

— *Já tenho!*

— Deve ter sido aquele pássaro estranho que te picou ontem à noite — disse Geezer. — O seu pinto já ficou verde?

Tony e Bill riram sobre os pratos de ovos e batatas. Estávamos sentados num café sujo, em Aston. Até o momento, todos estavam se dando muito bem.

— Muito engraçado, Geezer — eu disse, ameaçando-o com o garfo. — Estou falando do nome da nossa banda.

Os risos morreram.

— Diga — falou Tony.

— Bom, eu estava na privada ontem à noite e…

— *Esse* é o seu lugar especial? — falou Bill, pedaços de ovos mastigados e molho voando da sua boca.

— Que merda de lugar você achou que era, Bill? — eu perguntei. — Os jardins suspensos da porra da Babilônia? Então, eu estava na privada prestes a sujar a porcelana…

Geezer grunhiu.

— … e estava olhando para a estante na minha frente. Minha mãe colocou uma lata de talco ali, certo? Ela adora aquela coisa. Quando você senta na privada depois que ela tomou banho parece a casa do Papai Noel. Bom, é essa marca barata de talco, aquela com pontos pretos e brancos do lado…

— Polka Tulk — disse Tony.

— Exato — falei. — Polka Tulk! — Olhei ao redor da mesa, sorrindo. — Brilhante pra cacete, não?

— Não estou entendendo — falou Bill, a boca ainda cheia. — O que o sovaco cheiroso da sua mãe tem a ver com nossa banda?

— The Polka Tulk Blues Band — falei. — Esse é o nosso nome!

A mesa ficou tão quieta que dava quase para ouvir o vapor subindo das quatro canecas de chá na nossa frente.

— Alguém tem uma ideia melhor? — perguntou Tony.

Silêncio.

— Está decidido, então — falou. — Somos a Polka Tulk Blues Band, em homenagem aos sovacos cheirosos da mãe do Ozzy.

— Ei! — falei. — Chega disso! Não quero que digam mais nenhuma palavra sobre o sovaco da minha mãe.

Bill começou a rir e mais pedaços de ovo e molho voaram da boca dele.

— Vocês dois são animais — disse Geezer.

O nome não era a única decisão a ser tomada. Também colocamos em votação se precisávamos de mais membros na banda. No final, concordamos que o tipo de músicas que íamos tocar — blues sulistas pesados e sujos — tendia a funcionar melhor com muitos instrumentos, então idealmente poderíamos ter um saxofonista e um guitarrista com "slide" para dar um som mais completo. Tony conhecia um saxofonista chamado Alan Clark, e um amigo meu da escola, Jimmy Phillips, tocava guitarra com slide.

Para ser honesto, também queríamos copiar a formação do Fleetwood Mac, cujo segundo álbum — *Mr. Wonderful* — tinha acabado de sair e a gente adorou. Tony gostava muito do guitarrista do Fleetwood Mac, Peter Green. Como Clapton antes, Green tinha tocado um tempo com John Mayall & the Bluesbreakers, mas era um deus do rock por si mesmo. Era assim que os guitarristas faziam: entravam numa banda já conhecida, depois saíam para fazer seus próprios projetos solo. Felizmente para nós, Tony foi tirado do mercado por aquele acidente justo quando estava a ponto de entrar numa banda grande.

A perda deles foi nosso lucro.

Aquele fim de semana nos encontramos para nosso primeiro ensaio num centro comunitário em Six Ways, uma das partes mais antigas e mais merdas de Aston. Havia só um problema: quase não dava para ouvir o PA por causa do barulho da passagem A34 do lado de fora. Para piorar o barulho, os carros e os caminhões estavam circulando em uma rotatória enorme que tinham acabado de construir em cima daquela merda. Estavam colocando tanto concreto em Aston naqueles dias que podíamos ter comprado alguns chapéus de peles de animais e começado a nos chamar de camaradas. Puta merda, o lugar já era cinza o suficiente sem acrescentar mais cinza por todos os lados.

Para alegrar um pouquinho, eu saí uma noite com uma lata de spray — já tinha tomado umas cervejas — e "decorei" um pouco o lugar. Uma das coisas que grafitei num muro perto da rotatória foi "Iron Void". Vai saber que merda eu estava pensando.

Os ensaios iam bem, considerando que eu nunca tinha cantado com uma banda de verdade antes. Basicamente, os caras só ficavam fazendo jam e aí Tony me dava um toque quando achava que eu devia cantar. Para as letras, eu só cantava qualquer besteira no momento.

Não era fácil para Geezer, também. Ele não tinha grana suficiente para comprar um baixo, então fazia o melhor que podia com sua Telecaster — não dá para simplesmente colocar cordas de baixo numa guitarra, porque espana o braço. Acho que Tony estava preocupado com Geezer no começo, mas o cara acabou sendo um baixista muito bom — algo natural. E ele se parecia mais com uma estrela de rock do que qualquer outro na banda.

Nosso primeiro show foi em Carlisle, graças aos velhos contatos de Tony. Isso significava dirigir mais de trezentos quilômetros pela M6 na velha van de Tony, com a estrada cheia de buracos, porque eles não tinham terminado de asfaltá-la. A suspensão da van tinha ido pro espaço junto com os dinossauros, então sempre que fazíamos uma curva todos tinham de se apoiar no lado oposto para evitar que a roda rasgasse o pneu. Logo descobrimos que era quase impossível ficar fazendo isso, então começou a entrar esse cheiro horrível de borracha queimada na van, chispas voavam por todos os lados e dava para ouvir um barulho horrível enquanto a roda fazia um buraco na carroceria.

— Ainda bem que você sabe usar uma solda — falei para Tony.

Outro problema eram os limpadores de para-brisa: eles não funcionavam. Bom, funcionaram por um tempo, mas estava chovendo tão forte que quando chegamos a Stafford eles enguiçaram. Assim, Tony precisou parar no acostamento enquanto eu e Bill amarramos um pedaço de arame nos limpadores e passamos pela janela. Dessa forma, podíamos limpar o vidro manualmente, com o Bill puxando de um lado e eu, do outro. Assim até a porra de Carlisle.

Mas as oito horas de estrada valeram a pena.

Quando finalmente chegamos a Carlisle, eu não consegui parar de olhar para o cartaz do nosso primeiro show oficial. Estava escrito:

C. E. S. PROMOTIONS orgulhosamente apresenta...
Baile 68 para Adolescentes e Jovens
County Hall Ballroom, Carlisle
Sábado 24 de agosto, de 19:30 até 23:30
O Novo e Maravilhoso Grupo de Birmingham POLKA TULK BLUES BAND
(Com ex-membros da MYTHOLOGY)
Mais
CREEQUE
Baile contínuo (Entrada 5/-)

"É isso", falei para mim mesmo.

Finalmente está acontecendo.

O show em si foi incrível, apesar de eu quase cagar nas calças de medo. Foi depois que começaram os problemas. Estávamos guardando nossas coisas — roadies eram um luxo que não tínhamos como pagar — e esse cara gigante com cabelo vermelho e algum tipo de irritação cheia de pus na cara veio até mim. Estava segurando uma cerveja e havia uma garota feia parada ao lado dele.

— Ei, você — ele começou. — Você *gostou* da minha garota?

— Perdão? — eu disse.

— Você me ouviu. Você *gostou* da minha garota? Estava olhando para ela. É bonita, não acha?

— Você deve ter me confundido com outra pessoa — eu falei. — Não estava olhando para ninguém.

— Estava olhando para ela. Eu vi. Com a porra dos meus olhos. Está a fim, está?

Nesse momento, o cara estava tão perto de mim que eu conseguia cheirar o suor da camiseta dele. Era enorme e tinha uma cabeça que parecia uma porra de bigorna. Era ainda maior do que meu velho companheiro, o destruidor de bullies de Birchfield Road. Não havia saída.

Eu sabia exatamente o que ia acontecer em seguida. Se eu falasse: "Não, honestamente, cara, não gosto da sua namorada", ele responderia: "Está falando que ela é feia, seu bostinha de Birmingham?" e arrancaria minha cabeça. Ou eu poderia dizer: "Engraçado você falar isso, porque estava pensando exatamente em dar na sua namorada uma velha e boa carcada", e ele responderia: "Ah, foi o que pensei, seu bostinha de Birmingham" e arrancaria minha cabeça.

Eu estava fodido, de qualquer jeito.

Aí tive uma ideia: talvez se envolvesse outra pessoa a pressão diminuiria.

— Ei, Bill — gritei para o outro lado do palco. — Venha aqui um segundo, por favor.

Bill veio, as mãos no bolso, assobiando.

— O que foi, Ozzy?

— Você quer foder a namorada dele? — perguntei, apontando para o dragão em questão.

— *O quê?*

— Essa belezinha. Você acha que ela é um lixo ou dá pro gasto?

— Ozzy, você está *lou*...

Foi quando o cara teve um ataque. Ele gritou, jogou a cerveja longe — voou cerveja e vidro pra todo lado —, aí veio na minha direção, mas eu saí do caminho. Oh-oh, pensei. Isso pode ficar feio. Aí ele tentou atacar Bill, que exibia a expressão de alguém amarrado nos trilhos enquanto o *Flying Scotsman* vem a toda a velocidade. Nesse ponto, eu tinha certeza de que um ou os dois iam passar o próximo mês no hospital, mas não tinha contado com o que Tony ia fazer em seguida. Ele viu o que estava acontecendo, correu para cima do gigante ruivo, deu um empurrão e mandou que ele saísse fora. Tony era menor do que o cara, bem menor, mas brigava muito bem. O ruivo não sabia disso, claro, então foi direto para a garganta de Tony. Eles brigaram um pouco, o ruivo acertou alguns socos, mas aí Tony só deu um direto na cara e continuou batendo — *bam-bam-bam-bam-bam-bam!* — até que o cara caiu como o *Titanic*.

Crraaaassssshhhhh!

Eu fiquei olhando, de boca aberta, como Tony chacoalhou o punho dolorido, limpou o sangue da cara, depois calmamente continuou guardando o equipamento. Ninguém disse uma palavra.

Mais tarde, quando estávamos na van a caminho de nosso próximo show, em Workington, eu lhe agradeci por salvar nossos rabos. Ele só fez um gesto e pediu para não mencionar mais isso.

Bill, por outro lado, não falou comigo por uma semana.

Não posso dizer que o culpo por isso.

Quando voltamos a Aston, Tony disse que não estava feliz com Alan e Jimmy. Este ficava zoando muito durante os ensaios, ele falou, e não havia por que ter um saxofonista se não tínhamos uma seção de sopros completa. E ninguém queria uma seção completa de sopros — precisaríamos de um ônibus duplo para fazer turnês, para começar, e nunca ganharíamos nada se tivéssemos de dividir a grana com meia dúzia de trombonistas e trompetistas.

Então foi isso: Alan e Jimmy estavam fora e o Polka Tulk Blues Band se tornou um quarteto. Mas Tony ainda não estava feliz.

— É o nome — ele falou, durante uma parada num ensaio. — É um lixo.

— O que ele tem de errado? — protestei.

— Sempre que ouço, tudo que consigo imaginar é você, com as calças abaixadas, dando uma cagada.

— Bem, então pense em outro nome — eu o desafiei.

— Na verdade — anunciou Bill —, eu estive pensando sobre isso e tenho uma ideia.

— Fale — pediu Tony.

— Vocês precisam imaginar escrito num grande pôster. Como um cartaz ou algo assim.

— Estou imaginando — disse Tony.

Bill respirou fundo. Aí disse:

— Earth.

Tony e Geezer se entreolharam e deram de ombros. Eu os ignorei e fingi que estava preocupado.

— Está bem, Bill? — disse, apertando os olhos.

— Estou bem. Por que você pergunta?

— Tem certeza?

— Claro que estou bem, porra.

— É só que... eu pensei que você tivesse vomitado.

— *O quê?*

— *UUUUUUURRRRRRFFFFF!*

— Vai se foder, Ozzy.

— *UUUUUUURRRRRRFFFFF!*

— Só pensem, está bem? É simples, poderoso, não é besteira, só cinco letras: E-A-R-T-H.

— Bill, honestamente, acho que deveria ver um médico. Acho que você acabou de vomitar de novo. *UUUUURRRRR*...

— Para com isso, Ozzy — gritou Tony. — É melhor do que aquela porra de Polka Tulk.

— Concordo — disse Geezer.

E foi assim.

Oficialmente, não tínhamos um líder na banda. Não oficialmente, todos sabíamos que era Tony. Era o mais velho, o mais alto, o que brigava melhor, o mais bonito, o mais experiente e, obviamente, o mais talentoso. Ele também tinha começado a se parecer com um roqueiro. Tinha comprado uma jaqueta de couro preta estilo caubói com franjas nos braços, que as garotas adoravam. Todos sabíamos que Tony estava no nível de caras como Clapton e Hendrix. Se fôssemos comparar, ele não ficava atrás. Era a nossa passagem para o sucesso.

Talvez fosse por isso que eu me sentia intimidado por ele, mesmo depois de termos ficado amigos. Ou talvez fosse só porque ele era uma pessoa muito reservada. Nunca dava realmente para saber o que estava acontecendo na cabeça de Tony Iommi. Ele é o oposto de mim, em outras palavras: ninguém nunca precisa tentar descobrir o que está acontecendo nessa velha geleia dentro da minha cabeça dura.

Não me sentia intimidado por Geezer, mesmo ele tendo estudos e conhecendo muitas coisas. Quanto a Bill, era sempre a vítima. Sempre estávamos armando sacanagens contra ele. O cara ficava bêbado, desmaiava e o deixávamos num banco de algum parque com um jornal em cima, e achávamos que era a coisa mais engraçada do mundo. Era um cara legal, parecia que pedia essas sacanagens.

Eu? Ainda era o palhaço. O louco. O bocudo que fazia qualquer coisa se fosse desafiado. Os outros sempre me mandavam fazer coisas que eles não queriam — como perguntar qual era o caminho quando estávamos na estrada tentando encontrar onde seria o próximo show. Uma vez, estávamos em Bournemouth e havia um cara andando pela estrada com um tapete enrolado embaixo do braço. Eles começaram a gritar: "Vai, Ozzy, pergunta pra ele, pergunta pra ele". Então eu abaixei o vidro da van e falei: "Ei, senhor! Pode nos dizer como chegamos à M1?". Ele se vira e diz: "Não, vai se foder, bicha". Em uma outra vez estávamos em Londres e eu gritei para o cara: "Com licença, chefe, mas sabe o caminho para o Marquee?". Ele respondeu: "Chefe? *Chefe?* Eu pareço um porra de um índio?".

Impagável, cara. Ríamos muito. E foi sempre assim conosco: tínhamos um bom senso de humor. É o que nos mantinha unidos — no começo, pelo menos. Se você não tem senso de humor quando está numa banda, acaba como a porra do Emerson, Lake and Palmer, fazendo LPs com oito discos para ter sempre seu próprio solo de três horas.

E quem quer ouvir esses trouxas?

Se não fosse pelos pais de Tony, não sei se teríamos sobrevivido o resto de 1968 sem morrer de fome. Estávamos sem grana, roubávamos vegetais crus de hortas no meio da noite, só para ter algo para comer. Uma vez, eu e Bill encontramos dez pence, e parecia que tínhamos ganho na loteria. Não conseguíamos decidir o que comprar com isso: quatro sacos de batata frita ou dez cigarros e uma caixa de fósforos.

Decidimos pelos cigarros no final.

A mãe e o pai de Tony eram nossa rede de segurança. Eles nos davam sanduíches, latas de feijão, pacotes de cigarro e até dinheiro para a gasolina. E eles não eram ricos: tinham uma loja em Aston, não a Harrods de Knightsbridge. Eu adorava a mãe de Tony, Sylvie — era uma senhora muito simpática. O velho de Tony também era ótimo. Era um daqueles caras que compravam carros velhos e reformavam. É por isso que sempre tínhamos uma van para usar.

E precisávamos de uma, porque nunca recusávamos um show — nunca —, nem mesmo quando o pagamento era somente umas poucas libras por duas horas, dividido por quatro, antes de pagar os custos. Precisávamos de tudo que pudéssemos conseguir. Até Geezer tinha desistido de seu emprego e Earth era nossa aposta para nunca mais voltar a trabalhar numa fábrica. Tinha de funcionar — não havia alternativa.

Só pensávamos naquilo. A coisa mais louca que fizemos — e foi ideia de Tony, acho — foi descobrir qual banda conhecida ia tocar na cidade, encher a van com todas as nossas coisas e depois esperar do lado de fora do lugar, torcendo para que a banda não aparecesse. As chances eram minúsculas, mas, se acontecesse, podíamos ter a chance de tocar para alguns milhares de pessoas... mesmo se fôssemos xingados e jogassem garrafas porque não éramos a banda que eles tinham gastado uns dias de salário para ver.

E sabe o quê? *Funcionou*.

Uma vez.

A banda famosa era Jethro Tull. Não me lembro onde eles deviam tocar — pode ter sido em Birmingham ou em algum outro lugar, como Stafford —, mas eles não apareceram. E lá estávamos nós, do lado de fora na van azul, prontos para entrar em ação.

Tony foi ver o manager do lugar.

— A banda ainda não apareceu? — ele perguntou, dez minutos depois que eles deviam ter começado.

— Nem comece, *sunshine* — foi a resposta mal-humorada. Obviamente, o cara estava tendo uma péssima noite. — Eles não estão aqui, não sei por que, não sei como, mas eles não estão aqui e, sim, ligamos para o hotel deles. Cinco vezes. Volte amanhã e nós devolvemos o dinheiro.

— Não quero o dinheiro de volta — disse Tony. — Só queria avisar que eu e minha banda estávamos aqui por perto, por acaso, sabe? E, bem, se o seu artista principal não apareceu, nós podemos tocar no lugar.

— *Tocar no lugar deles?*

— É.

— Do Jethro Tull?

— É.

— Qual é o nome da sua banda, filho?

— Earth.

— *Urf?*

— Earth.

— *Urph?*

— Como a palavra "planeta".

— Ah, certo. *Hummm.* Acho que já ouvi falar de vocês. Cantor louco. Covers de blues. Certo?

— Certo. E algumas originais.

— Onde está o equipamento de vocês?

— Na van. Do lado de fora.

— Você é algum tipo de escoteiro?

— Hã?

— Parecem muito bem preparados.

— Ah, hã... estamos mesmo.

— Bom, vocês entram em quinze minutos. Vou pagar dez libras. E cuidado com as garrafas, a multidão está puta da vida.

Depois de ter fechado o acordo, Tony saiu correndo do lugar com um sorriso no rosto, os dois polegares para cima.

— Vamos entrar em quinze minutos! — ele gritou. — *Quinze minutos!*

A adrenalina foi indescritível. Era tão intenso, quase me esqueço do medo do palco. E o show foi um triunfo. A multidão reclamou nos primeiros minutos e eu precisei me desviar de umas garrafas, mas terminamos ganhando todos.

Uma das melhores coisas foi que Ian Anderson — o líder do Tull, que era famoso por tocar a flauta com os olhos esbugalhados parado em uma perna só, como um bobo da corte — finalmente apareceu quando estávamos no meio do show. O ônibus da banda tinha quebrado na M6, ou algo assim, e eles não tinham como contatar o lugar para avisar. Acho que Anderson tinha pegado uma carona sozinho para pedir desculpas. Lá estava eu, gritando no microfone, e quando olhei vi Anderson parado no fundo da sala, balançando a cabeça, parecia que estava realmente gostando. Foi fabuloso.

Saímos do palco aplaudidos. O manager do lugar estava muito feliz. Até Anderson parecia agradecido. E depois disso todos ficaram conhecendo nosso nome — mesmo se não conseguiam repetir direito.

Nas semanas seguintes, tudo começou a dar certo. Os shows foram em lugares maiores, estávamos tocando melhor e alguns managers locais começaram a nos procurar. Um cara em particular se interessou por nós: seu nome era Jim Simpson e ele tinha tocado trompete numa banda razoavelmente bem conhecida em Birmingham chamada Locomotive. Jim tinha desistido de ser músico para montar uma empresa de management chamada Big Bear, que era o apelido que John Peel tinha dado a ele, porque era um cara forte, peludo e com a cara vermelha, que andava por Birmingham como um urso grande. Também tinha aberto um clube no andar em cima do pub Crown na rua Station, que se chamava Henry's Blues House. Era um dos nossos lugares favoritos. Um dos primeiros shows de que me lembro de ver ali foi uma jam com Robert Plant e John Bonham, provavelmente pouco antes de eles irem para a Escandinávia. Fiquei arrepiado pra cacete.

Aí, perto do fim de 1968, Jim nos convidou para tocar no clube com Ten Years After, que era uma grande banda de blues, na época. Alvin Lee, o guitarrista e vocalista da banda, acabaria ficando muito amigo nosso. Foi uma ótima noite — tão importante para a Earth como tinha sido o show do Jethro Tull. Alguns dias depois, Jim contou para mim e para Bill, depois de umas cervejas, que estava pensando em ser nosso manager. A Big Bear já estava cuidando da Locomotive e de duas outras bandas locais, Bakerloo Blues Line e Tea and Symphony. Foi um momento importante. Ter Jim ao nosso lado significaria muito mais trabalho e muito mais chance de ganhar dinheiro com música, sem precisar das gentilezas dos pais de Tony. Poderíamos ir até Londres e tocar no Marquee Club. Podíamos fazer uma turnê pela Europa.

O céu era a porra do limite.

No dia seguinte, Bill e eu não podíamos esperar para contar para Tony. Alugamos a sala de ensaio na Six Ways e, assim que Tony entrou, eu falei:

— Você não vai acreditar no que...

Mas quando eu contei sobre o possível acordo, ele só disse:

— Oh — aí olhou para o chão. Parecia triste e distraído.

— Você está bem, Tony? — perguntei.

— Tenho notícias — ele falou, baixinho.

Meu coração parou de bater. Fiquei branco. Achei que a mãe ou o pai dele tinham morrido. Algo terrível tinha acontecido, com certeza, para ele não ficar animado com nosso manager.

— O que foi?

— Ian Anderson entrou em contato comigo — ele disse, ainda olhando para o chão. — O guitarrista do Tull acabou de sair. Ele me chamou para substituí-lo. E eu concordei. Desculpem, caras. Não posso recusar. Vamos tocar com o Rolling Stones em Wembley no dia 10 de dezembro.

Um silêncio de espanto.

Estava tudo terminado. Tínhamos chegado tão perto e agora estávamos a milhões de anos-luz de distância.

— Tony — acabei falando, depois de engolir em seco. — Isso é legal pra caralho, cara. É tudo que você sempre quis.

— Parabéns, Tony — disse Geezer, largando a guitarra e o abraçando.

— É — disse Bill. — Se alguém merece isso, é você. Espero que eles saibam como são sortudos.

— Obrigado, caras — disse Tony e parecia que ele estava tentando não chorar. — Vocês vão se dar bem sem mim. Vão ver.

Posso dizer de coração que não estávamos mentindo quando dissemos isso tudo para o Tony. Tínhamos passado por muitas coisas naqueles meses e os três estavam realmente felizes por ele.

Apesar de ser a pior notícia que já tínhamos ouvido em nossas vidas.

3

A Bruxa e o Nazista

Estávamos todos devastados.

Só havia um Tony Iommi e sabíamos disso.

Tinha *funcionado* com o Tony. Podia ser porque os quatro tinham crescido a poucas ruas de distância uns dos outros. Ou talvez era porque estávamos todos quebrados e desesperados e sabíamos exatamente o que nossas vidas se tornariam sem o rock 'n' roll. De todas as formas, nós nos entendíamos. Era óbvio a qualquer um que nos visse tocando.

Ao chegar em casa depois do ensaio em que Tony contou a novidade, lembro de deitar na cama com as mãos na cabeça. Meu pai entrou no quarto e se sentou ao meu lado. "Vá beber com seus amigos, filho", ele disse, colocando uma nota de dez shillings na minha mão. Ele deve ter percebido que eu estava muito chateado, já que a mesa da cozinha estava cheia de contas sem pagar. "O mundo não gira ao redor do Tony", ele falou. "Há outros guitarristas."

Ele era um cara legal, meu velho. Mas dessa vez estava errado. Não havia outros guitarristas.

Não como Tony.

Fui até o pub com Bill e ficamos completamente bêbados. Bill com sidra, como sempre: a coisa do campo, basicamente um passo antes do veneno. Ele misturava aquilo com suco de uva para relaxar. Eles vendiam aquilo por dois shillings, que era a única razão para alguém beber aquilo. Mas Bill continuou bebendo, anos depois, quando podia beber champanhe. Ele realmente gostava da sidra. Depois de tomar uns copos daquela coisa não se ficava bêbado, parecia mais como se tivesse um problema no cérebro.

Tony foi o principal tópico da conversa aquela noite e posso dizer honestamente que não estávamos com inveja dele. Estávamos simplesmente tristes. Por mais que gostássemos do Jethro Tull, achávamos que o Earth poderia ser melhor — cem vezes melhor. Antes de partir, Tony estava criando uma série de riffs pesados — mais pesados do que tudo que eu já tinha ouvido antes — e Geezer tinha começado a escrever umas letras para eles. Bill e eu estávamos melhorando a cada show. E, ao contrário de um monte de bandas com um só hit nas paradas, *não éramos bandas de laboratório.* Não tínhamos sido um grupo criado por algum executivo de terno e gravata num escritório cheio de fumaça em Londres. Não éramos uma estrela, um nome legal e um bando de músicos de estúdio que mudava a cada turnê.

Éramos uma banda de verdade.

Tony saiu em dezembro de 1968.

Fez tanto frio naquele inverno que comecei a ter flashbacks da época em que tinha trabalhado como encanador, dentro de buracos com a minha bunda congelada. Sem Tony, eu e os caras não tínhamos nada a fazer além de ficar por aí, reclamando e bebendo chá. Todos os nossos shows foram cancelados e já tínhamos saído dos nossos empregos, o que significava que ninguém tinha um centavo, então nem ir ao pub era uma opção.

Ninguém queria pensar em conseguir um emprego "de verdade", no entanto.

"Em 1968, John Osbourne era uma estrela do rock em ascensão", eu dizia com uma voz de apresentador de cinema enquanto ficava andando pela casa. "Em 1969, ele era lixeiro."

A única coisa que tínhamos a fazer era ver Tony na TV. A BBC ia transmitir o show com o Rolling Stones. Ia se chamar "The Rolling Stones' Rock'n' Roll Circus". Nada assim tinha sido feito antes: os Stones basicamente tocariam um show particular com alguns poucos amigos no Intertel Studios, em Wembley, onde o palco seria montado para se parecer a um circo com uma grande lona em cima deles. O Jethro Tull ia abrir. Aí The Who tocaria. Mick Jagger até falou para John Lennon tocar uma versão de "Yer Blues" com uma banda chamada Dirty Mac — com Eric Clapton na guitarra, Mitch Mitchell na bateria e Keith Richards no baixo. Nem sabia que Richards tocava baixo. A imprensa estava louca com isso, porque ia ser a primeira vez que Lennon faria um show desde a última apresentação dos Beatles em 1966. (Alguém me falou depois que um desses produtores da BBC cheios de pose ligou para Lennon e perguntou que tipo de amplificador ele queria usar, e o cara respondeu: "Um que funcione". Impagável. Gostaria de ter conhecido aquele cara.)

No final, no entanto, a BBC nunca transmitiu a coisa. Os Stones impediram. Ouvi dizer que Jagger não ficou muito feliz com o som. Só vinte e oito anos depois a filmagem foi mostrada, finalmente, no Festival de Cinema de Nova York. Se alguém assistir, Tony é o que está com o chapéu branco e um bigode tamanho família. Ele faz uma ótima apresentação tocando "Song for Jeffrey", apesar de não haver muita química entre ele e Ian Anderson.

Talvez tenha sido por isso que ele decidiu sair depois de quatro dias.

— Como assim, você *saiu*? — perguntou Geezer, numa reunião de emergência no pub uns dias antes do Natal.

— Não era o que eu queria fazer — disse Tony, dando de ombros. Ele estava pagando as bebidas.

— Como é que estar no Jethro Tull não é o que você quer fazer? — insistiu Geezer. — Você tocou num show com *John Lennon*, cara!

— Quero ter minha própria banda. Não quero ser empregado de outro cara.

— Então, Ian Anderson é um pentelho? — perguntei, indo direto ao ponto.

— Não, ele é legal — disse Tony. — Ele simplesmente... A gente não ria, sabe? Não era o mesmo que isso aqui.

Bill, já no terceiro copo de sidra, parecia que estava a ponto de chorar.

— Então, estamos de volta? — perguntou Geezer, tentando não rir demais para não deixar de ser cool.

— Se vocês me quiserem de volta.

— Está bem. Mas podemos encontrar outro nome? — pedi.

— Olha, esqueça o nome — disse Tony. — Só precisamos concordar que queremos algo sério. Não podemos ficar zoando. Vi como os caras do Jethro Tull trabalham. E eles *trabalham*: quatro dias de ensaio para um show. Precisamos começar a fazer isso. E precisamos começar a escrever nossas próprias músicas e tocá-las, mesmo se as pessoas nos xingarem. Todo mundo vai começar a conhecê-las. É a única forma de criarmos um nome. E precisamos pensar num álbum. Vamos conversar com Jim Simpson amanhã de manhã.

Todos concordaram, sérios.

Nenhum de nós acreditava na nossa sorte, para ser honesto. Tony tinha ficado louco? Ninguém em sã consciência desistiria daquela oportunidade, como ele tinha feito. Até Robert Plant tinha se juntado a Jimmy Page no New Yardbirds, deixando Hobbsbesteira para trás. E não posso falar que não teria feito o mesmo se estivesse na posição de Tony. Por mais que tivesse ficado com o coração partido quando o Earth se separou, se fosse eu que tivesse saído para entrar numa banda reconhecida nacionalmente, com status e um contrato de gravação, teria sido: "Oh, ok, até mais!". O resumo é que todos devem tirar o chapéu para Tony Iommi. Ele sabia o que queria e obviamente acreditava que poderia conseguir sem precisar de Ian Anderson.

E tudo que precisávamos fazer era provar que ele tinha tomado a decisão correta.

— Está bem, caras — disse Tony, terminando sua cerveja e batendo a caneca na mesa. — Vamos trabalhar.

†

Uma das primeiras coisas que Jim Simpson fez como nosso manager foi conseguir uma "turnê europeia". Isso significou enfiar nosso equipamento na van do Tony — que já tinha passado de uma Commer para um Transit —, ir até o ferry em Harwich, cruzar o Mar do Norte até a Holanda, depois esperar que o motor funcionasse quando fosse hora de ir embora. A temperatura na Dinamarca estava vinte graus negativos. Da Holanda, o plano era ir até Copenhague, onde seria nosso próximo show.

Lembro de levar todo o meu guarda-roupa naquela viagem. Consistia em uma camisa num cabide e um par de cuecas numa mala. Eu usava todo o resto: jeans, casaco da Força Aérea de segunda mão, camiseta da Henry's Blues House, botas.

No primeiro dia, a van quebrou. Estava tão frio que o cabo do acelerador congelou, de modo que, quando Tony pisou, ele quebrou na metade. O que significava que estávamos presos no meio de lugar nenhum, na estrada para Copenhague. Estava nevando, mas Tony disse que era minha obrigação — como "representante público" da banda — sair e encontrar ajuda. Então lá fui eu caminhando por esse campo, a neve caindo na minha cara, dois pingentes de gelo escorrendo do meu nariz, até que finalmente vi as luzes de uma fazenda. Aí caí numa vala. Depois que finalmente consegui sair da porra da coisa, fui me arrastando até a porta da frente e bati forte.

— Halløj? — falou o esquimó grande com cara vermelha que abriu a porta.

— Oh, que bom — eu disse, sem fôlego. — Nossa van quebrou. Pode chamar um reboque?

— Halløj?

Não sabia nada de dinamarquês, então apontei para a estrada e disse:

— Van. El kaputski. Ya?

O cara ficou olhando para mim e começou a tirar cera do ouvido. Aí perguntou:

— Bobby Charlton, ja?

— Hã?

— Bobby Charlton, betydnigsfuld skuepiller, ja?

— Desculpa, amigo, fala inglês?

— Det forstår jeg ikke — ele falou, dando de ombros.

— Hã?

Ficamos ali, olhando um para o outro por um segundo.

Aí ele disse:

— Undskyld, farvel — e fechou a porta na minha cara. Eu dei um belo chute e voltei para a neve. Estava com tanto frio que minhas mãos estavam ficando azuis. Quando cheguei na estrada, vi um carro vindo na minha direção e quase me joguei na frente dele. Eram policiais dinamarqueses — graças a Deus, bem amigáveis. Eles me deram um gole de uma petaca que tinham no porta-luvas. Não sei o que era aquela coisa, mas me esquentou bastante. Aí chamaram um reboque para nos levar a uma garagem na cidade mais próxima.

Caras legais, aqueles policiais dinamarqueses.

Quando eles se despediram, pediram para que mandássemos lembranças a Bobby Charlton.

— Nós vamos falar de vocês para ele — prometeu Geezer.

Dia dois, a van quebrou de novo.

Dessa vez foi por causa do marcador de nível de gasolina — o tanque ficou vazio sem que a gente percebesse. Lá fui eu pedir ajuda de novo. Mas dessa vez tive uma ideia melhor. Paramos perto de uma pequena igreja branca e do lado de fora estava o que podia ser o carro do padre, esse foi o meu chute. Achei que ele não se importaria de ser um bom samaritano, então desconectei a mangueira do motor da van e usei para puxar um pouco do tanque dele para o nosso. Funcionou muito bem, tirando o fato de que minha boca ficou cheia de gasolina quando ela começou a subir pelo tubo. Fiquei soltando arrotos tóxicos e altamente inflamáveis pelo resto do dia.

Sempre que isso acontecia eu precisava cuspir gasolina e rajadas de vômito pela janela.

— *Argh* — eu dizia —, odeio gasolina premium.

Entre os shows, começamos a ter algumas ideias para músicas. Foi Tony que sugeriu primeiro que fizéssemos algo que soasse *do mal*. Havia um cinema chamado Orient ao lado do centro comunitário em que ensaiávamos em Six Ways, e sempre que tinha um filme de terror a fila dava volta no quarteirão. "Não é estranho como as pessoas pagam para sentir medo?", lembro de Tony ter falado isso um dia. "Talvez a gente devesse parar de fazer blues e começar a escrever músicas *de medo.*"

Bill e eu achamos uma ótima ideia, assim começamos a escrever uma letra que acabou se transformando na música "Black Sabbath". É basicamente sobre um cara que vê uma figura vestida de negro saindo de um lago de fogo e vindo em sua direção.

Aí Tony criou esse riff amedrontador. Eu gemi uma melodia em cima disso e o resultado final ficou legal pra caralho — a melhor coisa que já tínhamos feito, de longe. Mais tarde me falaram que o riff de Tony está baseado no que é conhecido como o "intervalo do demônio" ou "trítono". Aparentemente, as igrejas tinham banido seu uso em música religiosa durante a Idade Média porque as pessoas ficavam com medo. O organista começava a tocar e todo mundo saía correndo porque achava que o demônio ia aparecer atrás do altar.

Quanto ao título da música, foi Geezer quem criou. Ele tirou de um filme de Boris Karloff que tinha estreado há pouco. Não acho que Geezer viu o filme, para ser honesto. Eu com certeza não vi — só anos depois fiquei sabendo que *havia* um filme. É engraçado, realmente, porque, apesar de nossa nova direção, ainda éramos basicamente uma banda de blues. Se ouvirem atentamente, vão perceber um monte de influências de jazz em nosso som — como a intro estilo swing de Bill numa de nossas primeiras músicas, "Wicked World". A diferença é que tocávamos umas oitocentas vezes mais alto que uma banda de jazz.

Hoje você ouve pessoas dizendo que inventamos o heavy metal com a música "Black Sabbath". Mas eu nunca dei bola para o termo "heavy metal". Para mim, não diz nada musicalmente, principalmente agora que temos o metal dos 70, o dos 80, dos 90 e o metal do novo milênio — todos completamente diferentes, apesar de falarem como se fosse tudo a mesma coisa. Na verdade, a primeira vez que ouvi as palavras "heavy" e "metal" juntas foi na letra de "Born to Be Wild". A imprensa adotou o termo depois disso. Nós certamente não o inventamos. Até onde me lembro, éramos apenas uma banda de blues que tinha decidido escrever música de medo. Mas, aí, bem depois de termos parado de escrever música de medo, as pessoas ainda diziam: "Oh, eles são uma banda de heavy metal, então devem cantar coisas sobre Satã e o fim do mundo". Por isso não gosto do termo.

Não me lembro onde tocamos "Black Sabbath" pela primeira vez, mas posso garantir que me lembro da reação da plateia: todas as garotas saíram correndo do show, gritando.

— Ei, o objetivo de estar numa banda não é transar, em vez de fazer as garotas fugirem de medo? — reclamei para os outros, depois.

— Elas vão se acostumar — disse Geezer.

Outra apresentação memorável de "Black Sabbath" foi perto de Manchester. O gerente nos recebeu de terno e gravata quando descemos da van. Vocês deveriam ter visto a cara dele quando nos olhou.

— Isso é o que você vai usar no palco? — ele me perguntou, olhando para meus pés descalços e blusa de pijama.

— Oh, não — eu falei, com uma voz fingindo estar chocado. — Eu sempre toco usando calças douradas. Já viu um show do Elvis? Bom, eu me pareço um pouco com ele. Mas, claro, minhas tetas são bem menores.

— Oh — ele disse.

Montamos nosso equipamento e Tony tocou o riff de abertura de "Black Sabbath" — *doh, doh, dooohhhnnn* —, mas, antes de eu poder cantar a primeira frase, o gerente correu para o palco, o rosto vermelho e gritando:

— PAREM, PAREM, PAREM! Vocês estão falando sério? Isso não parece cover das músicas das paradas! Quem são vocês?

— Earth — disse Tony, dando de ombros. — Você nos contratou, lembra-se?

— Não contratei *isso*. Pensei que iam tocar "Mellow Yellow" e "California Dreamin".

— Quem, *nós*? — riu Tony.

— Foi o que o manager de vocês me falou!

— Jim Simpson disse isso?

— Quem cacete é Jim Simpson?

— Ah — falou Tony, finalmente entendendo o que tinha acontecido. Ele virou para nós e disse: — Caras, acho que talvez não sejamos a única banda chamada Earth.

Ele estava certo: havia outra Earth no circuito de shows. Mas eles não tocavam música satânica. Tocavam covers pop e da Motown. O flyer promocional que Jim Simpson tinha mandado fazer para nós provavelmente havia aumentado a confusão: parecíamos um bando de hippies, com cada um dos nossos retratos desenhado à mão dentro de pequenas nuvens ao redor de um grande sol e "Earth" escrito em letras psicodélicas.

— Eu falei que esse nome era uma merda — eu disse. — Podemos agora pensar em algo que não se pareça com...

— Olhe — interrompeu o manager. — Aqui estão as vinte libras por virem até aqui. Agora, deem o fora, está bem? Ah, e o vagabundo aí está certo, vocês deveriam mudar de nome. Apesar de que não sei quem, em sã consciência, iria querer ouvir essa merda.

"Querida mamãe", escrevi, algumas semanas depois,

> Estamos indo fazer um show no Star Club, em Hamburgo.
>
> Foi lá que os Beatles tocaram! Estou escrevendo do ferry para Dunquerque. Espero que goste da foto das montanhas brancas (do outro lado). É o que estou vendo bem agora.

Grande notícia: vamos mudar nosso nome para Black Sabbath quando voltarmos para a Inglaterra. Talvez consigamos fazer sucesso agora. Beijos para todos,

John

PS: Vou ligar para Jean de Hamburgo.

PS2: Quando vocês vão comprar um telefone? Diga ao papai que já estamos nos anos 70!!!

Era 9 de agosto de 1969: o dia dos assassinatos de Charles Manson em Los Angeles. Mas nós não estávamos olhando as notícias. Naqueles dias era quase impossível conseguir um jornal inglês na Europa e, mesmo se encontrássemos, seria de três ou quatro semanas antes. Além disso, estávamos muito focados em nosso próximo show para prestar atenção ao que se passava do outro lado do mundo.

Já tínhamos feito shows antes no Star Club — que ficava no Reeperbahn, em Hamburgo, onde as prostitutas ficavam paradas do lado de fora com suas roupas minúsculas —, então sabíamos mais ou menos o que esperar. Dessa vez, no entanto, tínhamos uma "residência", o que significava que eles iam pagar um salário e nos colocar num quarto fodido acima do palco — que tinha sido destruído por focos de incêndio mais de uma vez — e, em troca, tínhamos de fazer uns sete shows por dia, entre as apresentações das bandas visitantes.

Foi muito divertido, mas também bastante cansativo. Todo dia, começávamos ao meio-dia e terminávamos às duas da manhã. A gente tomava qualquer droga, pastilha, cerveja, maconha — qualquer coisa que encontrávamos —, só para ficar acordado. Alguém uma vez contou quantos shows fizemos no Star Club e foram mais do que os Beatles. Lembrem-se de que 1969 era sete anos depois do auge dos Beatles e o lugar tinha decaído bastante. Na verdade, fomos a última banda britânica a fazer essa residência ali: o lugar fechou as portas de vez no final daquele ano.

E pegou fogo.

Mesmo assim, era o melhor treinamento que se podia pedir, tocar no Star Club. Um show não é como um ensaio: você precisa chegar ao fim, mesmo se estiver chapado, o que estávamos a maior parte do tempo. Não que eu precisasse de algum treinamento para ser quem sou no palco. Sou louco por natureza, e loucos não precisam de treino — eles simplesmente são *assim*. Mas o Star Club nos ajudou a polir todas as novas músicas que tínhamos escrito, como "The Wizard", "N. I. B." (nome que tiramos da barba de Bill, que se parecia com a ponta de uma caneta [nib of a pen]), "War Pigs", "Rat Salad" e "Fairies Wear Boots" (até o dia de hoje, não tenho ideia do que diz essa música, apesar de que muita gente diz que eu escrevi a letra). O Star Club também me ajudou a perder o medo do palco. Depois que eu me soltei um pouco, comecei a fazer coisas cada vez mais loucas para me surpreender. E os caras me encorajavam. Quando dava para ver que a plateia estava de saco cheio, Tony gritava para mim: "Faz alguma merda, Ozzy". Essa era a deixa para eu fazer algo realmente louco, para chamar a atenção de todos. Uma vez, encontrei uma lata de tinta roxa no backstage e, quando Tony me deu a dica, eu enfiei o nariz na lata. O que estaria bem, se a porra da tinta não fosse indelével.

Não consegui tirar aquela merda por semanas. As pessoas vinham falar comigo: "Que *merda* você tem, cara?". Ou elas simplesmente não vinham falar comigo, porque achavam que eu era louco.

Todos passamos por momentos estranhos no Star Club. Uma noite, Tony estava tão louco por ter fumado que decidiu tocar flauta, mas perdeu o sentido de distância, então colocou a flauta no queixo, em vez de colocar na boca. Então, durante toda a música, ele estava parado lá, assoprando no microfone, com a flauta longe da boca e a plateia se perguntando: Que *porra* é essa?

Impagável, cara.

O truque para se divertir no Star Club era encontrar alguma garota alemã e ficar no apartamento dela, assim não era preciso compartilhar a cama com um dos seus amigos peidadores e coçadores de saco. Não nos importava como era a garota — mesmo porque nós não éramos grande coisa também. E se elas nos pagassem cervejas e dessem cigarros, isso era considerado um bônus. E se não quisessem comprar cerveja e cigarros, a gente fazia o máximo para roubá-las. Na verdade, mais de uma vez a gente usou Tony como isca — porque ele era o cara com quem todas as garotas queriam transar. Ele subia para nosso quarto e começava a agarrar alguma groupie numa das camas e eu me arrastava pelo chão — estilo soldado — até onde ela tinha deixado a bolsa, e tirava qualquer dinheiro que houvesse ali. Não tenho orgulho disso, mas era preciso comer.

Costumávamos dar apelidos a essas garotas, que, olhando agora, eram bastante cruéis. Mais do que cruéis, em alguns casos. Por exemplo, eu transei com uma garota que todo mundo chamava de "A Bruxa", porque ela tinha um nariz maior do que o do Geezer.

Não duramos muito, A Bruxa e eu. Na manhã seguinte, na casa dela, a garota se levantou, preparou café e disse: "Vou trabalhar agora. Você pode ficar aqui, mas não toque em nada, está bem?". Claro, isso seria a pior coisa para falar para mim. Então, um segundo depois de ela sair pela porta, comecei a inspecionar seus armários, me perguntando o que ela não queria que eu encontrasse. E, é claro, no fundo do guarda-roupa, encontrei um uniforme nazista perfeitamente passado. Deve ter sido do pai dela ou algo assim. De todas as formas, pensei: Caralho, fui direto na jugular. Então vesti o uniforme, encontrei o armário de bebidas e logo estava andando pela sala, gritando ordens para os móveis com um ridículo sotaque alemão, fumando cigarros e me embebedando. Adoro toda essas coisas militares.

Depois de uma hora, mais ou menos, tirei o uniforme, coloquei de volta no guarda-roupa, perfeitamente arrumado, e finji que nada havia acontecido. Mas quando A Bruxa voltou, pouco antes do meio-dia, ela sacou que algo estava errado. Foi direto ao guarda-roupa, abriu as portas, olhou o uniforme e ficou louca.

Em seguida, eu acabei na outra ponta de sua vassoura, voando pela porta.

Quando voltamos para a Inglaterra, tivemos uma reunião na casa de Jim Simpson para contar sobre a mudança do nome da banda para Black Sabbath. Ele não ficou muito feliz, mas, para ser honesto, acho que estava distraído com meu nariz roxo. Não disse nada, mas dava para ver o que estava pensando, porque ficava olhando para mim de um jeito preocupado. Deve ter pensado que eu tinha pegado uma doença rara na Alemanha, ou algo assim. Acho que Alvin Lee, do Ten Years After, estava naquela reunião também. E ele ficou ainda menos feliz com o nome Black Sabbath do que o Jim. "Não acho que vocês conseguirão algo com *esse nome*, caras", ele nos falou. A ordem exata do que aconteceu depois disso está meio confusa, para ser honesto. Tudo que sei é que Jim tinha feito um acordo com um cara chamado Tony Hall, que era dono de uma empresa de produção. Ele concordou em nos ajudar a fazer um disco desde que faturasse algum se fizéssemos sucesso — ou algo assim. Não sou bom em negócios. Sou o último a saber quando a questão é contrato, dinheiro, essas coisas.

De todas as formas, Tony Hall disse que achava que éramos "uma ótima banda de blues", mas que precisávamos de um single de estreia — apesar de bandas como a nossa raramente terem singles naqueles dias. Ele nos tocou uma música chamada "Evil Woman", de um grupo americano chamado Crow, e perguntou se queríamos fazer um cover. Ele percebeu que não tínhamos gostado muito da ideia, então sugeriu que poderíamos fazer guitarras mais pesadas. Ainda não queríamos fazer, mas Tony se ofereceu para pagar por algum tempo no Trident Studios, no Soho, então pensamos: Foda-se, por que não?

Foi um pouco embaraçoso no final. Não tínhamos ideia do que estávamos fazendo, então só armamos nosso equipamento, apertamos o botão de *rec* e tocamos nosso show ao vivo. A coisa mais vagamente profissional foi o fato de um dos roadies ter escrito "Black Sabbath" com fita preta na parte da frente do bumbo de Bill.

Gus Dudgeon foi quem nos produziu. Ficamos admirados com ele porque tinha trabalhado com Eric Clapton, Moody Blues e Rolling Stones. Olhando agora, Gus era bom demais para nós, apesar de também ficar mandando bastante na gente e não estarmos acostumados com isso. Mesmo assim, não dava para argumentar com os resultados — o cara era um gênio. Depois de trabalhar em "Evil Woman", ele produziu alguns dos maiores sucessos de Elton John nos anos 70 e 80. Foi muito triste quando ele e sua esposa, Sheila, morreram num acidente de carro em 2002. Gus deu uma enorme contribuição para a música britânica, apesar de não ser muito conhecido. E mesmo não tendo apreciado completamente o trabalho dele na época, tivemos muita sorte por ele nos ter ajudado no começo da nossa carreira.

Tocamos em alguns clubes enquanto estávamos em Londres. Num desses shows, o DJ colocou um disco antes de tocarmos, e fiquei louco ao ouvir. Algo na voz do vocalista parecia familiar. Aí entendi: era Robert Plant. Então, fui até o DJ e disse:

— É o disco do New Yardbirds que você está tocando?

— Não, é uma banda nova chamada Led Zeppelin.

— *É mesmo?*

— É, cara. Eu juro.

Fizemos nosso show, mas não conseguia tirar aquele disco da cabeça, então depois fui até o DJ e perguntei:

— Tem certeza de que não é o New Yardbirds? Eu conheço esse vocalista e ele não está numa banda chamada Led Zeppelin. Dizem quem são os membros da banda na capa do disco?

Ele leu os nomes:

— Jimmy Page, John Bonham, John Paul Jones, Robert Plant.

Não podia acreditar: o New Yardbirds tinha mudado o nome para Led Zeppelin… e tinham feito o melhor disco que eu tinha ouvido nos últimos anos. Na van, voltando para casa, lembro de ter dito para Tony:

— Você ouviu como o disco do Led Zeppelin é *pesado*?

Sem nem pensar, ele respondeu:

— Vamos ser mais.

No final de 1969, estávamos desesperados por algo que pudesse ser um salto de qualidade. Mas ainda estávamos no mesmo esquema de clubes de terceira, noite após noite. O último show do ano foi em 24 de dezembro em Cumberland — ainda fazíamos vários shows ali —, no

Wigton Market Hall. Acontece que havia um hospital psiquiátrico feminino bem ao lado do lugar, e todo ano os médicos deixavam as pacientes saírem para ir a uma festa de Natal. Não sabíamos nada sobre isso, mas mesmo se soubéssemos nunca iríamos imaginar que aquelas doidas iam escolher vir até o show do Black Sabbath. Mas elas fizeram isso mesmo. Então, estávamos no meio de "N.I.B." quando todas aquelas garotas doidas começaram a entrar no bar, e no final da música havia começado um verdadeiro caos. Era incrível de se ver: essas garotas estavam indo para cima dos caras, e as namoradas deles estavam empurrando as loucas. Foi um pandemônio. Quando a polícia apareceu, havia um monte de mulheres caídas no chão com olhos roxos, narizes sangrando e lábios cortados.

E elas, de repente, começaram a cantar "Give Peace a Chance".

Enquanto isso, a gente estava parado no palco, os amplificadores ligados. Eu olhei para Tony, ele olhou para mim.

— Isso é uma completa *loucura* — falei.

Ele só deu de ombros, aumentou o volume do amplificador e começou a tocar "We Wish You a Merry Christmas".

Em janeiro de 1970, finalmente aconteceu.

Conseguimos um contrato para gravar.

Durante alguns meses, Jim Simpson tinha tentado nos vender convidando todos os caras fodões de Londres para assistir aos nossos shows. Mas nenhum se interessou. Então, uma noite, um cara da Philips veio até Birmingham para nos ver tocar no Henry's Blues House e decidiu apostar na gente. O nome Black Sabbath fez muita diferença, acho. Na época, havia um escritor de ocultismo chamado Dennis Wheatley cujos livros estavam no topo das listas de mais vendidos, os filmes da Hammer Horror estavam dando muito lucro no cinema e os crimes da Família Manson estavam sempre na TV, de modo que tudo com um lado "escuro" vendia. Não entendam errado, tenho certeza de que podíamos ter convencido só pela música. Mas, às vezes, quando a questão é conseguir um contrato, todas essas coisinhas precisam se unir.

Você precisa ter um pouco de sorte, basicamente.

Outra coisa que ajudou foi o fato de que a Philips estava montando um novo selo underground chamado Vertigo justo quando estávamos procurando um contrato. Encaixávamos perfeitamente. Mas a coisa mais engraçada era que a Vertigo não estava nem funcionando quando saiu nosso primeiro single, "Evil Woman", então ele saiu originalmente por outro selo da Philips, Fontana, antes de ser relançado pela Vertigo, algumas semanas depois.

Não que isso fizesse alguma diferença: a música vendeu pouco nas duas vezes. Mas não nos importamos, porque a BBC tocou na Radio 1.

Uma vez.

Às seis da manhã.

Eu estava tão nervoso que acordei às cinco e bebi umas oito xícaras de chá.

— Eles não vão tocar — eu ficava repetindo. — Eles não vão tocar...

Mas aí:

BLAM... BLAM...
Dow — *doww...*
BLAM...
Dow-dow-d-d-dow, *doooow...*
D-d-d-d-d-d-d-d-d
DUH-DA!
Do-doo-do
DUH-DA!
Do-doo-*do...*

É impossível descrever o que se sente ao se ouvir na Radio 1 pela primeira vez. Foi algo mágico, louco. Eu corria pela casa gritando: "Estou no rádio! *Estou na porra do rádio!*", até que minha mãe desceu de pijama e me mandou calar a boca. "*Evil woman*", eu cantei para ela, o mais alto possível. "*Don't you play your games with me!*" Aí eu saí, na rua, cantando o mais alto possível pela Lodge Road.

Mas se tocar na Radio 1 era bom, não era nada comparado ao adiantamento que recebemos da Philips: cento e cinco libras cada um!

Eu nunca tinha recebido uma nota de dez libras na minha vida, menos ainda cem. Demoraria um ano afinando buzinas de carro na fábrica Lucas para ganhar essa grana. Eu imaginei que era o cara mais fodão do mundo naquela semana. A primeira coisa que comprei foi um frasco de loção pós-barba Brut para tentar cheirar melhor. Aí comprei um par de sapatos, porque tinha destruído os velhos na Dinamarca. O resto eu dei para minha mãe pagar as contas. Mas aí ficava pedindo dinheiro para ela, para poder ir ao pub e celebrar.

Aí tudo voltou ao normal.

Até onde me lembro, não tínhamos nenhuma demo para mostrar e não havia nenhuma conversa sobre gravar um álbum. Jim nos contou um dia que íamos fazer uma semana de shows em Zurique e, no caminho, íamos parar no estúdio Regent Sound, no Soho, e gravar algumas faixas com um produtor chamado Rodger Bain e seu engenheiro, Tom Allom. E foi o que fizemos. Como antes, só montamos nosso equipamento e tocamos o que parecia ser um show ao vivo sem a plateia. Depois de terminarmos, passamos umas duas horas regravando a guitarra e os vocais, e foi isso. Terminado. Estávamos no pub a tempo de beber algumas antes de fechar. Não deve ter demorado mais do que doze horas no total.

É assim que discos deveriam ser feitos, na minha opinião. Não me importo se você está fazendo o próximo *Bridge Over Troubled Water* — demorar cinco, dez ou quinze anos para fazer um disco, como o Guns N' Roses, é algo simplesmente ridículo, fim da história. Durante esse tempo, sua carreira morreu, ressuscitou e morreu de novo.

No nosso caso, entendam, não podíamos nos dar ao luxo de demorar. Não era uma opção. Então chegamos e gravamos. E no dia seguinte partimos para Zurique na nossa van para ser residentes num lugar chamado Hirschen Club. Não ouvimos a mixagem final de Rodger e Tom quando deixamos o Soho, muito menos vimos a capa do disco. Era assim que a indústria musical funcionava naqueles tempos. Como banda, você tinha menos voz do que o cara que limpava a privada da suíte do executivo da gravadora. Lembro que demorou muito para chegarmos à Suíça, ali na parte de trás da van. Para passar o tempo, fumávamos maconha. Toneladas. Quando finalmente chegamos a Zurique, tínhamos tanta fome que encontramos um desses elegantes cafés suíços e criamos um concurso para ver quem comia mais *banana split* no menor tempo possível. Eu consegui comer vinte e cinco antes de o dono nos expulsar. Toda a minha cara estava coberta de creme, no final. Eu ainda conseguiria comer mais umas duas.

Aí tivemos de ir ao Hirschen Club, que era ainda mais caído que o Star Club. Eles tinham um palco minúsculo a poucos metros do balcão; era escuro e havia prostitutas por ali o tempo todo. Nós quatro tínhamos de dividir um quarto porcaria no andar de cima, então conseguir uma garota que morasse sozinha era muito importante.

Uma noite, duas garotas usando meias arrastão nos convidaram, Geezer e eu, para ir ao apartamento delas. Elas estavam claramente a fim, e eu topava qualquer coisa que significasse uma noite sem compartilhar a cama com Bill, que ficava o tempo todo reclamando do meu pé fedido. Assim, quando elas ainda falaram que tinham maconha, eu disse: "Foda-se, vamos nessa". Mas Geezer não estava tão seguro. "Elas são *putas*, Ozzy", ele ficava falando. "Você vai pegar algo nojento. Vamos encontrar outras garotas."

— Não vou trepar com nenhuma delas — eu disse. — Só quero sair dessa merda de lugar.

— Acredito depois de ver — disse Geezer. — A de cabelo escuro até que não é feia. Depois de umas cervejas e uns cigarros da erva mágica, vai querer trepar comigo.

— Olha — falei —, se ela for pra cima de você, chuto a bunda dela e a gente vai embora, certo?

— Promete?

— Se ela *for pra cima* do seu pinto, Geezer, eu a jogo de lado e a gente vai embora.

— Está bem.

Então, fomos para a casa delas. Era muito mal iluminada e Geezer estava de um lado do quarto com a garota de cabelo escuro e eu estava do outro lado com a feia, e estávamos fumando maconha e ouvindo o disco do Blind Faith, o "supergrupo" formado por Eric Clapton, Ginger Baker, Steve Winwood e Ric Grech. Por um tempo, tudo parecia sereno — a música estava tocando e todo mundo estava dando uns beijos e curtindo. Aí, de repente, ouvi essa voz grossa com sotaque de Birmingham saindo da névoa da fumaça da maconha.

— Ei, Ozzy — disse Geezer. — Hora de fazer sua bota funcionar.

Eu olhei e a puta estava montada sobre ele, que estava com os olhos fechados e uma expressão contrariada. Eu honestamente achei a coisa mais engraçada que já tinha visto na vida.

Nem sei se eles treparam no final. Só me lembro de rir tanto que cheguei a chorar.

Jim Simpson queria que fôssemos para a casa dele quando voltamos da Suíça.

— Tenho algo que vocês precisam ver — ele disse, com uma voz sinistra.

Naquela tarde, a gente se encontrou na sala dele. Ficamos sentados, comendo as unhas, nos perguntando que porra ele ia dizer. O cara abriu sua mala e tirou uma cópia finalizada do disco *Black Sabbath*. Ficamos sem palavras. A capa era um moinho de água do século XV muito assustador (mais tarde fiquei sabendo que era o Mapledurham Watermill, no rio Tâmisa, em Oxfordshire), com todas essas folhas mortas e uma mulher muito estranha com cabelo comprido escuro, um vestido preto, parada no meio do quadro com um olhar assustador no rosto. Era *incrível*. Aí, quando se abria a capa, tudo estava preto e havia uma cruz invertida com um poema estranho escrito dentro. Não tivemos nada a ver com a arte, então a cruz invertida — um símbolo do satanismo, soubemos mais tarde — não tinha nada a ver com a gente. Mas as histórias que contam de que não gostamos do disco são besteiras completas. Pelo que me lembro, ficamos maravilhados com a capa. A gente ficou ali, olhando para aquilo e dizendo: "Puta merda, cara, isso é *inacreditável*".

Aí Jim foi até a vitrola e colocou o disco. Eu quase comecei a chorar, era tão legal. Enquanto estávamos na Suíça, Rodger e Tom tinham colocado esses efeitos sonoros de trovão e um sino em cima do riff de abertura de "Black Sabbath", então parecia algo de filme. O efeito era fabuloso. Eu ainda tenho arrepios quando ouço.

Na sexta-feira, 13 de fevereiro de 1970, *Black Sabbath* começou a ser vendido.

Parecia que eu tinha nascido naquele dia.

Mas os merdas dos críticos odiaram.

Por isso, uma das poucas coisas boas de ser disléxico é que, quando digo que não leio críticas, eu realmente *não leio críticas*. Mas isso não impedia que os outros me dissessem o que a imprensa falava sobre nós. De todas as péssimas críticas de *Black Sabbath*, a pior foi provavelmente a escrita por Lester Bangs na *Rolling Stone*. Ele tinha a minha idade, mas eu não o conhecia na época. Na verdade, nunca tinha ouvido falar nele antes e, depois que os outros me contaram o que ele tinha escrito, preferiria nunca ter ouvido. Lembro de Geezer lendo palavras como "pretensioso", "rígido" e "atrapalhado". A última linha dizia algo assim: "Eles são como o Cream, mas pior", algo que não entendi, porque eu achava o Cream uma das melhores bandas do mundo.

Bangs morreu doze anos depois, quando tinha só trinta e três, e eu ouvi gente dizendo que ele era um gênio das palavras, mas para nós ele era só outro estúpido pretensioso. E, desde então, nunca nos demos bem com a *Rolling Stone*. Mas sabe o quê? Ser atacado pela *Rolling Stone* era meio legal, porque eles eram o establishment. Aquelas revistas de música eram feitas por universitários que se achavam inteligentes — e talvez, para ser justo, fossem mesmo. Enquanto isso, tínhamos sido chutados da escola aos quinze anos e trabalhado em fábricas ou matado animais para viver, mas depois tínhamos conseguido fazer algo, apesar de todo o sistema estar contra a gente. Então, para que ficar bravo quando as pessoas inteligentes diziam que não éramos bons?

O importante é que *alguém* achava que éramos bons, porque *Black Sabbath* foi direto para número oito na Grã-Bretanha e vinte e três nos Estados Unidos.

E o tratamento da *Rolling Stone* nos preparou para o que viria. Não acho que tivemos boas críticas, nunca. E é por isso que nunca me preocupei com críticas. Se ouço alguém ficando bravo, só digo: "Veja, é o papel deles criticar. É por isso que são chamados de *críticos*". Lembrem-se, algumas pessoas ficam tão machucadas que não conseguem se controlar. Lembro uma vez em Glasgow, um crítico apareceu no nosso hotel e Tony foi até ele e disse: "Quero falar uma coisa com você, querido". Eu não sabia, mas o cara tinha acabado de escrever uma matéria sobre Tony, descrevendo-o como o "Jason King com mãos de pedreiro" — Jason King era um personagem da TV, um detetive que tinha um bigode estúpido e um cabelo horrível. Mas quando Tony o enfrentou, ele apenas riu, o que era algo muito estúpido para se fazer. Tony ficou parado ali e disse: "Continue, filho, ria o quanto quiser, porque daqui a trinta segundos você não vai rir mais". Aí, Tony também começou a rir. O crítico não o levou a sério, então continuou a rir, e por uns dois segundos eles ficaram ali parados, rindo muito. Aí Tony mandou um soco que o cara precisou ir pro hospital. Nunca li a crítica que ele fez sobre o show, mas me disseram que não foi muito elogiosa.

Meu velho não ficou muito impressionado com nosso primeiro álbum, tampouco.

Sempre vou lembrar o dia em que o levei para casa e disse:

— Veja, pai! Minha voz está num disco!

Eu ainda consigo vê-lo, pegando seus óculos de leitura e segurando a capa na frente da cara. Aí, ele abriu a capa, fez *"Hummm"* e disse:

— Tem certeza de que não erraram, filho?

— O que você quer dizer?

— Essa cruz está de cabeça para baixo.

— É assim mesmo.

— Oh. Bem, não fiquei aí parado. Coloque na vitrola. Vamos ouvir um pouco.

Aí eu fui até a vitrola, levantei a pesada tampa de madeira, coloquei o disco na vitrola — esperando que o alto-falante fajuto que eu tinha trocado pelo do PA funcionasse — e aumentei o volume.

Com o primeiro barulho de trovão, meu pai se encolheu.

Eu sorri, nervoso.

Aí:

Bong!

Bong!

Bong!

Meu pai tossiu.

Bong!

Bong!

Bong!

Ele tossiu de novo.

Bong!

Bong!

Bong!

— Filho, quando é que...

BLAM! Dow! Dowwwwwwww!!!! *Dooooowwwww!!!!!*

Meu pobre pai ficou branco. Acho que ele estava esperando algo da linha de "Knees Up Mother Brown". Mas eu deixei o disco tocar. Finalmente, depois de seis minutos e dezoito segundos de Tony e Geezer destruindo tudo nas cordas, Bill detonando tudo na bateria e eu uivando sobre um cara de preto que vinha me pegar saindo de um lago de fogo, meu pai esfregou os olhos, balançou a cabeça e olhou para o chão.

Silêncio.

— O que você achou, pai?

— John — ele falou —, você tem certeza de que não está bebendo *só* cerveja?

Fiquei vermelho e disse algo tipo:

— Ah, hã, está bem, pai, deixa pra lá.

Que coisa, ele realmente não entendeu nada.

Mas fiquei triste, sabe? Sempre senti como se tivesse deixado meu pai desapontado. Não por causa de nada que ele tivesse dito para mim. Mas porque eu sempre fui um fracasso na escola, porque não conseguia ler nem escrever direito, porque tinha ido para a prisão e porque tinha sido demitido de todos aqueles empregos em fábricas. Mas agora, finalmente, com o Black Sabbath, eu estava fazendo algo em que era bom, que gostava, em que estava disposto a trabalhar duro. Acho que só queria que meu velho tivesse orgulho de mim. Mas não era culpa dele — era seu jeito. Era sua geração.

E acho que, lá no fundo, ele sentia *orgulho* de mim, do jeito dele.

Posso honestamente dizer que nunca levei essa coisa de magia negra a sério, nem por um segundo. Só gostávamos de como isso era legal em termos visuais. Mesmo meu velho acabou brincando com isso: ele me fez essa incrível cruz de metal durante uma de suas paradas para o chá na fábrica. Quando eu apareci no ensaio com ela, todo os outros caras queriam uma, assim meu pai fez mais três.

Não acreditei quando descobri que as pessoas realmente "praticavam o ocultismo". Esses loucos com maquiagem branca e túnicas negras apareciam depois de nossos shows e nos convidavam para missas negras no cemitério de Highgate. Eu dizia para eles: "Olha, cara, os únicos espíritos do mal em que estou interessado se chamam uísque, vodca e gim". Uma vez, fomos convidados por um grupo de satanistas a tocar em Stonehenge. Falamos para eles se foderem, aí disseram que tinham colocado uma maldição sobre nós. Que bando de estúpidos. A Grã-Bretanha até tinha um "bruxo-chefe" naqueles dias, chamado Alex Sanders. Nunca o conheci. Nunca quis. Uma vez nós compramos uma tábua Ouija e fizemos uma pequena sessão. Ficamos nos assustando.

Aquela noite, vai saber a que horas, Bill me ligou e gritou:

— Ozzy, acho que minha casa está *mal-assombrada*!

— Comece a cobrar entrada, então — falei e desliguei o telefone.

O melhor sobre toda essa coisa satânica foi que nos deu publicidade gratuita infinita. As pessoas não se cansavam disso. Durante os primeiros dias depois do lançamento, *Black Sabbath* vendeu cinco mil cópias, e no final do ano estava a caminho de vender um milhão no mundo todo.

Nenhum de nós podia acreditar.

Nem mesmo Jim Simpson podia acreditar — o pobre cara acabou ficando totalmente louco. Seu escritório ficava em Birmingham, a muitos quilômetros de toda a ação em Londres, e ele tinha outras bandas para cuidar, nenhum funcionário e a Henry's Blues House para administrar. Então não demorou para ficarmos putos com ele. Para começar, não estávamos ganhando nem um centavo. Jim não estava nos roubando — ele é um dos caras mais honestos que já conheci no meio musical —, mas a Philips demorava uma eternidade para pagar nossos royalties e Jim não era o tipo de cara que conseguia ir até eles e encher o saco para que pagassem. Aí, havia a questão dos Estados Unidos: queríamos ir, imediatamente. Mas precisávamos fazer direito, o que significava ir com calma com aquela coisa satânica, porque não queríamos que nos confundissem com fãs da Família Manson.

Seríamos pendurados pelas bolas se cruzássemos o caminho desses caras.

Não demorou para todos os tubarões em Londres perceberem que havia sangue na água. Assim, um a um, eles começaram a nos rodear. Olhavam para nós e viam uma porra de um neon com um cifrão. Nosso primeiro disco não podia ter custado mais do que quinhentas libras, então as margens de lucro eram astronômicas.

A primeira ligação que recebemos foi de Don Arden. Não sabíamos muita coisa sobre ele além de seu apelido — "Mr. Big". Aí ouvimos histórias sobre como ele pendurava gente da janela do quarto andar de seu escritório em Carnaby Street, apagava charutos na testa de outros e exigia que todos os seus contratos fossem pagos em dinheiro e entregues dentro de envelopes de papel pardo, pessoalmente. Então, estávamos cagando nas calças quando fomos até Londres para encontrá-lo pela primeira vez. Quando descemos do trem na Euston Station, havia um Rolls-Royce azul esperando para nos pegar. Era a primeira vez que eu entrava num desses. Sentei-me no banco traseiro, como o Rei da Inglaterra, pensando: Três anos atrás, você removia vômito num matadouro e antes disso estava distribuindo gororoba para molestadores de crianças em Winson Green. Agora veja aonde você chegou.

Don tinha a reputação de ser o tipo de cara que poderia deixar qualquer um mundialmente famoso, mas também que roubaria muito dinheiro seu enquanto isso. Não é que ele estivesse fazendo algo complexo, financeiro, estilo Bernie Madoff. Ele só não pagava. Simples assim. Era assim: "Don, você me deve um milhão de libras, pode me pagar, por favor?". E ele falava: "Não, não posso". Fim da conversa. E se você fosse até seu escritório para pedir a grana em pessoa, havia uma boa chance de sair numa ambulância.

Mas a coisa conosco era que não precisávamos de ninguém para nos fazer mundialmente famosos — já estávamos nesse caminho. Mesmo assim, sentamos no escritório de Don e ouvimos seu discurso. Era um cara baixo, mas forte e com a presença de um rottweiler bravo, e ele tinha essa incrível voz alta. Pegava o telefone para falar com a recepcionista e gritava tão alto que todo o planeta parecia tremer.

Quando a reunião acabou, todos ficamos em pé e falamos como tinha sido ótimo conhecê-lo, blá-blá-blá, mesmo sabendo que não queríamos nada com ele. Aí, quando saíamos do escritório, ele nos apresentou a garota que tinha passado metade da reunião falando ao telefone.

— Essa é Sharon, minha filha — ele disse. — Sharon, acompanhe esses caras até o carro, por favor.

Eu sorri para ela, que respondeu com um olhar desconfiado. Provavelmente deve ter pensado que eu era um lunático, parado ali com minha camiseta de pijama, sem sapatos e uma torneira presa a uma corrente ao redor do pescoço.

Mas aí, quando Don voltou para seu escritório e fechou a porta, eu soltei uma piada e ela riu. Eu quase caí no chão. Foi o sorriso mais travesso e lindo que já vi em minha vida. E acompanhado por uma gargalhada, também. Eu me senti tão bem, ouvindo seu riso. Só queria que ela repetisse esse riso muitas vezes.

Até hoje, sinto-me mal com o que aconteceu com Jim Simpson. Acho que ele simplesmente se deu mal com a gente. Acho que é fácil dizer o que ele deveria ou não ter feito, em retrospectiva, mas, se tivesse admitido que éramos demais para ele, poderia ter nos vendido para outra empresa de gerenciamento ou passado nossa administração do dia a dia para uma empresa maior. Mas ele não foi forte o suficiente para fazer isso. E estávamos tão desesperados para ir aos Estados Unidos e fazer sucesso que não tivemos a paciência para esperar que ele resolvesse a situação.

No final, foi um cara chamado Patrick Meehan que nos conquistou. Era alguns anos mais velho do que nós, e tinha começado a trabalhar com gerenciamento de bandas através de seu pai, que tinha sido dublê num programa de TV chamado *Danger Man* e trabalhado para Don Arden, primeiro como motorista, depois como ajudante geral, cuidando de caras como Small Faces e Animals. Patrick tinha outro ex-capanga de Don Arden trabalhando com ele também: Wilf Pine. Gostava muito de Wilf. Ele parecia um vilão de desenho animado: baixo, forte como um pedaço de concreto e com essa cara grande e redonda. Acho que essa rotina de homem duro era um pouco encenada, para ser honesto, mas não tinha dúvida de que ele podia machucar alguém seriamente se quisesse. Tinha sido guarda-costas pessoal de Don por muito tempo e quando eu o conheci ele ia sempre à prisão de Brixton para ver os gêmeos Kray, que tinham acabado de ser sentenciados. Era um cara legal, o Wilf. Estávamos sempre rindo. "Você é *louco*, sabia disso?", ele me dizia.

Patrick não tinha nada a ver com Don ou Wilf, ou seu pai, nesse sentido. Era um cara magro, de fala tranquila e bonitão, muito legal, muito direto, não tinha problemas com as garotas. Usava terno o tempo todo, dirigia um Roller, tinha o cabelo comprido, mas não muito. Foi também o primeiro cara que vi usando anéis de diamantes nos dedos. Ele obviamente tinha aprendido muito bem como Don Arden dirigia seus negócios. Patrick usou todos os truques conhecidos em nós. Andávamos de limusine. Champanhe no jantar. Presentes o tempo todo e o choque fingido por não sermos multimilionários ainda. Ele nos falou que se assinássemos com ele poderíamos ter *qualquer coisa* que quiséssemos — carros, casas, garotas, qualquer coisa. Tudo que precisávamos fazer era ligar e pedir. Era tudo um conto de fadas, basicamente, mas queríamos acreditar nele. E havia pelo menos alguma verdade no que ele dizia... A indústria musical é como qualquer outro negócio, sabe? Quando as vendas vão bem, tudo é uma maravilha. Mas no segundo em que algo dá errado, são só sangue e processos.

Não me lembro exatamente quando ou como deixamos Jim — nunca chegamos a demiti-lo, apesar de que acho que isso não faz nenhuma diferença —, mas em setembro de 1970 Big Bear Management já era história e tínhamos assinado com a empresa dos Meehans, Worldwide Artists.

Demorou uns três segundos e meio para Jim nos processar. Fomos notificados quando estávamos no backstage de um lugar em Lake Geneva, esperando para entrar. Não seria a única vez. Jim processou Meehan, também, por "incitação". Demorou anos para isso se resolver nos tribunais. Até um certo grau, acho que Jim recebeu um tratamento injusto. Afinal, foi ele que trouxe a Philips para nos ver em primeiro lugar, o que nos levou a um contrato para gravar. E, apesar de ter ganho alguma grana com o processo, ele passou anos pagando seu advogado, de modo que, no final, não ganhou muito. É sempre assim com advogados — nós descobrimos mais tarde. O mais engraçado é que ainda falo com Jim de vez em quando. Somos como velhos amigos, agora. Ele fez muita coisa boa para a música em Birmingham. E ainda faz, hoje. Desejo tudo de bom para ele, realmente.

Na época, no entanto, deixar Jim parecia ser a melhor coisa que já tínhamos feito. Era como se tivéssemos ganho na loteria: o dinheiro caía do céu. Todo dia eu pensava em algo novo para pedir: "Hã, olá, é do escritório de Patrick Meehan? É o Ozzy Osbourne. Gostaria de um desses conversíveis Triumph Herald. Podem me mandar um verde? Obrigado". *Clique*. Aí — *ta-dah!* — a porra da coisa aparecia na frente da minha casa na manhã seguinte com um envelope preso no para-brisa cheio de papéis para assinar e devolver. Meehan parecia ser realmente bom nas promessas: o que pedíssemos, tínhamos. E não eram só as coisas grandes: nos dava um salário, para gastar com cerveja, cigarros, sapatos de plataforma e casacos de couro, e podíamos ficar em hotéis em vez de dormir na traseira da van de Tony.

Enquanto isso, continuávamos a vender mais discos. Num minuto éramos os últimos da fila de bandas de Birmingham; no seguinte, tínhamos ultrapassado todo mundo. O que não sabíamos era que Meehan estava tomando quase tudo. Até mesmo muitas das coisas que ele nos "dava" não eram realmente *nossas*. Nos bastidores, estava arrancando nosso sangue. Mas sabe o quê? Pensei muito sobre isso durante anos e acho que não podemos reclamar muito. Saímos de Aston sem nada a perder e tudo a ganhar, e quando tínhamos vinte e poucos anos já vivíamos como reis. Não tínhamos de carregar nosso equipamento, não tínhamos de fazer nossa própria comida, quase tínhamos alguém para amarrar nossos sapatos. E, o mais importante, podíamos pedir qualquer coisa e isso aparecia numa bandeja de prata.

Vocês deviam ver a coleção de Lamborghinis de Tony. Até Bill tinha seu próprio Rolls-Royce com chofer. Tínhamos feito um acordo: dividíamos tudo em quatro. Víamos assim: Tony fazia os riffs, Geezer, as letras, eu colocava as melodias e Bill fazia a batida louca, e cada parte era tão importante quanto a outra, então todos deviam ganhar o mesmo. Acho que é por isso que duramos tanto. Para começar, significava nunca precisar discutir quem tinha feito o quê. Aí, se um de nós quisesse mudar algo — como se Bill quisesse cantar ou se eu quisesse escrever alguma letra —, estava tudo bem. Ninguém estava sentado ali com uma calculadora, somando os royalties que tínhamos ganho ou perdido.

Lembrem-se de que outra razão pela qual podíamos fazer o que queríamos era porque tínhamos total controle musical. Nenhum imbecil de gravadora tinha criado o Black Sabbath, então nenhum imbecil de gravadora podia mandar em nós. Alguns tentaram — e mandamos eles enfiarem bem fundo.

Não são muitas as bandas que podem fazer isso hoje em dia.

Uma coisa de que me arrependo é não ter dado mais dinheiro para meus pais. Afinal, se não fosse por meu velho pegar um empréstimo para comprar o sistema de PA, eu nunca teria tido uma chance. Na verdade, eu provavelmente teria voltado a roubar. Talvez ainda estivesse na prisão hoje em dia. Mas eu não pensava neles. Era jovem, estava drogado a maior parte do tempo e meu ego já estava começando a dominar o mundo. Além disso, poderia ser rico, mas nunca tinha muito dinheiro. Tudo que eu fazia era ligar para o escritório de Patrick Meehan e fazer meus pedidos, o que era diferente de ter meu próprio dinheiro para gastar. Na verdade, a única vez que tive dinheiro de verdade foi quando percebi que poderia vender as coisas que a empresa me dava, o que fiz uma vez com um Rolls-Royce. Os outros logo aprenderam o mesmo truque. Mas como eu podia explicar isso para meus pais, quando eles me viam andando por aí como um milionário? Não é que eu não tenha dado *nada* para eles, mas sei agora que nunca dei o *suficiente*. Dava para sentir no ar sempre que entrava pela porta de Lodge Road 14. Eu perguntava para minha mãe:

— O que foi?

E ela respondia:

— Oh, nada.

— Bom, obviamente há algo. Pode me falar.

Ela não dizia, mas dava para sentir: dinheiro, dinheiro, dinheiro. Só dinheiro. Nada de: "Tenho orgulho de você, filho. Muito bom, você finalmente conseguiu, trabalhou muito. Tome uma xícara de chá. Eu te amo". Só dinheiro. Ficou muito ruim depois de um tempo. Não queria ir para casa; era uma situação muito desconfortável. Acho que eles nunca tiveram muito dinheiro e queriam o meu. O que era algo bastante justo. Eu devia ter dado para eles.

Mas não dei.

Ao contrário, conheci uma garota e me mudei.

4

"Vocês não são *black*!"

Nunca fui do tipo Romeu.

Mesmo depois que nosso álbum ganhou um disco de ouro, nunca conseguia as garotas mais bonitas. O Black Sabbath era uma banda para os caras. Jogavam garrafas e bitucas de cigarro na gente, não sutiãs. Costumávamos brincar que as únicas groupies que vinham a nossos shows eram as "dois-sacos" — era preciso colocar uns dois sacos na cabeça delas antes de poder transar; um não era suficiente. E, na maioria das vezes, eu nem conseguia uma "dois-sacos", para ser honesto. As garotas que queriam transar comigo no final da noite eram geralmente três ou quatro-sacos. Uma noite em Newcasttle acho que peguei uma cinco-sacos.

Foi uma noite difícil, pode-se dizer. Muito gim no meio, se me lembro corretamente.

Mas nada disso me impediu de tentar transar.

Um dos lugares onde eu costumava ir para conseguir uma garota era o Rum Runner, na Broad Street, em Birmingham, onde trabalhava um velho amigo de Tony. Era um lugar famoso, o Rum Runner — anos depois, o Duran Duran seria a banda residente lá —, então era ótimo ter alguém dentro que pudesse nos deixar entrar sem problemas.

Uma noite, logo depois de termos assinado o contrato de gravação, fui até o Rum Runner com Tony. Foi antes de termos conhecido Patrick Meehan, portanto ainda éramos pobres. Fomos até lá no carro de segunda mão de Tony, que era um Ford Cortina, acho. Era uma porcaria, de qualquer forma. Albert nos cumprimentou na porta, como sempre, os leões de chácara abriram a corda para nos deixar passar e a primeira coisa que vejo é essa garota de cabelo preto atrás do balcão no lugar para deixar os casacos.

— Quem é *essa*? — perguntei a Albert.

— Thelma Riley — ele me contou. — Uma garota adorável. Inteligente, também. Mas ela é divorciada, tem um filho, então cuidado.

Não me importei.

Era linda e eu queria conversar com ela. Então fiz o que sempre fazia quando queria conversar com uma garota: enchi a cara. Mas algo estranho deve ter acontecido naquela noite, porque o velho truque de ficar o mais bêbado possível funcionou: eu a tirei para dançar e Tony convidou outra garota. Aí fomos até o apartamento do Tony em seu Cortina. Thelma e eu ficamos nos agarrando no banco traseiro.

Tony deu o fora na amiga de Thelma no dia seguinte, mas eu e ela continuamos saindo. E quando não consegui aguentar mais o clima pesado em Lodge Road 14, alugamos um apartamento juntos em cima de uma lavanderia em Edgbaston, uma parte mais chique de Birmingham.

Um ano mais tarde, em 1971, a gente se casou.

Achei que era isso que se devia fazer: conseguir alguma grana, encontrar uma garota, se casar, se estabelecer, ir até o pub.

Foi um erro completo.

Alguns meses antes do casamento, o Black Sabbath finalmente foi para os Estados Unidos. Antes de viajarmos, lembro do pai de Patrick Meehan nos chamando para uma reunião em seu escritório de Londres e dizendo que íamos ser os "embaixadores da música britânica", então deveríamos nos comportar.

Nós só concordamos com a cabeça e o ignoramos.

No entanto, eu fiz de tudo para não bebermos tanto até chegarmos ao aeroporto. Mas o que eu não sabia é que os aeroportos tinham bares — e não pude resistir a tomar umas duas cervejas para me acalmar. Assim, quando sentei na minha poltrona, estava completamente bêbado.

Aí descobrimos que o Traffic estava no mesmo avião. Não pude ignorar o fato de que estava no mesmo voo que Steve Winwood. Pela primeira vez na vida, comecei a me sentir como um verdadeiro rock star.

Mesmo com toda a bebida que tomei no avião, parecia que nunca chegaríamos ao JFK. Eu continuava olhando pela janela e pensando: Como essa porra se mantém no ar? Aí passamos por cima de Manhattan, o World Trade Center estava sendo construído — metade ainda era só vigas de ferro e andaimes — e aterrissamos quando o sol estava se pondo. Era uma noite quente, lembro, e nunca tinha experimentado essa vibração de noite de calor em Nova York antes. Tinha um cheiro diferente, sabe? Achei tudo ótimo. Lembrem-se de que estava ultrachapado nesse momento. A aeromoça precisou me ajudar a sair do meu assento e eu caí da escada.

Quando cheguei na Imigração, já estava de ressaca. Minha dor de cabeça era tão forte que tinha esquecido o que tinha escrito como piada no formulário de visto. Onde perguntavam religião, havia escrito "satanista". O cara pegou o meu formulário e começou a ler. Aí ele fez uma pausa quando chegou na metade.

Ele olhou para mim. "Satanista, né?", com esse sotaque forte do Bronx, com um olhar cansado e entediado.

De repente, comecei a pensar: Ah, *merda*.

Mas antes de conseguir me explicar ele só bateu o carimbo no formulário e gritou: "PRÓXIMO!".

"Bem-vindo a Nova York", dizia a placa acima da cabeça dele.

Pegamos nossas malas na esteira de desembarque e fomos para a fila de espera por um táxi. Vai saber o que todos os executivos com seus ternos, gravatas e maletas estavam pensando, parados perto desse cabeludo, sujo e bêbado, usando uma torneira no pescoço e jeans fedidos com o símbolo de "Paz e Amor" numa perna, e a frase "Viva os Panteras Negras" e um punho negro na outra.

Enquanto esperávamos, chegou um imenso carro amarelo. Devia ter umas dezenove ou vinte portas.

— Eu sabia que os carros aqui eram grandes — falei —, mas não *tão* grandes!

— É uma *limusine*, seu idiota — disse Tony.

Antes de sairmos da Inglaterra, já tínhamos gravado nosso segundo disco. Tínhamos finalizado só cinco meses depois do lançamento do primeiro — algo inacreditável quando consideramos como os discos hoje demoram para ser feitos. Originalmente, o objetivo era chamá-lo de *Warpiggers*, que era um termo usado em casamentos na magia negra ou algo assim. Mas mudamos para *War Pigs*, e Geezer criou essa letra pesada que falava sobre morte e destruição. Não me espanta que nunca houvesse garotas nos nossos shows. Geezer simplesmente não estava interessado em canções pop estilo "I love you". Mesmo quando ele escrevia uma letra sobre "garoto conhece garota", precisava ser meio estranha — como "N. I. B.", do primeiro álbum, em que o garoto acaba sendo o demônio. Geezer gostava de colocar muitas referências contemporâneas, como a Guerra do Vietnã, nas nossas músicas. Ele sempre estava antenado com o que acontecia.

Voltamos ao Regent Sound, no Soho, para fazer o segundo disco, apesar de termos passado algumas semanas antes ensaiando numa velha fazenda no Rockfield Studios, no sul de Gales. O tempo de estúdio custava uma fortuna na época, então não queríamos fazer merda quando o contador estivesse rodando. E quando terminamos nosso trabalho no Regent Sound passamos para o Island Studios, em Notting Hill, para fazer a mixagem final. Foi quando Rodger Bain percebeu que precisávamos de mais uns minutos de material. Lembro que ele entrou na sala de controle numa parada para comer e disse: "Vejam, caras, precisamos de mais material. Podem fazer uma jam?". Todos queriam comer os sanduíches, mas Tony começou um riff de guitarra enquanto Bill fazia uns ritmos, eu murmurei alguma melodia e Geezer sentou num canto, riscando algumas palavras.

Vinte minutos depois, tínhamos uma música chamada "The Paranoid". No final do dia, ela tinha virado simplesmente "Paranoid".

É sempre assim com as melhores músicas: ela saem do nada, quando não se está nem tentando. A coisa com "Paranoid" é que ela não se encaixa em nenhuma categoria: era como uma canção punk anos antes de o punk ser inventado. Lembrem-se, nenhum de nós achou que era algo especial quando a gravamos. Para nós, parecia meia-boca se comparada com "Hand of Doom" ou "Iron Man" ou qualquer outra dessas músicas mais pesadas. Mas, puta merda, ela era muito boa; eu fiquei cantando até chegar em casa.

— Thelma — falei, quando voltei para Edgbaston. — Acho que criamos um *single*.

Ela só olhou para mim com aquela cara que dizia: *Até parece*.

É engraçado, sabe: se alguém dissesse, na época, que as pessoas ainda estariam ouvindo alguma dessas canções quarenta anos depois — e que o álbum venderia mais de quatro milhões de cópias só nos Estados Unidos —, a gente certamente riria.

Mas a questão é que Tony Iommi acabou se tornando um dos maiores criadores de riffs de rock pesado de todos os tempos. Sempre que entrávamos no estúdio, nós o desafiávamos a fazer um riff melhor do que o anterior — ele acabava com algo como "Iron Man" e deixava todo mundo louco.

Mas "Paranoid" era algo além. Dois segundos depois de os caras de terno na Vertigo ouvirem a música, o nome do álbum se tornou *Paranoid*. Não porque achassem que *War Pigs* pudesse deixar os norte-americanos bravos por causa do Vietnã — pelo menos até onde eu saiba. Não, eles ficaram completamente doidos com a nossa pequena música pop de três minutos, porque acharam que ela podia até tocar nas rádios, e bandas como a nossa *nunca* tocavam nas rádios. E fazia muito sentido dar ao disco o mesmo título do single, para facilitar a venda nas lojas.

Os caras de terno estavam certos. "Paranoid" foi direto para o número quatro entre os singles britânicos e nos levou ao *Top of the Pops* — junto com Cliff Richard. O único problema era a capa do álbum, que tinha sido feita antes da mudança do nome e agora não fazia nenhum sentido. O que quatro caras cor-de-rosa segurando escudos e espadas tinham a ver com paranoia? Eram cor-de-rosa porque essa era supostamente a cor dos porcos de guerra. Mas sem "War Pigs" escrito na frente, eles só pareciam esgrimistas gays.

— Eles não são esgrimistas gays, Ozzy — disse Bill. — São esgrimistas gays *paranoicos*.

Top of the Pops era provavelmente a coisa mais importante que eu já tinha feito na minha vida, naquele ponto. Toda semana, quando eu era jovem em Aston, a família Osbourne se juntava ao redor da TV para assistir ao show. Até minha mãe adorava. Assim, quando meus pais ficaram sabendo que eu ia aparecer, ficaram espantados. Naqueles dias, quinze milhões de pessoas assistiam ao *Top of the Pops* toda semana, e as Pan's People ainda estavam fazendo aquelas danças hippies entre os números.

Era legal pra cacete.

Lembro de ter ficado realmente impressionado com Cliff Richard, porque ele tocou ao vivo com uma orquestra completa.

Não tiramos nenhum sarro dele ou algo assim — afinal, não fazia muito tempo que eu cantava "Living Doll" na frente dos meus pais. Acho que a música que ele fez foi "I Ain't Got Time Any More". Há anos não vejo essa fita — talvez tenha sido apagada para poder ser reutilizada, o que era uma política da BBC na época. Vou dizer uma coisa, no entanto: não me espantaria descobrir que Cliff parecia mais velho naquele *Top of the Pops* de 1970 do que agora. Ele parece envelhecer ao contrário. Sempre que o encontro, ele aparenta ter remoçado alguns anos.

Quando foi nossa vez de ir, todo o meu corpo ficou paralisado de medo. Os outros três não precisavam tocar nenhuma nota — só tinham de fingir que estavam tocando ao mesmo tempo que a música. Mas eu tinha de cantar ao vivo. Era minha primeira vez na televisão e estava me cagando de medo, como nunca antes. Terror total. Minha boca estava tão seca que parecia ter uma bola de algodão lá dentro. Mas eu consegui.

Minha mãe e meu pai nos viram em casa — foi o que meus irmãos me contaram alguns dias depois.

Se ficaram orgulhosos, nunca disseram nada. Mas gosto de pensar que sim.

Aquela música mudou tudo para nós. E eu adorava tocá-la. Por uma ou duas semanas, até tínhamos umas garotas gritando nos nossos shows e jogando suas calcinhas em nós, uma boa mudança, apesar de que ficamos um pouco preocupados, já que não queríamos deixar nossos verdadeiros fãs bravos. Logo depois do *Top of the Pops,* fizemos um show em Paris e no final uma linda garota francesa ficou me esperando. E me levou para seu apartamento e a gente trepou a noite toda. Não entendi uma palavra do que ela disse a noite toda.

Que, às vezes, é a melhor coisa nas transas de uma noite só.

Eu achei que os Estados Unidos eram uma maravilha.

A pizza, por exemplo. Durante anos eu tinha pensado: gostaria que alguém inventasse um novo tipo de comida. Na Inglaterra, era sempre ovo e batata, salsicha e batata, torta e batata... qualquer coisa e batata. Depois de um tempo, fica muito chato, sabe? Mas não dava para pedir um queijo parmesão e salada em Birmingham no começo dos anos 70. Se não saísse de uma frigideira, ninguém sabia que merda era aquilo. Mas aí, em Nova York, eu descobri a pizza. Fiquei doido. Eu comprava dez ou vinte pedaços por dia. Aí, quando descobri que era possível comprar uma grande pizza inteira só pra mim, comecei a pedir onde quer que fosse. Não via a hora de voltar para casa e contar a todos os meus amigos: "Há uma coisa nova incrível. É norte-americana e se chama pizza. É tipo pão, mas é melhor do que qualquer pão que você já provou na sua vida". Eu até tentei recriar uma pizza de Nova York para Thelma uma vez. Peguei uma grana, aí juntei todas as latas de feijão, sardinha, azeitona e outras merdas, juntei tudo — devo ter gastado umas quinze libras em comida —, mas depois de dez minutos aquilo saiu pingando do forno. Era como se alguém tivesse passado mal ali dentro. Thelma só olhou para aquilo e disse: "Acho que não *gosto* de pizza, John". Ela nunca me chamou de Ozzy, minha primeira esposa. Nenhuma vez em todos os anos que estive com ela.

Outra coisa incrível que descobri nos Estados Unidos foi o Harvey Wallbanger — um coquetel feito de vodca, Galliano e suco de laranja. Essa mistura te deixava louco. Eu bebi tantos Wallbangers que não consigo nem sentir o cheiro agora.

Uma fungada e vomito no ato.

E também havia as garotas norte-americanas, que não tinham nada a ver com as inglesas. Quero dizer, quando você pegava uma garota na Inglaterra, você olhava para ela, uma coisa levava à outra, você a levava para passear, comprava isso e aquilo, e depois de um mês você perguntava se ela gostava daquele velho jogo de esconder a salsicha. Nos Estados Unidos, as garotas vinham direto para você e diziam: "Ei, vamos trepar". Não era preciso fazer nenhum esforço.

Descobrimos isso na nossa primeira noite, quando ficamos num lugar chamado Loew's Midtown Motor Inn, que ficava na 8th Avenue com 48th Street, uma parte meio feia da cidade. Não conseguia dormir, por causa do jet lag, que era uma experiência nova para mim. Então, estava deitado ali, acordado às três da manhã, e ouvi uma batida na porta. Levantei-me para atender e havia uma garota magricela parada ali, usando um casaco comprido, que ela desabotoou na minha frente. E estava completamente nua.

— Posso entrar? — ela sussurrou com uma voz sexy e rouca.

O que eu deveria dizer? "Não, obrigado, querida, estou ocupado agora."

Então, é claro que eu transei com ela até o sol sair. Aí ela pegou o casaco do chão, me deu um beijo no rosto e foi embora.

Mais tarde, quando estávamos tomando café da manhã, tentando descobrir onde se coloca esse mapple syrup — Geezer estava colocando sobre um tipo de guisado —, eu digo:

— Vocês não vão adivinhar o que aconteceu comigo ontem à noite.

— Na verdade — disse Bill, tossindo —, acho que consigo adivinhar.

Acontece que tinha acontecido o mesmo com todos naquela noite: tinha sido um presente de "Bem-vindos aos Estados Unidos" de nosso tour manager. No entanto, julgando pela forma como era minha garota à luz do dia — devia ter uns quarenta anos —, ele obviamente tinha contratado todas em conjunto.

Nos dois meses de nossa turnê norte-americana, cobrimos distâncias que nem podíamos ter imaginado na Inglaterra. Tocamos no Fillmore East, em Manhattan. Tocamos no Fillmore West, em San Francisco. Até fomos para a Flórida, onde eu nadei numa piscina ao ar livre pela primeira vez: era meia-noite, eu estava louco de maconha e bebida, e foi lindo. Também vi pela primeira vez um oceano azul-turquesa, na Flórida.

Bill odiava voar, então fomos por terra entre os shows, o que se tornou uma espécie de ritual para nós. As épicas viagens minhas e de Bill terminaram sendo os pontos altos das nossas turnês norte-americanas. Passamos muito tempo juntos na parte de trás de um motor home GMC alugado, por isso ficamos unha e carne. Bill chamava seu cunhado Dave para dirigir de vez em quando, assim podíamos beber mais e tomar mais drogas. É engraçado, você aprende muito sobre as pessoas quando está na estrada assim. Toda manhã, por exemplo, Bill tomava uma xícara de café, um copo de suco de laranja, um copo de leite e uma cerveja. Sempre na mesma ordem.

Perguntei, uma vez, por que ele fazia isso.

— Bom — ele disse. — O café é para acordar, o suco de laranja é para ter algumas vitaminas e evitar doenças, o leite é para forrar o estômago pelo resto do dia e a cerveja é para voltar a dormir.

— Oh — eu falei. — Faz sentido.

Bill é um cara engraçado. Lembro que uma vez o GMC estava cheio de cerveja e cigarro, Dave dirigindo. Estávamos indo de Nova York para algum lugar da Costa Leste, então levantamos cedo, apesar de termos ficado acordados quase a noite inteira. Dave ficou reclamando que havia comido uma pizza ruim antes de dormir. Tinha gosto de cocô de rato, ele falou. E aí eu estava sentado no banco do passageiro às sete ou oito da manhã, olhar cansado e ressaca; Bill caído no fundo e Dave dirigindo com um olhar estranho. Abaixei o vidro e acendi um cigarro, olhei e vi que Dave estava ficando verde.

— Você está bem, Dave? — eu disse, soltando fumaça dentro do carro.

— Estou, eu…

Aí, ele não conseguiu mais.

Bleeeeugh!

Vomitou em todo o painel do carro, e esses pedaços meio digeridos de queijo, massa e molho de tomate voaram pela saída de ar e em cima do meu maço de cigarros. Só a visão e o cheiro foram suficientes para me fazer vomitar em solidariedade.

— Oh, não — eu falei. — Dave, acho que vou…

Bleeeeugh!

Agora havia dois vômitos por toda a van. O cheiro era completamente abominável, mas Bill não percebeu nada — ainda estava desmaiado no fundo.

Paramos num bar de beira de estrada e perguntamos se a garota tinha algum desodorizador de ambiente. Eu não ia *tentar* limpar o vômito, mas precisávamos fazer algo em relação ao cheiro. Parecia que até os motoristas dos carros que nos ultrapassavam estavam tapando o nariz. Mas a garota na loja não estava entendendo uma porra de uma palavra do que eu estava dizendo. Finalmente, ela perguntou: "Oh, você quer dizer *isso*?". E me deu uma lata de aerossol de menta verde. Aí, me disse: "Pessoalmente, não recomendo".

Foda-se, pensei, e comprei. Aí voltei para o GMC, fechei a porta e, enquanto Dave saía do estacionamento, eu comecei a borrifar a coisa no carro.

Aí, de repente, ouvi um ruído horrível atrás de nós. Olhei por cima do ombro e vi Bill sentado, não parecia muito bem. Ele conseguiu aguentar o cheiro de nossos vômitos, mas o aerossol de menta verde tinha sido demais para ele.

— Cristo! — ele falou. — Que merda de chei…

Bleeeeugh!

†

Nosso primeiro show nos Estados Unidos foi num café em Nova York chamado Ungano's, no número 210 da West 70th Street. Aí, depois disso, fizemos um show no Fillmore East com Rod Stewart e o Faces. Ficamos putos com o Faces, na verdade, porque eles não nos deixaram passar o som. E Rod ficou longe da gente. Olhando para trás, agora, não acho que ele estivesse muito feliz por ter o Black Sabbath abrindo. Éramos os hooligans sujos e ele, o garotão de olhos azuis. Era sempre muito correto; sempre muito educado. E eu o achava um cantor fenomenal.

Dois meses pareciam uma eternidade para estar longe de casa e sentíamos muita saudade da Inglaterra — principalmente quando começávamos a contar quanto tempo faltava para ir a um pub e dizer a todos como eram os Estados Unidos, que era o mesmo que ir até Marte, naquela época. Poucos britânicos tinham feito essa viagem, porque as passagens aéreas eram muito caras.

Criar pegadinhas era a melhor forma de não ficarmos com saudade de casa. Uma das coisas que descobrimos ser hilária era o sotaque norte-americano. Toda vez que um recepcionista de hotel me chamava de "Sr. Ozz-Burn", a gente começava a rir. Aí, inventamos uma pegadinha para fazer em restaurantes de hotéis. Durante a refeição, um de nós ia até a recepção e pedia para chamarem um tal "Mr. Harry Bollocks". Aí os outros ficavam sentados comendo seus hambúrgueres e o garçom entrava, tocando uma sinetinha e gritando: "Há algum Mr. Hairy Bollocks* aqui? Estou procurando Hairy Bollocks".

Bill ria tanto que até se afogava.

Mas o maior choque cultural aconteceu num show na Filadélfia. Havia uma maioria de caras negros na plateia e dava para ver que eles estavam odiando nossa música. Tocamos "War Pigs" e dava para ouvir uma gota caindo no chão. Um cara, alto e com um cabelo afro gigante,

---

* Na Inglaterra, um dos sentidos de "bollocks" é "testículos", o que não acontece nos Estados Unidos. Assim, "hairy bollocks" seriam "testículos peludos". (N. do T.)

passou o show inteiro sentado numa janela e a cada cinco minutos ele gritava: "Ei, você, Black Sabbath!".

Eu pensava: Por que cacete ele fica falando isso? O que quer? Não percebi que ele achava que meu *nome* era Black Sabbath.

Bom, mais ou menos no meio do show, no final de uma das músicas, esse cara fala de novo: "Ei, você, Black Sabbath!".

Já nesse ponto, eu estava cansado. Então fui até a ponta do palco, olhei para ele e disse: "Está bem amigo, você ganhou. Que merda está querendo? Fale comigo. O que foi, hein?".

E ele olhou para mim com um olhar meio confuso.

— Vocês não são *black* — falou.

Esse foi nosso único show ruim, para vocês verem.

Nenhum de nós podia acreditar como o álbum *Black Sabbath* estava indo bem nos Estados Unidos. Era uma loucura. A Warner Bros, nossa gravadora norte-americana, estava tão feliz que disseram que atrasariam o lançamento de *Paranoid* até janeiro do ano seguinte.

Estávamos fazendo shows grandes em todos os lugares em que tocávamos, até conseguíamos algumas groupies.

Nossa primeira experiência realmente louca com groupies aconteceu num Holiday Inn, em algum lugar da Califórnia. Em geral, Patrick Meehan nos colocava nos lugares mais vagabundos; não era incomum os quatro dividirem um único quarto num motel pulguento na periferia da cidade, a cinco dólares a noite. Assim, um Holiday Inn era luxuoso para nossos padrões: meu quarto tinha banheira, chuveiro, telefone e TV. Tinha até um colchão d'água — que era o máximo naqueles dias. Eu adorava essas coisas; na verdade, era como dormir num pneu flutuando no meio do oceano.

Bom, estávamos nesse Holiday Inn e eu tinha acabado de conversar com Thelma ao telefone quando alguém bate na porta. Abro e há uma linda garota usando uma minissaia.

— Ozzy? — ela pergunta. — O show foi incrível. Podemos conversar?

Ela entra, tira o vestido, trepamos e dá o fora antes de eu perguntar seu nome.

Cinco minutos depois, outra batida na porta. Estou pensando: Ela provavelmente deixou algo no quarto. Levanto para atender. Mas é outra garota.

— Ozzy? — ela diz. — O show foi incrível. Podemos conversar?

Tira o vestido, abaixa minha calça e depois de cinco minutos da minha bunda peluda subindo e descendo em cima dela, enquanto flutuávamos nessa cama de água, rolou um "Legal te conhecer", "Até mais" e lá foi ela.

Esses Holiday Inns são mágicos pra cacete, pensei. E mais uma batida na porta.

Dá para imaginar o que aconteceu em seguida.

Eu trepei com três garotas naquela noite. *Três*. Sem nem sair do quarto de hotel. Para ser honesto, já estava meio pedindo arrego nessa última. Precisei usar o tanque de reserva.

No final, decidi descobrir de onde essas groupies estavam vindo. Fui até o bar, mas estava completamente vazio. Aí perguntei ao cara da recepção: "Onde *está* todo mundo?". Ele respondeu: "Seus amigos britânicos? Tente a piscina". Aí eu fui até a piscina na cobertura e quando as portas se abriram não pude acreditar nos meus olhos. Era como em *Calígula* ali: dúzias das garotas mais lindas que se podia imaginar, todas completamente nuas, sexo oral e ménages acontecendo por todos os lados. Acendi um baseado, sentei-me numa cadeira reclinável entre duas lésbicas e comecei a cantar "Deus Abençoe a América".

Mas não foram só as groupies que nos seguiram pelos Estados Unidos. Também um monte de doidos — o tipo de pessoa que levava a coisa da magia negra a sério. Antes de partirmos para os Estados Unidos, alguém nos mandou um filme sobre um festival de magia negra em San Francisco, uma homenagem a nós. Havia um cara que se parecia com Ming, o Impiedoso, sentado num Rolls-Royce conversível com todas essas garotas seminuas dançando ao redor dele nas ruas. O nome do cara era Anton LaVey e era o Sumo Sacerdote da Igreja de Satã ou alguma besteira assim; também era o autor de um livro chamado *A Bíblia Satânica*.

Nós só pensamos: Que porra?

Tenho uma teoria, sabe, sobre pessoas que dedicam suas vidas a esse tipo de besteira: estão nessa por causa de toda a devassidão sexual que está ligada a isso.

O que é algo válido, acho.

Mas não queríamos saber de nada disso. Muitas pessoas ainda estavam assustadas pelo assassinato de Sharon Tate, assim não queríamos aparecer como membros da "Família" de Charles Manson. Poucos meses antes estávamos tocando no Henry's Blues House em frente a uma dúzia de pessoas e agora estávamos tocando no Forum, em LA, para vinte mil fãs. Adorávamos ser grandes nos EUA e não queríamos fazer nenhuma merda para foder aquilo.

A gente até acabou cruzando com alguns membros da Família Manson uma noite no Whiskey A Go Go, no Sunset Boulevard, em Los Angeles. Eram pessoas muito estranhas — pareciam de outro planeta, se é que vocês me entendem. Não estavam na mesma sintonia que o resto do mundo. Eles me deixaram com medo, muito. A coisa mais engraçada, no entanto, é que antes de ficar doido Manson tinha sido importante na cena musical de LA. Se não tivesse ido parar na cadeia, provavelmente teríamos tomado uma cerveja com ele. Fiquei doido ao descobrir que ele tinha sido amigo de Denns Wilson, do Beach Boys. A banda tinha até gravado uma música dele: "Never Learn Not to Love". Mas ouvi dizer que Dennis acabou ficando tão assustado com Manson e seus amigos que fugiu de sua própria casa. Ele só acordou e deu o fora, um dia. Aí Manson mandou entregar uma bala na nova casa de Wilson. O cara deve ter se cagado nas calças.

Havia muita loucura como essa acontecendo naqueles dias.

LA era um lugar louco nos anos 70. A coisa do flower power ainda era muito forte. Quando você andava por ali, via todas essas pessoas com cabelo comprido e descalças, sentadas nas esquinas, fumando maconha e tocando violão. Os locais provavelmente achavam que nós éramos loucos, acho. Lembro de entrar numa loja de bebidas no Sunset Boulevard uma vez e pedir uns vinte maços de cigarros. A mulher atrás do balcão disse: "Para que você quer isso? Saia daqui, seu merda pervertido!".

Ela deve ter achado que eu era um depravado sexual. Claro que, na época, eu não tinha ideia de que "fag" — a palavra que usava para cigarro na Inglaterra — não significava o mesmo nos Estados Unidos.

Por mais que tentássemos evitá-los, os satanistas nunca deixaram de ser um pé no saco. Um ano depois da primeira turnê, estávamos tocando em Memphis e esse cara, usando uma capa negra, subiu no palco. Em circunstâncias normais, se um fã subisse no palco, eu colocava meu braço ao redor dele e a gente ficava chacoalhando a cabeça por um tempo. Mas esse cara parecia um dos loucos satanistas, então eu mandei ele se foder e o empurrei na direção do Tony. Antes que eu conseguisse reagir, um dos nossos roadies estava correndo no palco com uma barra de metal levantada acima da cabeça e acertou o cara no rosto. Eu não conseguia acreditar no que estava vendo. "Que merda você está fazendo, cara?", eu gritei. "Não pode fazer isso!"

O roadie se virou e disse: "Posso fazer, sim. *Olhe*".

O cara satanista estava caído no palco com sua capa aberta. Na mão direita tinha um punhal.

Eu quase caio de costas em cima de um alto-falante, de tanto susto. Se não tivesse sido por nosso roadie, Tony poderia ter sido esfaqueado.

Quando voltamos a nosso motel aquela noite, todos estavam abalados. Mas os safados tinham descoberto onde estávamos e no estacionamento do motel havia mais caras em túnicas negras, os capuzes cobrindo as cabeças, cantando. Estávamos muito cansados para lidar com aquilo, então só os ignoramos e fomos para nossos quartos, que davam de frente para a rua. Uns segundos depois, um dos roadies começou a gritar — acontece que alguém tinha desenhado uma cruz invertida com sangue na porta dele.

Não posso dizer que estávamos *com medo*. Mas, depois do incidente com o cara no palco, não estávamos a fim de continuar com essa merda. Então chamamos a polícia. Claro que eles acharam aquilo tudo muito engraçado.

Esses satanistas simplesmente não davam um tempo. Eu saía do meu quarto de hotel de manhã e eles estavam ali bem do lado de fora do meu quarto, sentados em círculo no tapete, todos vestidos com túnicas negras, cercados de velas. No final, não aguentava mais aquilo. Assim, uma manhã, em vez de passar por eles ignorando-os, como sempre fazia, fui até eles, sentei-me, enchi o pulmão de ar, apaguei as velas e cantei "Parabéns a Você".

Eles não ficaram nem um pouco felizes, pode acreditar.

Ficamos na estrada sem parar por dois anos depois da nossa primeira turnê norte-americana. Entre 1970 e 1972, cruzamos o Atlântico umas seis vezes. Passávamos tanto tempo no ar que acabamos tratando as aeromoças da PanAm pelo primeiro nome. E apesar de estarmos exaustos e doentes na maior parte do tempo por causa do jet lag, da bebida e das drogas, era legal pra caralho. Fizemos tudo, vimos tudo, conhecemos todo mundo.

Até fomos a um show do Elvis.

Foi no Forum, em LA. Estávamos num lugar tão alto que parecia que demorávamos mais para chegar aos nossos lugares do que o Rei para fazer seu show. Ele parecia uma formiga de onde estávamos sentados e não pude deixar de notar que sua banda tocou durante muito tempo antes de ele entrar. Aí cantou umas poucas músicas, antes de puxar o carro de novo. Estávamos sentados ali pensando: É só isso? Aí uma voz começou a sair dos alto-falantes: "Senhoras e senhores, Elvis acabou de sair do edifício".

— Gordo vagabundo — eu disse, antes de me lembrar onde estava.

Foi muito instrutivo aquele show. Foi a primeira vez que vi mercadorias vendidas tão profissionalmente. Dava para comprar descanso para copos, almofadas, conjunto de caneca e colher, bonecos, relógios, macacões, todos do Elvis. Em *tudo* que você pudesse imaginar eles colocavam o nome "Elvis" e queriam empurrar junto com uma Coca Elvis e um cachorro-quente Elvis. E os fãs pareciam felizes ao comprar.

Ele deve ter sido o cara mais rico do planeta.

Não demorou muito para nos envolvermos pesado com drogas. Não dava para conseguir cocaína em Birmingham, naquela época, então eu não havia experimentado até um show em Denver com uma banda chamada Mountain no começo de 1971. O guitarrista e vocalista do Mountain era um cara chamado Leslie West, e foi ele que me apresentou ao velho pó de waffle — chamávamos assim porque ela fazia você ficar acordado a noite toda, falando besteira —, apesar de que ele insiste, até hoje, que eu já cheirava antes. Ele fica muito bravo com isso, na verdade. Mas eu só digo: "Ouça, Leslie, quando você é um cara de Aston e se apaixona pela cocaína, é fácil *se lembrar* quando começou. É como dar a primeira trepada!".

Estávamos num hotel depois do show e Leslie estava preparando uma carreira. "Quer um pouco?", ele me perguntou.

No começo eu falei: "*Uau*, puta merda, cara, nem *ferrando*".

Mas ele insistiu: "Vamos, só um pouco, está tudo bem".

Ele não precisou tentar muito para conseguir me persuadir.

Aí foi, *sniff-sniff-ahh*.

Eu me apaixonei imediatamente. É a mesma coisa com toda droga que já tomei: a sensação da primeira vez que usei é o que eu queria sentir pelo resto da vida. Mas nunca funciona dessa forma. A gente pode tentar tudo o que quiser, mas, acreditem, nunca se consegue aquela sensação da primeira vez.

O mundo ficou um pouco confuso depois disso.

Todo dia eu fumava maconha, bebia álcool, cheirava umas carreiras de coca, tomava um pouco de anfetamina ou barbitúrico ou xarope, ácido, qualquer coisa. Não sabia que dia era, na maioria das vezes. Mas em algum momento nós voltamos ao Island Studios em Notting Hill para gravar nosso terceiro disco, *Master of Reality*, novamente com Rodger Bain.

Não me lembro muito disso, além do fato de que Tony mudou a afinação de sua guitarra para facilitar a forma de tocar, Geezer escreveu "Sweet Leaf", sobre toda a maconha que estávamos fumando, e "Children of the Grave" era a música mais legal que já tínhamos gravado. Como sempre, os críticos odiaram, apesar de que um deles nos descreveu como "a banda do *Titanic* à beira do Armagedon", que era algo com que eu concordava. E a imprensa musical obviamente não evitou que as pessoas comprassem, porque *Master of Reality* foi outro sucesso monstruoso, chegando ao quinto lugar na Grã-Bretanha e ao oitavo nos Estados Unidos.

Mas nunca tivemos chance de aproveitar nosso sucesso. E eu certamente não tive muito tempo para aproveitar minha vida de casado. Na verdade, estava começando a perceber que me casar tão cedo poderia ter sido uma ideia pouco inteligente. Eu ficava muito inquieto sempre que estava em casa, como se estivesse ficando louco. A única forma de aguentar era tomando todas.

A vida em casa era ainda mais complicada porque o filho de Thelma estava vivendo conosco. Seu nome era Elliot e devia ter quatro ou cinco anos na época. Eu o adotei, na verdade. Era um bom menino, mas por alguma razão nunca nos demos muito bem. Sabe, algumas pessoas simplesmente não entram em conexão com seus filhos. Era assim comigo e Elliot. Eu passava o tempo todo, quando estava em casa, gritando ou dando uns tapas nele. E ele não fazia nada errado para merecer isso. Gostaria de ter sido melhor com ele, porque o menino passou por maus momentos antes de mim: seu pai tinha desaparecido sem que Elliot pudesse conhecê-lo. Quando ficou mais velho, me contou que viu seu pai no pub uma vez, mas não teve coragem de falar com ele. O que é algo terrivelmente triste, na verdade.

Mas não fui um bom substituto. Provavelmente não ajudou muito o fato de beber tanto, o que me fazia ficar muito volátil. E, claro, meu ego estava descontrolado. Para dizer a verdade, eu devo ter sido um padrasto horrível.

E, se eu amava Thelma, certamente não a tratei como se amasse. Se tenho algum remorso em minha vida, esse é um deles. Durante anos, agi como um solteirão casado, saindo sozinho, transando com outras garotas, ficando tão bêbado nos pubs que dormia no carro do lado de fora. Aquela mulher sofreu muito comigo. Eu nunca deveria ter me casado com ela. Thelma não merecia aquilo: não era uma má pessoa e nem uma má esposa. Mas eu era um pesadelo.

Nove meses depois de termos casado, ela ficou grávida. Naquele momento, ainda não tínhamos muito dinheiro das vendas de discos e das turnês, mas sabíamos como a banda estava indo bem, então assumimos que Patrick Meehan logo nos mandaria um cheque dos royalties farto o suficiente para comprar o Palácio de Buckingham. Enquanto isso, continuava o acordo normal: tudo que eu queria, era só pedir por telefone. Então Thelma sugeriu que encontrássemos uma casa. Não dava para viver num apartamento pequeno com um bebê chorão, ela disse, então por que não nos mudarmos para um lugar apropriado? Afinal, tínhamos dinheiro.

Eu concordei.

— Vamos morar no campo — falei, me imaginando com uma roupa de tweed com botas verdes, um Range Rover e uma escopeta.

Nos meses seguintes, sempre que eu voltava das turnês por uns dias, subíamos na nossa Triumph Herald verde conversível novinha — eu tinha dado para Thelma, porque não sabia dirigir — e saíamos para procurar casas no campo. No final, encontramos uma que os dois gostaram: Bulrush Cottage, em Ranton, Staffordshire. Estavam pedindo pouco mais de vinte mil pelo lugar, o que parecia bastante razoável. Tinha quatro dormitórios, uma sauna, havia espaço para um pequeno escritório e, o melhor de tudo, a casa tinha muito espaço ao redor. Mas continuamos olhando, só para ter certeza. Aí, um dia, numa loja de chás em Evesham, Worcestershire, decidimos que já tínhamos visto o suficiente: fizemos uma oferta em Bulrush. Parecia que eu finalmente tinha ficado adulto. Mas quando estávamos começando a ficar animados com nossa nova vida no campo, Thelma de repente fez "xiiiu!" e disse: — Consegue ouvir isso?

— O quê? — perguntei.

— Esse clique.

— Que cliq...? — Nesse momento, também ouvi.

Era mais um barulho de gotas do que um clique.

Tick, tick, tick, tick.

Olhei para baixo e vi uma grande poça embaixo da cadeira de Thelma. Algo estava pingando do vestido dela. Aí uma das senhoras da casa de chá começou a reclamar da bagunça no chão.

— Oh, meu Deus — disse Thelma. — Minha bolsa estourou.

— O que você está dizendo? — eu falei. — Você se mijou?

— Não, John. *Minha bolsa estourou.*

— Hã?

— *Estou tendo o bebê.*

Eu pulei tão rápido que minha cadeira caiu. Todo o meu corpo ficou paralisado de pânico. Não conseguia pensar. Meu coração parecia uma bateria. A primeira coisa que pensei foi: *Não estou bêbado o suficiente*. A garrafa de conhaque que tinha trazido já estava vazia. Eu sempre pensei que Thelma iria até o hospital para ter o bebê. Não achei que iria acontecer *de repente* — no meio da porra da casa de chá!

— Alguém aqui é médico? — gritei, olhando desesperado no lugar. — Precisamos de um médico. Socorro! Precisamos de um médico!

— John — falou Thelma. — Você precisa me levar ao hospital. Não precisamos de um médico.

— *Precisamos de um médico.*

— Não precisamos.

— Precisamos, sim — eu reclamei. — Não estou me sentido bem.

— John — disse Thelma. — Você precisa me levar ao hospital. *Agora*.

— Não tenho carteira de motorista.

— Desde quando você obedece à lei?

— Estou bêbado.

— Você está bêbado desde 1967! Vamos, John. Rápido.

Levantei-me, paguei a conta e levei Thelma para fora, até o carro. Não tinha ideia de como dirigir aquela coisa. Meus pais nunca tiveram carro e eu sempre assumi que nunca seria capaz de comprar um, então nunca tive nenhum interesse em aprender a dirigir. Tudo que sabia era o básico, como ligar o rádio e abrir as janelas.

Mas pedais? Afogador? Embreagem?

Não.

O carro foi aos soquinhos como um canguru de saco cheio por uns vinte minutos antes de começar a andar. Na mão errada. Aí eu finalmente descobri como colocar em primeira.

— John, você precisa pisar no acelerador — disse Thelma, entre gemidos.

— Meu pé está tremendo — eu falei. — Quase não consigo mantê-lo no pedal!

Minhas mãos estavam tremendo também. Estava aterrorizado porque nosso bebê ia acabar saindo de Thelma direto para o painel, de onde poderia sair voando porque a capota ainda estava abaixada. Podia imaginar a manchete: "BEBÊ DE ROQUEIRO MORRE EM TERRÍVEL TRAGÉDIA".

— Sério, John. *Arrgh!* Vai mais rápido. *Arrgh!* Estou tendo contrações.

— O carro não vai mais rápido.

— Você está indo a *quinze* quilômetros por hora.

Depois do que pareceram mil anos, conseguimos chegar ao Queen Elizabeth Hospital, em Edgbaston. Aí, tudo que precisava fazer era parar o carro. Mas sempre que colocava meu pé no pedal do meio ele começava a chacoalhar e fazer um barulho terrível. É um milagre não ter batido na traseira de uma ambulância, para ser honesto. Mas de alguma forma consegui fazer com que as rodas parassem, tirar Thelma de seu banco — não foi algo fácil, já que ela estava gritando e respirando forte — e entrar na maternidade.

Algumas horas depois, às 23h20, a pequena Jessica Osbourne nasceu — e eu fui pai pela primeira vez. O dia era 20 de janeiro de 1972. Era uma daquelas noites frias e claras de inverno. Pela janela do hospital, dava para ver várias constelações brilhando.

— Que nome do meio vamos dar? — perguntou Thelma, segurando Jessica no peito.

— Starshine — falei.

5

Matando o vigário

(no Atrocity Cottage)

No verão de 1972 — seis meses depois de Jess ter nascido —, estávamos de volta aos Estados Unidos, dessa vez para gravar um novo disco, que decidimos chamar *Snowblind* em honra a nosso amor pela cocaína. Nessa época, eu estava mandando tanto dessa coisa para dentro do meu nariz que precisava fumar um saco de maconha todo dia para evitar que meu coração explodisse. Estávamos no número 773 da Stradell Road, em Bel Air, uma mansão dos anos 30 alugada e completa, com empregadas e jardineiros. O lugar era da família Du Pont e tinha seis quartos, sete banheiros, um cinema particular (que usávamos para compor e ensaiar), além de uma piscina no fundo, que era elevada e de onde dava para ter uma bela visão dos bosques e montanhas. Nunca saíamos da casa. Bebida, drogas, comida, groupies — *tudo* era entregue. Num dia bom, havia uma tigela de pó branco e uma caixa de bebida em cada quarto e todas essas garotas de biquíni andando por ali — nos quartos, nos sofás, do lado de fora nas espreguiçadeiras —, todas tão doidas quanto a gente.

Seria quase impossível intensificar a quantidade de cocaína que consumimos naquela casa. Descobrimos que quando se cheira coca cada pensamento que se tem, cada palavra falada, cada sugestão feita parece ser a coisa mais fabulosa que já se ouviu na vida. Num ponto estávamos cheirando tanto que era preciso pedir para que entregassem duas vezes por dia. Não me perguntem quem estava organizando aquilo tudo — a única coisa de que me lembro é de um cara suspeito que ficava no telefone o tempo todo. Mas ele não era suspeito no sentido normal da palavra: estava sempre limpo e bem-arrumado, tinha um sotaque de universitário, usava camisa branca e calças bonitas, como se estivesse a caminho do seu escritório.

Uma vez, perguntei: "Que merda você *faz,* cara?".

Ele só riu e mexeu nervoso em seus óculos de aviador. Naquela época, eu não ligava, contanto que a coca continuasse vindo.

O que eu mais gostava de fazer quando estava louco era ficar a noite inteira assistindo à televisão norte-americana. Naqueles dias, só havia uma coisa depois que a programação normal terminava, à meia-noite — um leilão feito por um cara chamado Cal Worthington, que vendia carros usados em Long Beach ou algum lugar assim. Sua grande piada era que sempre aparecia no ar com seu cachorro, Spot — mas o cachorro nunca era, na verdade, um cachorro. Podia ser um jacaré ou qualquer coisa louca assim. Ele também tinha uma frase: "Se não conseguir fazer uma oferta melhor, como um inseto!". E fazia essas loucuras, como ser amarrado à asa de um avião que fazia loops. Depois de algumas horas cheirando coca e assistindo a essa merda, você achava que estava ficando louco. O mais engraçado é que ele ainda é vivo, o velho Cal. Ele deve ter uns mil anos.

A gente fazia tanta merda na Stradella Road 773 que é incrível como conseguimos compor alguma música. E não era só coca. A gente tomava toneladas de cerveja, também. Eu tinha levado umas "latas de festa" da melhor cerveja inglesa. Cada lata equivalia a cinco canecas e dava para colocar seis delas numa mala. Era como levar carvão para Newcastle, mas não ligávamos, porque sentíamos falta da velha e boa cerveja inglesa. Sentávamos ao lado da piscina, sob o sol de trinta e cinco graus, cozinhando nossos cérebros, bebendo mijo velho de Birmingham e olhando para Bel Air.

Mas tivemos de maneirar um pouco porque Thelma foi nos visitar por uns dias — sem o bebê. O bom comportamento não durou muito, claro. Um segundo depois de Thelma partir para o aeroporto e embarcar no avião de volta para a Inglaterra, voltamos a ser animais. Durante nossas sessões de composição, por exemplo, ninguém queria subir para mijar, então saíamos nessa pequena varanda e mijávamos na grade, que ficava a poucos metros. Um dia, Tony pegou uma pequena lata de tinta spray azul e passou para o outro lado da grade, e quando Bill começou a mijar ele mandou um spray no pinto dele. Vocês deveriam ter ouvido o grito, cara. Foi impagável. Mas aí, dois segundos depois, Bill desmaiou, caiu sobre a grade e começou a rolar.

Falei para Tony:

— Cara, deixa eu dar uma olhada nessa lata.

Ele me passou e, na lateral, em letras grandes, estava escrito:

"AVISO. MANTENHA LONGE DA PELE. PODE CAUSAR COCEIRA, QUEIMADURAS, CONVULSÕES, VÔMITO E/OU DESMAIO. SE ALGUM DESSES SINTOMAS OCORRER, PROCURE AJUDA MÉDICA."

— Ah, ele vai ficar bem — eu disse.

E ele ficou, no final.

Apesar de ter ficado com o pinto azul por um tempo.

Apesar de todo esse caos, musicalmente aquelas poucas semanas em Bel Air foram as melhores que já tivemos. Para mim, *Snowblind* foi um dos melhores discos do Black Sabbath — apesar de a gravadora não ter nos deixado manter o título, porque naqueles dias a cocaína era um problema sério e eles não queriam polêmica.

Não discutimos.

Assim, depois de termos gravado novas músicas no Record Plant, em Hollywood, o nome *Snowblind* foi esquecido e nosso quarto álbum se tornou conhecido só como *Vol. 4*. Ainda conseguimos fazer uma referência atrevida à cocaína nos créditos. Se você olhar bem, verá uma dedicatória à "grande empresa COCA-Cola de Los Angeles".

E é verdade — esse álbum deve *muito* à cocaína.

Quando ouço músicas como "Supernaut", posso sentir a coisa. Todo o álbum é como ter alguém colocando um par de carreiras no seu ouvido. Frank Zappa me disse uma vez que "Supernaut" era uma de suas músicas de rock favoritas porque dava para ouvir a adrenalina. Estávamos voando, sabe? Em 1972, só tinham se passado dois anos desde que o maior elogio que poderíamos receber era que éramos grandes em Carlisle. Agora tínhamos mais dinheiro que a Rainha — ou era o que achávamos —, com três discos de sucesso nas paradas, fãs no mundo todo e a quantidade de bebida, drogas e garotas que quiséssemos.

Não estávamos no sétimo céu. Estávamos no décimo.

E ainda nos importávamos com a música. Queríamos nos impressionar antes de impressionar os outros. Se outras pessoas gostassem do que estávamos fazendo, isso era um bônus. Foi assim que terminamos fazendo músicas como "Changes", que soavam diferentes de tudo que já tínhamos feito antes. Quando a maioria das pessoas ouvia o nome Black Sabbath, só pensava na coisa pesada. Mas havia muito mais do que aquilo — principalmente quando começamos a fazer um esforço para sair dessa merda de magia negra. Com "Changes", Tony sentou-se ao piano e criou aquele belo riff, eu murmurei uma melodia em cima e Geezer escreveu aquela letra linda sobre a separação que Bill estava enfrentando com sua mulher na época. Achei aquela música brilhante desde o momento em que a gravamos.

Fiquei ouvindo, muitas vezes. Gosto dela até hoje: se a coloco no iPod, deixo todo mundo louco pois fico cantando o dia inteiro.

No final, começamos a nos perguntar de onde vinha a cocaína. Tudo que sabíamos é que ela chegava em vans sem placa, dentro de caixas de papelão. Em cada caixa havia uns trinta frascos — dez em três fileiras — e cada um fechado com cera.

Estou dizendo: aquela cocaína era a mais branca, a mais pura, a mais forte que se pode imaginar.

Uma cheirada e você se tornava o rei do universo.

Mas, por mais que amássemos ser aspiradores humanos, sabíamos que daria galho sermos pegos com essa carga. Principalmente nos Estados Unidos. E eu não tinha nenhuma vontade de passar minha vida de joelhos numa prisão de LA com o pinto de algum membro de gangue na minha bunda. O problema era que, claro, quanto mais pensava, mais ficava paranoico, e depois de um tempo fiquei convencido de que nosso traficante universitário era do FBI ou da Polícia de Los Angeles ou até da porra da CIA.

Aí, uma noite, eu e os caras fomos até Hollywood assistir a *Operação França* no cinema. Foi um grande erro. O roteiro se baseava numa história verdadeira sobre dois policiais de Nova York que trabalham disfarçados para prender uma quadrilha internacional de traficantes de heroína. Quando os créditos estavam passando, eu já estava hiperventilando.

— Onde alguém conseguiria frascos de coca selados com cera? — perguntei para Bill.

Ele só deu de ombros.

Aí fomos ao banheiro cheirar algumas carreiras.

Alguns dias depois, estava deitado na piscina, fumando um baseado e bebendo cerveja, tentando diminuir o ritmo do meu coração, quando o cara com jeito suspeito veio se sentar perto de mim. Era de manhã e ele tinha uma xícara de café numa mão e uma cópia do *Wall Street Journal* na outra.

Eu não tinha dormido.

Agora era minha chance de sentir esse cara, ver quão estranho ele era, pensei. Aí me aproximei e disse:

— Você já viu aquele filme, *Operação França*?

Ele sorriu e balançou a cabeça.

— Oh — falei. — Deveria, sabe. É bem interessante.

— Tenho certeza de que é — falou o cara. — Mas por que ver um filme quando eu faço parte da coisa real?

Assim que ouvi isso, comecei a suar frio. Esse cara não era coisa boa. Eu tinha certeza.

— Ouça, cara — eu falei. — Para quem você trabalha?

Ele abaixou o jornal e deu um gole no café.

— Para o governo dos Estados Unidos — ele falou.

Eu quase pulei da minha cadeira e mergulhei no abismo. Mas minha cabeça estava girando, e eu não estava sentindo minhas pernas desde a noite anterior. É isso, pensei: Estamos todos fodidos.

— Jesus Cristo, cara, *relaxe* — ele falou, vendo a minha cara. — Não sou do FBI. Você não vai ser preso. Somos todos amigos aqui. Eu trabalho para o Food and Drug Administration.

— O *quê?*

— O FDA.

— Quer dizer, toda aquela coca... está vindo do...

— Pense naquilo como um presente de Papai Noel, Ozzy. Porque você sabe o que dizem sobre o Papai Noel, não?

— Não.

— Há muita neve de onde ele vem.

Aí o cara olhou para o relógio e disse que tinha uma reunião. Terminou o café, se levantou, deu um tapinha nas minhas costas e foi embora. Não pensei mais naquilo. Entrei na casa para cheirar mais um pouco e dar uns tapas.

E lá estava eu no sofá, com todos aqueles frascos selados de coca na minha frente — junto com uma grande tigela de erva —, preparando a primeira carreira do dia. Mas aí comecei a suar de novo — aquele mesmo suor frio horrível de antes. Porra, pensei, a paranoia está realmente ruim hoje. Nesse momento, Bill entrou na sala com uma cerveja na mão e disse:

— Está um forno aqui, Ozzy. Por que você não liga o AC? — e saiu pela porta do jardim para pegar um sol, coisa que há dias não fazia.

Pensei: O que é "o AC" dentro de casa? Aí entendi: ar-condicionado. Sempre me esquecia de que as casas modernas nos Estados Unidos eram muito mais avançadas do que na Grã-Bretanha. Só recentemente tinha me acostumado com banheiro dentro de casa, muito menos com controles de clima automáticos. Então me levantei e comecei a procurar o termostato. Deve estar em algum lugar da parede, pensei. Depois de alguns minutos — *bingo!* — encontrei-o, num canto perto da porta. Abaixei a temperatura e voltei para minha coca e minha maconha.

Mágico.

Mas, assim que cheirei a primeira carreira, ouvi algo.

Era...?

Não.

Merda, parecia uma...

De repente Bill entrou correndo pela porta do jardim com os olhos esbugalhados. Ao mesmo tempo, ouvi portas batendo do outro lado da casa e o que parecia com três caras caindo pelas escadas. Então Tony, Geezer e um dos roadies — um norte-americano chamado Frank — entraram correndo na sala. Todos estavam meio vestidos, a não ser Frank, que estava só de cueca.

Todos se entreolharam.

Aí, ao mesmo tempo, gritamos:

— *Sirenes!*

Parecia que toda a porra da polícia estava subindo a estrada. Iam nos prender! Merda! Merda! *Merda!*

— PEGUE A COCA! PEGUE A COCA! — comecei a gritar.

E o Frank pulou na mesinha de centro, pegou os frascos de coca, mas ficou correndo em círculos, o cabelo em pé, um cigarro ainda na boca, a cueca enfiada na bunda.

Aí eu me lembrei de outra coisa.

— PEGUE A MACONHA! PEGUE A MACONHA!

Frank mergulhou de novo na mesinha de centro e agarrou a grande vasilha de maconha, mas quando fez isso derrubou a coca. Aí acabou agarrando tudo do chão, tentando equilibrar nos braços. Enquanto isso, eu não conseguia me mover. Mesmo antes das sirenes, meu coração já estava no triplo da velocidade. Agora estava batendo tão rápido que eu achava que ia romper meu peito.

B-b-b-b-b-b-b-b-b-bum!

B-b-b-b-b-b-b-b-b-bum!

B-b-b-b-b-b-b-b-b-bum!

Quando consegui me acalmar, Bill, Geezer e Tony já tinham dado o fora. Então ficamos Frank e eu, e coca suficiente para fazer o exército boliviano marchar até a Lua e voltar.

— Frank! *Frank!* — gritei. — Aqui. O banheiro. Rápido!

De alguma forma, Frank conseguiu se organizar e levar toda a droga, que estava no meio do corredor perto da porta da frente, e nós enfiamos tudo ali e trancamos a porta.

As sirenes estavam muito fortes agora.

Aí eu ouvi os freios dos carros de polícia, que paravam do lado de fora. Aí um barulho de rádio. E uma batida na porta.

BAM! BAM! BAM!

— Abra! — gritou um dos policiais. — Vamos, abra!

Agora, Frank e eu estávamos ajoelhados no chão. No nosso pânico, tentamos nos livrar da maconha antes da coca — primeiro na pia, depois na privada. Grande erro. A pia e a privada não aguentaram e começaram a soltar uma água marrom e suja. Começamos a tentar forçar a maconha pelo cano, usando o cabo da vassourinha de privada. Mas não ia. Os canos estavam entupidos.

E ainda não tínhamos nos livrado de toda a coca.

— Não tem outro jeito — falei para Frank. — Vamos ter de cheirar toda a coca.

— Você está louco? — ele falou. — Vai morrer!

— Já esteve na cadeia, Frank? — eu falei. — Bom, eu já e estou dizendo, não vou voltar.

Comecei, então, a quebrar todos os frascos e espalhar a cocaína pelo chão. Aí fiquei de quatro, enfiei meu nariz no piso e comecei a cheirar o máximo que conseguia.

BAM! BAM! BAM!

— Abra a porta! *Sabemos que estão aí!*

Frank estava olhando para mim com se eu estivesse louco.

— A qualquer segundo — falei para ele, meu rosto vermelho, minhas pernas tremendo, meus olhos querendo sair da cara — eles vão entrar por aquela porta e a gente vai se foder.

— Oh, cara — disse Frank, ficando de quatro no chão também. — Não posso acreditar que vou fazer isso.

Devemos ter cheirado uns seis ou sete gramas cada, antes de ouvir um barulho do outro lado da porta.

— XIIIU! *Ouça* — falei.

De novo: *tap, tap, tap tap...*

Pareciam passos...

Aí ouvi a porta da frente se abrir e a voz de uma mulher falando espanhol. A empregada! A empregada estava deixando os policiais entrarem. *Merda!* Abri outro frasco e coloquei meu nariz no chão de novo.

Uma voz masculina:

— Bom dia, senhora — ele falou. — Acredito que alguém nesta residência apertou o botão de emergência.

Eu parei.

Botão de emergência.

A empregada disse algo em espanhol, o homem respondeu, aí ouvi duas pessoas andando pelo corredor e a voz do homem ficando mais alta.

O policial estava dentro da casa!

— Normalmente está localizado ao lado do termostato do ar-condicionado — ele disse. — Sim, está aqui, bem na parede. Se apertar esse botão, senhora, soa um alarme direto na delegacia de Bel Air e mandamos policiais para garantir que está tudo bem. Parece que alguém o apertou por acidente quando estava ajustando o termostato. Acontece mais frequentemente do que se imagina. Vou reiniciar o sistema e vamos embora. Pronto. Qualquer problema, é só nos ligar. Aqui está nosso número. Ou aperte o botão novamente. Temos alguém de plantão vinte e quatro horas por dia.

— *Gracias* — disse a empregada.

Eu ouvi a porta da frente se fechar e a empregada voltar para a cozinha. Todo o ar saiu dos meus pulmões. Puta merda: tinha sido por pouco. Aí olhei para Frank: seu rosto era uma máscara de pó branco e muco, e a narina esquerda estava sangrando.

— Quer dizer...? — ele falou.

— É — concordei. — Alguém precisa ensinar o Bill a usar aquela merda.

O medo constante de ser preso não era o único problema da coca. Houve um ponto em que todas as palavras que saíam da minha boca eram besteiras induzidas pela coca. Durante quinze horas sem parar, eu falava aos caras quanto amava todos eles mais do que qualquer outra coisa no mundo. Até Tony e eu — que *nunca* conversávamos — passávamos noites inteiras acordados, nos abraçando e dizendo:

— Não, de verdade, eu amo você, cara, eu *realmente* amo você.

Aí eu ia dormir, esperava meu coração parar de bater oito vezes mais rápido do que o normal e desmaiava. As ressacas eram tão ruins que eu costumava rezar:

— Deus, por favor, deixe-me dormir e prometo que nunca mais vou cheirar cocaína de novo enquanto viver.

Aí eu acordava com o queixo doendo por falar tanta merda na noite anterior.

E cheirava outra carreira.

Foi incrível como ela tomou conta rapidamente das nossas vidas. Chegamos a um ponto em que não conseguíamos fazer mais nada sem ela. Aí chegamos a um ponto em que não conseguíamos fazer nada com ela, também.

Quando finalmente percebi que a maconha não era suficiente para me acalmar de toda aquela coca, comecei a tomar Valium. Aí acabei passando para a heroína, mas graças a Deus não gostei daquela coisa. Geezer experimentou também. Ele achou que era brilhante, mas era um cara sensível. Não quis se envolver. Frank, o roadie, não teve tanta sorte — a heroína arrasou com sua vida. Há anos não sei o que aconteceu com Frank, e ficaria espantado se ele tivesse sobrevivido, para ser honesto. Espero que tenha, realmente, mas quando a heroína toma controle de você, isso geralmente significa O Fim.

Durante a gravação do *Vol. 4* tivemos momentos em que estávamos tão fodidos que simplesmente não conseguíamos funcionar. Com Bill, aconteceu quando estava gravando "Under the Sun". Quando ele acertou a bateria daquela música, nós mudamos o nome para "Everywhere Under the Fucking Sun". Aí o pobre cara pegou hepatite e quase morreu. Ao mesmo tempo, Geezer terminou no hospital com problemas no fígado. Até Tony travou. Logo depois de terminarmos o álbum, fizemos um show no Hollywood Bowl. Tony estava vivendo à base de coca literalmente há dias — todos estávamos, mas Tony tinha extrapolado. Aquela coisa simplesmente deturpa toda a noção de realidade. Você começa a ver coisas que não estão ali. E Tony estava *doido*. Perto do final do show ele saiu do palco e colapsou.

— Exaustão severa — disse o médico.

Era uma forma de se dizer.

Ao mesmo tempo, a coca estava fodendo com minha voz, totalmente. Quando se está consumindo quantidades industriais de cocaína, essa sujeira branca começa a corroer sua garganta e você acaba pigarreando o tempo todo — como uma fungada, mas mais profunda e grossa. E isso coloca muito estresse naquele sininho que fica pendurado no fundo da sua garganta — a epiglote ou a "válvula", como eu sempre a chamei. De todas as formas, eu estava cheirando tanta coca que ficava limpando o catarro o tempo todo, até que acabei machucando minha epiglote. Estava deitado na cama do Sunset Marquis e senti ela caindo dentro da minha garganta. Foi horrível. Aí a coisa inchou até chegar ao tamanho de uma bola de golfe. Pensei: Certo, é isso... Vou morrer agora.

Fui ver um médico no Sunset Boulevard.

Ele perguntou:

— Qual é o problema, Sr. Osbourne?

— Eu engoli minha válvula — falei.

— O senhor *o quê*?

— Minha válvula.

Apontei para minha garganta.

— Vamos dar uma olhada — ele disse, pegando um daqueles palitos e uma lanterninha. — Abra bem. Diga "*ahh*" agora.

Abri minha boca e fechei os olhos.

— Virgem santíssima! — ele falou. — Como, em nome de Deus, você fez isso?

— Não sei.

— Sr. Osbourne, sua epiglote está do tamanho de uma lâmpada e está brilhando. Nem preciso usar minha lanterna.

— Dá pra arrumar?

— Acho que sim — ele falou, escrevendo uma receita. — Mas *pare de fazer* o que levou a isso.

Não foi o fim dos nossos problemas médicos, no entanto. Quando era hora de voltar para a Inglaterra, estávamos com medo de levar para casa uma DST de uma das groupies e transmitir para nossas amadas. Pegar alguma doença exótica era sempre uma preocupação quando estávamos nos Estados Unidos. Lembro de uma vez, durante uma noite particularmente louca em algum motel, que Tony saiu correndo do quarto dele, gritando: "*Aargh!* Meu pinto. Meu pinto!". Eu perguntei o que estava acontecendo e ele me contou que estava transando com uma groupie quando olhou para baixo e viu pus amarelo saindo dela. Achou que ia morrer.

— O pus tinha um cheiro estranho? — perguntei.

— Tinha — ele falou, pálido. — Quase vomitei.

— Ah.

— O que você quer dizer com esse "ah"?

— Era a garota loira? — perguntei. — Aquela com a tatuagem?

— Era. E daí?

— Bom, isso provavelmente explica tudo.

— Ozzy — disse Tony, ficando bravo. — Pare de zoar, isso é sério. Do que você está falando?

— Olha, não sou nenhum médico — falei. — Mas não acho que a coisa amarela era pus.

— Então o que *era*?

— Provavelmente a banana que eu enfiei nela antes.

Não sei se Tony devia ficar aliviado ou ainda mais preocupado depois dessa.

Claro, uma saída para ter certeza de que não levaria nada estranho para casa era tomar uma injeção de penicilina. Aprendi isso depois de pegar chato uma vez. Mas naquele tempo não conhecíamos nenhum médico, o que significava que a única forma de conseguir uma "injeção de segurança" era ir até a sala de emergência do hospital mais próximo.

Foi o que fizemos depois de gravar o *Vol. 4*.

Nesse momento, já tínhamos saído de Bel Air e estávamos na estrada em alguma cidadezinha dos Estados Unidos, fazendo alguns shows antes de voarmos de volta para casa. Nunca vou esquecer a cena: eu, Tony, Geezer e quase toda a equipe — não sei onde estava Bill naquele dia — entrando num hospital uma noite. E, é claro, ninguém teve coragem de contar à garota bonita na recepção por que estávamos ali, então todos diziam: "Vai lá, Ozzy, você fala, você não tem vergonha, é o mais louco, vai lá". Mas nem eu tive coragem de dizer: "Oh, olá, meu nome é Ozzy Osbourne, e estive trepando com um monte de groupies nos últimos dois meses e acho que meu pinto deve estar a ponto de cair, você poderia me dar uma injeção de penicilina para ter certeza de que minha senhora não pegue o que eu tenho?".

Mas era muito tarde para ir embora.

Assim, quando a garota me perguntou qual era o problema, eu fiquei vermelho e soltei:

— Acho que quebrei umas costelas.

— Certo — ela disse. — Aqui está o tíquete. Está vendo o número? Eles vão chamar quando o médico puder atendê-lo.

Aí foi a vez do Geezer.

— Tenho o mesmo que ele — falou, apontando para mim.

No final, os médicos se deram conta. Não sei quem falou com eles, porque eu não fui. Só me lembro de um cara de roupa branca falando comigo: "Você está com os outros?", e eu concordei. Ele me levou a uma sala com Tony, Geezer e meia dúzia de outros ingleses cabeludos com as bundas brancas de fora esperando a injeção de penicilina.

— Entre na fila — ele falou.

Era setembro quando voltamos para a Inglaterra.

Nessa época, já tínhamos comprado Bulrush Cottage, e Thelma, Elliot e o bebê já estavam vivendo ali. Sempre me fez bem ir para Bulrush Cottage — principalmente porque ficava numa pequena estradinha chamada Butt Lane. "Bem vindos a Butt Lane"*, eu costumava dizer aos visitantes. "O cu da Grã-Bretanha."

Não comprei apenas uma casa nova para morar com minha família nessa época. Também comprei uma casa maior para minha mãe e meu pai. Como sempre, o escritório de Meehan cuidou da grana, apesar de que, quando as terras atrás de Bulrush Cottage foram colocadas à venda, nós as compramos com nosso próprio dinheiro — ou melhor, dinheiro que ganhamos vendendo o Rolls-Royce que Patrick Meehan tinha dado para Tony e que este deu para nós. Acho que foi a primeira vez que tínhamos comprado *qualquer coisa* com nosso próprio dinheiro. Até hoje, não sei por que fizemos isso. Talvez porque Thelma tenha lidado com toda a papelada. Eu a obriguei a fazer isso porque o fazendeiro que nos vendeu as terras era um travesti e eu não queria chegar perto dele. Puta merda, a primeira vez que vi aquele cara, achei que estava alucinando. Ele tinha uma barba cerrada e dirigia um trator por Butt Lane de vestido e com bobes no cabelo. Outras vezes você o via na estrada, o vestido levantado, dando uma mijada. E o mais engraçado é que ninguém achava estranho.

Tony e Geezer também compraram casa quando voltaram. Tony, em Acton Trussell, do outro lado da M6, e Geezer, em Worcestershire. Bill demorou um pouco mais para encontrar seu retiro, enquanto isso alugou um lugar chamado Fields Farm, perto de Evesham. Em menos de três anos, passamos de caras realmente pobres a donos de propriedades rurais milionários. Era inacreditável.

E eu *adorava* viver no campo.

Para começar, de repente eu tinha mais espaço para os brinquedos que vinham do escritório de Patrick Meehan. Como um urso empalhado de dois metros de altura. E um carroção de ciganos com uma pequena chaminé dentro. E um pássaro mainá chamado Fred, que vivia na lavanderia. Ele conseguia imitar muito bem a máquina de lavar. Ou fazia até eu colocar uma arma na cara dele e mandar que calasse a boca.

* Uma das traduções de "butt" é "bunda". (N. do T.)

Devo reconhecer que abusei das ligações para o escritório de Patrick Meehan depois de mudarmos para Bulrush Cottage. Tudo que sempre quis quando era criança, pedia para eles entregarem. Terminei com a garagem cheia de carrinhos em miniatura, jukeboxes, mesa de futebol de botão, cama elástica, mesa de bilhar, espingardas, arco e flecha, catapultas, espadas, fliperamas, soldados de brinquedo, caça-níqueis... Cada coisa que alguém pensava, eu pedia. As armas eram a coisa mais divertida. A mais poderosa que eu tinha era uma Benelli semiautomática de cinco tiros. Testei no urso empalhado uma vez. Sua cabeça simplesmente *explodiu* — vocês deviam ter visto aquilo. Outra coisa que eu fazia era conseguir uns manequins, que amarrava numa árvore no jardim e executava de madrugada. Estou dizendo, é realmente aterrorizante o que a bebida e as drogas fazem com seu cérebro, se você tomar por muito tempo. Eu estava descontrolado.

Obviamente, a coisa mais importante que precisava descobrir depois de mudar para o campo foi uma linha de suprimento de drogas. Então liguei para um dos meus fornecedores norte-americanos e pedi que começasse a mandar cocaína por via aérea, com a promessa de que pagaria da próxima vez que fosse fazer uma turnê. Funcionou bem, apesar de que terminei esperando o carteiro todo dia como um cachorro. Thelma deve ter pensado que eu estava comprando revistas pornô ou algo assim.

Aí encontrei um traficante local que me prometeu conseguir um haxixe forte do Afeganistão. Ele não mentiu. A primeira vez que fumei aquela coisa minha cabeça quase explodiu. Vinha dentro de grandes blocos de resina preta, que duravam semanas, mesmo para mim. Não havia nada melhor do que quando alguém vinha a Bulrush Cottage e dizia: “Maconha? Não fumo essa coisa. Nunca causa nenhum efeito em mim”.

Se dissesse isso, você era *meu*.

A primeira pessoa que afirmou ser imune à maconha foi nosso fornecedor local de frutas e verduras, Charlie Clapham. Era um cara muito direito e se tornou um bom amigo. Uma noite, depois de termos ido ao pub, peguei a vasilha de haxixe afegão e disse:

— Experimente isso.

— Não, essa coisa nunca funciona comigo.

— Vamos, Charlie, experimente, só uma vez. Por mim.

Então ele pegou o tijolo das minhas mãos e, antes que eu pudesse dizer algo, deu uma enorme mordida. Deve ter comido pelo menos quinze gramas. Deu um arroto na minha cara e disse:

— *Arghhh*, isso tem um gosto horrível.

Cinco minutos depois, ele falou:

— Está vendo? Nada — e foi pra casa.

Devia ser uma da manhã quando ele foi embora e o pobre deveria estar no mercado às quatro. Mas eu sabia que ele nunca ficaria normal durante o dia.

Claro, quando eu o vi alguns dias depois, ele me agarrou pelo colarinho e disse:

— Que *merda* foi aquela que você me deu na outra noite? Quando eu cheguei no mercado, estava alucinando. Não conseguia sair da van. Fiquei deitado na parte de trás com as cenouras, um casaco sobre a cabeça, gritando. Achei que os marcianos tinham aterrissado!

— Desculpe por isso, Charlie — falei.

— Posso passar na sua casa amanhã à noite e fumar um pouco mais? — ele disse.

Eu raramente dormia na minha própria cama em Bulrush Cottage. Estava tão doido toda noite que nunca conseguia subir as escadas. Então dormia no carro, no meu carroção, debaixo do piano na sala, no escritório ou do lado de fora, no meio do feno. Quando dormia do lado de fora, no inverno, não era incomum acordar com o rosto roxo e um pouco de gelo no nariz. Naqueles dias, não existia essa tal de hipotermia.

Loucuras sempre aconteciam naquela casa. O fato de eu estar sempre bêbado e andando com minhas armas não ajudava. É uma grande combinação, isso sim — bebida e armas. Totalmente seguro. Uma vez, tentei pular a cerca na parte de trás do jardim com uma das armas. Esqueci de colocar a trava e meu dedo estava no gatilho, de modo que quando toquei o chão ela disparou: *BAM! BAM! BAM!* e quase arrancou minha perna.

É um milagre que não tenha sido necessário amputá-la.

Eu atirava em qualquer coisa que se movesse, naqueles dias. Lembro quando nos livramos do Triumph Herald de Thelma e trocamos por um Mercedes novinho, depois de outra ligação para o escritório de Patrick Meehan. O carro estava sempre coberto de riscos e não conseguíamos descobrir o motivo. Eu mandei pintá-lo, estacionava dentro da garagem à noite, mas na manhã seguinte a pintura estava coberta desses risquinhos de novo. Isso estava me deixando louco. Aí percebi o que estava acontecendo: havia uma família de gatos de rua vivendo na garagem e quando estava frio eles subiam no capô do Mercedes, porque era gostoso e quente. Assim, um dia, eu voltei de uma longa sessão no Hand & Cleaver, peguei minha espingarda e fiquei atirando neles. Acertei dois ou três na primeira vez. Continuei voltando todo dia, acertando todos, um por um.

Mas, sabe, essa é uma das coisas de que me arrependo — a crueldade contra animais. Poderia ter encontrado outra forma de me livrar daqueles gatos, mas, como já disse, estava descontrolado. Fiquei muito mal, as pessoas começaram a chamar minha casa de Atrocity Cottage [Chalé da Atrocidade], não de Bulrush Cottage. Fui eu que inventei o nome — falei uma noite, quando estava muito bêbado — e o nome pegou.

As pessoas que vinham ficar com a gente nunca mais seriam as mesmas de novo. Por exemplo, meu velho amigo Jimmy Phillips, o cara que tocava guitarra no Polka Tulk. Ele ficou tão louco com bebida e haxixe em Bulrush Cottage uma noite que terminou cagando na pia da cozinha. Uma vez, um dos meus velhos amigos de escola de Birmingham trouxe sua nova esposa para uma visita. No dia seguinte à chegada deles, eu acordei de manhã com uma dor de cabeça terrível e um braço peludo ao redor do meu pescoço. Achei que meu amigo devia ter tentado algo com a Thelma enquanto eu estava dormindo, então pulei da cama, pronto para matar o bastardo. Mas aí percebi o que tinha acontecido: eu tinha levantado no meio da noite para mijar e entrei no quarto errado. Isso era realmente uma situação estranha. Eu estava pelado também — então peguei minhas calças no chão, voltei para a cama, vesti as calças embaixo dos lençóis e voltei para meu quarto, sem dizer uma palavra.

Nunca mais os encontrei.

E, com o tempo, as coisas foram ficando mais loucas. A certa altura — não me pergunte por quê —, comecei a usar uniformes médicos o tempo todo. Meu assistente, David Tangye, comprava-os para mim. Você nos via andando pelas estradinhas entre os pubs, completamente doidos com bebida, maconha, ácido — qualquer coisa —, usando esses uniformes verdes estilo médico norte-americano, com estetoscópios ao redor do pescoço.

De vez em quando, os caras do Led Zeppelin vinham a Bulrush Cottage. Robert Plant não vivia muito longe, na verdade, e eu ia até a casa dele também. Lembro de uma noite na casa do Plant — pouco depois de voltarmos de Bel Air — em que eu o ensinei a jogar pôquer estilo sete cartas. Foi um erro completo. Enquanto explicava as regras, ele disse que queria apostar — "só para ver como funciona, está bem?" — e começou a aumentar as apostas. Eu estava pensando em como ele era estúpido quando o cara mostrou um royal flush e eu precisei pagar cinquenta libras.

Ele me depenou, aquele safado.

Depois de algumas noites com o Zeppelin, percebi que o baterista, John Bonham, era tão doido quanto eu, então passávamos a maior parte do tempo fazendo as coisas mais estúpidas, competindo entre nós. Isso sempre era assim comigo, sabem? Tentava superar as loucuras dos outros, como fazia no pátio da Birchfield Road. Mas, é claro, por trás da máscara havia um velho palhaço triste, na maior parte do tempo. Bonham era igual, acho. Ele bebia até desmaiar. Uma vez, pedimos para o assistente dele, um cara chamado Matthew, nos levar até um clube em Birmingham em meu carro. Mas quando chegou a hora de ir pra casa, Bonham estava tão doido que achou que o carro era *dele*, então trancou todas as portas por dentro e não me deixava entrar. Eu terminei parado no estacionamento gritando: "John, esse é o *meu* carro. Abre a porta!".

— Vai se foder — ele dizia, pela janela, enquanto Matthew ficava acelerando.

— John, pelo amor...

— Eu disse *vai se foder*.

— MAS ESSE CARRO É MEU.

Aí, algo finalmente voltou a funcionar na cabeça dele:

— Bem, então você deveria estar aqui dentro, não? — ele disse.

Apesar de estar doido o tempo todo nos anos 70, a coisa que eu mais queria fazer era tirar minha carteira de motorista. E, puta merda, cara, eu tentei. Fiz a prova mais vezes do que consigo me lembrar enquanto vivia em Bulrush Cottage — e fracassei todas as vezes. Eu ficava intimidado, sabe? Depois das primeiras tentativas, comecei a ir até o Hand & Cleaver antes, para acalmar os nervos, mas era muito frequente estar completamente bêbado na hora de entrar no carro com o examinador e dirigir como um louco. Aí pensei que o problema poderia ser o carro, então liguei para o escritório de Patrick Meehan e pedi um Range Rover no lugar do Mercedes. Quando isso não funcionou, pedi um Jaguar. Mas era um V12, de modo que toda vez que pisava no acelerador, acordava no meio da grama.

No final, fiz o teste num Rolls-Royce.

Também não funcionou.

Finalmente, fui até o médico e pedi algumas pílulas para me acalmar, então ele me deu uma receita para um sedativo. Na caixa, estava escrito: "NÃO MISTURE COM ÁLCOOL", o que era como mostrar uma capa vermelha para o touro, no meu caso. Mesmo assim, eu consegui me limitar a três ou quatro cervejas naquele dia. Infelizmente, isso queria dizer que eu fumava duas vezes mais haxixe. A boa notícia foi que, quando entrei no carro com o examinador, não me senti intimidado. A má notícia foi que, quando parei no primeiro semáforo, apaguei.

Desisti das provas depois dessa, mas continuei dirigindo da mesma forma. Sempre que dava uma carona para alguém, eles perguntavam: "Você já tirou sua carta? E eu respondia: 'Ah, claro'".

O que era mais ou menos verdade.

Eu tinha uma licença para a TV.

Mas não queria jogar tanto com a sorte, e assim comecei a tentar outras soluções.

Por isso terminei conseguindo um cavalo.

Geralmente eu não me dou bem com cavalos — eles não têm freios e têm seus próprios cérebros. Mas eu estava cansado de ir ao Hand & Cleaver no meu cortador de grama, então fui ver um vendedor e disse: "Olha, você pode me conseguir um cavalo que seja um pouco lento?".

Alguns dias depois, apareceu uma menina em casa com um cavalo branco — um macho com as bolas cortadas — chamado Turpin.

— Ele é muito tranquilo — ela me disse. — Não vai dar nenhum problema. A única coisa de que não gosta é de barulhos muito altos, como freios a ar. Mas você não tem nada disso por aqui.

— Oh, não —falei, rindo. — É muito quieto aqui em Ranton.

Aí liguei para o escritório de Patrick Meehan para que eles mandassem algum dinheiro para a criadora, e foi isso: eu era o orgulhoso dono de um cavalo preguiçoso. Deixei-o na fazenda que ficava no fim da estrada porque eles tinham um pequeno curral e alguém que podia alimentá-lo e limpar seu estábulo.

Claro que assim que comprei Turpin achei que era John Wayne. Comecei a montá-lo e andar por toda Butt Lane, usando um chapéu de caubói e calças de couro que tinha comprado em LA, cantando o tema de *Rawhide*. Depois de alguns dias, comecei a me sentir bastante confortável na sela, então um dia decidi levá-lo até o Hand & Cleaver para mostrar aos locais e talvez me mostrar um pouco ao mesmo tempo. E lá vamos nós por Butt Lane, *ploc-ploc*, *ploc-ploc*. Naquele verão, o Hand & Cleaver tinha colocado umas mesas de piquenique do lado de fora, então eu sabia que teria uma plateia. E não podia esperar para ver todos os queixos caídos quando aparecesse.

E lá fui eu, *ploc-ploc*.

Dois minutos depois, cheguei.

Claro, todas essas pessoas estavam sentadas do lado de fora com suas cervejas e pacotes de comida, e ficaram loucas quando viram aquele lindo cavalo branco. Puxei as rédeas para que Turpin parasse e comecei a desmontar. Estava a ponto de passar a perna sobre a sela, quando surge um caminhão de entrega de leite. No começo, nem dei bola — aquele caminhão passava por Butt Lane toda semana —, mas aí surgiu um pensamento na minha cabeça: espero que essa coisa não tenha freios a ar…

SSSSSSSSHHHHHHHH, fez o caminhão.

No segundo em que os freios a ar começaram a fazer barulho, as orelhas de Turpin foram para trás e ele disparou como um maldito ganhador do Grande Prêmio. Primeiro, disparou na direção do caminhão, comigo pendurado na sela, um pé fora do estribo, meu chapéu de caubói pendurado no pescoço pela correia. Aí ele percebeu que estava indo na direção errada, então se virou e começou a galopar de volta para a fazenda. Ele passou pelo Hand & Cleaver a tanta velocidade que os rostos das pessoas eram apenas borrões. Enquanto isso, eu gritava o mais alto que conseguia: "Paaaaare! Seu *bosta*! Paaaare!". O que foi exatamente o que ele fez, assim que chegou a seu curral — ele parou de repente, me fazendo voar sobre sua cabeça e sobre uma cerca.

Caí num monte de merda de vaca.

Turpin teve um novo dono depois disso.

Alguns dias depois, matei um vigário. Ou pelo menos *achei* que tinha matado.

Foi um acidente.

Naquela época, no campo, os vigários atendiam em casa. Eles não precisavam de nenhum motivo para vir. Às vezes, você ouvia uma batida na porta e lá estava aquele cara de batina e coleira, querendo falar sobre o tempo.

Um dia, enquanto eu estava no pub, o vigário foi até Bulrush Cottage para uma de suas visitas e Thelma o convidou para tomar uma xícara de chá. O problema era que Bulrush Cottage não estava preparada para entreter vigários — havia latas de cerveja, armas e cachimbos para fumar maconha por todos os lados — e Thelma não tinha ideia do que oferecer ao vigário, também. Então ela procurou pela cozinha até encontrar um bolo com uma cara horrível numa lata velha. Sem outra opção, ofereceu um pedaço, apesar do aspecto e do gosto de merda.

O que Thelma tinha esquecido era que na semana anterior meu fornecedor local tinha me dado um haxixe estranho. Estava velho ou algo assim, então era ruim de fumar, mas ainda potente, como sempre. E, em vez de jogar fora, eu misturei com um pouco de massa para bolo e coloquei no forno. O problema era que havia muita erva e eu só tinha meio pacote de mistura para bolo, então o resultado foi de 80% de erva e 20% de bolo. Eu quase vomitei quando provei.

— Está vendo esta lata? — lembro de ter dito a Thelma. — Não deixe *ninguém* mexer.

Ela não deve ter me ouvido.

Tudo que ela sabia era que havia uma lata com uma caveira desenhada e um bolo dentro, e tinha um vigário para alimentar. Então serviu uma fatia.

Ele tinha acabado de engolir o último pedaço quando eu voltei do pub. Assim que o vi sentado no sofá com o pratinho na frente e migalhas por todos os lados, soube que havia algo errado.

— Uma delícia esse bolo. Muito obrigado, Sra. Osbourne — o vigário agradeceu. — Se importaria se eu pegasse outra fatia?

— Oh, claro que não! — disse Thelma.

— Thelma — eu disse —, acho que não temos mais bolo.

— Temos sim, John, está na cozi...

— NÓS. NÃO. TEMOS. MAIS. BOLO.

— Oh, não quero causar problemas — disse o vigário, se levantando. Aí ele começou a passar um lenço na testa. E ficou com uma cor estranha.

Eu sabia exatamente o que ia acontecer. Sabe, comer erva é muito diferente de fumar — ela afeta *todo o seu corpo*, não só sua cabeça. E é preciso um único pedacinho para deixá-lo completamente doido.

— Oh, *meu Deus* — ele falou. — Acho que estou me sentindo um pouco...

BOOM!

— Merda! O vigário desmaiou! — gritei, correndo para ver se ele ainda estava respirando. Aí me virei para Thelma. — Que *merda* você estava pensando? — falei. — *Ele vai morrer!* Eu disse para não tocar naquele bolo. Ele acabou de comer haxixe suficiente para derrubar uma merda de um elefante!

— Como eu podia saber que o bolo estava com isso?

— Porque eu falei.

— Não falou, não.

— Estava na lata com a caveira na tampa!

— E agora, o que vamos fazer? — disse Thelma, ficando branca.

— Vamos ter de tirar o corpo daqui, isso é o que vamos fazer — falei. — Aqui, pegue as pernas.

— Onde vamos levá-lo?

— Lá onde ele mora.

Então, carregamos o padre até seu carro, colocando-o no banco traseiro, encontramos seu endereço no porta-luvas e eu o levei para casa. Ele estava frio. Eu realmente achei que ele tinha morrido, apesar de que passara o dia todo bebendo, então não posso dizer que estava pensando direito. Tudo que sabia é que para um vigário — ou qualquer outra pessoa — aquela quantidade de haxixe de uma vez só poderia ser letal. Mas eu fiquei repetindo que ele só acordaria com uma terrível ressaca e tudo estaria bem.

Quando cheguei na casa dele, arrastei-o do carro e o coloquei sentado nos degraus da porta. Se fosse mais esperto, eu teria limpado minhas digitais do carro, mas eu me sentia tão mal com o que tinha acontecido e queria acreditar tão desesperadamente que ele estava bem que posso dizer, honestamente, que isso nunca passou pela minha cabeça.

Mesmo assim, passei a noite toda acordado, esperando pelas sirenes. Com certeza, eu seria a primeira pessoa a ser visitada no meio da noite se eles fizessem qualquer teste no corpo do vigário. Quem mais na paróquia poderia ter lhe dado uma fatia letal de bolo com haxixe? Mas não ouvi nenhuma sirene aquela noite. E ninguém apareceu no dia seguinte tampouco.

Passaram-se mais alguns dias. Nada.

Eu estava ficando louco de culpa. E Thelma também.

Mas não queria nem chegar perto da casa do vigário — poderia parecer suspeito —, então, sempre que eu ia ao Hand & Cleaver, fazia algumas perguntas sutis. “Alguém encontrou o vigário esses dias?”, eu perguntava, casualmente. “É um cara legal, aquele vigário, não é? Me pergunto sobre o que será o sermão no domingo." No final alguém comentou que ele deveria estar doente, porque não tinha ido na igreja e ninguém o via fazia algum tempo.

É isso, pensei. Eu o matei. Fiquei pensando se deveria me entregar. "Foi um acidente, juiz", imaginei-me falando. "Um acidente muito terrível." Isso durou pelo menos uma semana.

Aí, um dia, entrei no pub e lá estava ele, no balcão, com sua batina, tomando um suco.

Eu quase dei um abraço e um beijo no cara.

— Oh, hã, olá, vigário — disse, com a cabeça aliviada de culpa.

— Ah, Sr. Osbourne — ele disse, apertando minha mão. — Sabe de uma coisa engraçada? Não consigo me lembrar como cheguei em casa naquele dia. E na manhã seguinte estava com uma gripe horrorosa.

— Que pena.

— Sim, sim, uma coisa *muito* feia, aquela gripe.

— Com certeza.

— Nunca tive uma gripe como aquela.

— Bom, estou feliz por estar se sentindo melh…

— Eu alucinei por três dias, sabe? Uma experiência muito curiosa. Eu estava convencido de que os marcianos tinham pousado na igreja e estavam tentando organizar uma tômbola.

— Isso é terrível, vigário. Espero que esteja se sentindo melhor.

— Ah, muito melhor, obrigado. Apesar de que acho que ganhei peso essa semana. Eu sinto muita fome.

— Ouça, vigário — falei. — Se houver algo que eu possa fazer pela igreja, qualquer coisa, é só me falar, está bem?

— Oh, que gentil. O senhor não toca órgão, por acaso, não?

— Hã, não.

— Mas está em um grupo pop, não é?

— Estou, sim.

— Diga-me, qual o nome de vocês?

— Black Sabbath.

— Oh. — O padre franziu a testa por alguns segundos. Aí me olhou e disse: — Um nome bastante peculiar, não é?

6

O fim está próximo

Gravamos o álbum seguinte do Black Sabbath numa casa mal-assombrada, no meio do nada. Não sei de quem foi a ideia brilhante, mas não foi minha, com certeza. O nome do lugar era Clearwell Castle. Ficava na Floresta de Dean, na fronteira com o País de Gales, e a gente ficou com medo desde o primeiro dia. Tinha um fosso, ponte levadiça, camas com quatro colunas em todos os quartos, grandes lareiras por todos os lados, cabeças empalhadas de animais nas paredes e um antigo calabouço escuro, que usávamos como sala de ensaio. Tinha sido construído em 1728 no mesmo lugar de uma antiga casa Tudor e os moradores locais nos contaram que uma figura sem cabeça andava pelos corredores à noite, gemendo e chorando. Rimos disso, mas assim que desfizemos as malas começamos a sentir medo, bastante. Pelo menos isso aliviou a pressão que estávamos sentindo em relação ao próximo álbum. Estávamos mais preocupados em dormir sozinhos naqueles quartos assustadores com espadas e armaduras nas paredes do que em fazer um álbum que vendesse milhões. Não éramos os Senhores da Escuridão, estávamos mais para Senhores Cagões quando o assunto era sobrenatural. Lembro quando fomos ver *O exorcista* naquele Natal, na Filadélfia: ficamos com tanto medo que tivemos de assistir a *Um golpe de mestre* depois, para aliviar. Mesmo assim, terminamos dormindo no mesmo quarto de hotel, porque estávamos realmente com medo. É engraçado porque, anos depois, Linda Blair — que faz a garota satânica no filme

— terminou saindo com meu amigo Glenn Hughes, do Deep Purple. Parece que ela realmente gostava de músicos. Até saiu com Ted Nugent durante um tempo. Mas ela não teria nenhuma chance comigo. Nem ferrando.

Clearwell Castle certamente não foi nossa primeira escolha de lugar para fazer o novo disco. O plano inicialmente tinha sido voltar para a mansão em Bel Air e compor o novo disco, mas aí descobrimos que não poderíamos fazer nenhuma gravação em LA, porque Stevie Wonder tinha instalado um sintetizador gigante em nossa sala favorita no Record Plant. Então essa ideia foi arquivada. Provavelmente algo bom: tínhamos quase morrido por causa da cocaína na última vez que fôramos gravar em LA. No Clearwell Castle, por outro lado, o único perigo era morrer de medo.

E, é claro, nós tentamos muito, *muito mesmo* fazer isso.

Não fazia nem um dia que estávamos ali e as pegadinhas já começaram. Fui o primeiro: percebi que se colocasse uma fita em nosso gravador de oito canais e abaixasse totalmente o volume, quando a fita chegasse ao fim faria um barulho alto, *CHA-CHUNK-CHICK,* que ecoava pelas paredes de pedra. Então escondi o gravador embaixo da cama do Tony. Pouco antes de ele ir dormir — depois de termos passado a noite assustando uns aos outros com uma sessão no calabouço — entrei escondido no quarto dele, apertei *play* e coloquei o volume no zero. Aí corri e me escondi no quarto ao lado.

Depois de um tempo, ouvi Tony deitar.

E esperei.

Aí, uma a uma, as luzes no castelo se apagaram, até que ficou tudo escuro. Além do ocasional barulho de madeira e do vento entrando pelas frestas das janelas, o silêncio era total.

Eu esperei.

E esperei.

Aí, no meio da escuridão: *CHA-CHUNK-CHICK.*

Tudo que ouvi do quarto do Tony foi um "*AAAAAAAIIIII!*" e um barulho quando ele caiu da cama. A porta se abriu e Tony saiu de cueca, gritando: "Tem alguma coisa na porra do meu quarto! Tem alguma coisa na porra do meu quarto!".

Fiquei rindo por dias.

Mas, por mais que o castelo pudesse aliviar nossas ideias, não ajudou com a composição. O problema era que *Vol. 4* tinha sido um clássico — pelos padrões do Black Sabbath, pelo menos. O que significava que queríamos que o seguinte fosse outro clássico. Mas não dá para controlar isso. Até certo ponto, é preciso estar no lugar certo na hora certa. Quero dizer, não acho que Michael Jackson tenha se sentado um dia e dito: "Sabe o quê? No ano que vem vou compor um disco chamado *Thriller* e todas as músicas serão impressionantes e vai vender um milhão de cópias toda semana". Não dá para planejar esse tipo de coisa.

Novamente, estávamos com muito medo de nos tornar uma dessas bandas que começaram com discos que as pessoas acharam incríveis, só para continuar soltando uma porcaria atrás da outra. Nenhum de nós realmente conseguia acreditar como nossas vidas tinham mudado desde que havíamos voltado do Star Club em 1969. Acho que esperávamos acordar um dia e descobrir que tudo tinha acabado, que nosso pequeno golpe tinha sido descoberto.

Pessoalmente, uma das minhas maiores preocupações era nos distanciarmos muito do que nossos fãs queriam. Quero dizer, eu sabia que não podíamos repetir "Iron Man" para sempre — precisávamos nos desafiar —, mas também não podíamos colocar um quarteto de sopro em todas as faixas ou começar a fazer algum jazz abstrato. O nome da banda era Black Sabbath — e enquanto nos chamássemos Black Sabbath seria difícil sermos aceitos como outra coisa.

É como o cara que faz Batman no cinema. Ele poderia ser um grande ator, mas, se quiser fazer um garçom gay em outro filme, as pessoas vão passar o filme todo se perguntando quando ele vai arrancar aquele smoking, colocar a luva de borracha e pular pela janela.

Então, precisávamos ser muito cuidadosos.

Para ser honesto, durante alguns dias em Clearwell Castle parecia que não sabíamos o que fazer. Pela primeira vez na vida, Tony parecia estar sofrendo para compor material novo. O que significava nada de riffs. E, sem riffs, não tínhamos músicas. Foi aquela banda holandesa, Golden Earring, que nos salvou no final. Estávamos ouvindo o último disco deles, *Moontan*, e algo estalou na cabeça de Tony. Uns dias depois, ele desceu até o calabouço e começou a tocar o riff de "Sabbath Bloody Sabbath". Como eu disse: sempre que achávamos que Tony não ia conseguir, ele conseguia — *e melhorava*. A partir desse momento, ele não teve mais brancos.

O que foi um grande alívio.

Mas ainda não conseguíamos nos concentrar naquele maldito castelo. A gente se atacava tanto, uns aos outros, que ninguém conseguia dormir. Ficávamos só deitados com os olhos abertos, esperando uma armadura vazia entrar no quarto a qualquer segundo e enfiar uma adaga na bunda de alguém.

E as malditas pegadinhas que continuávamos fazendo não ajudavam. Eu não sei no que estávamos pensando, porque elas eram realmente estranhas. Você não tem ideia de quem está empurrando o copo, então acaba convencido de que é sua tia-avó Sally que está atrás de você com um lençol na cabeça. E quando está fazendo isso num calabouço, é ainda pior.

Tony era quem mais criava pegadinhas. Um dia, encontrou um velho manequim num armário, colocou nele um fraque e uma peruca, aí o jogou da janela do terceiro andar bem quando Bill e Geezer estavam voltando do pub. Eles quase cagaram nas calças. Bill saiu correndo tão rápido pela estrada que deve ter quebrado o recorde de corrida. De outra vez — eu não estava presente, mas alguém me contou — Tony amarrou um pedaço de linha branca numa maquete de barco que ficava no quarto de um dos roadies e esticou o fio passando-o pela porta e até outro quarto. Aí, esperou até o roadie ficar sozinho e deu um puxão. O roadie olhou para cima e sobre a lareira — cuja base eram duas gárgulas — e o barco estava "navegando" sozinho. Ele saiu correndo do quarto e se recusou a voltar.

Bill ficou com a pior, no entanto. Uma noite, tinha bebido muito e desmaiado no sofá. Pegamos um espelho de corpo inteiro e o seguramos acima dele, a uns poucos centímetros da sua cara. Aí, enchemos o saco até ele acordar. No segundo em que abriu os olhos, tudo que viu foi sua própria imagem. Até hoje, nunca ouvi alguém gritando tão alto. Ele deve ter achado que tinha acordado no inferno.

Bill passou a ir dormir com uma adaga depois disso.

As piadas saíram de controle no final. As pessoas começaram a ir para casa à noite em vez de dormir em seus quartos. O engraçado é que a única coisa realmente perigosa que aconteceu durante o tempo em que ficamos em Clearwell Castle foi quando eu estava bêbado e dormi com minha bota perto do fogo. Tudo que me lembro é de acordar às três da manhã com uma sensação estranha na perna, depois pular, gritar e correr pela sala com minhas botas em chamas, procurando algo para apagar. Todo mundo achou muito engraçado.

Geezer olhou para mim e disse:

— Ilumina um pouco aqui, Ozzy.

Mas ele logo parou de sorrir quando uma brasa voou da minha bota e começou a queimar o tapete. Tudo que posso dizer é: dou graças a Deus pela garrafa de sidra que Bill mantinha atrás da bateria, que usamos para apagar as chamas. Fico espantado como aquilo apagou o fogo, para ser honesto. Eu já tinha experimentado a sidra do Bill, então meio que esperava que ela funcionasse como um coquetel molotov.

Quando saímos de Clearwell Castle, tínhamos pelo menos a maior parte do novo disco escrito. Então fomos para o Morgan Studios, na Willesden High Road, no norte de Londres, para terminá-lo.

O Morgan Studios era um lugar muito popular na época, então sempre que você trabalhava lá acabava encontrando outras bandas e normalmente isso terminava num pequeno café que havia ali — tinha um balcão e servia álcool — e em muitas risadas. Dessa vez, no entanto, quando fui falar olá para a banda que estava no estúdio vizinho ao nosso, meu coração quase parou. Era o Yes. Enquanto estávamos trabalhando no nosso álbum no Estúdio 4, eles estavam fazendo *Tales from Topographic Oceans* no Estúdio 3. Eram hippies, por isso tinham trazido todas essas vacas de cartolina para fazer com que o lugar parecesse "o campo". Depois descobri que as vacas tinham até tetas elétricas. Não estou brincando. Eles também tinham fardos de feno por todo o lugar, uma cerca branca e um pequeno celeiro num canto — como numa brincadeira de criança. Eu só falei para mim mesmo: "E eu achava que o Geezer era estranho".

Durante o tempo em que estivemos no Morgan Studios, o único membro do Yes que vi no café foi Rick Wakeman, o tecladista superstar deles. Era famoso por fazer solos rápidos no Moog usando uma capa de mago e no final era o único cara normal no Yes. Na verdade, ele estava *sempre* no café — normalmente bebendo bastante — e não queria saber nada daquelas vacas de papelão, daquela merda hippie toda. Ele preferia sair dali e jogar dardos comigo.

A gente ria muito, Rick e eu — e continuamos amigos até hoje.

O cara nasceu para contar histórias. Sair com ele é como *An Evening with...* Uma vez ele me contou que tinha mudado legalmente seu nome para Michael Schumacher para o caso de os policiais o pararem por excesso de velocidade e perguntarem o nome dele. Aí, quando PC Plod mandou ele se foder e exigiu ver sua carteira de motorista, lá estava, em preto e branco. Você tinha de admirar esse tipo de dedicação para encher o saco dos policiais.

Ele tinha uma coleção de uns trinta Rolls-Royces e Bentleys na época — mas eu não sabia quando os dirigia, já que estava sempre travado. Bebia tanto quanto eu. Aí, uns anos depois, teve vários ataques do coração seguidos e precisou parar.

Dava para ver que Rick estava de saco cheio de *Tales from Topographic Oceans*. Uma das histórias mais engraçadas que já ouvi dele aconteceu na época em que o Yes saiu em turnê com aquele disco. Ele estava tão entediado que no meio de uma daquelas músicas de oito horas mandou o roadie pedir um curry e trazer ao palco. Aí ele se sentou ao teclado, comendo um vindalho de galinha embaixo da capa enquanto fumava um cigarro.

Ele não durou muito no Yes depois disso.

Bom, um dia no Morgan Studios, quando Rick parecia ainda mais entediado do que o normal, eu perguntei se ele gostaria de vir ao Estúdio 4 para ouvir algumas das nossas faixas. Lembro de tocar a melodia de "Sabbra Cadabra" para ele no meu sintetizador ARP 2600. Lá estava eu, destruindo aquele riff com um dedo, tocando duh-duh-*duh*, duh-duh-duh-*duh*, com Rick me escutando. E quando finalmente parei, Rick só falou: "*Humm*, talvez ficasse melhor assim...", inclinou-se em cima do teclado e fez diddly-diddly-diddly-diddly-dud-diddly-*duh*. Seus dedos se moviam tão rápido, eu juro que não dava para vê-los.

Perguntei na lata se ele tocaria no disco, e ele falou que adoraria, desde que pagássemos o preço que ele sempre cobrava.

— Quanto? — eu perguntei.

— Duas cervejas da melhor marca.

Tirando Rick, no entanto, o resto do Yes vivia como monge. Eles não comiam carne. Parece que faziam aulas de yoga todo dia. E eu nunca os via tomando cerveja. A única coisa rock 'n' roll que faziam era fumar maconha — e, por acaso, eu tinha acabado de receber outro carregamento de haxixe do Afeganistão, e era fenomenal. Uma merda realmente pesada. Agora, eu já me considerava um pouco conhecedor de maconha naqueles dias e estava interessado no que o Yes achava dessa coisa. Então, uma manhã, levei meu tijolo de haxixe para o estúdio, fui ver o Yes e dei uma parte para eles. Por algum motivo, o único que não estava lá era Rick.

— Aqui, caras — falei. — Fumem um pouco *disso*.

Ele disseram que experimentariam na hora.

Voltei para o Estúdio 4, fumei alguns baseados, gravei algumas partes do vocal, fui até o café tomar umas na hora do almoço, voltei, fumei outro, aí decidi ver como estava o Yes.

Mas quando cheguei ao Estúdio 3, estava vazio.

Encontrei a menina da recepção e perguntei:

— Você viu o Yes em algum lugar?

— Oh, os caras começaram a passar mal na hora do almoço. Tiveram de ir para casa.

†

No momento, nosso disco tinha um título — *Sabbath Bloody Sabbath*, por causa da música que tinha quebrado o bloqueio de Tony — e era muito bom. Nosso último grande álbum, para mim. Mesmo a arte da capa era ótima: mostrava um cara deitado na cama sendo atacado por demônios enquanto dormia, com uma caveira e o número 666 acima da sua cabeça. Eu adorei aquela capa. E com a música nós conseguimos encontrar o equilíbrio exato entre nosso velho peso e nosso novo lado, "experimental". Por um lado, você tinha faixas como "Spiral Architect", que continha uma orquestra inteira, e "Fluff", que soava quase como o Shadows (o nome era uma homenagem a Alan "Fluff" Freeman, o DJ que sempre tocava nossos discos na Radio 1). Por outro, havia "A National Acrobat", tão pesada que parecia que sua cabeça estava sendo atingida por um pedaço de concreto. Eu até compus uma das músicas do disco: "Who Are You?". Eu a compus uma noite em Bulrush Cottage, bêbado e brincando com um gravador Revox e meu ARP 2600.

Ficamos muito felizes com *Sabbath Bloody Sabbath*, eu acho. Até Patrick Meehan e a gravadora ficaram felizes. O que significava só uma coisa, é claro: as coisas só podiam piorar a partir dali.

Eu deveria saber que coisas ruins estavam para acontecer com o Black Sabbath quando voamos para os Estados Unidos em 1974 e o cara sentado ao meu lado bateu as botas no meio do Atlântico.

Um minuto eu estava ouvindo um barulho como se o cara estivesse se afogando — *"uh, ugh, urrgh"*. Em seguida, estava sentado ao lado de um cadáver. Não sabia que merda fazer, então apertei o botão para chamar a aeromoça.

— Sim, senhor, posso ajudá-lo? — disse a garota, toda atenciosa.

— Esse cara bateu as botas, acho — disse, apontando para o vulto ao meu lado.

— Desculpe, senhor?

— Esticou as canelas — falei, segurando a mão esquerda mole do cara. — Olhe para ele. Vestiu o paletó de madeira.

A aeromoça começou a entrar em pânico.

— O que aconteceu? — ela sussurrou, tentando cobri-lo com um cobertor. — Ele parecia mal?

— Bom, estava fazendo uns barulhos como se estivesse sufocado — contei. — Achei que tinha se engasgado com amendoim. Aí ele ficou branco, os olhos viraram e foi dessa pra melhor.

— Olhe — disse a aeromoça, baixinho. — Vamos encostá-lo contra a janela com este travesseiro. Por favor, não mencione isso aos outros passageiros. Não queremos que ninguém entre em pânico. Para compensá-lo por essa inconveniência, podemos mudá-lo para a primeira classe, se quiser.

— Qual é a diferença entre a business e a primeira? — perguntei.

— Champanhe.

— Ótimo.

Foi o começo do Fim.

O que eu mais me lembro da turnê para promover *Sabbath Bloody Sabbath* é que todo mundo começou a ficar puto. Naquela época, Patrick Meehan tinha deixado de ser o mágico do outro lado do telefone que podia conseguir um Rolls-Royce ou um cavalo ou um carrinho elétrico, e tinha começado a se tornar o maldito chato que nunca dava uma resposta direta quando perguntávamos quanto dinheiro estávamos ganhando.

Enquanto isso, Tony estava reclamando sobre fazer todo o trabalho no estúdio, o que significava que não tinha nenhuma vida pessoal. Ele estava certo. Mas Tony adorava trabalhar no estúdio — ele até começou a produzir os discos. Pessoalmente, eu nunca conseguiria ficar sentado, fumando cigarros e ouvindo os mesmos três segundos do solo de guitarra um monte de vezes. Ainda não consigo fazer isso hoje em dia. É algo que me deixa louco. Quando gravo minha parte, preciso sair para tomar ar fresco. Mas com a tecnologia melhorando durante os anos 70, a tentação era sempre colocar mais uma pista, e outra e outra... Tony não se cansava daquela coisa. Ele tinha paciência para isso. E ninguém discutia, porque ele era o líder não oficial da banda.

Geezer também estava cheio, cansado de ter de escrever as letras para mim o tempo todo. Posso entender como isso deve ter enchido o saco depois de um tempo, mas o cara era um gênio. Quando estávamos no Morgan Studios, lembro de ligar quando ele tinha tirado um dia de descanso em sua casa de campo. Falei:

— Vamos lá, Geezer, preciso de algumas palavras para "Spiral Architect".

Ele resmungou um pouco, falou para voltar a ligar dali a uma hora e desligou. Quando falei com ele de novo, me respondeu:

— Tem uma caneta? Ótimo. Escreva isso: "Sorcerers of madness/ Selling me their time/Child of God sitting in the sun...".

Perguntei:

— Geezer, você está lendo isso de um livro ou algo assim?

Não conseguia acreditar. O cara tinha escrito uma obra de arte no mesmo tempo que eu demorava para ler um parágrafo.

— Continue assim e teremos um maldito disco composto até as cinco da tarde.

Uma razão pela qual não estávamos nos dando muito bem é porque tínhamos começado a desenvolver esses egos de rock star.

Estava acontecendo com muitas bandas naquela época. Quando tocamos no CalJam Festival, no Ontario Motor Speedway em 1974, por exemplo, havia todo tipo de besteira acontecendo no backstage com as outras bandas. Coisas como: "Bem, se ele tem uma máquina de fliperama, então eu quero uma máquina de fliperama" ou "Se ele tem um som quadrifônico, então eu também quero um". Os caras estavam começando a pensar que eram deuses. A escala daquele CalJam era inacreditável: uns duzentos e cinquenta mil fãs, com transmissões "simultâneas" na rádio FM e na rede de TV ABC. O rock 'n' roll nunca tinha visto nada nessa escala. Vocês deviam ver o equipamento do Emerson, Lake and Palmer. No meio do show, Keith Emerson fez um solo num piano de cauda enquanto era elevado do palco e ia de um lado para o outro.

O CalJam foi um bom festival para nós, na verdade.

Não tocávamos ao vivo há um bom tempo, então ensaiamos no nosso quarto de hotel, sem os amplificadores. No dia seguinte, voamos de helicóptero porque todas as estradas estavam bloqueadas. Aí fomos direto para o palco, eu estava usando botas prateadas e calças amarelas.

O Deep Purple não fez um bom show. Ritchie Blackmore odiava câmeras de TV — dizia que ficavam entre ele e a plateia —, então, depois de uma ou duas músicas, ele quebrou o braço da sua guitarra na lente de uma câmera e depois botou fogo no amplificador. Foi violento e toda a banda precisou puxar o carro num helicóptero, porque os bombeiros estavam atrás deles. A ABC deve ter ficado muito brava também. Essas câmeras eram caras. Lembro de voltar no mesmo voo para a Inglaterra com Ritchie. Foi muito louco. Eu tinha escondido quatro gramas de coca na minha meia e precisava me livrar daquilo antes de pousarmos, então comecei a dar para as aeromoças. Elas ficaram completamente doidas com aquilo, depois de um tempo. Minha refeição começou a voar sozinha num certo momento. Dá para *imaginar* esse tipo de coisa hoje em dia? Quando penso nisso, me dá calafrios.

Outra coisa louca que aconteceu na mesma época foi conhecer Frank Zappa em Chicago. Estávamos fazendo um show ali e ficamos hospedados no mesmo hotel. Todos admirávamos Zappa — principalmente Geezer — porque ele parecia ser de outro planeta. Na época, ele tinha acabado de lançar um disco quadrifônico chamado *Apostrophe* ('), que tinha uma faixa chamada "Don't Eat the Yellow Snow". Classicaço.

Bom, estávamos todos no mesmo hotel e acabamos tomando umas com a banda dele no bar. Aí, no dia seguinte, ficamos sabendo que Frank queria que fôssemos à festa do Dia da Independência que ele tinha organizado e que aconteceria aquela noite num restaurante na esquina.

Ficamos muito a fim.

Eram oito horas e fomos encontrar o Frank. Quando chegamos ao restaurante, lá estava ele, sentado numa mesa imensa, cercado pela banda. Nós nos apresentamos, aí logo começamos a beber. Mas era muito estranho, porque os caras da banda dele vinham para mim e pediam: "Você tem um baseado? Não diga ao Frank que eu estou pedindo. Ele é careta. Odeia essas coisas. Mas você tem? Só um peguinha, para me alegrar".

Não queria me envolver, então respondia "Não", apesar de ter um saco cheio no bolso.

Mais tarde, depois de termos terminado de comer, eu estava sentado perto do Frank quando dois garçons surgiram da cozinha, trazendo em um carrinho um bolo gigante. Todo o restaurante ficou quieto. Aquele bolo era impressionante, cara. Tinha o formato de uma garota nua com dois peitos enormes, cobertos de glacê — e as pernas estavam bem abertas. Mas a coisa mais louca era que eles tinham montado uma pequena bombinha, então havia champanhe escorrendo da vagina dela. O lugar ficou completamente em silêncio até que a banda começou a cantar "America the Beautiful". Aí todos tiveram de tomar um gole do champanhe, começando por Frank.

Quando foi a minha vez, eu dei um gole longo, fiz uma careta e disse:

— *Ugh*, tem gosto de mijo.

Todo mundo achou hilário.

Aí Frank se aproximou e sussurrou no meu ouvido:

— Você tem um baseado? Não é para mim, é para meu guarda-costas.

— Está falando sério? — perguntei.

— Claro. Mas não conte para a banda. Eles são caretas.

Reencontrei Frank uns anos depois, após um show dele no Birmingham Odeon. Ele me perguntou:

— Tem algum lugar para comer nessa cidade? Estou no Holiday Inn e a comida é horrível.

— Nessa hora da noite, só tem a casa de curry na Bristol Street, mas não recomendo.

Frank deu de ombros e falou:

— Oh, serve, eu vou correr o risco.

Então fomos todos para essa porcaria de restaurante indiano — eu, Frank, Thelma e uma garota japonesa que era a namorada do Frank na época. Contei a ele que a única coisa no cardápio que não deveria pedir, sob nenhuma circunstância, era o bife. Ele assentiu, olhou para o cardápio por um tempo, aí pediu o bife. Quando chegou, fiquei olhando enquanto ele tentava comer.

— Parece uma bota velha, não? — perguntei.

— Não, na verdade — respondeu Frank, limpando a boca com um guardanapo. — Parece uma bota nova.

No meio dos anos 70, tudo tinha mudado no Black Sabbath. No começo, costumávamos sair juntos o tempo todo e sempre que chegávamos num lugar novo para um show andávamos pela cidade como uma pequena gangue, testando os pubs e clubes, mexendo com as garotas, bebendo. Mas, com o tempo, nós nos víamos cada vez menos. Quando Bill e eu fazíamos as viagens por carro, por exemplo, quase não nos encontrávamos com Tony ou Geezer. Aí, até nós dois começamos a nos afastar. Eu era o chato barulhento que sempre estava dando festas, com garotas no quarto e todo tipo de devassidão, enquanto Bill só queria ficar na cama e dormir.

Depois de todo esse tempo na estrada, já não aguentávamos mais a companhia uns dos outros. Por não passarmos mais tempo juntos, todos os nossos problemas cresceram em nossas cabeças e simplesmente paramos de nos comunicar.

Aí, de repente, tudo explodiu. Para começar, os direitos do nosso trabalho inicial foram vendidos para uma empresa chamada Essex Music "em perpétuo", que era uma forma chique de dizer para sempre.

E houve outros sinais de problemas, como quando o banco London & County faliu. Não sei exatamente qual foi o problema — estou longe de ser o gênio financeiro da Grã-Bretanha —, mas sei que precisei vender as terras que tinha comprado do fazendeiro travesti para salvar Bulrush Cottage. Se Thelma e eu não tivéssemos pago pelas terras com nosso próprio dinheiro, estaríamos fodidos.

O maior problema era a administração da banda. A certa altura, percebemos que estávamos sendo enganados. Apesar de, em teoria, Meehan nos mandar tudo o que queríamos, sempre que pedíamos por algo, não tínhamos, na verdade, nenhum controle. Devíamos ter nossas próprias contas bancárias, mas elas simplesmente não existiam. Então eu precisava ir ao escritório para pedir umas mil libras ou algo assim. E ele dizia: "Está bem" e o cheque vinha pelo correio. Mas, depois de um tempo, os cheques começaram a voltar.

Então, nós o demitimos. Aí começou toda essa porcaria legal, com processos voando por todos os lados. Enquanto estávamos trabalhando na sequência do *Sabbath Bloody Sabbath* — que acabou sendo chamado de *Sabotage*, em referência a toda a merda de Meehan —, ordens judiciais eram entregues no estúdio. Foi quando chegamos à conclusão de que advogados são tão ladrões quando managers. Você é cobrado por todo centavo que eles gastam enquanto trabalham para você, até o último clipe. E eles adoram ficar nos tribunais o resto da vida, enquanto alguém estiver pagando as contas. Se demorar cinquenta anos para ganhar, tudo bem, para esses caras não importa nada.

Tínhamos um advogado trabalhando para nós e eu acabei odiando o cara. Não conseguia suportar o sujeito porque ele estava nos ferrando. Quando estávamos gravando *Sabotage* no Morgan Studios, ele veio nos ver um dia e disse: "Senhores, vou pagar uma bebida para vocês". Pensei: Uau, não posso acreditar nisso, o cara está enfiando a mão na carteira para algo. Aí, no final da reunião, ele pegou um caderninho e começou a somar o que tínhamos bebido, para poder nos cobrar depois. "Certo, Ozzy, você tomou duas cervejas, então são sessenta pence", ele começou, "e Tony, você tomou uma cerveja e..."

— Você está *tirando uma com a nossa cara,* certo? — perguntei.

Mas é claro que ele não estava. É o que advogados fazem. Eles passam lubrificante e enfiam o punho inteiro na sua bunda.

Dá para ouvir toda a frustração em *Sabotage*. Há muita merda pesada naquele disco. Uma faixa incrível é "Supertzar". Lembro do dia em que foi gravada: entrei no Morgan Studios e havia um coro de quarenta pessoas ali, junto com uma harpista de oitenta e seis anos. Eles estavam fazendo um barulho que parecia Deus compondo a trilha sonora do fim do mundo. Eu nem tentei colocar um vocal por cima daquilo.

Uma música da qual sinto orgulho naquele disco é "The Writ". Escrevi a maior parte da letra, algo que me pareceu igual a ir a um psicólogo. Toda a raiva que sentia em relação a Meehan foi expressa ali. Mas sabe o quê? Toda aquela merda que ele fez conosco não o levou a lugar nenhum, no final. Deviam ver como ele está agora: parece um fodido gordo e bêbado. Mas eu não o odeio. Odiar as pessoas não é uma forma produtiva de viver. No final, não desejo nenhum mal àquele cara. Ainda estou aqui, sabe? Ainda tenho uma carreira. Então, de que adianta odiar alguém? Já tem muito ódio no mundo, sem que eu precise gerar mais. E tirei uma música de tudo aquilo, pelo menos.

Além de "The Writ", não posso dizer que sinta muito orgulho do resto que aconteceu naquele período.

Como puxar uma arma para Bill enquanto eu estava tendo uma bad trip de ácido em Bulrush Cottage. A arma não estava carregada. Mas ele não sabia e eu não contei. Ele ficou bem na época, mas nunca mais falamos sobre isso, o que significa que foi algo sério.

Tive várias bad trips na época, falando a verdade. Outra noite estávamos em Fields Farm, a velha casa alugada de Bill, que estava ocupada por alguns roadies e estavámos nos drogando pesado por algum motivo. Havia um clima muito ruim aquela noite, porque uma criança tinha se afogado no lago da propriedade enquanto andava de canoa e os policiais tinham virado o lugar de cabeça para baixo, procurando o corpo no lago e drogas na casa. Não era exatamente o melhor momento para tomar um ácido, em outras palavras. Mas isso não nos impediu. Tudo que me lembro é de vagar pelo campo e encontrar esses dois cavalos. Aí, um deles falou para o outro: "Porra, aquele cara consegue *falar*", e eu fiquei doido, muito doido.

Bati na Thelma, também, que foi provavelmente a pior coisa que já tinha feito na vida. Comecei a sufocá-la e a pobre mulher deve ter ficado assustadíssima. O que piorou ainda mais a situação é que tínhamos acabado de ter nosso segundo filho — o pequeno Louis. Thelma realmente sofreu comigo, sabem, e eu me arrependo disso. Se há algo que gostaria era de poder voltar no tempo e evitar essas coisas. Mas, claro, nunca é possível perdoar a violência — de nenhum tipo — e eu vou morrer com essa culpa. Meus pais costumavam brigar muito, então talvez eu tenha pensado que é assim que se faz. Mas não há desculpas. Uma noite, quando estava doido de bebida e pílulas, bati tão forte em Thelma que a deixei com um olho roxo. Íamos nos encontrar com o pai dela no dia seguinte e eu pensei: Puta merda, ele vai quebrar minha cara agora. Mas tudo que ele falou foi: "Então, qual dos dois ganhou, hein?".

A parte mais triste é que só depois de ficar sóbrio realmente percebi como meu comportamento era estúpido. Mas eu reconheço agora, podem acreditar.

Enquanto toda essa merda estava acontecendo, decidimos fazer outro disco — dessa vez levando todo o nosso equipamento e equipe para os Estados Unidos, ao Criteria Studios, em Miami. O nome que tínhamos escolhido era *Technical Ecstasy*, apesar de eu não ser cem por cento a favor. Nesse momento, nossos discos estavam ficando incrivelmente caros. Tínhamos gravado *Black Sabbath* em um dia. *Sabotage* tinha demorado uns quatrocentos anos. *Technical Ecstasy* não demorou muito, mas o custo de gravá-lo na Flórida foi astronômico.

Ao mesmo tempo, nossas vendas estavam caindo, a gravadora não estava tão interessada quanto antes, tínhamos de pagar um milhão de dólares para a Receita Federal nos Estados Unidos, não conseguíamos pagar nossas despesas com advogados e não tínhamos um manager. Num ponto, Bill era quem atendia ao telefone. O pior de tudo, no entanto, é que perdemos nossa direção. Não era a experimentação com a música. Parecíamos não saber mais quem éramos. Um minuto você tinha uma capa como a de *Sabbath Bloody Sabbath*, com o cara sendo atacado por demônios, e no seguinte tinha dois robôs transando enquanto subiam uma porra de uma escada rolante, que era a arte do *Technical Ecstasy*.

Não estou dizendo que o disco era todo ruim — não era. Por exemplo, Bill escreveu uma música chamada "It's Alright", que eu adorei. Ele cantava também. Tem uma ótima voz e eu fiquei mais do que feliz por deixá-lo cantar. Mas comecei a perder o interesse e fiquei pensando em como seria ter uma carreira solo. Até fiz uma camiseta com "Blizzard of Ozz" escrito. Enquanto isso, no estúdio, Tony estava sempre dizendo: "Devíamos soar como o Foreigner" ou "Devíamos soar como o Queen". Mas eu achava estranho que as bandas que antigamente influenciávamos agora estavam nos influenciando. Mais uma vez, perdi o controle com a bebida e as drogas, e estava falando um monte de coisas erradas, causando problemas, sendo um otário.

Na verdade, meu problema com a bebida durante as sessões de *Technical Ecstasy* na Flórida ficou tão sério que eu me internei num hospício chamado St. George's quando voltei para casa. O nome verdadeiro era Stafford County Asylum, mas eles o tinham mudado para que as pessoas se sentissem melhor. Era uma velha casa vitoriana. Escura e deprimente, como um cenário de filme de ficção científica. A primeira coisa que o médico me perguntou quando entrei foi: "Você se masturba, Sr. Osbourne?". Eu respondi: "Estou aqui pela minha cabeça, não pelo meu pinto".

Não durei muito naquele lugar. Estou falando, os médicos eram mais doidos que os pacientes.

Aí Thelma me comprou umas galinhas.

Ela provavelmente pensou que isso me ajudaria a ter mais os pés no chão. E funcionou, por uns cinco minutos. Mas aí a novidade se esgotou — principalmente quando percebi que Thelma esperava que eu alimentasse aquelas coisas e limpasse a merda delas. Então comecei a pensar num motivo para me livrar daqueles bichos.

— Thelma — falei uma manhã, depois de finalmente ter ficado de saco cheio. — Onde você conseguiu essas galinhas? Estão com defeito.

— Como assim, estão *com defeito*?

— Não estão botando ovos.

— Bom, ajudaria se você as alimentasse, John. Além disso, elas provavelmente estão estressadas, pobrezinhas.

— Por que você diz isso?

— Vamos, John. Você coloca um cartaz em cima do galinheiro delas, onde está escrito: "Oflag 14".* Sei que elas não sabem ler, mas mesmo assim...

— É só uma *piada*.

— Dar tiros de aviso por cima das cabeças delas toda manhã provavelmente também não ajuda muito.

— Todo mundo precisa de um pouco de motivação.

— Você está assustando as pobres todos os dias. Vai fazer com que morram do coração, se continuar assim.

Esta é a esperança, pensei.

Com o passar das semanas e dos meses, eu continuei me esquecendo de alimentá-las, e elas continuaram se esquecendo de botar ovos. Tudo que ouvia de Thelma era: "John, alimente as galinhas". Ou: "John, lembre-se de alimentar as galinhas". Ou: "John, você alimentou as galinhas?".

Eu estava ficando completamente louco.

Estava tentando dar um tempo na minha vida — fazer *Technical Ecstasy* tinha sido muito cansativo, principalmente por causa de toda a bebida envolvida —, mas eu não conseguia ter paz. Se não era Thelma, eram os advogados. Se não eram os advogados, eram os contadores. Se não eram os contadores, era a gravadora. E se não era a gravadora, eram Tony ou Bill ou Geezer, preocupados com a "nova direção" ou reclamando de nossos impostos.

A única forma de aguentar tudo isso era ficar travado o tempo todo.

Aí, um dia, eu finalmente fui vencido.

Fiquei acordado a noite toda — bebendo no Hand & Cleaver, depois mais bebida em casa, depois algumas carreiras de coca, mais um pouco de maconha, aí mais coca, aí um desmaio perto da hora do café da manhã para me refrescar, aí um pouco de coca para acordar de novo. Nesse

---

* Oflag eram os campos de prisioneiros de guerra alemães para oficiais inimigos capturados. (N. do T.)

momento, já era a hora do almoço. Então tomei um frasco de xarope para tosse, três taças de vinho, um pouco mais de coca, um baseado, meio maço de cigarros e um ovo empanado. Mas, não importava o quanto eu tomava, não conseguia me livrar dessa horrenda sensação de inquietude. Eu sentia isso geralmente depois de voltar dos Estados Unidos: ficava parado na cozinha por horas, abrindo e fechando a porta da geladeira; ou sentado na sala em frente à TV, indo de um canal para o outro, nunca assistindo a nada.

Mas, dessa vez, algo estava diferente.

Eu estava ficando *louco*.

Não havia mais nada a fazer: eu devia voltar para o Hand & Cleaver e me embebedar.

Estava a ponto de sair de casa quando ouvi Thelma descendo as escadas. Ela entrou na cozinha e disse: "Vou até a casa da minha mãe pegar as crianças". Fiquei olhando enquanto ela pegava uma pilha de revistas *Good Housekeeping* da mesa e as colocava numa bolsa. Aí, parou e olhou para mim, parado ali, ao lado da geladeira, de cueca e roupão, cigarro na boca, coçando o saco.

— Você alimentou as galinhas? — perguntou.

— Eu falei, elas estão com defeito.

— Vá alimentá-las, John, pelo amor de Deus. Ou, sabe o quê? Deixe que elas morram, não me importo mais.

— Vou até o pub.

— Usando o roupão de banho felpudo que ganhou de Natal?

— É.

— Classe, John. Você tem muita classe.

— Você viu meus chinelos?

— Procure na caminha do cachorro. Eu volto às oito.

O que me lembro em seguida é de sair da casa com minhas botas — não consegui encontrar meu chinelo — e ir na direção do pub. Enquanto andava, tentava amarrar o cordão do meu roupão. Não queria ficar me mostrando como um louco para os fazendeiros; principalmente não queria me mostrar para o travesti barbudo do final da estrada.

Quando cheguei ao portão no fim da entrada de carro, repentinamente mudei de ideia. "Sabe o quê?", disse para mim mesmo. "Vou alimentar aquelas galinhas. Foda-se. Se isso a deixa feliz, vou fazer." Virei-me e comecei a andar na direção da casa. Mas fiquei com sede, então fui até onde o Range Rover estava estacionado, abri a porta e o porta-luvas, onde guardava minha garrafa de uísque de emergência.

Um trago. *Ahhh*. Muito melhor! *Burp*.

Continuei pelo jardim... Mas aí mudei de ideia de novo. Fodam-se as galinhas, pensei. Nenhuma dessas merdinhas botou um ovo para mim! Fodam-se! Fodam-se todas elas.

Um trago. *Ahhh*. *Burp*. Acendi outro cigarro.

Aí me lembrei de que ainda não tinha terminado aquele cigarro que já estava na minha boca, então o apaguei na horta de Thelma. Mudei de direção novamente, dessa vez indo para a casa.

Abri a porta e fiquei ali, olhando para minha Benelli semiautomática. Peguei-a, abri para ver se estava carregada — estava —, aí enchi os bolsos do meu roupão de balas. Em seguida alcancei no alto da estante a lata de gasolina que o jardineiro guardava para usar no cortador de grama — aquele que eu costumava dirigir até o pub para fazer piada (o escritório de Patrick Meehan tinha me mandado, apesar de eu ter pedido uma colheitadeira).

Então, com a lata numa mão, a arma na outra e o uísque embaixo do braço — ainda fumando meu cigarro —, saí no jardim em direção ao galinheiro. O sol estava se pondo e o céu tinha ficado todo vermelho e laranja. Na minha cabeça, a única coisa que ouvia era Thelma pedindo: "John, alimente as galinhas. John, já alimentou as galinhas?".

Aí, nosso contador falando: "Caras, isso é sério. É um imposto de *um milhão de dólares* da Receita Federal norte-americana".

E Geezer falando: "Vamos chamar o disco de *Technical Ecstasy*. Precisamos de novos direcionamentos. Não podemos ficar usando essa merda de magia negra para sempre".

Não paravam.

Nunca.

"John, alimente as galinhas."

"Caras, isso é sério."

"Vamos chamar de *Technical Ecstasy*."

"John, você alimentou as galinhas?"

"Um imposto de *um milhão de dólares.*"

"John, alimente as galinhas!"

"Precisamos de uma nova direção."

"Isso é sério."

"Não podemos continuar com essa merda de magia negra para sempre."

AAAAAAAAARRRRRRRRRGGGGGGGGGHHHHHHHHH!

Quando cheguei ao galinheiro, coloquei a lata e a arma no chão, tirei o cartaz de "Oflag 14" e olhei dentro. As galinhas cacarejaram e deram umas bicadas.

— Alguma de vocês botou ovo? — perguntei, como se não soubesse a resposta a essa merda de pergunta. — Era o que eu pensava — falei, ficando em pé. — Uma pena.

Aí peguei a arma.

Tirei a trava.

Mirei.

Cluck-cluck.

Bang-bang!

Mirei.

Squawk!

Bang-bang!

Mirei.

Swuaaawwwwwwwwwwwkkkkkkkkkk!!!!!

BANG!

O som da arma era terrivelmente ensurdecedor, e ecoava pelo campo. Parecia que se podia ouvir a milhas de distância. E, a cada tiro, uma luz branca iluminava o galinheiro e o jardim ao redor, seguida por um cheiro forte de pólvora. Eu estava me sentindo melhor.

Muito melhor.

Um trago. *Ahhh. Burp.*

As galinhas — as que ainda não tinham ido pro céu — estavam loucas.

Esperei um momento, para que a fumaça baixasse.

Mirei.

Cluck-cluck.

Bang-bang!

Mirei.

Squawk!

Bang-bang!

Mirei.

Squaaawwwwwwwwwwkkkkkkkkkk!!!!!

BANG!

Quando terminei, o lugar estava cheio de sangue, penas e pedaços de bicos. Parecia que alguém tinha jogado um balde de restos de galinha em mim e depois esvaziado um travesseiro em cima da minha cabeça. Meu roupão estava arruinado. Mas eu me sentia fabuloso — como se alguém tivesse tirado um peso de três toneladas das minhas costas. Coloquei a arma no chão, peguei a lata de gasolina e comecei a esvaziá-la sobre o que tinha sobrado das galinhas. Acendi outro cigarro, dei uma longa tragada, me afastei e aí botei fogo no galinheiro.

Whoooooooosssssshhhhh!

Fogo por todos os lados.

Aí, peguei as balas que sobraram no meu bolso e comecei a jogá-las no fogo.

Bang!

Bang!

Bang-bang-bang!

— He, he, he — eu ria.

Aí algo se mexeu atrás de mim.

Quase caio em cima da arma e acerto um tiro no próprio saco de tanto medo. Eu me virei e vi uma galinha correndo para longe de mim.

Aquela safada! Eu me ouvi fazendo esse barulho estranho, louco — *"Eeeaaaarrrrggggghhhh!"* —, aí, sem nem pensar, comecei a correr atrás dela. Não sabia o que tinha de errado comigo nem porque estava fazendo aquilo. Tudo que sabia era que estava possuído por essa raiva insana e incontrolável contra todas as galinhas. *Mate as galinhas! Mate as galinhas! Mate as galinhas!*

Mas vou contar uma coisa: não é nem um pouco fácil pegar uma galinha, principalmente quando está ficando escuro e você não dormiu nas últimas vinte e quatro horas, além de estar doido de bebida e coca, sem falar que está usando um roupão e botas.

Então, voltei correndo para casa, encontrei uma espada e saí com ela acima da cabeça, estilo samurai. "Morra, sua galinha maldita, morra!", eu gritava, quando a galinha deu uma corrida até a cerca no final do jardim, mexendo o bico tão rápido que parecia que sua cabeça podia sair voando a qualquer segundo. Eu estava quase conseguindo pegá-la quando a porta da frente da casa vizinha se abriu. A Sra. Armstrong — acho que esse era o nome dela — veio correndo com uma enxada nas mãos. Ela estava acostumada com todas as loucuras que aconteciam em Bulrush Cottage, mas dessa vez acho que não podia acreditar. Com o galinheiro pegando fogo e as balas explodindo a cada minuto, parecia uma cena de um filme da Segunda Guerra Mundial.

Bang!

Bang!

Bang-bang-bang!

No começo eu nem a notei. Estava muito ocupado perseguindo a galinha, que conseguiu passar por baixo da cerca e correu para o jardim da Sra. Armstrong, passando pelo portão dela e correndo por Butt Lane na direção do pub. Aí eu levantei a cabeça e nossos olhares se encontraram. Eu devia ser uma visão absurda, parado ali de roupão, com um olhar de louco no rosto, sujo de sangue, segurando uma espada, com meu jardim em chamas atrás de mim.

— Ah, boa noite, Sr. Osbourne — ela falou. — Vejo que voltou dos Estados Unidos.

Ficamos em silêncio por muito tempo. Mais balas explodiram atrás de mim. Não sabia o que dizer, por isso só assenti.

— *Relaxante*, não é? — ela perguntou.

Eu não era o único que estava ficando doido com o estresse da banda implodindo.

Lembro que uma vez Geezer me ligou e disse:

— Olha, Ozzy, estou de saco cheio de fazer turnês só para pagar os advogados. Antes de sair para a estrada de novo, quero saber quanto vamos ganhar.

E eu respondi:

— Sabe o quê, Geezer? Você está certo. Vamos convocar uma reunião.

E fizemos uma reunião e eu fui o primeiro a falar.

— Olha, caras — disse. — Acho que é uma loucura fazermos shows para pagar os advogados. O que você acha, Geezer?

Geezer deu de ombros e disse:

— Sei lá.

Foi isso.

Eu não aguentava mais. Nada mais fazia sentido. Nenhum de nós estava se divertindo mais. Passávamos mais tempo em reuniões com advogados do que compondo; estávamos exaustos de fazer turnês pelo mundo sem parar nos últimos seis anos; e doidos de tanta bebida e droga. A gota final foi uma reunião com Colin Newman, nosso contador, na qual ele nos contou que, se não acertássemos nossos impostos logo, seríamos presos. Naqueles dias, a taxa de impostos para pessoas como nós era tipo 80% no Reino Unido e 70% nos Estados Unidos, então dava para imaginar quanto dinheiro devíamos. E depois dos impostos ainda tínhamos nossas despesas para pagar. Estávamos falidos, basicamente. Aniquilados. Geezer podia não ter coragem para falar na frente dos outros, mas estava certo: não havia motivo para ser uma banda de rock se só nos preocupávamos com dinheiro e ordens judiciais o tempo todo.

Então, um dia, eu saí de um ensaio e não voltei mais.

†

Aí, recebi uma ligação do Norman, o marido da minha irmã Jean. Ele é um cara muito legal — de muitas formas, o irmão mais velho que nunca tive. Mas sempre que ele ligava significava que algo ruim estava acontecendo com a família.

Dessa vez não foi por outro motivo.

— É o seu pai — disse Norman. — Você deveria ir lá para vê-lo.

— O que aconteceu?

— Ele não está bem, John. Pode ser que não passe dessa noite.

Eu imediatamente me senti mal e vazio. Perder meu pai ou minha mãe sempre foi meu pior medo, desde que eu era criança, quando eu subia na cama do meu pai e o chacoalhava porque achava que não estava respirando. Agora o medo estava se tornando realidade. Eu sabia que meu pai estava doente, mas não tinha pensado que estava à beira da morte.

Quando me recuperei, entrei no carro e fui vê-lo.

Toda a minha família já estava ao redor da cama dele, incluindo minha mãe, que estava completamente devastada.

Meu pai tinha câncer, foi o que descobrimos. Estava fora de controle, porque tinha se recusado a ver um médico até o momento em que tiveram de carregá-lo numa ambulância. Ele tinha parado de trabalhar uns meses antes. Tinha sessenta e quatro anos e ofereceram um acordo de aposentadoria. "Vou ter algum tempo para arrumar o jardim, agora", ele tinha me contado. E foi o que fez. Mas assim que terminou de arrumar o jardim, ele morreu.

Estava com muito medo de vê-lo, para dizer a verdade, porque sabia o que esperar. O irmão mais novo de meu pai tinha morrido no ano anterior de câncer no fígado. Eu o visitei no hospital e tinha ficado muito chocado, tanto que tinha até chorado. Ele não se parecia nem um pouco com o cara que eu tinha conhecido. Não parecia nem um ser humano.

Quando fui ao hospital, dessa vez, meu pai tinha acabado de passar por uma cirurgia e estava bem. Parecia estar tranquilo e até conseguiu sorrir. Eles estavam dando alguma droga pesada, imaginei. Apesar de que, como minhas tias costumavam dizer, "Deus sempre dá um dia bom antes de morrermos". Conversamos um pouco. O mais engraçado é que, quando eu era mais novo, meu pai nunca costumava dizer coisas como: "Tome cuidado com os cigarros" ou "Pare de beber o tempo todo", mas naquele dia ele me falou: "Resolva esse problema com a bebida, John. Está bebendo demais. E pare de tomar as pílulas para dormir".

— Eu saí do Black Sabbath — falei.

— Eles estão acabados, então — ele disse. E dormiu.

No dia seguinte, começou a piorar. Uma das piores coisas foi ver minha mãe tão mal. Nos hospitais da época, quanto mais doente, mais distante eles o colocavam dos outros pacientes. No final do dia, meu pai tinha sido colocado nesse quartinho de canto, com esfregões, baldes e produtos de limpeza por todos os cantos. Tinham colocado bandagens em suas mãos, como se fosse um boxeador, e tinham amarrado as mãos nas grades da cama porque ele ficava arrancando o tubo de medicação intravenosa. Isso me deixou muito bravo, vê-lo assim, o homem que eu adorava, o homem que me ensinou que mesmo sem uma boa educação ainda dá para ter boas maneiras. Pelo menos ele estava com todos os tipos de drogas, assim não sentia muita dor. Quando me viu, sorriu, levantou os polegares no meio das bandagens e disse: "Anfetamina!" — era a única droga que ele sabia o nome. Aí, falou: "Tire esses canos de merda de mim, John, estão me machucando".

Ele morreu às 23h20 de 20 de janeiro de 1978: no mesmo hospital, na mesma data, na mesma hora em que Jess tinha nascido, seis anos antes. Aquela coincidência ainda me espanta até hoje. A causa da morte foi "carcinoma do esôfago", apesar de ele ter câncer nos intestinos. Não tinha comido nem ido ao banheiro por vontade própria nas últimas treze semanas. Jean estava com ele quando aconteceu. Os médicos disseram que queriam descobrir por que o experimento Frankenstein que tinham feito no dia anterior, durante a cirurgia, não tinha funcionado, mas ela não permitiu que fizessem uma autópsia.

Eu estava a caminho da casa do Bill, ouvindo "Baker Street", de Gerry Rafferty, no momento em que ele morreu. Assim que estacionei o carro na entrada de Bill, ele estava parado ali, com um olhar triste. "Alguém quer falar no telefone com você, Ozzy", falou.

Era Norman, me avisando. Até o dia de hoje, sempre que "Baker Street" toca no rádio, eu ouço a voz de Norman e sinto uma tristeza intensa.

O funeral aconteceu uma semana depois e ele foi cremado. Eu realmente odeio como as cerimônias fúnebres tradicionais inglesas são organizadas: você está começando a superar o choque da morte, aí precisa passar por tudo de novo. Os judeus têm uma ideia muito melhor: quando alguém morre, você o enterra o mais rápido possível. Pelo menos dessa forma tira aquilo do seu sistema de forma mais rápida.

A única maneira de aguentar o enterro do meu pai foi ficando bêbado. Eu acordei aquela manhã e comecei a beber uísque; e continuei o dia todo. Quando trouxeram o caixão para a casa em que meus pais viviam, eu já estava a meio caminho para outro planeta. O caixão estava lacrado, mas por alguma razão estúpida decidi que queria ver meu pai de novo, uma última vez, então pedi para um cara da funerária abrir o caixão. Foi uma péssima ideia. No final, todos quisemos dar uma última olhada. Mas ele já estava morto há uma semana, então, assim que olhei no caixão, eu me arrependi. Os caras da funerária tinham colocado maquiagem e ele parecia um maldito palhaço. Não era como eu queria lembrar do meu pai — mas agora essa é a imagem que surge na minha mente. Eu preferia lembrar dele preso à cama do hospital, sorrindo, levantando os polegares e dizendo: "Anfetamina!".

Aí acompanhamos o caixão. Minhas irmãs e minha mãe começaram a chorar como animais selvagens, o que me deixou completamente louco. Nunca tinha experimentado algo assim antes. Há muitos ensinamentos sobre como viver na Inglaterra, mas não ensinam nada sobre a morte. Não há nenhum livro dizendo o que se deve fazer quando sua mãe ou seu pai morrem.

É tipo: *Você está sozinho agora, baby.*

Se existe algo que resume meu pai é o banheiro dentro de casa que ele construiu na Lodge Road 14, para que não tivéssemos mais de usar uma banheira de lata em frente à lareira. Ele contratou um profissional para fazer a maior parte do trabalho, mas só umas semanas depois de ter terminado começou a aparecer umidade na parede. Então, meu pai foi até uma loja, comprou o que precisava e refez o reboco da parede sozinho. Mas a umidade voltou. E meu pai refez o reboco. Mas ela continuou reaparecendo. Nesse ponto, ele estava numa missão. E era impossível parar meu pai quando ele estava numa missão. Criou todos os tipos mais loucos de misturas para colocar na parede e acabar com a umidade. Essa cruzada antiumidade nunca terminou. Aí, finalmente, depois de uns anos, ele conseguiu um impermeabilizador industrial potente da GEC, passou por toda a parede, rebocou por cima da parte úmida, comprou uns azulejos amarelos e brancos, e colocou por cima.

— *Isso* deve resolver — lembro que ele falou.

Eu tinha esquecido tudo isso, só lembrei quando voltei à casa para fazer um documentário para a BBC. Naquela época, havia uma família paquistanesa morando ali e todas as paredes estavam pintadas de branco. Era estranho ver o lugar assim. Mas eu entrei no banheiro — e na parede estavam os azulejos do meu pai, como no dia em que foram colocados. Eu só pensei: Ele conseguiu no final.

Não tirei o sorriso do rosto durante todo o resto do dia.

Sinto muita saudade do meu pai, até hoje. Gostaria de poder me sentar e ter uma boa conversa de homem para homem sobre todas as coisas que nunca soube como perguntar quando era criança ou estava muito bêbado ou agindo como estrela de rock quando tinha vinte anos.

Mas acho que assim é a vida, não?

O dia em que saí do Black Sabbath, estávamos no Rockfield Studios, no sul de Gales, tentando gravar um disco novo. Tivemos outra deprimente reunião sobre dinheiro e advogados, e não consegui aguentar mais nada. Então, saí do estúdio e voltei para Bulrush Cottage no Mercedes de Thelma. Eu estava doido, claro. E aí, como um estúpido, comecei a atacar a banda através da imprensa, o que não foi correto. Mas, sabem, quando uma banda se separa, é como o fim de um casamento — por um tempo, tudo que você quer é ferir o outro. O cara que eles encontraram para me substituir também era de Birmingham, chamava-se Dave Walker, um cara que eu admirei por muito tempo, na verdade — ele tocou com Savoy Brown e Fleetwood Mac por um tempo.

Mas por alguma razão as coisas não deram certo com Dave, então quando eu voltei, algumas semanas depois, tudo estava normal de novo — pelo menos na superfície. Ninguém realmente falou sobre o que aconteceu. Eu só apareci no estúdio um dia — acho que Bill tinha tentado acalmar tudo por telefone — e foi o fim da briga. Mas era óbvio que as coisas tinham mudado, principalmente entre mim e Tony. Não acho que ninguém estava realmente adorando fazer aquilo. Assim que voltei, retomamos o que estávamos fazendo no disco, que decidimos chamar de *Never Say Die*.

Na época, estávamos começando a resolver os problemas financeiros, graças a Colin Newman, que nos aconselhou a fazer o disco como anistiados de impostos em outro país, para evitar o pagamento de 80% do nosso dinheiro para o governo trabalhista. Escolhemos o Canadá, apesar de ser janeiro e estar tão frio que não daria nem para sair ao ar livre sem congelar o saco. Mesmo assim, reservamos o Sounds Interchange Studios e voamos para Toronto.

Mesmo a cinco mil quilômetros da Inglaterra, os velhos problemas logo voltaram a surgir.

Por exemplo, eu passava todas as noites me embebedando muito num lugar chamado Gas Works, em frente ao prédio em que estava hospedado. Uma noite, fui até lá, voltei, desmaiei e acordei uma hora depois com uma incrível azia. Lembro de abrir os olhos e pensar: Que *merda*? Estava tudo escuro, mas eu percebi um brilho vermelho na minha frente. Não tinha nem ideia do que era. Enquanto isso, a queimação piorava muito. Aí, de repente, percebi o que tinha acontecido: eu dormira com um cigarro na mão. *Eu estava queimando!* Então pulei da cama, arranquei minhas roupas, enrolei-as com os lençóis, corri até o banheiro, joguei tudo na banheira, abri a torneira de água fria e esperei que a fumaça se dissipasse. Quando terminei, o quarto estava com um cheiro horrível, eu estava pelado como um estúpido, meus lençóis estavam arruinados e sentia um frio maldito.

Estava pensando: Que merda vou fazer agora? Aí tive uma ideia: arranquei as cortinas e usei-as como lençóis. Funcionou perfeitamente, até que a empregada com cara de bunda chegou na manhã seguinte.

Ela ficou louca.

— O QUE VOCÊ FEZ NO APARTAMENTO? — começou a gritar. — SAI DAQUI! SAI DAQUI! SEU ANIMAL!

As coisas não estavam muito melhores no estúdio. Quando mencionei de passagem que queria fazer um projeto solo paralelo, Tony gritou: "Se você tem alguma música, Ozzy, deveria mostrar para a gente primeiro". Mas sempre que eu sugeria alguma coisa, ninguém dava a mínima. Eu falava: "Ei, o que vocês acham disso, então?", e eles respondiam: "Não. É um lixo".

Um dia, Thelma ligou para o estúdio e disse que tinha acabado de perder o bebê que estava esperando, então juntamos nossas coisas e voltamos para a Inglaterra. Mas voltar para casa não melhorou as coisas entre nós. Num momento, Tony e eu simplesmente não nos falávamos mais. Não brigávamos. O oposto, na verdade: só uma completa falta de comunicação. E durante as últimas sessões do disco na Inglaterra, eu simplesmente tinha desistido. Tony, Bill e Geezer decidiram que queriam tocar uma música chamada "Breakout", com uma banda de jazz fazendo *da-dah-da-dah, DAH*, e eu só falei: "Foda-se, estou fora". É por isso que Bill cantou "Swinging the Chain". A questão era que "Breakout" representava ir longe demais para mim. Com faixas como essa no disco, pensei, poderíamos nos chamar Slack Haddock*, não Black Sabbath. A única coisa impressionante sobre aquela banda de jazz, até onde me lembro, era quanto eles bebiam. Era incrível. Se não gravássemos ao meio-dia, estávamos ferrados, porque os caras já estavam travados.

*Trocadilho com as palavras Black Sabbath com conteúdo sexual, significando uma garota promíscua. (N. do T.)

Never Say Die foi muito mal nos Estados Unidos, o pior disco de todos, mas até que vendeu bem na Grã-Bretanha, onde chegou ao 12º posto nas paradas, e nos levou ao *Top of the Pops*. O que foi divertido, na verdade, porque conhecemos Bob Marley. Sempre vou me lembrar do momento em que ele saiu do camarim — estava perto do nosso — e literalmente não dava para ver a cabeça dele por causa da nuvem de fumaça de maconha. O cara estava fumando o maior baseado que eu já tinha visto — e, podem acreditar, eu já tinha visto alguns. Fiquei pensando: Ele vai ter de cantar com playback, *ninguém* consegue fazer um show ao vivo depois de fumar tanto. Mas não — ele tocou ao vivo. Sem nenhum erro.

Havia coisas boas acontecendo com o Black Sabbath nessa época também. Por exemplo, depois de resolver o problema das nossas finanças, decidimos contratar Don Arden como nosso manager, principalmente porque tínhamos ficado impressionados com o que ele tinha feito com a Electric Light Orchestra. E para mim a melhor coisa disso era ter acesso regular a sua filha, Sharon. Quase imediatamente fiquei apaixonado por ela. Foi aquela estranha risada que me conquistou. E o fato de ela ser tão bonita e glamorosa — usava casacos de peles e tinha diamantes por todos os lados. Eu nunca tinha visto nada assim. E ela era tão barulhenta e louca quanto eu. Naquela época, Sharon estava ajudando a dirigir o negócio com Don, e sempre que vinha ver a banda acabávamos rindo muito. Ela era uma grande companhia — a melhor. Mas nada aconteceu entre nós durante muito tempo.

Eu sabia que estava tudo acabado com o Black Sabbath e tinha ficado claro que eles haviam se cansado do meu comportamento insano. Uma das minhas últimas lembranças com a banda foi perder um show no Municipal Auditorium, em Nashville, durante nossa última turnê norte-americana. Tinha cheirado tanta coca com Bill enquanto viajávamos de um show para o outro no motor home dele que fiquei três dias sem dormir. Parecia um morto-vivo. Parecia que alguém tinha injetado cafeína direto nos meus olhos, minha pele estava toda vermelha e coçando, e eu quase não conseguia sentir minhas pernas. Mas às cinco da manhã do dia do show, depois que chegamos na cidade, finalmente desmaiei no Hyatt Regency Hotel. Foi o melhor sono da minha vida. Era como se tivessem me enterrado de tão bom. E, quanto acordei, sentia-me quase normal de novo.

Mas eu não sabia que a chave que tinha usado para entrar no quarto era de outro Hyatt no qual tínhamos ficado antes na mesma turnê, em outra cidade. Então, enquanto minhas malas tinham sido mandadas para o quarto certo pelo manager da turnê, eu tinha ido parar no quarto errado. O que normalmente não teria sido um problema: a chave que eu tinha no bolso não deveria ter funcionado, eu teria voltado para a recepção e percebido o erro. Mas quando entrei no quarto, a arrumadeira ainda estava lá, afofando os travesseiros e vendo se o minibar estava cheio. Então, a porta estava aberta e eu entrei. Mostrei a chave para ela — que tinha o número correto e o logo do Hyatt — e ela sorriu e me desejou uma boa estada. A mulher fechou a porta quando saiu enquanto eu deitava na cama errada, no quarto errado, e dormi.

Por vinte e quatro horas.

Enquanto isso, o show começou e terminou. Claro, o hotel mandou alguém até meu quarto, mas só encontraram minhas malas. Não tinham ideia de que eu tinha desmaiado num andar diferente, em outro hotel. Os caras entraram em pânico, uma foto feia minha apareceu em vários canais de TV, os policiais montaram uma unidade especial de pessoas desaparecidas, os fãs começaram a planejar uma vigília, a companhia de seguro estava no telefone, os outros lugares da turnê já estavam se preparando para cancelar os shows, a gravadora estava louca e Thelma achou que tinha ficado viúva.

Aí, eu acordei.

A primeira coisa que fiz foi ligar para a recepção e perguntar que horas eram. "Seis horas", disse a mulher. Perfeito, pensei. O show era às oito. Levantei da cama e comecei a procurar minha mala. Aí percebi que tudo parecia muito silencioso.

Então liguei de novo para a recepção.

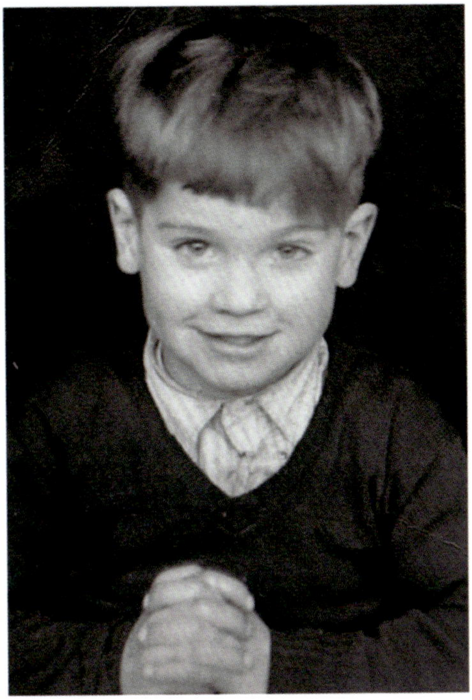

O pequeno "Príncipe das Trevas".

Meu pai me prometeu calças compridas para usar no casamento de minha irmã Jean. Em vez disso, ganhei essa porra de figurino.

Com meus pais. Eles até que me aguentaram muito.

A culpa é do Jim Simpson. Foi ideia dele reunir estes terríveis malucos – e pelados.

Não, eu não estou em um pub. Estou na cozinha de casa, que transformei no meu pub particular, em Atrocity Cottage. Esta é minha filha mais velha, Jessica.

Com Jess e meu filho Louis.

Meus camaradas do Black Sabbath, eu e, bem…, uma galinha de borracha. Em Londres, todos de roupa nova, porque havíamos acabado de assinar nosso primeiro contrato de gravação.

De cara limpa. E puto da vida, provavelmente.

Paz...

... e amor, cara.

No palco com Tony.

Os garotos de Aston se deram bem. Esse foi nosso aniversário de dez anos. Fizemos algo diferente naquele dia: ficamos muito loucos. Meses depois, eu seria demitido da banda.

Em carreira solo. Esses foram os caras que me acompanharam na turnê de *Diary of a Madman*. Da esquerda para a direita: Rudy Sarzo, Randy Rhoads, eu e Tommy Aldridge.

Randy Rhoads e Rachel Youngblood fazendo pose perto de nosso ônibus da turnê nos Estados Unidos. Deus os abençoe

No palco com Randy. Essa é a melhor maneira de lembrar dele.

O melhor guitarrista de sua geração – e um grande homem, acima de tudo.

Me amarrando com Sharon em 1982, em Maui. Havia sete garrafas de Hennessy naquele bolo – mais tarde, apaguei no corredor do hotel. Ainda bem que o casamento já estava "consumado".

Em 1983, eu vivia muito chapado. Em outro planeta. Deve ser por isso que Aimee está usando uma roupinha espacial.

Com minhas meninas lindas.

Eu frequentava ótimos dentistas nessa época.

Mais um "bad hair day". Fotos de divulgação para *Bark at the moon*.

Dando um rolê com Kelly.

Abaixo, à esquerda: com Sally, minha mula de estimação. Ela morou com a gente em Outlands Cottage e adorava ver TV comigo.

Abaixo, à direita: com Kelly e Aimee.

Antes...

... e depois.

Uma pausa para reflexão.

Tosei meu cabelo para escapar de fazer um show. Não teve jeito: Sharon me obrigou a subir no palco.

Depois de tomar uma bela "carcada" de minha querida esposa.

Um cartão-postal de Memphis.

Mais uma noite tranquila com os caras do Mötley Crüe.

No *QE2*, entediado. Sharon estava grávida de Jack, então não pudemos viajar.

Juntos novamente para o Live Aid, em 1985 – Bill, eu, Geezer e Tony.

No palco do Live Aid com Tony.

Eu ainda tinha um problema com bebida.
Não conseguia encontrar minha boca.

Uma foto rara do clã Osbourne reunido.

Dessa vez, eu estava apenas brincando.

Eu e meu filho Jack. Nessa idade, o que ele mais gostava de fazer era sentar no meu ombro durante o bis nos shows.

Em casa, numa boa, com Jack, Kelly e o melhor amigo que já tive, Baldrick, o bulldog.

"Quantas músicas ainda tenho de cantar?". No Ozzfest, em 1996.

Depois de tomar mais um pontapé na bunda de Tony.

Queria ainda parecer assim.

"Acho que perdi meu relógio. Podem me ajudar a procurá-lo?".

Meus filhos aprenderam boas maneiras desde cedo. Eu, Louis e Jack em meu aniversário de cinquenta anos, em 1998.

Minhas filhas lindas: Kelly, Jessica e Aimee.

Em aquecimento…

… e relaxando.

Foto para divulgação de *The Osbournes*, em 2002. Não tínhamos a menor ideia de onde estávamos nos metendo.

No *Tonight Show* com Jay Leno e Sharon, logo após a loucura do reality show estrear.

Em abril de 2002, me tornei um astro da Calçada da Fama em Hollywood. Da esquerda para a direita: Jack, Marilyn Manson, eu, Robbie Williams e Kelly. Acho que nem quero imaginar em que Manson estava pensando.

Com minha maior fã.

Passando um tempo com Kelly. Nosso dueto de "Changes" se tornou número 1 em 2003.

Em casa, aprontando com minha moto.

Antes...

... e depois. Quebrei o pescoço, a clavícula, oito costelas, perfurei os pulmões e passei oito dias em coma.

Com Elton, o homem mais generoso que conheci.

O dia em que conheci Liz Taylor. Meu pai uma vez me disse que ela era a mulher mais bonita do mundo.

Meu herói do rock'n'roll.

Um aperto de mão da Rainha. Ela não precisava ter me trazido flores.

Um encontro com... eu mesmo. Em uma filmagem com meu sósia, Jon Culshaw. Ele está à esquerda. Acho.

Queria estar vestido assim quando capturei um ladrão em minha casa, em 2004.

Com Maggie, um dos nossos dezessete cachorros.

Sharon e eu logo após o assalto. Perdemos dois milhões de libras em joias.

No palco na Torre de Londres para o show beneficente do Prince's Trust, em 2006.

No dia em que o Black Sabbath foi incluído no Hall of Fame, com Tony (centro) e Bill (à direita).

Agarrado com minhas irmãs. Da esquerda para a direita: Gillian, eu, Iris e Jean.

Sharon tentando manter minhas mãos afastadas da faca no meu aniversário de sessenta anos.

Minha família incrível.

— Manhã ou tarde? — perguntei.

— Perdão?

— Você disse que são seis horas. Da manhã ou da tarde?

— Oh, da manhã.

— Ah.

Aí eu liguei para o quarto do manager da turnê.

— Sim? — ele atendeu.

— Sou eu, o Ozzy — falei. — Acho que pode ter havido um problema.

Primeiro, silêncio.

Depois lágrimas — de raiva. Até hoje, nunca tomei uma bronca como aquela.

Foi Bill quem me contou que eu estava fora.

Foi em 27 de abril de 1979 — uma sexta-feira à tarde.

Estávamos ensaiando em LA e eu estava doido, mas isso era o normal. Era óbvio que Bill tinha sido mandado pelos outros, porque ele não era o tipo de cara que mandava alguém embora.

Não consigo me lembrar exatamente do que ele me disse. Nunca conversamos sobre isso. Mas o resumo é que Tony achava que eu era um bêbado, cocainômano e uma perda de tempo para o resto da banda. Para ser honesto, parecia que ele estava finalmente se vingando por eu ter saído antes. E não foi uma surpresa completa: eu sentia, no estúdio, que Tony estava tentando me encher ao fazer com que eu regravasse um monte de músicas, sendo que não havia nada errado com o primeiro take.

Não deixei que isso afetasse minha amizade com Bill. Eu senti pena do cara, na verdade, porque sua mãe tinha acabado de morrer. E logo depois de ter me chutado para fora do Black Sabbath, seu pai morreu também. Quando fiquei sabendo, pensei: Foda-se a guerra, ainda sou amigo dele, ainda somos os mesmos caras que viviam num GMC durante meses nos Estados Unidos. Então dirigi até Birmingham para vê-lo.

Ele estava realmente muito triste e eu me senti muito mal. Aí o enterro do pai dele se transformou numa piada. Estavam saindo com o caixão da igreja, quando perceberam que alguém que estava no enterro tinha roubado o carro do vigário. Este se recusou a continuar enquanto o carro não reaparecesse, mas quem tinha roubado a porra do carro não conseguiu destravar o volante, e acabou batendo num jardim. Imagine esse tipo de merda acontecendo enquanto você está tentando enterrar seu pai. Inacreditável.

Mas eu estaria mentindo se dissesse que não me senti traído pelo que aconteceu com o Black Sabbath. Não éramos uma banda artificial, cujos membros eram descartáveis. Éramos quatro caras da mesma cidade que tinham crescido juntos no mesmo bairro. Éramos como uma família, como irmãos. E me mandar embora por estar drogado era uma merda hipócrita. Estávamos *todos* loucos. Se você está drogado e eu também, e você me manda embora porque eu estou drogado, que merda é essa? Por que eu estou *ligeiramente* mais drogado que você?

Mas eu não dou a mínima agora — e acabou funcionando bem no final. Foi o chute na bunda que eu precisava e provavelmente eles se divertiram mais, gravando discos com um novo cantor. Não tenho nenhum problema com o cara que eles contrataram para me substituir, Ronnie James Dio, que antes estava no Rainbow. É um ótimo cantor. Mas ele e eu não somos a mesma pessoa. Então eu gostaria que tivessem chamado a banda de Black Sabbath II.

Isso é tudo.

PARTE DOIS

Recomeço

7

Des Moines

De repente, eu estava desempregado.
E sem nenhuma perspectiva.

Lembro de ter pensado: Bom, ainda tenho uns dólares no bolso, vou me divertir pela última vez em LA — aí voltei para a Inglaterra. Pensei honestamente que teria de vender Bulrush Cottage e ir trabalhar na construção civil ou algo assim. Eu estava resignado com o fato de que tudo tinha terminado. Nada daquilo tinha parecido real, na verdade. A primeira coisa que fiz foi me registrar num lugar chamado Le Parc Hotel, em West Hollywood, pago pela empresa de Don Arden, Jet Records. Fiquei espantado por Don ter aceitado pagar, para dizer a verdade. Assim que ele descobrir que não vou voltar ao Black Sabbath, pensei, eles vão me chutar deste lugar — então, melhor aproveitar enquanto posso. Não há quartos no Le Parc — são pequenos apartamentos com cozinha própria onde dá para fazer sua própria comida. Eu nunca saía. Ficava sentado na cama assistindo a velhos filmes de guerra com as cortinas fechadas. Não vi a luz do dia por meses. Meu traficante vinha e me dava um pouco de cocaína ou maconha, eu pedia para o Gil Turner, da Sunset Strip, entregar bebida e de vez em quando conseguia uma garota para transar. Apesar de não saber por que alguém iria querer transar comigo, não naqueles dias. Eu comia tanta pizza e bebia tanta cerveja que tinha peitos maiores do que o irmão mais velho do Jabba the Hutt.

Fiquei muito tempo sem ver Thelma ou as crianças. Ligava para eles do telefone no meu quarto, mas sentia que eles estavam escapando das minhas mãos, o que me fazia sentir ainda mais deprimido. Passava mais tempo com o Black Sabbath do que com minha família. Voltávamos de meses na estrada, tínhamos umas férias de três semanas, aí íamos direto para uma fazenda ou castelo onde ficávamos zoando até surgirem algumas canções novas. Fizemos isso durante uma década, até nossas vidas pessoais estarem arruinadas: o casamento de Bill acabou, o de Tony também e o de Geezer também. Mas eu não queria aceitar isso, porque significaria perder minha casa e meus filhos, e eu já tinha perdido meu pai e minha banda.

Eu só queria que todos calassem a boca, que tudo desaparecesse.

Então, me escondi no Le Parc e bebi.

E bebi.

E bebi.

Aí, um dia, um cara chamado Mark Nauseef bateu na minha porta. Era baterista, Don Arden também era seu manager e ele tocou com todo mundo, de Velvet Underground a Thin Lizzy. Ele me falou que Sharon, da Jet Records, estava vindo para pegar algo — ele estava em outro apartamento —, mas que ele precisava ir embora da cidade por causa de um show. Aí, me entregou um envelope.

— Você poderia fazer o favor de entregar isso para ela? — pediu. — Falei para Sharon chamá-lo na recepção.

— Sem problema — disse.

Assim que fechei a porta, peguei uma faca e abri o envelope. Dentro havia quinhentos dólares em dinheiro. Não tenho ideia do que era e não me importava. Liguei para meu traficante e comprei quinhentos dólares de cocaína. Algumas horas depois, Sharon apareceu e perguntou se eu tinha algo para ela.

— Não, acho que não — falei todo inocente.

— Tem certeza, Ozzy?

— Absoluta.

Mas não era preciso ser um Einstein para descobrir o que tinha acontecido. Havia um enorme saco de coca na mesa, ao lado de um envelope rasgado onde estava escrito "Sharon".

Ela me deu uma bronca monumental quando viu aquilo, gritou e xingou, dizendo que eu era um desastre completo.

Acho que não vou conseguir transar com ela, pensei.

Mas ela voltou no dia seguinte e me encontrou deitado no meio de uma poça de mijo, fumando um baseado.

— Olha — ela falou —, se você quiser voltar, nós queremos trabalhar com você.

— Por que alguém iria querer ser *meu* manager? — perguntei.

Não podia acreditar, realmente. Mas era algo bom que *alguém* me quisesse, porque eu estava totalmente duro. Meus royalties do Black Sabbath eram inexistentes, eu não tinha uma poupança e não tinha nenhuma fonte de renda. No começo, Don queria que eu começasse uma banda chamada Son of Sabbath, o que me pareceu uma ideia horrível. Aí, queria que eu fizesse uma parceria com Gary Moore. Também não fiquei animado com isso, apesar de que eu e Sharon tínhamos ido a San Francisco com Gary e sua namorada uma vez e nos divertíramos muito. (Eu realmente achei que estava com Sharon naquela viagem, para ser honesto com vocês, mas nada aconteceu: ela só voltou para seu hotel no final da noite e me deixou babando em cima da minha cerveja.)

A pior ideia que Don Arden teve foi fazer turnês conjuntas, eu e o Sabbath, um depois do outro. Eu perguntei a Sharon: "Isso é uma piada dele, não?".

Mas aí Sharon começou a controlar mais as coisas e decidimos que eu devia fazer um disco solo.

Eu queria chamá-lo de *Blizzard of Ozz*.

E, pouco a pouco, as coisas começaram a funcionar.

Nunca tinha conhecido alguém que conseguisse organizar as coisas como Sharon. Tudo que ela dizia que ia fazer, fazia. Ou, pelo menos, dizia: "Veja, tentei ao máximo, mas não consegui". Como manager, você sempre sabia exatamente qual era a situação. Enquanto isso, o pai de Sharon só gritava e mandava, como se fosse o capitão de um barco, então eu tentava ficar longe dele o máximo possível. Claro, antes de conseguir fazer um disco e sair numa turnê, eu precisava de uma banda. Mas nunca tinha realizado testes antes, e não tinha a mínima ideia de como ou por onde começar. Foi Sharon quem me ajudou, me levando para ver todos esses guitarristas jovens e iniciantes de LA. Mas eu não estava em bom estado para isso. Só encontrava um sofá num canto da sala e desmaiava. Foi aí que um amigo, Dana Strum — que tinha feito teste para ser minha baixista —, me falou: "Olha, Ozzy, tem um cara que você deveria ver. Ele toca com uma banda chamada Quiet Riot, e o cara é bom".

Então, uma noite, esse norte-americano magrinho veio até Le Parc para se apresentar. A primeira coisa que pensei foi: ou ele é uma garota ou é gay. Tinha cabelo comprido e liso, uma voz profunda e estranha, e era tão magro que parecia não estar ali. Lembrava-me um pouco o guitarrista do David Bowie, Mick Ronson.

— Quantos anos você tem? — perguntei, assim que ele entrou.

— Vinte e dois.

— Qual é o seu nome?

— Randy Rhoads.

— Quer uma cerveja?

— Aceito uma Coca, se tiver.

— Vou pegar uma cerveja. Você é homem, por falar nisso, não?

Randy só riu.

— Estou falando sério — eu disse.

— Hã, sou. Até hoje de manhã.

Randy deve ter pensado que eu era um lunático.

Depois disso, fomos até um estúdio em algum lugar, para que eu pudesse ouvi-lo tocar. Lembro dele conectando sua Gibson Les Paul num pequeno amplificador e perguntando:

— Você se importa se eu esquentar um pouco?

— À vontade — eu falei.

Aí começou a fazer uns exercício com os dedos. Eu precisei pedir:

— Pare. Randy, pare agora mesmo.

— O que foi? — ele perguntou olhando para mim com uma cara preocupada.

— Está contratado.

Vocês precisavam ouvi-lo tocando.

Eu quase chorei, ele era tão bom.

Logo estávamos voando para a Inglaterra, para ensaiar. Logo descobri que, apesar das aparências, ele era muito terno e pé no chão. Um verdadeiro cavalheiro também — nada a ver com o que se espera de um sensacional guitarrista norte-americano.

Não entendi por que ele queria se envolver com um alcoólatra inchado como eu.

No começo, ficamos em Bulrush Cottage, com Thelma e as crianças. A primeira coisa que compusemos foi "Goodbye to Romance". Trabalhar com Randy era o oposto de trabalhar com o Black Sabbath. Eu estava andando pela casa um dia, cantando essa melodia que há meses estava na minha cabeça, e Randy perguntou: "Essa música é sua ou dos Beatles?". Eu respondi: "Oh, não, não é nada, só essa coisa que não sai da minha cabeça". Mas ele me fez sentar com ele até trabalharmos nela.

Era incrivelmente paciente — não fiquei surpreso quando descobri que sua mãe era professora de música. Foi a primeira vez que me senti um verdadeiro parceiro na hora de compor.

Outra lembrança vívida de trabalhar com Randy foi quando escrevemos "Suicide Solution". Estávamos numa festa para uma banda chamada Wild Horses no John Henry's, um estúdio de ensaio em Londres. Todo mundo estava por aí, mas Randy ficava sentado num canto experimentando riffs na sua Flying V e de repente ele começou Dah, Dah, D'La-Dah, DAH, D'La-*Dah*. Eu gritei: "Uau, Randy! O que foi isso?". Ele deu de ombros. Falei para tocar de novo o que tinha acabado de fazer e comecei a cantar uma letra que estava na minha cabeça há algum tempo: "Wine is fine, but whiskey's quicker / Suicide is slow with liquor". E foi isso, a maior parte da música já estava escrita, bem ali. A noite terminou com todo mundo no palco, fazendo uma jam.

Phil Lynott, do Thin Lizzy, estava ali. Essa pode ter sido a última vez que o vi antes de sua morte, na verdade. Foi um caso trágico. Eu senti muito a falta dele. Um ótimo performer, grande voz, ótimo estilo, mas a velha heroína o pegou no final.

Graças a Deus, eu jamais gostei daquela merda.

†

Randy adorou a Grã-Bretanha.

Todo fim de semana, ele entrava na van e dirigia para algum lugar, só para conhecer. Foi até Gales, Escócia, o distrito dos lagos, todos os lados. Ele colecionava trens de brinquedo, então aonde ia comprava um. Era um cara quieto, muito dedicado, não gostava de se mostrar, mas podia ser muito divertido também. Uma vez, estávamos num bar e havia um cara no canto tocando música clássica ao piano, aí Randy foi até ele e perguntou: "Se importa se eu o acompanhar?". O cara olhou para Randy, olhou ao redor, me viu e disse: "Hã, claro". Randy então pegou sua Gibson, conectou num pequeno amplificador e começou a acompanhar aquela peça de Beethoven ou sei lá quem era. Mas logo começou a fazer esses movimentos de rock 'n' roll e no final estava de joelhos, fazendo um solo selvagem com a língua para fora. Foi muito engraçado. Todo o bar estava rindo.

A coisa mais engraçada é que acho que Randy jamais gostou muito do Black Sabbath. Ele era um músico *de verdade*. Quero dizer, muitos guitarristas de rock 'n' roll são bons, mas têm só um truque, uma saída, então, mesmo se não sabem a música, dizem: "Oh, isso é mais ou menos assim". Mas Randy conseguia tocar qualquer coisa. Suas influências iam de Leslie West a grandes do jazz como Charlie Christian e caras clássicos como John Williams. Ele não entendia por que as pessoas gostavam de "Iron Man", se era tão simples que até uma criança podia tocar.

Acabávamos brigando por isso, na verdade. Eu dizia: "Olha, se funciona, quem se importa se é simples? Quero dizer, não dá para ser mais simples do que o riff de 'You Really Got Me' — mas é incrível. Quando ouvi aquele disco pela primeira vez, toquei até a agulha da vitrola do meu pai quebrar".

Randy só dava de ombros e dizia: "Pode ser".

Uma coisa que o irmão de Sharon conseguiu quando estávamos na Inglaterra foi um baixista — Bob Daisley, um australiano que tinha assinado com a Jet como parte de uma banda chamada Widowmaker, por isso David o conhecia. Eu gostei de Bob imediatamente. Era um roqueiro típico — usava jaquetas jeans sem mangas e cabelos encaracolados — e íamos ao pub e cheirávamos um pouco de coca, de vez em quando.

Outra coisa boa de Bob era que, além de tocar baixo, ele compunha também.

E a gente ria muito juntos — no começo, pelo menos.

Conseguir um baterista não foi tão fácil.

Parece que testamos metade da Grã-Bretanha antes de finalmente encontrarmos Lee Kerslake, que tinha tocado com o Uriah Heep. Ele era bom — um daqueles caras com experiência em pubs. Baterista sólido. Mas o cara que eu realmente queria — Tommy Aldridge, da Pat Travers Band — não estava disponível.

Outro cara que fez parte da banda no começo foi um tecladista de Ipswich chamado Lindsay Bridgewater. Era um rapaz muito educado e nunca tinha trabalhado com gente como nós antes. Eu falei para ele: "Lindsay, você se parece com uma porra de um professor. Quero que penteie o cabelo para trás, coloque uma capa branca, passe um pouco de batom negro e um pouco de delineador nos olhos. E enquanto estiver tocando, quero que *faça ruídos* para a plateia".

O pobre cara não durou muito.

Eu estaria mentindo se dissesse que não me sentia competindo com o Black Sabbath quando gravamos *Blizzard of Ozz*. Eu queria tudo de bom para eles, acho, mas parte de mim estava morrendo de medo de que eles fizessem mais sucesso sem mim. E o primeiro disco deles com Dio estava bastante bom. Não saí correndo para comprá-lo, mas ouvi algumas faixas no rádio. Chegou ao nono posto nas paradas inglesas e vigésimo oitavo nos Estados Unidos. Mas, assim que terminamos *Blizzard*, no Ridge Farm Studios, em Surrey, eu sabia que tínhamos um disco fabuloso. Tínhamos dois discos, na verdade, porque havia muito material que ficou de fora quando terminamos.

E era muito bom ter o controle — como conseguir fazer algo inteiro sozinho. No entanto, mesmo se você acha que algo é brilhante, nunca sabe se o público vai concordar. Mas, assim que as rádios começaram a tocar "Crazy Train", tudo ficou claro. A coisa simplesmente explodiu.

Quando o disco saiu na Grã-Bretanha, em setembro de 1980, chegou ao sétimo posto das paradas. Quando saiu nos Estados Unidos, seis meses depois, chegou ao número vinte e um, mas acabou vendendo quatro milhões de cópias, entrando na lista dos cem discos mais vendidos da década pela *Billboard*.

Críticas?

Não li nenhuma.

Algumas noites antes de a turnê começar, transei com Sharon pela primeira vez. Demorou muito tempo para isso. Estávamos no Shepperton Studios, em Surrey, ensaiando para nosso primeiro show — que ia ser no Blackpool, sob o nome falso de The Law —, e estávamos todos no mesmo hotel, do outro lado da rua. E eu só segui Sharon de volta até seu quarto. Acho que devo ter usado minha cantada extraespecial: "Posso entrar para assistir TV?". A resposta comum para isso era: "Vai se foder, não tenho TV".

Mas dessa vez funcionou.

Eu estava travado, claro. Sharon também — ela *devia* estar. Tudo que me lembro é que ela decidiu tomar um banho e eu arranquei minhas roupas e entrei com ela. Aí, uma coisa levou à outra, uma tendência natural quando você entra num banheiro com uma garota.

Eu me apaixonei loucamente por Sharon.

O que acontece é que, antes de conhecê-la, nunca tinha encontrado uma garota que fosse *como* eu. Quero dizer, quando saíamos as pessoas achavam que éramos irmãos, de tão parecidos. Onde fôssemos, sempre éramos os que estavam mais bêbados e os que falavam mais alto.

Fizemos muitas loucuras nos primeiros dias.

Uma noite, na Alemanha, fomos a um jantar com o chefe da CBS Europa, que estava lançando *Blizzard of Ozz* lá. Era um cara grande, barbudo e apreciador de charuto, e muito sério. Eu estava pra lá de Bagdá, claro. Então estávamos sentados ali, naquela mesa enorme e no meio da refeição, eu tive a ideia de subir na mesa e fazer um striptease.

Todo mundo achou engraçado durante um tempo. Mas eu terminei completamente pelado, mijei na taça de vinho do cara da CBS, me abaixei na frente dele e dei um beijo na sua boca.

Eles não acharam *aquilo* muito engraçado.

Não saiu nenhum disco meu na Alemanha durante anos, depois daquilo. Lembro de estar no avião, indo embora de Berlim, com Sharon rasgando os contratos e dizendo:

— Bem, outro país que estamos fora.

— O striptease valeu a pena, pelo menos, não? — eu perguntei.

— Aquilo não foi um striptease, Ozzy. Foi uma porra de uma marcha nazista. De um lado para o outro da mesa. Aquele pobre alemão parecia horrorizado. Aí você enfiou suas bolas na porra do vinho dele.

— Eu achei que tinha mijado no vinho dele!

— Isso foi *antes* de mijar no vinho.

Aí fomos para Paris e eu ainda estava chateado pelo que acontecera em Berlim. Estava *absolutamente* bêbado, porque todo mundo ficava dando bebida de graça. Todos já sabiam o que tinha acontecido na Alemanha, então os executivos da gravadora estavam todos nervosos e nos levaram para um clube noturno. Estavam todos falando sobre negócios, então para aliviar o tédio eu virei para o cara ao meu lado e disse:

— Ei, você me faz um favor?

— Claro — ele disse.

— Me dá um soco na cara.

— O quê?

— Me dá um soco na cara.

— Não posso fazer isso.

— Veja, eu pedi para você me fazer um favor e você concordou. Você *prometeu*. Então me dá um soco na cara.

— Não!

— Só um soco.

— Sr. Osbourne, me desculpe, mas não posso fazer isso.

— Vamos lá! VOCÊ PROMETEU, CARAL...

BLAM.

A última coisa que vi foi o punho da Sharon vindo na minha direção do outro lado da mesa. Caí no chão, meu nariz sangrava e eu sentia que metade dos meus dentes estavam soltos.

Abri meus olhos e vi Sharon olhando para mim: "Está feliz agora?", ela perguntou.

Eu cuspi um pouco de sangue e disse: "Muito, saúde".

Mais tarde, naquela mesma noite, eu estava deitado na cama do hotel, passando mal de tanto cheirar cocaína. Estava tremendo, suando e tendo todo tipo de fantasia paranoica. Tentei acordar Sharon, mas ela só gemeu e me empurrou.

— Sharon — eu gemi. — Acho que estou morrendo.

Silêncio.

Tentei de novo:

— Sharon, acho que estou *morrendo*.

Silêncio de novo.

Mais uma vez:

— Sharon, acho que estou...

— Morre em silêncio. Preciso dormir. Amanhã de manhã tenho uma reunião.

A gente deixava o outro louco, Sharon e eu.

Uma noite, fomos beber num hotel. Sentamos num canto, aí eu fui até o bar para pegar umas cervejas. Mas me distraí com um cara numa cadeira de rodas — um Hell's Angel. Terminamos rindo muito, eu e o cara, e acabei me esquecendo completamente de levar as bebidas para Sharon. Aí ouço uma voz vindo do canto do bar.

— Ozzy! OZZY!

Oh, merda, pensei, vou tomar uma bronca. Aí, no caminho de volta, inventei uma história ridícula. "Desculpa, querida", falei, "mas você não vai acreditar o que aconteceu com aquele cara. Ele estava me contando tudo e eu não conseguia me livrar dele."

— Deixe-me adivinhar: ele caiu da moto.

— Oh, não — falei. — É muito pior do que isso. Ele está sofrendo de ricocheteio.

— Está sofrendo do *quê*?

— Ricocheteio.

— Que porra é ricocheteio?

— Não sabe?

A palavra tinha simplesmente aparecido na minha cabeça, então agora eu estava tentando desesperadamente pensar no que podia ser.

— Não, Ozzy, não sei o que é ricocheteio.

— É uma loucura.

— BOM, ENTÃO QUE PORRA É ESSA?

— É essa coisa que um cara pega de uma garota quando ela bate uma punheta. O que acontece é que ela está lá manuseando e aí o cara está a ponto de gozar, ela coloca o dedão na cabeça do pau e, às vezes, se o cara tiver muito azar, como aquele pobre coitado ali, o esperma volta direto pelo canal e, bem, você sabe…

— Pela milionésima vez, Ozzy, não, eu não sei.

— Bom, isso, hã… fode sua coluna.

— Oh, meu Deus! — disse Sharon, parecendo realmente chocada. — Que horrível. Vá comprar outra cerveja para aquele homem.

Era incrível que ela tivesse acreditado.

Nunca mais pensei naquilo até umas duas semanas depois, quando estava do lado de fora de uma reunião da Jet Records. Só ouvia Sharon falando a palavra "ricocheteio" várias vezes, e todos os caras na sala perguntando: "O quê? *Ricocheteio*? Que merda é essa?".

Aí Sharon saiu da sala, o rosto vermelho, e gritou: "Ozzy, seu MALDITO!".

Smack.

Sharon era minha manager quase que sozinha quando fizemos a turnê de *Blizzard of Ozz*. Era a primeira vez na minha carreira que eu vi alguém planejar as coisas com tanto cuidado. Antes de começarmos, ela disse: "Temos dois caminhos, Ozzy. Podemos abrir para uma banda maior, como Van Halen, ou podemos fazer nossos próprios shows menores. Acho que deveríamos tentar a segunda opção, porque dessa forma você sempre terá shows lotados e, quando as pessoas veem isso, elas querem ir. E, também, você será visto como um grande artista desde o primeiro dia".

Acabou sendo uma ideia brilhante.

Onde fôssemos, os lugares estavam lotados e havia mais gente querendo entrar.

Não se esqueçam de que trabalhamos muito para isso.

Era a minha chance e eu sabia que só teria uma. Sharon e eu sabíamos, na verdade, então dávamos entrevista para toda rádio, toda emissora de TV, todo lugar que quisesse nos entrevistar. Nada era muito pequeno. Cada disco ou ingresso vendido contava.

Aprendi que quando Sharon tem uma missão, quando ela quer conseguir algo, se joga com tudo e não para de lutar nem quando o gongo toca. Quando uma abelha pica sua bunda, ninguém consegue pará-la. Enquanto isso, por mim, se não fosse ela me empurrando o tempo todo, duvido que teria tido o mesmo sucesso. Na verdade, eu *sei* que não teria.

Sharon não aceitava nada como líquido e certo. Estava em seu sangue e na forma como ela foi criada. Ela costumava me dizer que sua família ou tinha tudo ou não tinha nada. Um dia eles tinham Rolls-Royces e TVs coloridas em todos os quartos; no dia seguinte, estavam escondendo o carro e as TVs estavam sendo levadas por falta de pagamento. Era uma casa realmente explosiva.

Eu *confiava* em Sharon como nunca tinha confiado em ninguém antes, na parte comercial da música. E isso foi essencial para mim, porque não entendo nada de contratos. Prefiro não entendê-los, acho, porque não aguento toda a merda e as traições.

Mas Sharon não era boa só com dinheiro. Ela sabia como gerenciar minha imagem, também. Ela me fez sair daquela imagem que eu tinha no Black Sabbath. "Quando a mãe do Randy veio de LA, achou que você era um roadie", ela me contou. Aí ela conseguiu um cabeleireiro para clarear meu cabelo. Era a década de 80 — era preciso ser exuberante. As pessoas riem disso, mas quando se vai a um show hoje em dia não dá para saber quem é da banda e quem está na plateia, porque todos parecem iguais. Pelo menos quando alguém sobe no palco com um cabelo todo brilhante, essa pessoa parece *especial*.

Lembrem-se, os farrapos que eu usava no palco ficaram tão horríveis, num certo momento, que as pessoas costumavam pensar que eu era uma drag queen. Eu usava legging brilhante e esses casacos longos cheios de bijuterias. Olhando para aquela época, não me sinto embaraçado por essas roupas, mas de ver como estava inchado. Eu era um gordo fodido, bêbado, comedor de pizza. Vejam o meu *rosto*, era enorme. Isso não é surpreendente, no entanto, se contarmos quantas Guinness eu tomava diariamente. Estou falando, uma caneca de Guinness é como comer três jantares.

Outra pessoa em quem aprendi a confiar naquela turnê foi Tony Dennis. Era um cara baixinho natural de Tyneside que aparecia nos shows toda noite, sem falha. Estávamos no meio do inverno, mas ele usava só uma jaqueta jeans em cima de uma camiseta. Ele devia congelar enquanto esperava do lado de fora para entrar. Veio a tantos shows que acabei deixando o cara entrar de graça, apesar de não entender merda nenhuma do que ele falava. Era tudo: "Why-eye, y'nah, Tuhni I-uhmi, haweh, man, lyke". Até onde eu sei, ele podia estar me chamando de bicha.

De qualquer forma, estávamos em Canterbury e fazia uns cinco graus negativos ou algo assim, e eu perguntei:

— Como você anda por aí, Tony?

— Eu peço carona, cara.

— E onde você dorme?

— Estações de trem. Cabines telefônicas. Onde for, sabe?

— Vou fazer uma proposta — falei. — Se quiser cuidar das malas para nós, a gente arranja um quarto para você.

E ele está comigo desde então. É como um membro da família. É um cara legal, um ser humano realmente sensacional. Dependo muito dele e o cara é tão eficiente, é incrível. Nada é muito complicado para ele e confio completamente no cara. Posso deixar uma pilha de dinheiro na mesa, voltar dois anos depois e ela estará exatamente onde eu a deixei. Ele ajudou meus filhos, também, nos anos complicados. Eles ainda o chamam de Tio Tony. E tudo por causa daquela noite em Canterbury, quando eu perguntei como ele andava por aí.

Depois da nossa primeira noite no hotel em frente ao Shepperton Studios, Sharon e eu trepávamos em todos os cantos. Não conseguíamos parar. E não nos escondíamos, também. As pessoas próximas a nós sabiam exatamente o que estava acontecendo. Algumas noites, Sharon saía por uma porta e a Thelma entrava pela outra. Eu estava cansado o tempo todo, com duas mulheres. Não sei como os franceses conseguem. Quando eu estava com Sharon, por exemplo, acabava chamando-a de "Tharon", e terminava com os olhos roxos.

Olhando para trás agora, claro que eu devia ter deixado Thelma.

Mas eu não queria, por causa das crianças. Sabia que se nos divorciássemos seria terrível para elas, porque as crianças sempre sofrem mais nas separações. E o pensamento de perder minha família era insuportável. Era muito doloroso, não poderia aguentar.

Por outro lado, nunca soube o que era me apaixonar antes de conhecer Sharon — apesar de não termos exatamente um romance normal. Porque Sharon estava metida no meio quando eu ainda estava casado com Thelma e no começo ela bebia tanto quanto eu. Quando não estávamos trepando, estávamos brigando. E quando não estávamos brigando, estávamos bebendo. Mas éramos inseparáveis, não dava para ficar longe dela. Na estrada, sempre ficávamos no mesmo quarto e, se Sharon tinha de ir embora por causa do trabalho, eu passava horas falando com ela pelo telefone, dizendo quanto eu a amava, que não conseguia esperar para revê-la. Nunca tinha feito isso com *ninguém* antes. Na verdade, posso dizer honestamente que nunca tive ideia do que era o amor antes de conhecer Sharon. Eu confundia com atração. Aí percebi que quando se está apaixonado a questão não é só sexual, tem a ver com o vazio que se sente quando a outra pessoa não está. E eu não aguentava quando Sharon ia embora.

Mas, por mais apaixonado que estivesse por Sharon, sabia que as coisas não podiam continuar desse jeito. Por um tempo, pensei que poderia ter o melhor dos dois mundos — minha família e a mulher que eu amava —, mas não funcionaria assim. Naquele Natal, então, com o fim da parte britânica da turnê, contei tudo a Thelma porque, por alguma razão impulsionada pela bebida, achei que isso deixaria as coisas melhores. Não foi a ideia mais brilhante que já tive.

Thelma se levantou com raiva, me chutou e disse que precisava pensar.

Aí Don Arden também meteu o pé. Ligou para Thelma chamando-a para uma reunião em Londres e disse que estava colocando seu filho David para cuidar dos meus negócios, assim eu me afastaria de Sharon. Mas a verdade era que ele estava com medo de que Sharon saísse da Jet Records e trabalhasse sozinha, o que poderia acabar custando uma fortuna para ele, principalmente se me levasse junto — que foi exatamente o que ela fez, no final. Mas Don deveria saber que, quando Sharon decide algo, ela vai e faz, não importam as consequências. E se alguém tentar pará-la, ela vai tentar ainda mais.

David não durou nem cinco minutos.

Antes de levarmos *Blizzard of Ozz* para os Estados Unidos, em abril de 1981, voltamos para Ridge Farm e gravamos *Diary of a Madman*. Até hoje, não sei como fizemos aquele disco tão rápido. Demorou só umas três semanas, acho.

Estávamos todos vivendo num apartamento detonado enquanto gravávamos, e eu sempre vou me lembrar da manhã em que acordei e ouvi um riff acústico incrível vindo do quarto do Randy. Abri a porta, ainda de cueca, e ele estava sentado ali com um professor de música clássica, muito sério, tendo aula.

— O que foi isso que você acabou de tocar? — perguntei, enquanto o professor me olhava como se eu fosse o Monstro do Lago Ness.

— Ozzy, estou ocupado.

— Eu sei, mas o que foi isso que você acabou de tocar?

— Mozart.

— Certo. Vamos roubar isso.

— Não dá para roubar Mozart.

— Tenho certeza de que ele não vai se importar.

Acabou sendo a intro de "Diary of a Madman" — apesar de que quando Randy terminou de tocar aquilo, havia pouco de Mozart.

Não consigo lembrar muito do resto do disco. Estávamos com tanta pressa que terminamos fazendo a mixagem durante a turnê. Meu produtor, Max Norman, enviava fitas para meu hotel e eu ligava de telefones públicos, pedindo para aumentar um pouco o baixo aqui ou um pouco mais de midrange ali.

Foi mais ou menos nessa época que Bob e Lee começaram a reclamar de tudo, o que me deixava louco. Eu olhava e lá estavam eles, num canto, cochichando como garotinhas. Desde o começo, Bob sempre quis que a banda tivesse um nome, em vez de ser somente Ozzy Osbourne. Eu não entendia isso. Por que eu iria querer sair de uma banda para entrar em outra, com todo mundo dizendo: "Vamos tocar aqui ou ali? Humm, deixe-me pensar?". Se Bob e Lee tivessem entrado no escritório da Jet e dito: "Queremos estar numa banda em igualdade de condições com o Ozzy", eu teria respondido: "Não, obrigado, já passei por isso. Quero ser o chefe. Até mais". Mas Bob podia ser bastante agressivo e, se não fosse por Sharon, ele teria me obrigado a fazer exatamente o que queria. Entendam, tenho esse problema de empurrar as coisas com a barriga. Às vezes, acho que é porque não toco nenhum instrumento, o que faz com que sinta que não mereço estar ali, sabe?

De todas as formas, em algum momento lembro de Sharon falando conosco, muito animada, dizendo: "Boas notícias, caras. Os ingressos para o Palladium em Nova York começaram a ser vendidos e esgotaram em uma hora!". Estávamos brindando e comemorando. Aí Sharon saiu para dar um telefonema. Quando voltou, tinha um sorriso ainda maior no rosto e disse: "Vocês não vão adivinhar: o Palladium quer que façamos *dois* shows numa noite".

Não podia acreditar: tudo realmente estava começando a dar certo? Mas Bob e Lee ficaram quietos e depois desapareceram para uma de suas conversas. Quando voltaram, disseram: "Bom, se vamos fazer dois shows, queremos o dobro de despesas de viagens e o dobro do pagamento". Isso foi um pouco demais para mim. Nenhum de nós tinha visto nenhuma grana até aquele momento e os Ardens tinham bancado tudo — o estúdio, os hotéis, a comida, o equipamento, a equipe, toda a merda. De onde eles achavam que a grana estava vindo — do céu? A questão era: cada centavo tinha de ser devolvido para Don, mas Bob e Lee não precisavam se preocupar com isso porque eram basicamente músicos contratados.

Eu queria demiti-los depois disso. Falei para Sharon: "Se continuarmos assim, a cada cinco minutos vai haver outra disputa e eu já não aguento mais essa merda".

Então esse foi o fim de Bob e Lee, apesar de eu ter trabalhado com Bob algumas vezes, durante vários anos, até ele ter começado a me processar a cada semana.

É triste, sabe, o que o dinheiro faz com as pessoas. Sempre o dinheiro. Mas eu honestamente acredito que se Bob e Lee tivessem ficado, eu não estaria onde estou hoje. As más vibrações teriam feito com que fosse impossível trabalhar. Por sorte, Sharon trabalhara durante um tempo procurando pessoas para substituí-los — eles já estavam enchendo o saco há algum tempo — e ela conseguiu contratar Tommy Aldridge, o baterista que eu queria desde o começo, e um baixista chamado Rudy Sarzo, que tinha trabalhado com Randy no Quiet Riot. E foi isso.

Quando o segundo disco estava finalmente terminado, nós empacotamos nossas coisas, pegamos um avião e fomos para LA por uma semana para ensaiar e fazer reuniões com a gravadora antes de começar a turnê em Maryland.

Não me pergunte quem comprou as pombas.

Tudo que sei é que Sharon me mostrou quando estávamos na limusine a caminho da sede da CBS Records em Century City, alguns dias depois de termos chegado em LA.

— Não são lindas? — ela perguntou. — Ouça, estão *arrulhando*. Oh.

Nossa reunião com a CBS era muito importante.

Apesar de *Blizzard of Ozz* ter sido um sucesso na Inglaterra, precisávamos muito fazer sucesso nos Estados Unidos, porque estávamos duros. Tudo dependia disso. Quando saíamos na estrada, estávamos vivendo precariamente, dormindo em pulgueiros, um de nós sempre tinha uma mala algemada à mão com todo o dinheiro que tínhamos no mundo. E era basicamente isso. Não tínhamos nem recebido os adiantamentos de *Diary of a Madman*, porque Sharon não conseguiu abrir a mão do pai dela. Enquanto isso, Thelma estava falando em divórcio, o que significava que eu podia perder tudo de novo.

— Para que você quer essas pombas? — perguntei a Sharon, bebendo da garrafa de Cointreau que tinha trazido comigo.

Sharon me deu um de seus olhares.

— Não se lembra, Ozzy? Nossa conversa? Ontem à noite? São para a reunião. Quando chegarmos lá, você vai soltar as pombas no ar e elas vão voar pela sala.

— Para quê?

— Porque foi o que combinamos. E aí você vai dizer "rock 'n' roll" e fazer o sinal da paz.

Não conseguia me lembrar de ter combinado nada disso. Eram só onze da manhã, mas eu já estava no Planeta Bebida. Não tinha parado de beber desde a noite anterior. Ou da anterior.

Tinha até esquecido por que estávamos indo para a CBS. Mas aí Sharon me lembrou:

— Eles precisam de um chute na bunda porque compraram *Blizzard of Ozz* do meu pai por uma soma *pateticamente* pequena, então devem estar esperando que fracasse, o que aconteceu com os dois últimos discos do Black Sabbath nos Estados Unidos. Você não é nada nesse país como artista solo, Ozzy. Esqueça os shows lotados na Grã-Bretanha. Está começando do zero aqui. Quando for a essa reunião, é preciso causar uma impressão, mostrar quem é você.

— Com pombas? — eu perguntei.

— Exatamente.

Deixei a garrafa e peguei os pássaros que estavam com Sharon.

— Por que não arranco a cabeça delas a dentadas? — eu falei, segurando-as perto da minha cara. — Isso vai causar uma impressão.

Sharon só riu, balançou a cabeça e olhou pela janela, para o céu azul e as palmeiras verdes.

— Estou falando sério — continuei.

— Ozzy, você *não* vai arrancar a cabeça delas.

— Vou, sim.

— Não vai, não, tonto.

— Com certeza vou. Estou com um pouco de fome esta manhã.

Sharon riu de novo. Eu adorava esse som mais do que qualquer outra coisa no mundo.

A reunião foi uma merda. Um monte de sorrisos falsos e apertos de mãos fracos. Aí alguém me falou como estavam animados porque Adam Ant estava vindo para os Estados Unidos. *Adam Ant?* Eu quase acerto a cara daquele veado quando disse isso. Era óbvio que nenhum deles estava nem aí. Até a garota que era relações-públicas só ficava olhando para o relógio. Mas a reunião continuou enquanto todos esses caras de terno e relógio de ouro falavam besteiras de marketing corporativo, até que eu fiquei puto esperando que Sharon me desse a dica para soltar as pombas no ar. No final, eu me levantei, andei pela sala, sentei-me no braço da cadeira da garota de RP e tirei uma pomba do meu bolso.

— Ah, que linda — ela falou, dando outro sorriso falso. E olhou de novo para seu relógio.

É *isso*, pensei.

Abri minha boca o máximo possível.

Do outro lado da sala, vi Sharon estremecer.

Aí comecei: *chomp, spit*.

A cabeça da pomba caiu no colo da garota, salpicando sangue. Para ser honesto com vocês, eu estava tão bêbado que tinha gosto de Cointreau. Bom, Cointreau e penas. E um pouco de bico. Aí joguei a carcaça na mesa e olhei enquanto se mexia. O pássaro tinha se cagado quando eu mordi seu pescoço e a coisa havia se espalhado por todos os lados.

O vestido da garota de RP estava manchado com essa gosma nojenta marrom e branca, e minha jaqueta, uma coisa amarela horrenda típica dos anos 80 com desenhos de Rupert, o Urso, estava completamente arruinada. Até hoje, não tenho a mínima ideia do que pensei. Pobre pomba. Mas vou dizer uma coisa: causou uma impressão, sem dúvida.

Por um segundo, tudo que consegui ouvir foi todo mundo respirando fundo ao mesmo tempo e o fotógrafo no canto clicando tudo.

Aí, começou o pandemônio.

A garota começou a gritar, enquanto um cara de terno correu até o lixo no canto e vomitou. Os alarmes começaram a tocar, quando alguém gritou no telefone chamando a segurança.

— TIRE ESSE ANIMAL DAQUI! AGORA!

Nesse momento, tirei a outra pomba do meu bolso.

— Olá, passarinho — falei, dando um beijo na cabeça dela. — Meu nome é Ozzy Osbourne. E estou aqui para divulgar meu novo disco, *Blizzard of Ozz*.

Abri a boca e todo mundo na sala gritou "NÃOOOOO!". As pessoas estavam cobrindo os olhos com os braços e gritando para que eu parasse e fosse embora dali. Mas em vez de arrancar a cabeça dela, deixei-a voar. Ele saiu batendo as asas feliz pela sala.

— Paz — falei, quando dois seguranças entraram na sala, agarraram-me pelos braços e me arrastaram para fora.

O pânico naquele lugar era insano, cara.

Enquanto isso, Sharon estava se mijando de tanto rir. Tinha lágrimas escorrendo pelo rosto. Acho que foi só sua reação ao choque, mais do que qualquer outra coisa. Ela também tinha ficado muito puta com a CBS por esta não mostrar nenhum entusiasmo com o disco, então de certa forma tinha ficado provavelmente feliz por eu ter dado o susto da vida deles, mesmo tendo sido a coisa mais horrorosa que já tinha visto na vida. "Você está banido do prédio da CBS, seu monstro", disse o chefe da segurança, depois de me expulsar pela porta da frente do prédio, jogando-me no meio do calor de quase quarenta graus de LA. "Se aparecer aqui de novo, vou prendê-lo, entendeu?"

Sharon me seguiu, aí me agarrou pelo colarinho e me beijou.

— Aquela pobre *criatura* — falou. — Teremos sorte se a CBS não desistir do disco depois desse show. Eles podem até nos processar. Você é um menino muito *mau*.

— Então por que você não está me dando uma bronca? — perguntei, confuso.

— Porque a imprensa vai *adorar* isso.

Aquela noite, voltamos para a casa de Don Arden, onde estávamos hospedados com Rudy e Tommy, nossa nova seção rítmica. A casa de Don era uma grande mansão estilo espanhol no alto de Benedict Canyon, Beverly Hills, com telhas vermelhas e um enorme portão de ferro para evitar a entrada de pessoas estranhas. Aparentemente, Howard Hughes tinha construído o lugar para uma de suas namoradas. Don a tinha comprado depois de ganhar toneladas de grana com o ELO e agora vivia ali como um rei, com Cary Grant de vizinho. Quando estávamos na cidade, Don nos colocava em um dos "chalés" nos fundos. Ele usava outro chalé como a sede da Jet Records em Los Angeles.

Eu estava tão bêbado quando a limusine parou na entrada que quase tinha esquecido em que planeta estávamos. Fui com Rudy até um dos quartos no fundo da casa onde Don tinha uma TV e um minibar. Eu passei do Cointreau para a cerveja naquele momento, o que significava que precisava mijar a cada cinco segundos. Mas não conseguia caminhar até o banheiro, então mijava na pia. O que não foi um problema até Don passar de roupão, a caminho da cama.

Tudo que ouvi foi uma voz atrás de mim, alta o suficiente para aparecer numa escala Richter. "OZZY, VOCÊ ESTÁ MIJANDO NA PORRA DA MINHA PIA?"

Ah, *merda*.

Apertei meu pinto para parar de mijar.

Ele vai me matar, pensei. Ele vai me *matar*.

Aí tive uma ideia: se me virasse depressa enquanto fechasse o zíper, tudo estaria bem. Foi o que comecei a fazer. Mas estava tão bêbado que minha mão soltou meu pinto quando me virei e um jato de mijo foi direto na direção de Don.

Ele pulou para trás e escapou por um centímetro.

Até hoje, nunca vi um ser humano ficar tão bravo. Juro, pensei que ele ia arrancar minha cabeça e mandar pela descarga. O cara ficou lívido: o rosto vermelho, tremendo, cuspindo enquanto gritava. Foi aterrorizante. Quando ele terminou de me xingar de tudo quanto era nome — e mais alguns — falou: "SAIA DAQUI. SAIA DA MINHA CASA, SEU ANIMAL DE MERDA. SAIA! SAIA AGORA!".

Aí ele foi procurar Sharon. Uns minutos depois, do outro lado da casa, ouvi: "E VOCÊ É AINDA PIOR PORQUE ESTÁ TREPANDO COM ELE!".

No final, tenho grandes lembranças daquela primeira turnê norte-americana.

E não foi porque *Blizzard of Ozz* vendeu um milhão de cópias quando terminamos. Foi porque eu tinha pessoas fabulosas ao meu redor. Não sei o que fiz para merecer Randy Rhoads. Ele era o único *músico* que já havia participado da minha banda. Lia partituras. Compunha. Era tão dedicado que encontrava sempre um professor de violão clássico em todas as cidades pelas quais passávamos e tinha uma aula. Dava aula, também. Sempre que estávamos na Costa Oeste, ele encontrava tempo para ir até a escola de sua mãe e ensinava as crianças. Ele adorava sua mãe. Lembro quando estávamos gravando *Blizzard of Ozz* em Ridge Farm, ele me perguntou se podia escrever uma música e chamá-la "Dee" em homenagem a ela. Eu concordei.

E eu estava tendo as melhores noites da minha vida com Sharon. Fazíamos coisas juntos que eu nunca tinha feito antes, como ir a clubes em Nova York. Não podia ser mais diferente de quando fui a Nova York com o Black Sabbath — naqueles dias, eu nem saía de meu quarto, porque estava sempre morto de medo. Por ter vindo da Inglaterra, achava que o lugar estava cheio de bandidos e vilões. Mas Sharon me levava para passear. Costumávamos ir a um bar chamado PJ's, cheirar coca, encontrar pessoas e ter aventuras loucas. Até cruzamos com Andy Warhol algumas vezes — ele era amigo de uma garota chamada Susan

Blonde, que trabalhava para a CBS. Nunca dizia uma palavra. Só ficava sentado ali e tirava fotos com uma cara muito louca. Um cara muito estranho esse Andy Warhol.

Eu saí muito com o Lemmy, do Motörhead, naquela turnê também. É um grande amigo da família, agora. Adoro aquele cara. Onde há um bar no mundo, lá está Lemmy. Mas nunca vi aquele cara cair de bêbado, sabe? Mesmo depois de vinte ou trinta canecas. Não sei como ele faz. Não ficarei surpreso se ele conseguir viver mais do que eu *e* Keith Richards.

O Motörhead abriu alguns shows para nós naquela turnê. Eles tinham um ônibus velho estilo hippie — tinha sido a coisa mais barata que tinham encontrado — e tudo que Lemmy podia carregar com ele era uma mala cheia de livros. Era tudo que ele tinha no mundo, além das roupas que levava nas costas. Ele adora ler. Passa dias inteiros fazendo isso. Veio ficar conosco na casa de Howard Hughes uma vez e não saía da biblioteca.

Don Arden o encontrou ali e teve um ataque. Correu para o corredor e gritou:

— Sharon! Quem é esse homem das cavernas na minha biblioteca? Tire-o dali! Quero ele fora da minha casa!

— Relaxa, papai. É só o Lemmy.

— Não me importa quem é. Quero ele fora daqui!

— Ele é de uma banda, papai. Estão abrindo para o Ozzy.

— Bom, então pelo menos pegue uma cadeira e coloque-o ao lado da piscina. Ele parece um morto-vivo.

Aí Lemmy saiu da sala. Don estava certo: ele tinha uma aparência horrível. Tínhamos bebido muito na noite anterior e os olhos dele estavam tão vermelhos, pareciam duas bolas de sangue.

Mas assim que ele me viu, parou imediatamente.

— Caralho, Ozzy — ele falou. — Se eu estiver com uma cara tão ruim quanto a sua, vou voltar para a cama, agora mesmo.

Quando finalmente voltei para Bulrush Cottage, no final de 1981, fiz um esforço sério para resolver as coisas com Thelma. Até viajamos para Barbados com as crianças.

O problema é que se você é um alcoólatra crônico, Barbados não é o melhor lugar para ir. Assim que chegamos ao hotel, percebi que podia ficar bebendo na praia vinte e quatro horas por dia. O que me pareceu um desafio. Chegávamos lá às cinco e eu já estava tropeçando às seis. Thelma estava acostumada a me ver bêbado, mas eu estava muito pior em Barbados.

Tudo que me lembro é que em algum ponto compramos passagens para uma viagem de um dia pela baía num velho barco de pirata. Eles tinham música, dança e uma competição de equilíbrio ao caminhar na prancha, todas as coisas que as crianças adorariam. Enquanto isso, a grande atração para os adultos era um barril de rum que tinham no bar. Eu pulei direto para cima daquela coisa.

A cada dois minutos, era *glub-glub-glub*.

Depois de algumas horas, fiquei só de cueca, dancei no deque e mergulhei nas águas infestadas de tubarões. Estava travado demais para nadar, então um cara enorme precisou pular atrás de mim e salvar minha vida. A última coisa de que me lembro é ser içado de volta e depois dormir no meio da pista de dança, ainda molhado. Quando o barco voltou para o porto, eu ainda estava lá, babando e roncando. Segundo consta, o capitão veio e perguntou para as crianças: "Este é o pai de vocês?". Elas responderam: "É", e começaram a chorar.

Não exatamente o Pai do Ano.

Quando pegamos o avião para voltar para casa, Thelma se virou para mim e disse: "É o fim, John. Quero o divórcio".

Eu pensei: Ah, ela só está puta por causa do incidente com o barco pirata. Vai entender.

Mas ela não mudou de ideia.

Quando o avião pousou em Heathrow, alguém da Jet Records tinha mandado um helicóptero para me pegar e levar para uma reunião sobre a turnê de *Diary of a Madman*. Eu disse "tchau" para as crianças, dei um beijo nelas, aí Thelma ficou me olhando por um bom tempo.

— É o fim, John — ela falou. — Desta vez, está realmente acabado.

Ainda não acreditei nela. Eu tinha me comportado tão mal durante tantos anos, achei que ela já tinha se acostumado com tudo. Então subi no helicóptero e fui para o hotel onde Sharon estava esperando com todos esses designers de palco e técnicos de luz.

Eles me levaram a uma sala de reuniões com uma maquete do palco de *Diary of a Madman* no centro da sala.

Parecia incrível.

— A beleza deste palco — um dos técnicos me falou — é que é fácil de transportar e fácil de montar.

— É brilhante — falei. — Realmente brilhante. Agora tudo que precisamos é de um anão.

A ideia me ocorreu em Barbados. Toda noite, durante a turnê, no meio de "Goodbye to Romance", faríamos a execução de um anão. Eu gritaria: "Enforquem o maldito!" ou algo assim e esse cara seria morto com um nó falso ao redor do pescoço.

Seria maravilhoso.

Assim, antes de sairmos para a turnê, fizemos testes com anões.

Agora, a maioria das pessoas não percebe que os anões que fazem parte do show business estão sempre concorrendo pelos mesmos empregos, então sempre ficam se traindo uns aos outros. Quando você faz testes, eles entram dizendo: "Oh, melhor não trabalhar com aquele último cara. Eu fiz *Branca de Neve e os Sete Anões* com ele há uns dois anos e o cara é um saco". Eu sempre ria quando um deles falava que tinha feito *Branca de Neve e os Sete Anões*. Eles diziam isso com tanta seriedade, como se fosse alguma coisa underground.

Depois de uns dias procurando, finalmente encontramos o cara certo para o papel. Seu nome era John Allen e, o mais engraçado, era alcoólatra. Ficava completamente bêbado depois dos shows e começava a perseguir as groupies. Era paranoico, também. Carregava uma pequena caneta-faca numa pistoleira. Um dia, perguntei para que usava isso e ele falou: "Caso tenha algum problema com o nó". Falei: "Você tem um metro de altura e vai ficar pendurado a seis metros, então o que vai fazer, cortar a corda? Vai acabar se esborrachando como uma porra de uma panqueca!".

Ele era um cara engraçado. Tinha a cabeça de tamanho completamente normal, então quando se sentava do outro lado da mesa do bar você esquecia que ele não conseguia colocar os pés no chão. Mas quando ficava travado, perdia o equilíbrio, então um minuto ele estava ali e no seguinte você ouvia um barulhão e o cara tinha ido pro chão. Costumávamos brincar com ele o tempo todo. Quando estávamos no ônibus da turnê, esperávamos até ele desmaiar, aí o colocávamos na cama mais alta. Quando ele acordava, rolava para o lado e caía no chão.

Ele bebia tanto quanto eu. Uma vez, estava tão travado no aeroporto de Los Angeles que perdeu o voo, então mandamos um dos roadies pegá-lo. O cara só o agarrou pelas calças e o jogou no compartimento de carga embaixo do ônibus da turnê.

Aí uma mulher veio correndo e gritou: "Ei, eu vi o que você fez com aquele pobre homem! Não pode tratá-lo assim!".

O roadie só olhou para ela e disse: "Vai se foder. Ele é o *nosso* anão".

Aí aquela cabecinha apareceu no meio das malas e disse: "É, vai se foder, eu sou o anão *dele*".

Quando nossa turnê começou, no final de 1981, eu estava um desastre. Apaixonado por Sharon, mas ao mesmo tempo desesperado por perder minha família. Nessa época as brigas entre mim e Sharon começaram a ficar mais loucas do que antes. Eu ficava bêbado e tentava bater nela, que jogava coisas em mim. Garrafas de vinho, discos de ouro, TVs — tudo que estivesse à mão saía voando pela sala. Não sinto orgulho em dizer que alguns dos meus socos acertaram o alvo. Uma vez ela ficou com um olho roxo e eu achei que o pai dela ia fazer picadinho de mim. Mas ele só falou "Cuidado". É uma vergonha o que eu fazia quando estava bêbado. O fato de ter levantado a mão para uma mulher é algo que me envergonha. Era uma forma atroz, indesculpável de me comportar e não há nenhuma justificativa para isso. E, como disse antes, é algo que vou levar para o túmulo comigo. Não sei por que Sharon ficou comigo, para ser honesto.

Às vezes, ela acordava de manhã e eu tinha ido embora, de carona, para Bulrush Cottage. Mas sempre que chegava em casa, Thelma mandava eu me foder. Isso durou semanas. Era uma merda para mim, para as crianças, para Thelma.

E só posso imaginar o que estava sendo para Sharon.

Demorou muito tempo para superar a separação de Thelma. Fiquei muito mal. Falei para as crianças: "Não quero que pensem que não gosto de vocês, que dei as costas e disse: *'Bon voyage'*. Não foi nada assim. Estou muito triste com tudo".

Mas, no final, minhas viagens até Bulrush Cottage terminaram. A última vez que estive lá estava chovendo muito e já escurecera. Assim que passei o portão, um cara fortão apareceu do nada e disse:

— Oi, onde você pensa que vai?

— Esta é a minha casa — falei.

O cara balançou a cabeça.

— Não é, não. É a casa da sua ex-esposa. E você não pode chegar a menos de cinquenta metros dela. Ordem judicial. Se der mais um passo, vai passar a noite na cadeia.

Devia ser algum oficial de justiça ou coisa parecida.

Do jardim, eu conseguia ouvir a risada de Thelma dentro da casa. Ela estava com seu advogado, acho.

— Posso pelo menos pegar algumas roupas? — perguntei.

— Espere aqui.

Cinco minutos depois, algumas das minhas roupas velhas saíram voando pela porta e caíram na grama. Quando acabei de pegá-las e guardá-las numa bolsa, estavam todas molhadas. Aí a porta se abriu de novo e meu urso veio voando, a cabeça em pedaços por causa dos tiros que acertei com a Benelli. Aquele urso foi a única coisa que ganhei daquele divórcio, junto com o velho Mercedes que os gatos tinham riscado. Thelma ficou com a casa, cada centavo que eu tinha no banco e uma pensão. Eu também quis pagar para que as crianças fossem a uma escola particular. Era o mínimo que podia fazer.

Eu me senti muito mal aquela noite. Tentar levar aquele urso enorme de volta para Londres não foi uma das coisas mais fáceis. Não cabia no táxi comigo, então tive de pedir um segundo táxi, só para o urso. Aí precisei deixá-lo encostado num ponto de ônibus na rua em frente à casa de Sharon, em Wimbledon Common, enquanto arrastava minhas malas pelo corredor. Mas em vez de voltar para pegar o urso, Sharon e eu decidimos que seria mais engraçado colocar nele um dos aventais de cozinha dela, e esperar os amigos chegarem para ver. Mas enquanto estávamos organizando toda essa coisa, alguém roubou aquela porra. Eu fiquei devastado. Adorava aquele urso.

Quanto às crianças, depois que o mal está feito, nunca dá para voltar atrás, apesar de termos voltado a nos aproximar. E divórcio era algo bem mais complicado naquela época.

Em LA, hoje, se o seu casamento acaba, sua esposa vai se casar comigo e eu vou me casar com sua ex-mulher e todos vamos jantar juntos e tirar férias no México. Eu não gosto dessa coisa. Não entendo como as pessoas conseguem fazer isso. Faz décadas que não vejo a Thelma.

E, para ser honesto, acho melhor assim.

Quando chegamos com a turnê de *Diary of a Madman* nos Estados Unidos, já éramos especialistas em enforcar anões. Mas havia outros problemas com o show — como a roupa medieval que eu usava durante algumas músicas. Começar a suar era como estar enrolado em lâminas. No final da noite, eu estava marcado como uma fatia de rosbife. Também tivemos muitos problemas com os adereços de palco. Por exemplo, tínhamos umas cortinas que caíam de cima em duas partes, em vez de dividir no meio como as cortinas de teatro costumam fazer. As cortinas desciam até a metade durante o show e, quando levantavam, um braço mecânico com uma mão gigante que parecia de Deus saía da parte de baixo do palco da bateria e pairava sobre a plateia, e eu vinha agachado em cima da palma. Quando o braço estava completamente estendido, surgiam chamas de um dos dedos e eu pisava num pedal, que ativava uma catapulta atrás de mim e uns vinte quilos de carne crua saíam voando sobre a plateia.

Aí eu me levantava e gritava: "ROCK 'N' ROLL!".

Era legal demais.

Mas, é claro, o que pode dar errado, acaba dando errado — e quase *tudo* deu errado na segunda noite da turnê norte-americana. Era noite de Ano-Novo e estávamos no Los Angeles Memorial Coliseum and Sports Arena, tocando para uma multidão de milhares de pessoas. Primeiro, a máquina de fumaça ficou doida. Estava soltando tanto gelo seco que ninguém conseguia ver um palmo. Aí, por alguma razão, uma das cortinas não descia, então não dava para preparar a mão gigante para sua entrada. Lembro de ficar ali com a minha roupa medieval, olhando para Sharon literalmente pendurada na cortina, tentando fazer com que ela descesse. "Desce, sua maldita, *desce*!", ela estava gritando.

No final, depois que alguns roadies se juntaram, conseguiram fazer com que a coisa descesse. Mas aí o braço mecânico para a mão tinha prendido no tapete do palco e começou a puxá-lo, fazendo com que todos os alto-falantes começassem a balançar como loucos atrás da banda. "MADEIRAAAA!", gritou um dos roadies. Pelo que pareceram ser os mais longos trinta segundos de nossas vidas, Sharon, meu assistente Tony e os roadies lutaram contra o tapete, tentando soltá-lo do braço mecânico, para evitar que toda aquela merda desabasse.

Finalmente, soltaram o tapete, alguém me empurrou, as cortinas subiram e lá estava eu, agachado na mão que subia no ar, com um oceano de garotos gritando embaixo de mim. Eu já estava convencido de que mais alguma coisa ia dar errado. Então, quando o braço estava completamente esticado, cobri meus olhos e me preparei para que meu saco fosse queimado pelo fogo, mas as chamas funcionaram bem. Fiquei tão aliviado que quase chorei. Aí era a vez do truque final, então apertei o pedal ao lado do meu pé para ativar a catapulta. Mas o que eu não sabia era que algum bosta da equipe do palco tinha armado a catapulta na noite anterior e não antes do show, então o elástico tinha ficado frouxo. Quando apertei o botão, fez *phut* e em vez de aquele monte de entranhas de vaca e porco voar para a audiência, foi direto, a uns trinta quilômetros por hora, na minha nuca. A última coisa que me lembro é de gritar *"Aaaarrgh!"* e sentir todo esse sangue e vísceras escorrendo pelas minhas costas.

A plateia achou que aquilo era parte do show e ficou completamente louca.

Tornou-se uma das nossas marcas registradas jogar carne crua na plateia. Assim como a catapulta, fazíamos o anão vir ao palco com baldes de vísceras e jogá-las na audiência antes de ser enforcado. Era nossa versão de brigas com tortas que eu adorava assistir na TV quando era garoto. Mas aí a plateia começou a se envolver e os fãs começaram a trazer carne e jogar em nós. Quando terminávamos um show, parecia a porra do Caminho das Lágrimas.* Não tinha nenhuma merda de controle de doenças, como hoje.

E era incrível como a coisa logo ficava fora de controle.

Uma vez um policial veio falar comigo depois de um show e disse: "Você tem alguma ideia do que está fazendo com a juventude dos Estados Unidos?".

Aí ele me mostrou uma Polaroid de um garoto na fila do show com uma cabeça de bode no ombro.

— Puta merda — eu falei. — Onde ele conseguiu isso?

— Ele matou o bicho a caminho do show.

— Bom, espero que tenha sido por estar com fome.

Era insano o que os moleques traziam. Começaram só com pedaços de carne, mas aí passaram a trazer animais inteiros. Tínhamos gatos mortos, pássaros, lagartos, todo tipo de coisa. Uma vez, alguém jogou um enorme sapo no palco e ele caiu de costas. A porra do bicho era tão grande, achei que fosse um bebê. Tomei um puta susto. Comecei a gritar: "O QUE É ISSO? O QUE É ISSO? O QUE É ISSO?". Aí a coisa se virou e começou a pular.

A cada show, tudo ia ficando mais louco. No final, as pessoas começaram a jogar coisas no palco com pregos e facas enfiadas — coisas de lojas de mágica, principalmente, tipo cobras e aranhas de borracha. Alguém

* Caminho das Lágrimas foi o nome dados pelos nativos norte-americanos às viagens forçadas de deslocamento de suas tribos para o Oeste. O nome vem do grande número de mortes como resultado desses deslocamentos. (N. do T.)

da equipe começou a ficar preocupado com isso, principalmente depois que uma cobra *de verdade* acabou no palco, uma noite. Aquela cobra não estava nada feliz por estar no palco com Ozzy Osbourne. Um dos roadies a pegou com uma dessas redes para limpar piscinas.

Tony — que tinha uma pequena participação no show — era quem mais odiava essas coisas nojentas. Basicamente, tudo que ele precisava fazer era colocar uma armadura e me trazer uma bebida no palco enquanto o cenário era trocado. Mas demorava quase meia hora para o pobre colocar e tirar a roupa, e passava o tempo todo com medo de que alguma coisa fosse jogada nele. Então, uma noite, só para encher o saco, eu joguei uma cobra de borracha na sua direção, e quando ele pulou para trás um dos roadies deixou cair uma corda nas costas dele. Tony ficou doido. Tirou a armadura em três segundos, até ficar só de meias. Ficou tão assustado que eu juro que sua voz subiu umas três oitavas.

Todo mundo riu muito.

Estou falando: sempre acontecia algo louco a cada noite da turnê.

E aí, no dia 20 de janeiro de 1982, tocamos no Veterans Auditorium, em Des Moines, Iowa. Nunca vou me esquecer do nome daquele lugar, com certeza. OU como se pronuncia: “DIII-Moin”.

O show estava indo bem. A mão de Deus estava funcionando sem problemas. Já tínhamos enforcado o anão.

Aí, da audiência veio um morcego.

Obviamente um brinquedo, achei.

Eu levei até as luzes e mostrei os dentes enquanto Randy tocava um dos seus solos. A multidão ficou louca.

Fiz, então, o que sempre fazia quando tínhamos um brinquedo de plástico no palco.

CHOMP.

Imediatamente senti que algo estava errado. *Muito* errado.

Para começar, minha boca ficou instantaneamente cheia de um líquido quente e viscoso, com o gosto mais horrível que dá para imaginar. Eu podia senti-lo passando pelos meus dentes e escorrendo pelo queixo.

Aí a cabeça em minha boca se moveu.

Oh, *puta merda*, pensei. Eu não acabei de comer uma porra de um morcego, comi?

Cuspi a cabeça, olhei por cima das asas e vi Sharon com os olhos esbugalhados, balançando as mãos, gritando: "NÃOOOOOOO!!!!!!!! É DE VERDADE, OZZY, É DE VERDADE!".

O que me lembro em seguida era de estar numa cadeira de rodas, correndo para a sala de emergência. Enquanto isso, um médico estava dizendo para Sharon: "Sim, Srta. Arden, o morcego estava vivo. Provavelmente assustado por estar num concerto de rock, mas com certeza estava vivo. Há uma boa chance de o Sr. Osbourne ter raiva. Sintomas? Oh, sabe, mal-estar, dor de cabeça, febre, espasmos violentos, excitação incontrolável, depressão, um medo patológico de líquidos...".

— Isso é meio improvável — murmurou Sharon.

— Comportamento maníaco é um dos sintomas finais. Aí o paciente fica muito letárgico, entra em coma e para de respirar.

— Oh, meu Deus.

— É por isso que comer um morcego é geralmente uma má ideia, de um ponto de vista médico.

— Não existe uma vacina?

— Normalmente funciona melhor se aplicada antes, mas, sim, podemos dar uma injeção. Algumas, na verdade.

Aí o médico veio com uma seringa do tamanho de um lança-granadas.

— Certo, Sr. Osbourne — ele falou. — O senhor vai precisar abaixar as calças e se inclinar.

Fiz o que ele mandou.

— Isso pode doer um pouco.

Foi a última coisa que ouvi.

Toda noite, durante o resto da turnê, precisei encontrar um médico e tomar mais injeções: uma em cada lado da bunda, uma em cada coxa, uma em cada braço. Todas doíam demais. Tinha mais buracos em mim do que uma porra de um queijo suíço. Mas era melhor do que pegar raiva, acho. Não que alguém fosse perceber a diferença se eu ficasse louco. Enquanto isso, a imprensa estava adorando. Na manhã seguinte, eu era a notícia "E finalmente..." em quase todo telejornal do planeta. Todo mundo achou que eu tinha mordido a cabeça de um morcego *de propósito*, em vez de ser um simples engano. Por um tempo, fiquei preocupado com nos impedirem de tocar, e alguns lugares realmente nos baniram. Os fãs não ajudavam, também. Depois de ouvirem sobre o morcego, começaram a trazer coisas cada vez mais loucas para os shows. Subir no palco era como participar de uma convenção de açougueiros.

E, é claro, os defensores de animais ficaram loucos. A Sociedade Americana para a Prevenção da Crueldade contra Animais enviou pessoas para "monitorar" nossos shows. A equipe estava sempre fodendo com eles. Diziam: "Oh, Ozzy vai jogar dezoito filhotinhos na plateia hoje e não vai cantar enquanto eles não forem destroçados".

A Sociedade acreditava em tudo que diziam.

Eles até entraram no nosso ônibus em Boston. Lembro desses caras entrando, vendo o yorkshire-terrier de Sharon — Mr. Pook — e ficando loucos. Um dos caras gritou: "Certo, este ônibus não vai para lugar nenhum. Quero esse cachorro levado e protegido. Agora!".

O que eles achavam que ia acontecer? Que íamos começar a destroçar yorkshire-terriers com uma metralhadora no meio de "You Lookin' at Me Lookin' at You"?

Algumas noites depois, estávamos tocando no Madison Square Garden, em Nova York. Todo o lugar cheirava a merda. Acontece que um circo tinha se apresentado ali na semana anterior e os animais ainda estavam trancados em suas jaulas no fundo. Um dos administradores veio convidar a equipe para vê-los. Mas, assim que me viu, disse:

— *Você,* não.

— Por que não? — perguntei.

— Não dá para confiar em você perto de animais.

Não pude acreditar no que estava ouvindo.

— Que *merda* você acha que eu vou fazer? — perguntei. — Arrancar a cabeça do elefante?

†

Se você perguntar a qualquer cara da equipe dessa turnê qual membro da banda não aguentaria até o final — Randy, Rudy, Tommy ou eu —, todos apostariam em mim.

Como diz a canção, a forma como eu bebia era um tipo de suicídio. Era só uma questão de tempo.

Sharon estava convencida de que algo ruim ia acontecer. Então, sempre que eu ficava bebendo no hotel, ela roubava todas as minhas roupas, assim eu não poderia sair e arranjar problemas — a menos que decidisse sair pelado na rua.

Funcionava, na maior parte das vezes.

Mas aí fomos até San Antonio, Texas. Como sempre, eu fiquei travado no hotel. E, como sempre, Sharon roubou minhas roupas. Mas ela cometeu o erro de deixar um dos seus vestidos de festa no quarto. Era uma coisa verde-escura, e com alguns rasgos eu consegui entrar nele. Aí encontrei um par de tênis e saí.

Lá vou eu com o vestido de Sharon, perdido, andando com uma garrafa de Courvoisier pelas ruas de San Antonio, procurando problemas. Acho que tivemos uma sessão de fotos naquele dia, mas não tenho certeza. Sei que estava muito bêbado. Aí senti uma vontade imensa de mijar, como acontece sempre que se está muito bêbado. Na verdade, era mais do que uma vontade: parecia que minha bexiga era um canhão. Eu precisava mijar, ali mesmo, naquele instante. Mas estava no meio de uma cidade estranha no Texas, sem ideia de onde eram os banheiros públicos. Olhei em volta, encontrei uma esquina tranquila e comecei a mijar numa parede caindo aos pedaços.

Ahhhh. Isso é *muito bom*.

Aí ouvi uma voz atrás de mim.

— Você me dá *nojo*.

— O quê? — me virei e vi um velho, com chapéu de caubói, olhando para mim como se eu tivesse atacado seu neto.

— Você é uma *desgraça*, sabe disso?

— Minha namorada roubou minhas roupas — expliquei. — O que mais eu devia vestir?

— Não é o vestido, seu inglês veado, pedaço de merda. Essa parede que você está usando como banheiro é parte do Alamo!

— Ala o quê?

Antes que ele pudesse responder, dois policiais texanos gigantes vieram correndo da esquina, os rádios emitindo ruídos.

— É aquele — disse o velho. — Ele... de *vestido*.

BAM!

Eu estava de cara no chão, sendo algemado.

Demorou um segundo para tudo fazer sentido. Eu já tinha ouvido falar no Alamo — tinha visto filmes do John Wayne. Então sabia que era um lugar importante onde muitos norte-americanos tinham morrido lutando contra os mexicanos. Mas não tinha feito a conexão entre a parede velha em que eu estava mijando e as ruínas de um monumento nacional.

— Você é britânico, não? — um dos policiais me perguntou.

— E daí?

— Bom, o que você acharia se eu urinasse no Palácio de Buckingham, hein?

Eu pensei um pouco. Aí falei para ele:

— Não tenho ideia. Não moro naquela porra de lugar, moro?

A ideia foi fazer uma piada.

Dez minutos depois, eu estava dividindo uma cela com um mexicano gigante que tinha acabado de matar a esposa com um tijolo ou alguma merda assim. Ele deve ter pensado que estava alucinando quando me viu aparecer naquele vestido verde. Eu estava pensando: Cristo, ele vai pensar que sou o fantasma da sua senhora e vai tentar comer a bunda dela pela última vez.

Mas ele só grunhiu e ficou olhando.

Eu fiquei na cadeia por umas três horas. Alguns dos policiais e seus amigos vieram me olhar. Talvez alguns deles tivessem comprado *Blizzard of Ozz*, não sei. Mas eles me trataram bem. Fui fichado por bebedeira em público, em vez de algo mais pesado como vandalismo contra monumento, que poderia acabar em um ano de prisão. E eles me deixaram sair a tempo de fazer o show. Apesar de o chefe de polícia ter vindo me dizer pessoalmente que, assim que o show terminasse, eu precisava ir embora e não deveria aparecer de novo por ali.

Aquela mijada custou caro em shows perdidos em San Antonio durante anos. E com razão, acho: mijar no Alamo não foi a coisa mais inteligente que fiz. Não era bem como mijar no Palácio de Buckingham, teria mais a ver com mijar num dos monumentos nas praias da Normandia. Imperdoável. Alguns anos depois, pedi desculpas pessoalmente para o Prefeito, prometi nunca mais fazer aquilo e doei dez mil para as Filhas da República do Texas. Ele me deixou tocar na cidade de novo, depois disso, mas demorou mais de uma década para acontecer.

Quando finalmente voltei, lembro de um menino mexicano esquelético aparecer depois do show.

— Ozzy, é verdade que você foi preso mijando no Alamo? — ele me perguntou.

— É — respondi. — É verdade.

— Que merda, cara — ele falou. — Mijamos lá toda noite quando vamos para casa.

8

Enquanto eu dormia

Estávamos no ônibus da turnê, indo do Tennessee para a Flórida, quando Randy deu a notícia.

— Acho que não quero mais tocar rock — ele falou.

Esperei até ele começar a rir. Mas ele não riu.

Estávamos sentados numa pequena mesa de piquenique na área de cozinha do ônibus, que era como um hotel cinco estrelas sobre rodas. Tinha TVs penduradas no teto, tapetes, ar-condicionado, janelas estilo limusine, pintura branca com um raio dourado e — é claro — um bar cheio.

Eu tinha bebido gim a noite toda. Depois daquela cena horrível no Alamo, tinha maneirado no Courvoisier por um tempo.

Randy estava fumando e bebendo uma lata de Coca. Ele quase não bebia. Só gostava daquela merda de anis. Qual era o nome? *Anisette*. Era uma coisa grossa, leitosa. Não consumia drogas também. Ele compensava nos cigarros. Podia ter ganho uma medalha de ouro na Olimpíada de Câncer de Pulmão.

— Está brincando comigo? — falei, tentando não engasgar com a bebida.

— Não, Ozzy, estou falando sério.

Eu não podia acreditar no que estava ouvindo.

Já tinha passado da meia-noite — talvez fossem umas três ou quatro da manhã — Randy e eu éramos os únicos ainda acordados. Sharon estava no quarto do fundo. Rudy e Tommy estavam espalhados pelos bancos, junto com uma parte da equipe que viajava conosco, como Rachel Youngblood, uma senhora negra que cuidava de nosso guarda-roupa, cabelo e maquiagem.

E me espantava por eles conseguirem dormir, porque o ônibus chacoalhava e fazia barulho como se estivesse a ponto de cair aos pedaços. Era uma viagem de mil quilômetros de Knoxville a Orlando e o motorista estava dirigindo como um doido. Lembro de ver pela janela os faróis dos carros e caminhões voando na outra direção e pensar: A qualquer minuto, os pneus dessa coisa vão sair voando. Não tinha ideia de que o nariz do motorista estava cheio de coca. Só descobri depois, com o relatório do legista.

Eu não tinha ideia de nada. Estava até o teto de cerveja, coca e vai saber mais o que estava engolindo, vinte e quatro horas por dia.

Mas eu sabia que não queria que Randy saísse.

— Como você pode sair *agora*? — perguntei. — Acabamos de estourar, cara. Sharon disse que *Diary of a Madman* pode vender ainda mais cópias que *Blizzard*. Está botando pra foder no mundo todo. Amanhã à noite vamos tocar com o Foreigner!

Randy só deu de ombros e disse:

— Quero ir para a universidade. Conseguir um diploma.

— Está louco? — disse. — Continue assim por mais um ou dois anos e você poderá comprar sua própria universidade de merda.

Pelo menos isso o fez sorrir.

— Olhe — eu continuei. — Você só está cansado. Por que não descansa um pouco, dá um tempo para si, entende?

— Eu poderia falar o mesmo para você, Ozzy.

— O que você quer dizer?

— Que é a sua quarta garrafa de gim em vinte e quatro horas.

— Isso me faz feliz.

— Ozzy, por que você bebe tanto? Qual é o objetivo?

A resposta correta para essa pergunta era: porque sou alcoólatra; porque sou viciado; porque, não importa o que eu faça, sempre me vicio. Mas eu não sabia disso na época.

Tudo que sabia era que queria continuar bebendo.

Então fiquei olhando sem falar nada.

— Vai se matar, sabe? — disse Randy. — Um dia desses.

— Boa noite, Randy — falei, esvaziando o copo. — Vou dormir.

Quando abri meus olhos algumas horas depois, já havia luz. Sharon estava deitada ao meu lado de camisola. Minha cabeça parecia uma pilha de lixo tóxico.

Não conseguia entender por que havia acordado tão cedo. O gim deveria ter me derrubado até o meio da tarde, pelo menos.

Aí ouvi o ruído.

Parecia um motor forte. Achei que estávamos ultrapassando um caminhão.

BBBBBRRRRRRRRRRMMMMM...

O que fosse parecia estar se afastando do ônibus, mas aí, de repente, voltava mais alto do que antes.

BBBBBRRRRRRRRRRMMMMMBBBBBRRRRRRRRRRRMMMMMM...

— Sharon? — eu chamei. — Que *porra* de baru...

Aí minha cabeça foi lançada contra a cabeceira da cama quando todas as janelas do ônibus explodiram.

Eu senti o cheiro de gasolina.

Por um segundo, não aconteceu nada.

Em seguida, olhei para a janela em forma de escotilha que estava ao meu lado esquerdo. Consegui ver fumaça preta e as pessoas com a mão na cabeça, gritando. Pulei da cama — só de cueca — e forcei o caminho até a porta do quarto. Havia pedacinhos de vidro por todos os lados e um buraco enorme no teto. Aí percebi que o ônibus estava todo retorcido.

A primeira coisa que me veio à cabeça é que o motorista devia ter perdido o controle na estrada. Devíamos ter batido.

Comecei a tossir com o cheiro de combustível e a fumaça do incêndio do lado de fora.

E pensei: Fogo e combustível. Ah, *merda*.

— TODO MUNDO PARA FORA DA PORRA DO ÔNIBUS! — comecei a gritar. — ESSA PORRA VAI EXPLODIR! VAI EXPLODIR!

Pânico.

As pernas não obedeciam.

Sharon estava gritando.

Eu ainda estava tonto por causa do gim. Minha cabeça doía. Quase não conseguia abrir os olhos. Procurei a saída de emergência, mas não havia nenhuma. Então corri para a porta aberta na frente do ônibus, puxando Sharon atrás de mim. Olhei ao redor para os outros, mas todos os beliches estavam vazios. Onde tinha ido todo mundo? Onde diabos estava Randy?

Pulei do ônibus e caí na grama.

Grama?

Naquele momento, achei que devia estar sonhando.

Onde estava a estrada? Onde estavam os carros? Eu esperava ver metal retorcido, sangue, calotas girando. Mas estávamos estacionados no meio de um campo, cercados por um monte de mansões gigantes, estilo de traficantes de cocaína. Vi um cartaz que dizia: "Flying Baron Estates". Aí, perto de uma das casas, uma bola de fogo gigantesca — como algo que estaria num filme do James Bond. Era de lá que vinha toda a fumaça. Havia ferro retorcido. E o que parecia...

Oh, Jesus Cristo. Quase vomitei quando vi aquela merda.

Precisei olhar para outro lado.

Apesar da fumaça, o dia estava claro — mas era cedo, então ainda havia uma espécie de bruma quente no ar.

"Onde estamos? O que está acontecendo?", eu ficava repetindo. Nunca me senti tão por fora em toda a minha vida. Era pior do que a pior viagem de ácido que já tive. Aí percebi o que parecia uma pista de aterrissagem e um hangar. Ao lado do hangar, uma mulher caminhava levando um cavalo, como se nada tivesse acontecido — como se fosse um acontecimento normal. Eu estava pensando: Isso é um pesadelo, estou sonhando, não pode ser real.

Fiquei ali parado, em transe, enquanto nosso tecladista, Don Airey, correu de volta para o ônibus, agarrou um extintor de incêndio minúsculo de algum lugar, pulou do ônibus e apontou na direção das chamas.

Não serviu para nada.

Enquanto isso, Sharon estava tentando contar o número de pessoas, mas estavam todas espalhadas pelo lugar. Ficavam apenas apontando para as chamas e chorando.

Nesse momento, consegui ver o que sobrou de uma garagem no meio das chamas. Parecia que havia dois carros dentro.

Algo devia ter batido ali.

E não sabia o que tinha sido, mas devia também ter feito o buraco em nosso ônibus e arrancado metade das árvores.

Aí Sharon correu até Don — "El-Doom-O"*, como costumávamos chamá-lo, porque sempre estava esperando pelo pior — e gritou:

— O que aconteceu? Me conta, que *merda* aconteceu?

Mas Don estava em choque e não conseguia falar. Então Sharon se virou para Jake Duncan, nosso tour manager escocês. Mas ele também não conseguia falar. Em seguida, Sharon tirou seu sapato e começou a bater na cabeça de Jake.

— Onde estão Randy e Rachel? Onde estão Randy e Rachel?

Tudo que Jake conseguiu fazer foi apontar para as chamas.

— Não estou entendendo — disse Sharon. — Não estou *entendendo*.

Eu também não. Ninguém tinha dito: "Oh, por falar nisso, Ozzy, no caminho para Orlando, vamos parar num estacionamento de ônibus em Leesburg para consertar o ar-condicionado". Ninguém tinha dito: "Oh, e por falar nisso, Ozzy, a parada é parte desse estranho bairro com uma pista para aviões". Ninguém tinha dito: "Ah, sim, e seu motorista — que ficou acordado a noite toda, completamente doido de cocaína — também é piloto de avião com um exame médico vencido, que vai emprestar o avião de alguém sem permissão e depois, enquanto você estiver dormindo, vai levar seu guitarrista e sua maquiadora numa viagem por cima do ônibus da turnê, antes de se esborrachar no chão".

Ninguém disse nada parecido com isso.

---

* Doom: fatalidade. (N. do T.)

†

Aí a casa ao lado da garagem começou a pegar fogo e sem nem pensar eu saí correndo — ainda meio bêbado, ainda de cueca — para garantir que não havia ninguém dentro. Quando cheguei na porta da frente, bati, esperei uns dois segundos, aí entrei.

Na cozinha havia um velho fazendo café. Ele quase caiu da cadeira ao me ver.

— Quem é você, merda? — ele falou. — Saia da minha casa!

— Está pegando fogo! — gritei. — Vamos sair daqui!

O cara estava claramente doido, porque pegou uma vassoura do canto e tentou me atacar com ela.

— Saia da minha casa, seu maldito! Vai embora!

— A PORRA DA SUA CASA ESTÁ PEGANDO FOGO!

— SAI DAQUI! SAI DAQUI, SEU MALDITO!

— SUA CASA ESTÁ...

Aí percebi que ele era surdo. Não teria ouvido nada nem se todo o planeta explodisse. Ele certamente não estava ouvindo uma palavra que esse louco inglês cabeludo de cueca estava dizendo. Não sabia o que fazer, então corri para o outro lado da cozinha, onde havia uma porta que levava até a garagem. Abri e a coisa quase saiu voando pela força do fogo.

O velho não me mandou sair da casa dele depois disso.

Só soubemos a história completa depois. O motorista se chamava Andrew C. Aycock. Seis anos antes, tinha se envolvido num acidente fatal de helicóptero nos Emirados Árabes. Aí conseguiu emprego trabalhando para Calhoun Twins, que era dona da empresa que estava nos transportando. Quando paramos para consertar o ar-condicionado, Aycock decidiu tentar a sorte e voar de novo. Assim, sem pedir, pegou emprestado um avião que pertencia a um amigo dele.

Don e Jake foram os primeiros a voar com ele. Tudo estava bem: a decolagem e o pouso foram perfeitos. Aí foi a vez de Randy e Rachel. Há uma fotografia dos dois ao lado do avião, pouco antes de entrarem.

Estão sorrindo. Vi essa foto uma vez, mas nunca mais consegui olhar para ela. Contaram que Rachel só concordou em subir depois que Aycock prometeu não fazer nenhuma loucura enquanto estivesse no ar. Se prometeu isso, foi um mentiroso de merda bem como um lunático drogado: todo mundo no chão disse que ele deu uns voos rasantes em cima do ônibus duas ou três vezes antes de a asa bater no teto a uns poucos centímetros de onde Sharon e eu estávamos dormindo. Mas a coisa mais insana — e a coisa que ainda não consigo entender, quase trinta anos depois — é que o cara estava passando por um divórcio complicado na época e sua futura ex-esposa estava parada ao lado do ônibus quando ele bateu o avião. Tinham se encontrado num dos shows, aparentemente, e ele estava lhe dando uma carona.

Uma carona? Para a mulher de quem estava se *divorciando*?

Na época, houve muita discussão sobre se o cara tinha tentado matá-la, mas quem vai saber? Não sei o que ele estava tentando fazer, só sei que fez um voo tão rasante que, mesmo se conseguisse desviar do ônibus, acabaria batendo nas árvores atrás.

Don viu tudo isso acontecer.

Fiquei com pena dele, porque deve ter sido algo horrível. Quando a asa bateu no ônibus, Randy e Rachel foram jogados pela janela, foi o que me contaram. Aí o avião — sem a asa — bateu nas árvores atrás, caiu na garagem e explodiu. O fogo foi tão intenso que os policiais tiveram de usar as arcadas dentárias para identificar os corpos.

Mesmo agora, não gosto de falar ou pensar nisso.

Se estivesse acordado, teria subido naquela merda de avião, com certeza. Como me conheço, eu poderia estar em cima da asa, travado, fazendo palhaçadas. Mas não faz sentido que Randy subisse.

Ele *odiava* voar.

Umas semanas antes, eu tinha bebido com ele num bar em Chicago. Estávamos no meio de uma parada de dez dias na turnê e Randy estava perguntando quanto demoraria para viajar de carro entre Nova York e a Geórgia, onde íamos recomeçar. Eu perguntei por que merda ele iria dirigir tudo isso quando já havia uma invenção chamada avião. Ele me contou que tinha ficado com muito medo por causa do avião da Air Florida que tinha batido numa ponte em Washington alguns dias antes. Setenta e oito pessoas tinham morrido. Então Randy não era exatamente o tipo de pessoa que ficaria fazendo palhaçada numa merda de avião com quatro lugares. Ele não queria nem entrar em jatos de companhias aéreas comerciais!

Alguma merda inexplicável aconteceu naquela manhã porque Rachel também não gostava de aviões. Ela tinha problemas de coração, por isso duvido que quisesse ficar fazendo loops. Muita gente diz: "Oh, eles estavam bebendo e se drogando, típico de estrelas de rock". Quero deixar bem claro: Rachel tinha quase sessenta anos e problemas no coração; Randy era um cara muito sensato e tinha medo de voar. Nada disso faz sentido.

Quando os bombeiros chegaram, o fogo já tinha acabado. Randy estava morto. Rachel estava morta. Eu finalmente coloquei minhas roupas e bebi uma cerveja das que tinham sobrado na geladeira do ônibus. Não conseguia fazer nada. Sharon estava correndo, tentando encontrar um telefone. Ela queria ligar para seu pai. Aí chegaram os policiais. Não foram muito simpáticos.

— Ozzy Ozz-Burn, hã? — eles falaram. — O louco que come morcegos.

Ficamos num buraco chamado Hilco Inn, em Leesburg, e tentamos nos esconder da imprensa enquanto a polícia investigava. Tivemos de ligar para a mãe de Randy e para Grace, a melhor amiga de Rachel, e isso foi muito terrível.

Todos nós queríamos ir embora de Leesburg, mas tivemos de ficar até que toda a papelada estivesse terminada.

Nenhum de nós podia esquecer aquilo. Tudo tinha sido mágico por um minuto e no segundo seguinte havia ocorrido uma mudança horrível e trágica.

— Sabe o quê? Acho que isso é um sinal de que não devo fazer mais isso — falei para Sharon.

Nesse momento eu estava tendo um colapso físico e mental. Um médico veio me ver e me deu sedativos. Sharon não estava muito melhor.

Ficou num estado lamentável, pobre Sharon. A única coisa que nos deu algum conforto foi uma mensagem do AC/DC dizendo: "Se tiver algo que possamos fazer, nos avise". Isso significou muito para mim e sempre serei grato a eles. Você descobre quem são seus amigos quando a merda atinge o ventilador. Na verdade, o AC/DC devia saber exatamente pelo que estávamos passando porque um ou dois anos antes o vocalista deles, Bon Scott, tinha morrido por causa de um coma alcoólico quando era bastante jovem.

Na manhã seguinte ao acidente, liguei para minha irmã Jean, que me contou que minha mãe estava num ônibus quando viu um jornal na banca com a seguinte manchete: "OZZY OSBOURNE — MORTE NO ACIDENTE DE AVIÃO". Minha pobre mãe tinha ficado louca. Mais tarde, no mesmo dia, voltei àquele bairro horrível com o cunhado de Randy. O ônibus ainda estava lá, em formato de bumerangue, perto das ruínas da garagem. E lá, num canto, intocada pelas cinzas e pelos escombros, estava um pedaço da camiseta da Gibson que Randy estava usando quando morreu. Só o logo, nada mais. Não podia acreditar — era tão arrepiante.

Enquanto isso, do lado de fora do hotel, os fãs começaram a se juntar. Percebi que muitos deles estavam usando o conjunto de calça e camiseta do *Diary of a Madman* que tínhamos feito para a turnê, então eu falei para Sharon: "Não estamos vendendo essas coisas, estamos?". Quando ela respondeu "não", eu fui até esse garoto e perguntei: "Onde você conseguiu essa roupas?".

Ele respondeu: "Oh, entrei no ônibus e peguei".

Fiquei completamente puto. Quase arranquei a cabeça dele.

No final, toda a papelada foi feita — a única droga que encontraram no corpo de Randy foi nicotina — e os policiais nos deixaram ir. Ficaram felizes por irmos embora, imagino.

Aí tivemos dois enterros numa semana e foi muito pesado para todos nós, principalmente Sharon, que sofreu terrivelmente. Ela não conseguiu ouvir *Diary of a Madman* durante anos.

O enterro de Randy foi realizado na Primeira Igreja Luterana em Burbank. Fui um dos que carregaram o caixão. Havia grandes fotos do

Randy por todo o altar. Lembro de ter pensado: Há poucos dias estávamos sentados no ônibus juntos, falei que ele estava louco por querer ir para a universidade. Eu me senti tão mal. Randy foi um dos caras mais legais que conheci na vida. E acho que me sentia culpado também, porque, se ele não estivesse na minha banda, não teria morrido. Não sei como a mãe do Randy sobreviveu ao enterro — ela é uma mulher e tanto. Seu filho estava morto. Delores era divorciada, então seus filhos eram tudo para ela. E Randy a adorava — absolutamente adorava. Durante anos, sempre que íamos nos encontrar com Dee, sofríamos muito. O que se pode falar? É o pior pesadelo de qualquer pai perder um filho desse jeito.

Depois da missa, o caixão foi levado de carro de Burbank para San Bernardino, a uma hora de distância. Randy foi enterrado num lugar chamado Mountain View Cemetery, onde seus avós estavam enterrados. Fiz uma promessa naquele instante de honrar sua morte todo ano, enviando flores. Ao contrário da maioria das minhas outras promessas, eu cumpri essa. Mas nunca mais voltei ao cemitério. Gostaria de voltar lá um dia, antes de finalmente me juntar a ele do outro lado.

O enterro de Rachel não poderia ser mais diferente. Foi numa igreja gospel em algum lugar no sul de Los Angeles. Ela era muito importante naquela igreja. E durante a missa eles cantaram músicas gospel e mergulharam no chão, gritando: “Jesus te Ama, Rachel!”. Fiquei pensando: Que porra é essa? É uma experiência muito agradável um enterro de afro-americanos. Ninguém se mostra deprimido.

Na semana seguinte participei do programa do David Letterman. Foi surreal. Assim que me sentei e a banda parou de tocar, David falou para mim:

— Vamos direto ao ponto, Ozzy. Pelo que ouvi, você arrancou a cabeça...

Não podia acreditar que ele ia falar disso.

— Oh, não — disse. Mas era tarde demais.

Dave foi muito legal comigo, no geral — é uma pessoa gentil e simpática —, mas eu não estava no clima para falar de morcego. O choque é uma coisa muito estranha e os enterros tinham sido horríveis.

No final da entrevista, Dave me falou:

— Sei que recentemente houve uma tragédia pessoal e profissional na sua vida. Honestamente, fiquei surpreso por você ter aceitado manter esse compromisso de vir até aqui, e agradeço muito, por isso sei que quer um minuto para explicar.

— Tudo que posso falar é que perdi duas das melhores pessoas na minha vida — falei, tentando não chorar. — Mas isso não vai me fazer parar porque adoro rock 'n' roll e o rock tem a ver com as pessoas e eu adoro as pessoas, é por isso que faço música. Vou continuar porque Randy gostaria disso e Rachel também, e não vou parar porque ninguém pode matar o rock 'n' roll.

Se parece um pouco exagerado é porque eu estava bastante drogado. Era a única forma de funcionar.

Em particular, não tinha certeza de que não era possível matar o rock. "Não é para mim", eu falava para Sharon. "Vamos deixar pra lá."

Mas ela não aceitou nada disso. "Não, não vamos desistir. Isso é o que você sabe fazer, Ozzy. Nada vai nos parar." Se Sharon não tivesse repetido esse discurso algumas vezes, eu nunca teria voltado a subir num palco de novo.

Não sei quem começou a fazer as ligações para encontrar um novo guitarrista. Sharon estava um desastre, totalmente consternada, então deve ter sido o escritório do pai dela que organizou tudo em Los Angeles. Mas, no final, a busca se tornou uma distração bem-vinda, uma forma de pensarmos em outras coisas. Lembro que num momento liguei para Michael Schenker, o alemão que tinha tocado no UFO. Ele disse algo do tipo: "Faço esse favor, mas quero um jato particular, e quero isso e quero aquilo". Eu falei para ele: "Por que você está estipulando suas exigências nesse momento? Só me ajude no próximo show e a gente conversa". Mas ele ficou falando: "Oh, vou precisar disso e daquilo". Então, no final, eu falei: "Sabe o quê? Vai se foder".

Ele é doido mesmo, esse Schenker, então não fiquei bravo com ele.

Nosso primeiro suplente foi Bernie Tormé, um irlandês alto e loiro que tinha tocado com a banda de Ian Gillan. Bernie estava numa situação impossível, tentando ocupar o lugar de Randy, mas ajudou muito. Tendo sido jogado na jaula dos leões, ele cumpriu muito bem seu papel por algumas noites, antes de sair para gravar com sua própria banda. Em seguida, contratamos Brad Gillis, do Night Ranger, e ele completou a turnê.

Eu honestamente não sei como fizemos aqueles shows depois que Randy morreu. Estávamos em estado de choque. Mas acho que cair na estrada era melhor do que ficar sentado em casa, pensando nas duas pessoas incríveis que tínhamos perdido e no fato de que elas nunca iam voltar.

Algumas semanas depois que Randy morreu, pedi Sharon em casamento: “Se há uma coisa boa que pode sair de toda essa merda que estamos passando nessa turnê”, falei, “seria que você se tornasse minha esposa”.

Ela disse sim. Então coloquei um anel no seu dedo e marcamos uma data.

Aí passou a bebedeira e eu mudei de ideia.

Depois de tudo que tinha passado com Thelma, estava com muito medo de que acontecesse a mesma coisa. Mas consegui superar o medo. Estava apaixonado por Sharon e sabia que não queria outra pessoa. Então, algumas semanas depois, fiz o pedido de novo.

— Quer se casar comigo? — perguntei.

— Vai se foder.

— Por favor?

— Não.

— *Por favor?*

— Então está bem.

Continuou assim por meses. Ficamos noivos mais vezes do que convidamos gente para o casamento. Depois da primeira vez, geralmente era Sharon quem desistia. Uma vez, quando estávamos indo de carro para uma reunião em LA, ela jogou o anel pela janela porque eu não tinha aparecido em casa na noite anterior. Então eu saí e comprei outro. Aí fiquei bêbado e o perdi, mas só percebi isso quando estava de joelhos na frente dela.

Então, essa vez não conta.

Uns dias depois, comprei outro anel e ficamos noivos de novo. Mas aí eu estava indo para casa depois de uma farra de vinte e quatro horas e passei por um cemitério. Havia uma cova recém-fechada com um monte de flores em cima. Lindas flores, na verdade. Roubei umas e entreguei a Sharon quando cheguei em casa. Ela quase começou a chorar, achou tão comovente.

Aí ela deu um soluço e disse: "Oh, Ozzy, e você até escreveu um cartão, que doce!".

De repente eu fiquei pensando: *Que* cartão? Não me lembro de ter escrito nenhum cartão.

Mas era muito tarde. Sharon já estava abrindo o envelope e tirando o cartão. "Em memória de nosso querido Harry", estava escrito.

Foi mais um anel voando pela merda da janela.

E eu ganhei um olho roxo, um soco bem dado.

Eu a pedi em casamento dezessete vezes, no final. Dava para me seguir pela trilha de anéis. Não eram nada baratos. Mas foram ficando com o tempo, isso é fato.

Aí, assim que assinei a porra do documento que tornou o divórcio com Thelma oficial, Sharon escolheu 4 de julho como o dia do nosso casamento — assim eu nunca esqueceria a data.

— Pelo menos não é 1º de maio — falei.

— Por quê?

— Foi a data que Thelma escolheu para eu não esquecer nosso aniversário.

Com as coisas ficando sérias com Sharon, ela começou a encher o saco com a cocaína. Não se importava com a bebida, mas a coca — ela era contra. O fato de nosso motorista de ônibus louco estar cheirado quando matou Randy e Rachel piorou ainda mais a situação.

Sempre que eu cheirava, tomava bronca — a ponto de precisar me esconder dela.

Mas isso causava ainda mais problemas.

Uma vez, estávamos num dos chalés na casa de Howard Hughes e eu tinha acabado de comprar uns cinco gramas de cocaína, do meu traficante.

— Essa coisa vai fazer sua cabeça sair voando — o cara me contou.

Assim que voltei ao chalé fui até a prateleira e escondi o saco plástico dentro de um livro de capa dura. "Terceira prateleira de baixo pra cima, sexto livro à esquerda", eu ficava repetindo, para poder lembrar. Estava planejando guardar para uma ocasião especial, mas aquela noite estava me sentindo muito mal, então decidi cheirar um pouco. Confirmei que Sharon estava dormindo, saí de fininho do quarto, fui até a prateleira, contei três para cima e seis para o lado, aí abri o livro. Nenhuma coca. *Merda*.

Talvez fossem seis prateleiras para cima e três livros para a esquerda? Ainda nada de coca.

Então eu saí do chalé e bati na janela do quarto onde Tommy estava. "Pssiiiuuu!", sussurrei. "Ei, Tommy! Está acordado, cara? Não consigo encontrar a porra da coca."

Assim que falei isso, ouvi um ruído forte atrás de mim.

Sharon tinha aberto a janela do nosso chalé.

— É ISSO QUE VOCÊ ESTÁ PROCURANDO, SEU DROGADO DE MERDA? — ela gritou, esvaziando o saco de coca numa folha de papel.

— Sharon — eu falei. — Seja razoável. Não faça nada estú...

Mas aí ela assoprou, *puff*, e espalhou toda a coca pelo jardim.

Antes de eu poder reagir, o cão dinamarquês de Sharon veio correndo de sua casinha e começou a lamber a coca da grama como se fosse a melhor coisa que ele já havia experimentado na vida. Pensei: Isso não vai dar certo. Aí, o rabo do cachorro levantou — *BOING!* — e ele deu uma cagada enorme. Nunca tinha visto tanta merda na vida e foi bem na fonte no meio do jardim. Aí o cachorro começou a correr. Era um bicho enorme, então quando ele corria causava estragos, derrubou vasos de plantas, bateu em carros, pisoteou as flores, mas ele ficou assim por três dias e três noites sem parar, a língua pendurada, o rabo ainda de pé.

Quando o efeito da coca passou, juro que o cachorro tinha perdido uns dois quilos. Ele também gostou do pó.

Estava sempre tentando conseguir outra dose depois daquilo.

A gente se casou no Havaí, a caminho de um show no Japão. Foi uma pequena cerimônia na ilha de Maui. Don Arden apareceu, mas só porque queria que Sharon assinasse uns papéis. Minha mãe e minha irmã Jean vieram também. Tommy foi meu padrinho. O mais engraçado de se casar nos Estados Unidos era que precisávamos fazer um exame de sangue antes de nos darem a licença. Não ficaria surpreso se o cara do laboratório ligasse e dissesse: “Sr. Osbourne, parece que encontramos algum sangue no seu álcool”.

Havia muita bebida naquele casamento, sem mencionar as sete garrafas de Hennessy no bolo de casamento. Se houvesse um controle da polícia depois de comer um pedaço daquela coisa, todos teriam parado na cadeia. E eu estava fumando uma erva assassina também.

— Maui-wowy — o traficante local tinha chamado.

A despedida de solteiro foi uma piada. Fiquei tão travado no hotel que não fui. Há uma fotografia minha estatelado no quarto enquanto todo mundo está se preparando para ir embora. Classicaça. A noite do casamento foi ainda pior. Nem consegui voltar ao quarto para passar a noite com minha nova esposa. Às cinco da manhã, o gerente do hotel precisou ligar para o quarto dela e pedir: “A senhora poderia descer e pegar seu marido? Ele dormiu no corredor e está bloqueando a passagem das camareiras”.

Foi pouco depois de quase ter mijado na cara do meu novo sogro que ele parou de me chamar de Ozzy e passou a me chamar de “Vegetal”. Como em “Vai se foder, Vegetal” ou “Morra, Vegetal” ou “Dá o fora da minha casa, agora, Vegetal”. Eu entendia por que ele estava tão bravo — ninguém gosta de ser mijado —, mas eu achava que era um pouco demais.

Entendam, isso não era nada comparado com a forma como ele conversava com Sharon. Não consigo nem imaginar como é ter o próprio pai falando coisas tão horríveis, mas Sharon aguentava tudo. Era incrivelmente forte. E acho que tinha se acostumado. A maior parte do tempo era *eu* quem ficava bravo. Ficava me perguntando: Como um ser humano pode falar tanta merda? Ainda mais com alguém que é do seu sangue. Eram as coisas mais vis, vindas dos esgotos mais profundos.

Mas eles sempre faziam as pazes.

Foi assim que Sharon foi criada — e é por isso que ela é tão extrema. Mas eu precisava de alguém como ela na minha vida, porque conseguia me enfrentar. Na verdade, me enfrentar não era *nada* comparado com enfrentar seu pai.

No final, o que aconteceu entre Sharon e seu pai foi trágico. Na época, eu estava muito alcoolizado e drogado para entender bem e não devia me meter muito. Tudo que sei é que Sharon descobriu que Don estava tendo um caso com uma garota mais nova do que ela; que saímos da Jet Records, o que deixou Don louco de raiva; e que tivemos de pagar 1,5 milhão de dólares para ele, para comprar nosso contrato e evitar que nos levasse à bancarrota com processos judiciais. A coisa entre os dois sempre foi explosiva, mas saiu de controle nessa época. No final, eles deixaram de se falar e o silêncio durou por quase vinte anos.

Se algo de bom saiu dessa situação, foi que pedimos emprestado o máximo de dinheiro que pudemos para comprar *todos* os meus contratos, assim não seríamos controlados por ninguém. Lembro de Sharon indo a uma reunião com a Essex Music e dizendo: "Certo, quanto vocês querem por essa merda? Isso vai ficar feio, porque não estamos mais brincando. Só deem um número e nós pagamos".

Uma semana depois, eu tinha minha própria empresa de representação.

Enquanto isso, Don podia ter pensado que eu era um vegetal, mas, do momento em que Sharon comprou meu contrato, ele nunca parou de tentar recuperá-lo — geralmente através de tentativas de foder meu casamento. Ele podia ser bem desonesto quando queria. Um vez, por exemplo, eu estava com Sharon no Beverly Hills Hotel e tínhamos alugado um Rolls-Royce Corniche branco, totalmente chamativo para andar pela cidade. Mas, claro, logo eu estava bêbado, a gente discutiu por alguma merda e Sharon deu o fora, dizendo que ia voltar para a Inglaterra. Literalmente, dois minutos depois de ela ter saído, o telefone tocou. Era Don. "Preciso conversar com você, Veg... hã, Ozzy", ele falou. "É urgente."

Olhando para trás, ele deve ter colocado alguém do lado de fora do hotel, olhando a Sharon sair de carro. De outra forma, como poderia saber que eu estava sozinho? A última coisa que eu queria era conversar com ele, mas não conseguia dizer não. O cara dava medo. Não sei se era um rumor, mas diziam que mantinha uma arma carregada na mesa do escritório.

E Don começou a contar as piores coisas sobre minha esposa. Foi a coisa mais nojenta que já ouvi. Era desumano o que ele dizia. E estava falando sobre sua *própria filha*.

No final, parou para respirar e me perguntou: "Você sabia disso tudo, Ozzy? Sabia como era sua esposa?".

Obviamente ele queria que eu ficasse doido, deixasse Sharon e voltasse para a Jet Records, recomeçando tudo.

Mas eu não ia lhe dar este prazer.

Ele não tinha o direito de vir até o meu quarto e inventar todas essas horríveis mentiras sobre minha esposa. Não acreditei em nenhuma palavra daquilo. De qualquer forma, independentemente do que Sharon tivesse feito, não podia ser pior do que as coisas que eu fazia. E certamente não chegava nem perto do que o próprio Don estava fazendo. Mas achei que a melhor forma de deixá-lo puto seria agir como se não fosse nada de mais.

— Sei, Don — falei. — Sei tudo sobre Sharon.

— Sabe?

— Sei.

— E?

— E daí, Don? Eu a amo.

— Se quiser anular seu casamento, podemos dar um jeito nisso, sabe?

— Não, obrigado, Don.

Não podia acreditar que o sujeito estava disposto a fazer isso com a própria família. Anos depois, por exemplo, descobrimos que quando ele era o meu manager — e até antes — tinha usado Sharon como escudo. Todas as suas empresas, cartões de crédito, contas bancárias e empréstimos estavam no nome dela. Basicamente, Don não existia oficialmente, assim ele não pagava as contas e não podia ser processado. E isso incluía os impostos, que ele simplesmente ignorava — na Inglaterra *e* nos Estados Unidos. O que criava problemas para a Sharon sem que ela soubesse. Aí um dia, do nada, ela recebeu uma carta da Receita Federal dizendo que devia muito dinheiro. Quando eles somaram todos os impostos, juros e multas, era um número de sete dígitos. Don tinha limpado a filha.

"Não sei do que seu pai é feito", eu disse, "porque nunca conseguiria fazer isso com meus filhos."

Aquele imposto quase enlouqueceu Sharon.

No final, eu falei: "Olha, se é preciso pagar, pague logo, porque não quero viver nem mais um dia com essa porra em cima das nossas cabeças. Não dá para deixar de pagar impostos, então pague e nós cortamos nossos gastos e damos um jeito". Esse tipo de coisa acontece muito na indústria da música. Quando Sammy Davis Jr. morreu, ouvi dizer que ele deixou sua esposa com uma dívida de impostos de sete milhões de dólares, que ela demorou uma eternidade para pagar.

E não há nada a se fazer. Precisa levantar a cabeça e trabalhar mais.

Mas valia a pena passar por toda aquela merda com Don para conseguir minha liberdade. De repente, eu podia fazer o que quisesse, não importando o que ele pudesse dizer. Como quando eu estava em Nova York uma vez e me encontrei com meu advogado, Fred Asis, um cara ótimo, ex-militar. Ele me contou que tinha uma reunião mais tarde com outro de seus clientes, uma banda chamada Was (Not Was), e os integrantes estavam ficando loucos porque o vocalista não tinha aparecido no estúdio para uma gravação.

— Eu o substituo, se quiserem — falei, meio brincando.

Mas Fred levou a sério.

— Certo, vou falar com eles — disse.

Acabei indo parar num estúdio em Nova York, fazendo um rap numa música chamada "Shake Your Head". Eu ri muito — principalmente quando ouvi a versão final, que tinha um monte de garotas gostosas fazendo backing vocals. Adoro a música até hoje. É divertido, sabe, porque eu sempre admirei os Beatles por começarem como um grupo pop e ficarem cada vez mais pesados a cada álbum, e aqui eu estava indo na direção contrária.

Mas só anos depois eu ouvi toda a história. Estava no Sunset Marquis Hotel, em West Hollywood, e Don Was estava lá. Nessa época, ele tinha se tornado um dos maiores produtores de música, e o Was (Not Was) era muito popular. Lembro que ele veio correndo e disse:

— Ozzy, vou te contar uma coisa sobre a música que fizemos, "Shake Your Head". Você vai ficar doido.

— Diga — eu falei.

— Bom, lembra-se de que tínhamos todas aquelas backing vocals?

— Lembro.

— Uma delas acabou virando artista solo e gravando uns discos. Já deve ter ouvido falar dela.

— Qual é o nome dela?

— Madonna.

Não podia acreditar: tinha feito um disco com a Madonna. Falei para Don relançar, mas por alguma razão ele não conseguiu a autorização. Então acabamos regravando, com Kim Basinger tomando o lugar da Madonna.

Eu fiz alguns duetos nos anos 80. Um com Lita Ford — "Close My Eyes Forever" — terminou sendo um single entre os dez mais vendidos nos Estados Unidos. Fiz até uma versão de "Born to Be Wild" com Miss Piggy, mas fiquei desapontado quando descobri que ela não estaria no estúdio junto comigo (talvez tivesse descoberto sobre meu emprego no matadouro de Digbeth). Eu estava me divertindo muito, sabem? Não tinha nada a ver com dinheiro. Apesar de que, depois de termos comprado os contratos e quitado nossos impostos, o dinheiro finalmente começou a entrar. Lembro de abrir um envelope de Colin Newman uma manhã, temendo outro processo. Em vez disso, era um cheque de royalties de 750 mil dólares.

Nunca tinha visto tanto dinheiro em toda a minha vida.

Depois do divórcio com Thelma, uma parte de mim queria dizer para ela: "Vai se foder. Olha para mim — estou bem".

Então comprei uma casa chamada Outlands Cottage em Staffordshire, perto de onde ela vivia. Era uma casa com teto de palha e uma das primeiras coisas que fiz depois de me mudar foi colocar fogo no teto. Não me perguntem como fiz aquilo. Tudo que me lembro é de um bombeiro chegando no caminhão, assobiando e dizendo: "Uma festança, hein?". E, depois que o fogo tinha sido apagado, a gente tomou o resto da bebida juntos. Ele poderia ter deixado o lugar queimar, porque o cheiro de palha queimado é horroroso e nunca conseguimos eliminá-lo.

Sharon odiou Outlands Cottage desde o começo. Ela ia para Londres e não queria voltar para casa. Acho que eu esperava ou queria que Thelma me ligasse chorando e implorasse que eu voltasse para ela. Nunca fez isso. Apesar de que ela me ligou uma vez para dizer: "Então, fiquei sabendo que você se casou de novo, VAI SE FODER, SEU BOSTA", antes de bater o telefone na minha cara.

No final, comecei a perceber que, por mais que adorasse estar perto de Jess e Louis, era uma péssima ideia viver perto da minha ex-esposa. Num ponto, até tentei comprar de volta Bulrush Cottage. Aí cometi o erro de levar Sharon comigo quando fui ver as crianças. Correu tudo bem até que fomos embora e começamos a beber no hotel. Eu fiquei bêbado e todo sentimental. Falei a Sharon que nunca mais queria voltar para os Estados Unidos, que sentia saudade das crianças, que sentia saudade do Hand & Cleaver, que queria me aposentar. Aí, quando me recusei a entrar no carro para ir para casa — era na verdade o BMW de nosso contador, Colin Newman, que tínhamos pedido emprestado por um dia —, ela ficou doida. Sentou-se no banco do motorista, ligou o carro e acelerou. Foi terrível. Lembro de pular para sair do caminho e correr no jardim em frente ao hotel. Mas Sharon passou por cima dos canteiros e continuou vindo na minha direção, com as rodas arrancando a grama e jogando pedaços de terra por todos os lados.

E ela quase matou outras pessoas.

Havia um cara chamado Pete Mertens trabalhando para mim na época. Era um velho amigo da escola — muito magro, muito engraçado, costumava usar umas jaquetas horríveis o tempo todo. Bom, quando Sharon passou por cima do canteiro de flores, Pete precisou se jogar num arbusto de rosas para sair do caminho. Tudo que lembro é de ele se levantando, limpando a jaqueta e dizendo: "Vai *se foder* — isso não vale duzentas libras por semana. Estou fora". (Mais tarde, ele mudou de ideia e voltou. Trabalhar para nós poderia ser perigoso, mas pelo menos era interessante, acho.)

No final, o gerente do hotel saiu e alguém chamou a polícia. Eu estava me escondendo atrás de uma cerca viva. Sharon saiu do carro, foi até ali e jogou todos os seus anéis e joias em mim. Virou-se e chamou um táxi.

Eu ainda estava lá no dia seguinte, fedido e de ressaca, procurando no chão uma joia da Tiffany's que valia cinquenta mil.

Ocorreram outros momentos pesados em Outlands Cottage, antes de eu finalmente perceber que Sharon estava certa e que deveríamos nos mudar. Uma noite conheci um cara legal no pub — contador, acho que ele era —, mas ele veio comigo até o Cottage para fumar um baseado e desmaiou no sofá. Enquanto estava dormindo, eu tirei as roupas dele e joguei no fogo. O pobre cara acordou às seis da manhã, completamente pelado. Eu o mandei para sua esposa com uma das calças que usava no palco. Rio até hoje, ao pensar nele entrando no carro, se perguntando como ia explicar aquilo.

Outra das minhas brincadeiras favoritas em Outlands Cottage era raspar as sobrancelhas das pessoas enquanto elas estavam dormindo. Acreditem, não há nada mais engraçado do que um cara sem sobrancelhas. As pessoas não percebem que as sobrancelhas são importantes para as nossas expressões faciais, então quando elas não estão ali é difícil mostrar preocupação ou surpresa ou qualquer emoção básica. Mas demora um pouco para perceberem o que está errado. No começo, elas só olham no espelho e pensam: Cristo, eu pareço uma *merda* hoje. Um cara terminou indo ver seu *médico*, porque não conseguia entender o que estava errado.

Passei um tempo dando tratamentos de sobrancelhas em todos: agentes, managers, roadies, assistentes, amigos, amigos de amigos. Sempre que alguém aparecia numa reunião com uma cara que parecia ter algo errado, dava para saber que ele tinha passado o fim de semana na minha casa.

Pete Mertens geralmente acabava sendo cúmplice relutante das minhas brincadeiras de bêbado. Por exemplo, em um Natal, comecei a imaginar como seria deixar um cachorro bêbado. Então, Pete e eu pegamos um pedaço de carne e colocamos no fundo de uma tigela com xerez, aí chamamos o yorkshire-terrier de Sharon — Bubbles, ele se chamava — e esperamos para ver o que aconteceria. Claro, Bubbles derrubou a tigela de xerez para comer a carne. Cinco minutos depois, cruzou as pernas e começou a tropeçar enquanto uivava para a música que estávamos tocando. Tínhamos conseguido: Bubbles estava completamente bêbado. Foi ótimo — até o pobre Bubbles desmaiar no meio da sala. Fiquei com muito medo de ter matado o cachorro, então tirei as luzes da árvore de Natal e as enrolei ao redor dele, para dizer a Sharon que ele tinha sido eletrocutado por acidente. Mas ele ficou bem, graças a Deus — apesar da terrível ressaca na manhã seguinte e de ter ficado me olhando de um jeito estranho, como se dissesse: "Sei o que você fez, seu maldito".

Bubbles não foi o único animal que viveu conosco em Outlands Cottage. Também tínhamos um burro chamado Sally — que costumava ficar comigo na sala para assistir a *Match of the Day* —, um dinamarquês e um pastor alemão. A coisa que mais me lembro desses cães é a hora em que vim do açougue para casa com vísceras de porco. Coloquei numa vasilha na mesa da cozinha, pensando que poderia fazer uma fritada, mas quando Sharon entrou, fez uma careta e disse: "Ozzy, que *merda* de cheiro é esse? *E que são essas coisas nojentas na mesa?*".Quando contei o que era, ela literalmente teve ânsia de vômito. "Oh, pelo amor de Deus, Ozzy", disse, "não posso comer isso, dê para os cachorros." Então dei as tripas para os cachorros e os dois começaram a passar mal imediatamente. Um vomitou enquanto o outro sujou todas as paredes com merda.

O pobre Pete Mertens chegou ao ponto de não aguentar mais. Estava morando conosco na época, e a loucura não tinha fim. A última gota foi quando eu tomei muitas pílulas para dormir depois de uma bebedeira e precisei ser levado ao hospital para uma lavagem estomacal. Quando o médico perguntou meu nome, respondi: "Pete Mertens", e não pensei mais nisso. Mas quando Pete foi fazer um check-up, alguns meses depois, seu médico entrou no consultório, fechou a porta e disse para ele: "Agora, Sr. Mertens, não podemos mais continuar com esse comportamento, não é?". Pete não sabia que porra o médico estava falando e este achou que Pete tentava fingir que nada tinha acontecido. Acho que o médico deve até tê-lo mandado para a terapia. Finalmente, Pete viu seu prontuário, com "overdose de pílulas para dormir" escrito bem grande, e ficou louco comigo.

Cara legal, Pete Mertens. Cara legal.

A gente se mudou tantas vezes depois que saímos de Outlands Cottage que não me lembro nem da metade dos lugares. Foi mais ou menos nessa época que descobri que minha esposa adora comprar e reformar casas. E, como demora tanto para reformá-las, a gente acabava alugando outro lugar enquanto esperava o trabalho acabar. Aí, uns três segundos depois de termos entrado na casa nova, Sharon se cansava, então vendíamos e comprávamos outra — e precisávamos alugar de novo enquanto era reformada. Isso durou décadas. Às vezes, parecia que todo o nosso dinheiro estava sendo usado para reformar todo o hemisfério ocidental. Eu fiz Sharon contar todas as casas e descobrimos que, em vinte e sete anos de casados, vivemos em vinte e oito lugares diferentes.

Como falei, Sharon não se importava com minhas bebedeiras no começo. Ela achava que eu era engraçado quando bebia — provavelmente porque ela também costumava beber. Mas não demorou para mudar de ideia e começar a ver a bebida tão negativamente quanto a coca. Disse que eu tinha passado de um bêbado divertido para um bêbado violento. Mas um dos muitos problemas de ser alcoólatra é que, quando as pessoas dizem como você é mau ou chato quando está bêbado, você já está travado. E nunca para de beber.

O engraçado é que eu nem gosto muito de álcool. Só se estiver junto com suco de fruta ou outra merda doce. Eu sempre procurei a *sensação*. Quero dizer, de vez em quando gostava de uma boa cerveja. Mas nunca fui a um pub para beber, fui para encher a lata.

Tentei por muito tempo beber como gente normal. Quando ainda estava casado com Thelma, por exemplo, fui a uma degustação de vinhos na NEC, em Birmingham. Era um mercado de comida ou algo assim, na época do Natal. Pensei: Puta merda, uma degustação de vinhos, isso parece algo que um adulto civilizado faria. Na manhã seguinte, Thelma me perguntou: "O que você comprou?". Eu respondi: "Oh, nada". E ela continuou: "Mesmo? Deve ter comprado *algo*". E eu disse: "Ah, bem, sim — acho que comprei algumas caixas".

Acontece que eu havia comprado 144 caixas.

Fiquei tão bêbado que achava que estava comprando 144 *garrafas*. Aí um caminhão de entregas do tamanho do petroleiro *Exxon Valdez* parou em frente a Bulrush Cottage e começaram a descarregar caixas de vinho suficientes para encher a casa até o teto. Demorou meses para que eu e os roadies terminássemos com aquilo. Quando finalmente esvaziamos a última garrafa, fomos até o Hand & Cleaver para comemorar.

Entendam, vinho é uma merda, não é? É só vinagre efervescente, não importa o que os degustadores digam. Eu deveria saber, tive um bar em que servi vinho uma vez: Osbourne's, nós o chamamos. Que lugar de merda era aquele. Lembro de perguntar a uma das fornecedoras: "Olha, pode me contar qual é o vinho *bom*?". E ela me disse: "Bom, Sr. Osbourne, se o senhor gosta de Blue Nun a duas libras a garrafa, então esse é um bom vinho. E se gosta de Chateau du Wankeur a noventa e nove libras a garrafa, então esse é um bom vinho". Não ouvi. Naqueles dias, era meu ego que pedia o vinho. A garrafa mais cara do cardápio, só para me mostrar. Aí eu acordava na manhã seguinte com uma ressaca de duzentas libras. Mas, no final, descobri algo sobre ressacas de duzentas libras: são exatamente iguais às de duas libras.

Foi só quando Sharon descobriu que estava grávida que realmente começou a tentar mudar a forma como eu estava vivendo.

Estávamos em turnê pela Alemanha naquela época. "Acho que tem algo errado", ela falou. "Estou me sentindo muito mal ultimamente." Então saí para comprar um desses testes de gravidez — e o resultado foi a cor de quando a mulher está grávida. Não podia acreditar, porque uns meses antes Sharon tinha perdido um bebê depois de ser atacada por um dos cachorros da mãe dela. Tomei uma tremenda bronca por isso, porque estava parado bem atrás dela quando isso aconteceu. Ouvi o rosnado baixo daquele dobermann e congelei no ato, completamente duro, em vez de correr e arrancar a cabeça dele a dentadas, ou sei lá que merda eu devia fazer. Sou um covarde com essas coisas. E não tinha ideia de que ela estava grávida. Foi só depois, quando estávamos no hospital, que os médicos nos contaram.

Então foi importante quando o teste deu positivo na Alemanha.

— Vamos fazer outro teste, só para ter certeza — falei.

Saiu da mesma cor que o primeiro.

— Vou dizer uma coisa — disse, segurando a pequena tira de papel contra a luz. — Vamos fazer outro, só para ter certeza absoluta.

Acho que fizemos uns cinco testes no final. Quando estávamos finalmente convencidos de que era verdade, lembro de Sharon ter me dito:

— Certo, Ozzy, vou falar uma vez, então é melhor você ouvir. Se você alguma vez trouxer cocaína para esta casa, vou chamar a polícia e mandar você para a cadeia. Está entendendo?

Eu não tinha nenhuma dúvida de que ela ia mesmo fazer isso.

— Entendi — falei.

— E as armas, Ozzy?

— Vou me livrar delas.

Foram vendidas no dia seguinte. Eu sabia que nunca me perdoaria se algo acontecesse com Aimee. Então foi isso: adeus à Benelli semiautomática que tinha usado para matar as galinhas em Bulrush Cottage, junto com todas as minhas outras armas.

Continuei bebendo, no entanto. Até mais, já que não havia cocaína em casa. Não conseguia parar. Mas Sharon tinha perdido toda a paciência com isso também naquela época. Assim que eu entrava em casa, ela começava a encher o saco.

Não dava para acreditar nas coisas que eu fazia — o tempo e esforço que dedicava à bebida sem que ela percebesse. Corria para o supermercado mais próximo, caminhava direto para o fundo, subia por uma janela, pulava um muro, me arrastava pelo meio dos arbustos e ia até o pub, do outro lado. E depois de tomar seis canecas de uma vez, fazia o caminho inverso.

A coisa mais inacreditável do meu comportamento é que eu estava convencido de que isso era completamente normal.

Aí comecei a tentar trazer bebidas escondido para a casa. Uma vez, trouxe uma garrafa enorme de vodca — o tipo de garrafa que eles mostram no bar —, mas não consegui pensar num lugar para escondê-la. Corri durante muito tempo pela casa, procurando o lugar perfeito. Aí pensei: o *forno*! Sharon nunca tinha cozinhado na vida, falei para mim mesmo, então nunca olharia lá. E eu estava certo: funcionou durante semanas. Eu dizia para Sharon: "Tive uma ideia para uma música. Acho que vou descer até o estúdio e gravar". Enchia, então, uma caneca de vodca, engolia o mais rápido possível e fingia que nada tinha acontecido.

Aí, um dia, ela se deu conta.

— Sharon — falei —, acabei de ter uma ideia para uma música, acho que vou...

— Eu encontrei sua ideia no forno esta manhã — ela falou. — Aí joguei todas as suas ideias para músicas pela pia.

Foi só uma semana mais ou menos depois do incidente do forno, no dia 2 de setembro de 1983, que Aimee nasceu, no Wellington

Hospital, em St. John's Wood, Londres. Foi uma luz para nós. Havia se passado pouco mais de um ano desde que Randy e Rachel tinham morrido e estávamos começando a nos recuperar. Com Aimee, tínhamos uma nova razão para amar a vida. Era uma coisinha tão inocente, quando se olhava para ela, que não dava para evitar um sorriso enorme.

Mas assim que Aimee nasceu era o momento de cair na estrada de novo, dessa vez para divulgar o disco *Bark at the Moon*, que eu tinha acabado de gravar com meu novo guitarrista, Jake E. Lee. Sharon poderia ter ficado em casa, mas esse não era o estilo dela, então colocamos um berço no fundo do ônibus para Aimee e partimos. Foi ótimo para ela: Aimee viu mais do mundo antes de seu primeiro aniversário do que a maioria das pessoas durante toda a sua vida. Só queria ter estado mais sóbrio para aproveitar isso. Eu estava lá fisicamente, mas não mentalmente. Então perdi coisas que nunca vão acontecer de novo: a primeira vez que ela engatinhou, o primeiro passo, a primeira palavra.

Se penso nisso, fico muito triste.

De muitas formas, eu não era realmente o pai de Aimee. Era mais outro filho que Sharon precisava cuidar.

9

Betty, onde é o bar?

— Alguém vai morrer antes disso acabar — falei para Doc McGhee, na segunda noite da turnê de *Bark at the Moon*. Doc era o manager norte-americano do Mötley Crüe, nossa banda de abertura, e um grande amigo meu.

— Alguém? — ele perguntou. — Não acho que *alguém* vai morrer, Ozzy. Acho que *todos* nós vamos morrer.

O problema, basicamente, era o Mötley Crüe — que na época ainda estava com a formação original: Nikki Sixx no baixo, Tommy Lee na bateria, Mick Mars na guitarra e Vince Neil no vocal. Eles eram completamente loucos. O que, obviamente, eu via como um desafio. Como tinha feito com John Bonham, senti que precisava ser mais louco que eles, ou não estaria fazendo minha parte de maneira apropriada. Mas eles *também* viram isso como um desafio. Então a ação acontecia o tempo todo, a cada minuto do dia. Os shows eram a parte fácil. O problema era sobreviver entre eles.

A coisa mais engraçada do Mötley Crüe era que eles se vestiam como garotas, mas viviam como animais. Foi um aprendizado, até para mim. Aonde iam, carregavam uma mala gigante cheia de todo tipo de bebida imaginável. Assim que terminava o show, abriam a mala e as portas do inferno.

Toda noite, garrafas voavam, facas eram mostradas, cadeiras estraçalhadas, narizes quebrados, propriedades destruídas. Era como se o hospício e o pandemônio se juntassem, multiplicados pelo caos.

As pessoas me contam histórias sobre essa turnê e não tenho ideia se são verdades ou mentiras. Elas perguntam: "Ozzy, você realmente cheirou uma carreira de formigas com um canudinho?", e eu não tenho ideia. É possível. Toda noite, coisas entravam no meu nariz, coisas que não deviam estar lá. Eu estava doido o tempo todo. Até Tony Dennis entrou na loucura. Acabamos chamando-o de "Capitão Krell" — Krell era o nome que demos para cocaína — porque ele experimentou cheirar uma carreira uma vez, se bem que acho que nunca mais tentou. A garota que cuidava da nossa roupa até fez para ele um pequeno terno com as letras "CK" escritas como se fossem do Super-Homem no peito.

Achamos aquilo muito engraçado.

Uma das noites mais loucas de todas foi em Memphis.

Como sempre, começou assim que terminamos o show. Lembro de caminhar pelo corredor do backstage até a área dos camarins e ouvir Tommy Lee dizer:

— Ei, Ozzy. Cara, veja isso!

Parei e olhei ao redor para ver de onde vinha a voz.

— Aqui dentro, cara — disse Tommy. — *Aqui* dentro.

Abri a porta e ele estava sentado numa cadeira de costas para mim. Nikki, Mick, Vince e um monte de roadies estavam ao redor, fumando, rindo, conversando sobre o show, bebendo cerveja. E ali, na frente de Tommy, de joelhos, havia uma garota nua. Ela estava fazendo a mãe de todas as mamadas.

Tommy fazia gestos para eu chegar mais perto.

— Ei, cara. Ozzy, venha ver!

Então olhei sobre o ombro dele. E lá estava: o pinto dele. Como um braço de bebê numa luva de boxe. A coisa era tão grande que a garota só conseguia enfiar um terço na boca, e mesmo assim fiquei surpreso por não sair uma ponta na nuca dela. Nunca tinha visto algo assim na minha vida.

— Ei, Tommy — falei. — Onde compro um desses?

— Cara, sente aí — ele falou. — Abaixe as calças, cara. Ela faz em você depois de terminar comigo.

Comecei a ir para trás:

— Não vou mostrar o meu com essa coisa aqui! — falei. — Seria como estacionar um rebocador ao lado do *Titanic*. Você tem permissão para usar isso, Tommy? Parece algo perigoso.

— Oh, cara, não sabe o que está perdendo! Oh, oh, oh, ah, *urgh*, urgh, *ahhhhh*...

Precisei olhar para o outro lado.

Aí Tommy pulou, fechou o zíper e disse:

— Vamos comer algo, cara, estou faminto.

Acabamos em um lugar chamado Benihana — um desses restaurantes japoneses onde fazem comida em enormes pratos quentes na sua frente. Enquanto esperávamos pela comida, ficamos bebendo cerveja, entre outras coisas. Aí pedimos uma garrafa gigante de saquê para a mesa. A última coisa que me lembro é de pedir um enorme prato de wonton, comer, aí encher o prato de saquê e beber tudo num gole só.

— *Ahhh!* — falei. — Isso é *melhor*.

Todos olharam para mim.

Aí Tommy se levantou e disse: "*Poooooorra,* vamos sair daqui, cara. A qualquer segundo Ozzy vai desmaiar".

Aí, tudo preto.

Completamente preto.

Como se alguém puxasse o fio da tomada da TV.

Pelo que os outros contaram mais tarde, eu levantei da mesa, disse que ia ao banheiro e nunca voltei. Até hoje, não tenho nenhuma lembrança do que fiz nas cinco horas seguintes.

Mas nunca vou me esquecer como acordei.

A primeira coisa que ouvi foi esse barulho:

NEEEEEEEEOOOOWWWWOOOM, NEEEEEEEEOOOOWWWWOOOM, ZZZZMMMMMMMMMM...

Aí, abri os olhos. Ainda estava escuro, muito escuro, mas havia milhares de coisas brilhando por todos os lados. Pensei comigo mesmo: Que merda está acontecendo? Estou morto ou o quê?

E ainda esse barulho.

NEEEEEEEEOOOOWWWWOOOM, NEEEEEEEEOOOOWWWWOOOM, ZZZZMMMMMMMMMM...

Aí senti o cheiro de borracha e gasolina.

Ouvi uma buzina, bem ao lado da minha orelha.

BLLLLLLAAAAAAAAAAHHHHHHHHHHM!!!!!!!!!

Eu me virei, gritando.

Luzes me cegaram — umas vinte ou trinta, altas como um edifício comercial — vindo na minha direção. Antes que eu pudesse me levantar e correr, ouvi um ruído muito alto e o vento trouxe areia e pó na minha cara.

Tinha acordado no canteiro central de uma estrada com doze pistas.

Como ou por que eu estava ali, não tinha ideia. Tudo que sabia era que precisava sair dali antes que morresse — e que precisava mijar, porque minha bexiga estava a ponto de explodir. Esperei por uma chance, saí correndo pelo meio das pistas, ainda muito bêbado para conseguir andar em linha reta. Finalmente cheguei ao outro lado, quase sendo atropelado por uma motocicleta na pista mais lenta. Pulei a cerca, corri por outra estrada e comecei a procurar um lugar para mijar. E foi aí que vi um carro branco estacionado no acostamento.

Perfeito, pensei, isso vai funcionar como cobertura.

Então, tiro meu pinto pra fora, mas assim que começo a mijar no pneu desse carro vejo essas luzes coloridas e ouço um som terrivelmente familiar.

BLOOP-BLOOP-WHOOOO-BAARRRP!

Não podia acreditar. De todos os lugares em Memphis que eu podia ter mijado, consegui escolher a roda de um carro de uma policial à paisana, estacionado num acostamento, esperando para pegar carros em alta velocidade.

Em seguida, a policial abaixa o vidro. Ela se inclina e diz: "Quando tiver terminado de balançar essa coisa, vou te levar para a cadeia!".

Dez minutos depois, eu estava na cadeia.

Por sorte, eles só me deixaram ali por umas duas horas. Eu liguei para Doc McGhee e pedi para ele vir me buscar com o ônibus da turnê.

A primeira coisa que ouvi quando subi foi "Ei, Ozzy. Cara, dá uma olhada nisso!". E recomeçamos tudo, até o esquecimento.

Alguém ia parar na cadeia por uma ou outra coisa toda noite, durante aquela turnê. E como Mick e Nikki se pareciam tanto — os dois tinham cabelo comprido, escuro, meio de garota —, às vezes um era preso por algo que o outro tinha feito.

Uma noite, eles dividiram o quarto, e Nikki acordou, completamente pelado, saiu e comprou uma Coca da máquina que ficava no corredor, perto do elevador. Justo quando estava apertando o botão para comprar a bebida, a porta do elevador se abriu e ele ouviu uns gritos. Ele olhou e viu três mulheres de meia-idade paradas ali, horrorizadas. "Oi", ele falou, antes de se virar e caminhar tranquilo até o quarto. Alguns minutos depois, alguém bateu na porta. Nikki disse para Mick: "Deve ser uma das groupies. Por que você não atende?". E Mick abriu a porta e se encontrou com o gerente do hotel, um policial e uma das mulheres do elevador. A mulher gritou: "Foi ele!", e arrastaram Mick para a cadeia, mesmo ele não tendo a mínima ideia do que podia ter feito.

A coisa era que estávamos tão alterados o tempo todo que era bastante normal não saber o que tínhamos feito.

Além de acordar no meio da autoestrada, o pior momento para mim foi depois que tocamos no Madison Square Garden, em Nova York. Para a festa depois do show, fomos até um clube que ficava numa velha igreja. Estávamos lá numa sala particular, bebendo e cheirando um pouco de coca, quando um cara veio até mim e disse:

— Ei, Ozzy, você gostaria de tirar uma fotografia com Brian Wilson?

— Quem merda é Brian Wilson?

— Nossa, *Brian Wilson*. Do Beach Boys.

— Ah, ele. Claro. Sim. Tanto faz.

Todo mundo estava falando muito de Brian Wilson porque, na semana anterior, seu irmão Dennis — aquele que ficou amigo de Charles Manson nos anos 60 — tinha se afogado em LA. Dennis só tinha trinta e nove anos, então foi algo muito triste. De qualquer forma, me mandaram encontrar com Brian Wilson nas escadas e lá fui eu, cheio de bebida e coca, e fiquei esperando por ele. Passaram-se dez minutos. Aí vinte. E trinta minutos. Finalmente, depois de mais cinco minutos, Brian apareceu. Mas aí eu já estava completamente puto da vida, pensando: Que otário. Mas ao mesmo tempo sabia o que tinha acontecido com Dennis, então decidi lhe dar uma chance. A primeira coisa que eu falei foi: "Sinto muito pelo que aconteceu com seu irmão, Brian".

Ele não disse nada. Só me olhou com uma cara engraçada e foi embora. Foi demais para mim.

— Primeiro você chega atrasado — falei, levantando a voz —, e agora vai embora sem falar uma merda de uma palavra? Vou falar uma coisa, Brian, por que não esquecemos essa foto e você enfia a cabeça no próprio rabo, que é onde ela deveria estar, hein?

Na manhã seguinte, estava deitado no quarto de hotel, minha cabeça latejando. O telefone tocou e Sharon atendeu. "Sim, não, sim, está bem. Oh, ele fez isso, é? Hummm. Certo. Não se preocupe. Vou resolver isso." Clique. Ela me passou o telefone e disse:

— Você vai ligar para Brian Wilson.

— Quem merda é Brian Wilson?

Ela me deu com o telefone na cabeça.

Smack.

— Ai! Isso dói, merda!

— Brian Wilson é a Lenda Viva da Música que você insultou ontem à noite — disse Sharon. — E agora você vai ligar e pedir desculpas.

As lembranças começaram a voltar.

— Espere um minuto! — falei. — Foi o Brian Wilson que *me* insultou!

— Ah, é? — disse Sharon.

— É!

— Ozzy, quando Brian Wilson veio cumprimentá-lo, a primeira coisa que você falou foi: "Olá, Brian, seu merda fodido, fiquei feliz ao saber que seu irmão morreu".

Eu me sentei imediatamente.

— Não falei isso.

— Não, a porra da cocaína que você enfia no nariz disse isso.

— Mas eu me *lembraria*.

— Todo o resto das pessoas parece lembrar perfeitamente bem. Também lembram de você mandá-lo enfiar a cabeça no rabo, porque era onde ela devia estar. Aqui, este é o número do Brian. Peça desculpas.

Então eu liguei e pedi desculpas. Duas vezes.

Desde então, já me encontrei com ele várias vezes. Está tudo bem, agora, entre nós. Apesar de nunca termos conseguido tirar aquela foto.

Se alguém teve uma experiência próxima à morte na turnê de *Bark at the Moon*, fui eu. O incrível, no entanto, é que não teve nada a ver com drogas ou bebidas — não diretamente, pelo menos. Aconteceu quando tivemos um descanso de quarenta e oito horas depois de um show em Nova Orleans para filmar o vídeo de "So Tired" em Londres. Era uma distância insana para viajar em tão pouco tempo, mas naqueles dias a MTV estava começando a se tornar uma parte importante da indústria musical, e se pudéssemos colocar um vídeo na programação isso garantiria que nosso disco ganhasse platina. Então sempre investimos dinheiro e esforço nos vídeos.

O plano era viajar de Nova Orleans a Nova York, pegar o Concorde para Londres, filmar, pegar o Concorde de novo para Nova York, daí ir para o próximo show. Era uma agenda extenuante e o fato de eu estar cronicamente bêbado não ajudava em nada. A única coisa que evitava que eu desmaiasse era toda a cocaína que estava cheirando.

Quando finalmente chegamos ao estúdio em Londres, a primeira coisa que o diretor me falou foi:

— Certo, Ozzy, sente-se aí em frente ao espelho. Quando eu mandar, isso vai estourar por trás.

— Certo — falei, me perguntando que tipo de efeitos especiais de alta tecnologia eles iam usar.

Mas não havia nenhum efeito especial. Só havia um espelho velho e um cara parado atrás dele com um martelo na mão. Não sei quem era o cara responsável pelo cenário, mas obviamente ninguém tinha falado sobre espelhos de teatro que são feitos para quebrar sem matar ninguém. Assim, no meio da música, o cara gira o martelo, o espelho explode e eu fico com o rosto cheio de vidro. Ainda bem que eu estava travado: não senti nada. Só cuspi todo o sangue e vidro, falando: "Certo, saúde".

Levantei e peguei outra lata de Guinness.

Não pensei mais nisso até estar cruzando o Atlântico num Concorde. Lembro de apertar o botão para pedir outra bebida e a aeromoça que vinha vindo quase derrubou a bandeja de medo. "Oh, meu Deus!", ela gritou. "O senhor está bem?" Acontece que a pressão de estar a quase vinte mil metros de altitude fez com que todos os pequenos pedaços de vidro na minha pele saíssem à superfície, até meu rosto literalmente explodir. A coisa estourou, como um tomate esmagado.

Quando Sharon se virou para olhar, quase desmaiou.

Uma ambulância estava esperando por mim no JFK quando aterrissamos. Não era a primeira vez que eu saía do Concorde de cadeira de rodas. Eu costumava ficar tão travado nesses voos que Sharon me carregava pela alfândega num carrinho de bagagem com meu passaporte preso na testa. E aí, quando perguntavam se tinha algo a declarar, ela só apontava para mim e dizia: "Ele".

No hospital em Nova York ele me sedaram e tentaram tirar o máximo de vidro quebrado que conseguiram com pinças. Deram algumas drogas para reduzir o inchaço. Lembro de ter acordado numa sala branca, com paredes brancas e as pessoas ao meu redor cobertas de lençóis brancos e pensar: Merda, estou no necrotério. Aí ouvi um barulho ao lado da cama.

Psssiu, psssiu.

Olhei para baixo e havia um garoto com uma caneta e uma cópia de *Bark at the Moon*.

— Dá um autógrafo? — ele pediu.

— Vai se foder — respondi. — Estou morto.

Quando a turnê terminou, ainda estávamos vivos, mas minha previsão de que alguém iria morrer estava correta. Aconteceu quando

Vince Neil voltava para sua casa em Redondo Beach, em LA, e começou a beber com o baterista do Hanoi Rocks. Em algum momento a bebida acabou e eles decidiram ir até uma loja no carro de Vince, que era um De Tomaso Pantera vermelho, baixinho, absurdamente rápido. Vince estava tão bêbado que bateu de frente com um carro que vinha na direção contrária. O cara do Hanoi Rocks morreu assim que deu entrada no hospital.

Não me encontrei muito com o Mötley Crüe depois da turnê, apesar de ter ficado em contato com Tommy, esporadicamente. Lembro de ir até sua casa anos depois com meu filho Jack, que devia ter uns treze anos.

— Uau, cara, entre — disse Tommy, quando eu toquei a campainha. — Não posso acreditar. Ozzy Osbourne está na minha casa.

Havia outros convidados também e depois de nos levar para conhecer sua casa, Tommy disse:

— Ei, caras, olhem isso.

Ele digitou um código num teclado na parede e uma porta secreta abriu, do outro lado havia um quarto acolchoado com todos os tipos de objetos sexuais penduradas no teto. A ideia era que se podia levar uma garota ali, amarrá-la nesses dispositivos e foder até não conseguir mais.

— O que há de errado com uma cama? — perguntei para Tommy. Aí me virei e vi que Jack tinha entrado no quarto conosco. Ele estava parado ali, os olhos arregalados. Fiquei muito envergonhado, não sabia para onde olhar.

Nunca mais o levei para a casa de Tommy depois disso.

Quando a turnê de *Bark at the Moon* terminou, as minhas brigas com Sharon tinham subido de nível em termos de loucura. Parte disso era a pressão de ser famoso. Quero dizer, não me entendam mal, não estou reclamando: meus primeiros três discos solo acabaram vendendo mais de dez milhões de cópias só nos Estados Unidos, que era mais do que eu podia imaginar. Mas quando se está vendendo tantos discos não dá para ter uma vida normal, porque você é muito assediado pelo público. Lembro-me de uma noite quando Sharon e eu estávamos num Holiday Inn.

Eram três ou quatro da manhã e estávamos na cama. Alguém bateu na porta, então eu me levantei para atender e caras usando macacões passaram por mim e entraram no quarto.

Quando Sharon os viu, falou:

— Quem merda são vocês? O que estão fazendo no nosso quarto?

Eles disseram:

— Ah, só estávamos interessados em ver como vocês vivem.

Sharon jogou algo neles e os caras correram para fora.

Tudo que queriam fazer era entrar e olhar. Só isso.

Paramos de ficar em hotéis baratos depois disso.

Em geral, gosto de conhecer os fãs, mas não quando estou dormindo com minha esposa às quatro da manhã.

Ou quando estou comendo. Fico louco quando as pessoas se aproximam quando estou num restaurante com Sharon. É um grande tabu para mim. O pior é quando eles dizem: "Ei, você parece alguém famoso! Pode me dar seu autógrafo?".

"Vamos fazer o seguinte", tenho vontade de falar. "Por que não vai embora e descobre quem sou, volta e *aí* eu dou meu autógrafo?"

Mas a fama não foi o pior problema para mim e para Sharon. Foi meu alcoolismo, que ficou tão grave que eu não era confiável *para nada*. Quando estávamos na Alemanha para um show, por exemplo, fui fazer um passeio no campo de concentração de Dachau e pediram para eu ir embora porque estava bêbado e causando desordem. Devo ter sido a única pessoa na história que já foi expulsa daquele lugar.

Outra coisa que fiz quando estava bêbado foram tatuagens novas, algo que deixou Sharon louca. No final, ela falou: "Ozzy, se você fizer mais uma tatuagem, vou te pendurar pelo saco".

Aquela noite, eu saí e tatuei "thanks" [obrigado] na minha palma direita. Pareceu uma ideia brilhante na época. Pois quantas vezes você diz "obrigado" para outras pessoas durante sua vida? Dezenas de milhares, provavelmente. Agora tudo que eu precisava fazer era levantar minha mão direita. Mas Sharon não gostou da inovação. Quando percebeu, na manhã seguinte — eu tentei manter a mão embaixo da mesa da cozinha, mas aí ela pediu para passar o sal —, me levou direto até um cirurgião plástico, para removê-la. Mas ele falou que precisaria cortar metade da minha mão para se livrar dela, então a tatuagem ficou.

Quando saímos do hospital, Sharon agradeceu ao médico por seu tempo.

Eu só levantei a palma direita.

De outra vez, estávamos em Albuquerque no meio do inverno, congelando, gelo e neve por todos os lados. Eu estava com muita bebida e cocaína na cabeça e decidi andar numa coisa que é um teleférico, que sobe três mil metros pelas Montanhas Sandia até um restaurante e um deque de observação no topo. Mas aconteceu algo errado com o cabo e o teleférico parou no meio do caminho da montanha.

— O que você faz quando fica preso aqui? — perguntei ao cara do controle, depois de ficarmos pendurados ali por muito tempo.

— Ah, há uma escotilha de fuga no teto — ele falou, apontando para a janelinha acima das nossas cabeças.

— Mas como se sobe lá? — perguntei.

— Tem uma escada atrás de você. A única coisa a fazer é puxá-la. É muito simples.

— A escotilha está trancada?

— Não.

Foi um grande erro ele me contar aquilo. Assim que eu soube que havia uma escada e uma escotilha destrancada, precisava tentar. Peguei a escada e comecei a subir ao teto.

O cara ficou louco.

— Que merda você está fazendo? Não pode fazer isso! Pare! *Pare!*

Isso só me deu mais vontade. Abri a escotilha, senti a violência do vento gelado e saí no teto, enquanto o cara e todos no teleférico gritavam pedindo para eu voltar. Aí, bem quando eu estava conseguindo me equilibrar, o carro voltou a se mover. Eu quase escorreguei e me esborrachei nas pedras muitos metros abaixo, mas consegui manter o equilíbrio abrindo os braços como se estivesse surfando. Comecei a cantar "Good Vibrations". Fiquei lá de pé até quase chegarmos ao topo.

O mais engraçado é que eu odeio altura. Sinto vertigem ao subir numa escada. Quando vi o teleférico do chão no dia seguinte — por acaso, sóbrio — quase vomitei. Ainda sinto calafrios agora, só de pensar nisso.

Fazer coisas loucas como essa sempre terminava em brigas com Sharon. Numa ocasião, a briga foi tão absurda que peguei uma garrafa de vodca e joguei na direção dela. Mas no segundo em que a garrafa escapou da minha mão percebi o que tinha feito: estava indo bem na direção da cabeça dela. Oh, *merda*, pensei, acabei de matar minha esposa. Mas não a acertou por um centímetro, graças a Deus. A garrafa ficou presa no gesso em cima da cabeça dela, como se fosse arte moderna.

Sharon sempre encontrava meios de retaliar, sem dúvida. Como quando atacou meus discos de ouro com um martelo. E aí eu retaliava a retaliação dela dizendo que não queria tocar naquela noite. Uma vez, raspei a cabeça para tentar me livrar de um show. Eu estava de ressaca, confuso e puto da vida, então pensei: Foda-se, foda-se tudo.

Mas aquela merda não funcionou com Sharon.

Ela só me olhou e disse: "Certo, vamos te dar uma peruca". Aí ela me vestiu e mandou uns roadies até uma loja onde havia uma peruca de Lady Godiva na vitrine, que devia estar lá há uns quinhentos anos, com moscas mortas, poeira, caspa e vai saber o que mais. Eu a coloquei e todo mundo se mijou de tanto rir.

Mas acabou sendo bem legal no final, aquela peruca, porque eu coloquei várias cápsulas de sangue nela. No meio do show eu fingia que arrancava meu cabelo e todo o sangue escorria pelo meu rosto. Era brilhante. Mas depois do incidente do morcego, todo mundo achava que era verdade. Num show, uma garota na primeira fileira quase desmaiou. Estava gritando, apontando, chorando e gritando: "É verdade o que dizem! Ele *é* louco!".

— Querido — disse Sharon, alguns meses depois da turnê de *Bark at the Moon*, quando descobriu que estava grávida da Kelly. — Ouvi falar de um lugar ótimo em Palm Springs onde você pode descansar antes da próxima turnê. É um hotel e eles dão aulas todos os dias nas quais ensinam a beber como um cavalheiro.

— Mesmo? — falei.

Já me imaginei lá. Era isso! Eu estava fazendo tudo errado. Devia ser por isso que tinha aquelas terríveis ressacas. Precisava aprender a beber como James Bond!

— Qual é o nome desse lugar? — perguntei.

— Betty Ford Center. Já ouviu falar?

— Não.

— Bom, acabou de abrir e é dirigido pela esposa de um ex-presidente. Acho que você vai se divertir lá.

— Parece mágico — falei. — Pode me inscrever.

— Na verdade, já fiz a reserva para a semana depois do nascimento do bebê — respondeu Sharon.

No final, Kelly nasceu em 28 de outubro de 1984. Foi um nascimento tumultuado, para dizer o mínimo. Por alguma razão insana, Sharon decidiu que não queria uma epidural. Mas, assim que as contrações começaram, ela gritou: "Mudei de ideia! Consigam um anestesista!". Agora, para Sharon falar isso, queria dizer que estava doendo pra caralho — porque minha esposa aguenta bastante dor, certamente bem mais do que eu. Mas a enfermeira não queria dar. Ela falou: "Sra. Osbourne, você percebe que há pessoas nos países de Terceiro Mundo que dão à luz o tempo todo sem uma epidural, não?". Foi um grande erro. Sharon se levantou na cama e gritou: "OUÇA, SUA BOSTA, ESSE NÃO É UMA PORRA DE UM PAÍS DE TERCEIRO MUNDO, ENTÃO CHAME UMA PORRA DE UM ANESTESISTA!".

Uma hora depois, Kelly veio ao mundo, gritando — e não parou desde então, ainda bem. Tal mãe, tal filha. Acho que é por isso que sempre quis tanto protegê-la. Não foi fácil deixar minha garotinha linda com Sharon e as enfermeiras algumas horas depois do nascimento, mas ao mesmo tempo sabia que tinha de controlar meu problema com a bebida. Com alguma sorte, pensei, volto de Palm Springs para casa como um novo homem. Então, na manhã seguinte, peguei um avião, bebi três garrafas de champanhe na primeira classe, aterrissei no LAX doze horas depois, vomitei, cheirei umas carreiras de cocaína, desmaiei numa limusine que me levou ao Betty Ford Center. Espero que esse lugar seja relaxante, pensei, porque estou *detonado*.

Nunca tinha ouvido falar em "reabilitação" antes. E certamente não sabia que Betty Ford — a esposa do presidente Gerald Ford — tinha sido alcoólatra. Enquanto eu estava em turnê, nunca passava muito tempo vendo TV ou olhando os jornais, então não tinha ideia da importância da clínica ou que a imprensa chamava aquilo de "Campo Betty". Na minha cabeça, imaginava um hotel que seria um lindo oásis no meio do deserto californiano, com uma maravilhosa piscina do lado de fora, um campo de golfe, muitas garotas gostosas de biquíni por todos os lados e um monte de caras tipo Hugh Hefner em jaquetas de veludo e gravatas-borboleta encostados no balcão de bares ao ar livre, enquanto uma mulher de meia-idade com uma voz parecida com a de Barbara Woodhouse dizia: "Certo, cavalheiros, sigam meu exemplo: peguem a azeitona, coloquem de lado, levantem o copo com os dedos assim. *Isso mesmo*, muito bom. Agora deem um gole, contem até três e repitam. Devagar, *devagar*".

Vão ser as férias dos meus sonhos, falei para mim mesmo.

Mas quando cheguei ali, o lugar parecia mais um hospital do que um hotel. Os jardins eram incríveis: grama nova, palmeiras altas e lagos artificiais por todos os lados e essas montanhas enormes, marrons, com um aspecto lunar, no fundo.

Eu entrei pela porta e a própria Betty estava me esperando. Ela é uma mulher muito pequena. Com um suéter com colarinho estilo polo, um penteado enorme. Nenhum senso de humor, pelo que pude ver.

— Olá, Sr. Osbourne — ela falou. — Sou a Sra. Ford. Falei com sua esposa Sharon alguns dias atrás.

— Olhe, Betty, você se importa se eu fizer o check-in um pouco mais tarde? — disse. — Estou com muita sede. Um voo terrível. Onde é o bar?

— Perdão?

— O bar. Deve ser aqui, em algum lugar.

— O senhor sabe onde está, não é, Sr. Osbourne?

— Hã, sei?

— Então deve saber que não temos... nenhum bar.

— Como vocês ensinam as pessoas a beber de forma apropriada, então?

— Sr. Osbourne, acho que sua esposa deve tê-lo enganado. Não ensinamos *como* beber aqui.

— Não?

— Ensinamos a *não* beber.

— Ah. Talvez seja melhor eu ficar em outro lugar, então.

— Infelizmente não existe esta opção, Sr. Osbourne. Sua esposa foi... como eu poderia dizer? Ela foi muito *insistente*.

Não sei como começar a contar todo o desapontamento. Foi quase tão ruim quanto o tédio. Depois de uma hora naquele lugar, sentia como se tivesse mil anos. A coisa que eu mais odiei daquelas semanas foi conversar sobre meu problema de bebida na frente de todos esses estranhos nas sessões de terapia em grupo. Apesar de ter aprendido algumas coisas muito legais. Um cara era dentista de LA. Sua esposa descobriu sobre o alcoolismo e ficava em cima dele vinte e quatro horas por dia. Então ele esvaziou o tanque de água do limpa-vidros em seu BMW, encheu com gim e tônica, desconectou o tubo de plástico do bocal no capô e redirecionou para as saídas de ar embaixo do painel. Sempre que queria beber, tudo que precisava fazer era entrar no carro, colocar o tubo na boca, apertar o botão e mandar gim e tônica direto para a garganta. Funcionava de forma brilhante, aparentemente, até que um dia houve um congestionamento monstro e ele chegou para trabalhar tão bêbado que acidentalmente fez um buraco na cabeça de um de seus pacientes.

Estou falando, a ingenuidade dos alcoólatras é algo espantoso. Se isso servisse para algo bom. Quero dizer, se você dissesse a um alcoólatra: "Veja, a única forma de conseguir outra bebida é se achar a cura do câncer", a doença teria terminado em cinco segundos.

Assim como as sessões de grupo, eu via um terapeuta sozinho. Era difícil estar sóbrio e ter de discutir todas as coisas que eu achava que estavam erradas comigo. Como ser disléxico e ter transtorno de déficit de atenção. (Só incluíram a palavra " hiperatividade" anos depois.) Explicava muita coisa, acho. A psicóloga disse que minha dislexia havia me dado um impressionante complexo de insegurança, então eu não conseguia aceitar rejeição ou fracasso ou qualquer tipo de pressão, que era o motivo da automedicação com a bebida. Ela também disse que, como eu não tive uma boa educação e *sabia* disso, sempre achava que as pessoas estavam me enganando, então não confiava em ninguém. Ela estava certa, mas não ajudava o fato de que estava *realmente* sendo enganado — até Sharon aparecer. Sem contar que já tive momentos em que, influenciado pela cocaína, não confiei nem na minha esposa.

A psicóloga também me contou que eu tinha uma personalidade viciante, o que significava que podia me viciar em *tudo*. E, para piorar, tinha uma desordem obsessivo-compulsiva, que multiplicava tudo por dez. Eu era um dicionário ambulante de distúrbios psiquiátricos. Fiquei doido. E demorou muito tempo para aceitar tudo isso.

Minha passagem pelo Campo Betty foi o período mais longo que fiquei sem beber ou consumir drogas, durante minha vida adulta, e a síndrome de abstinência foi horrível. Todos estavam passando pela mesma coisa, mas não posso dizer que isso ajudava muito. No começo, eles me colocaram num quarto com um cara que tinha um boliche, mas ele roncava como um cavalo asmático, então me mudei e terminei com um agente funerário depressivo. Falei para ele:

— Olhe, se você sofre de depressão, por que merda trabalha numa funerária?

— Não sei — ele falou. — É só um trabalho.

O agente funerário roncava ainda mais alto que o dono do boliche — era como um alce com traqueostomia. Todo o quarto tremia. Então, acabei passando as noites no sofá do lobby, tremendo e suando.

No final, Sharon veio me tirar de lá. Tinha ficado seis semanas. Eu parecia melhor — tinha perdido bastante peso —, mas tinha entendido tudo errado sobre o que era reabilitação. Achava que aquilo ia me *curar*. Mas não existe cura para o que eu sofria. Tudo que a reabilitação pode fazer é dizer o que você tem de errado e depois sugerir formas de melhorar. Mais tarde, quando percebi que ela não era uma solução em si mesma, comecei a ir lá para esfriar um pouco as coisas, quando tudo ficava fora de controle. A reabilitação *pode* funcionar, mas é preciso querer. Se você realmente quiser parar, não pode dizer: "Bom, quero parar hoje, mas posso tomar um pouco no casamento do meu amigo, na semana que vem". Você precisa se comprometer, depois viver cada dia com isso. Toda manhã, você precisa acordar e dizer: "Certo, hoje vai ser mais um dia sem beber", ou sem cigarro ou sem pílula ou sem baseado ou o que estiver matando você.

Isso é o máximo que você pode esperar quando é viciado.

O primeiro show que fiz depois do Betty Ford foi no Rio de Janeiro.

Eu já estava travado quando entrei no avião.

Quando chegamos ao Rio, tinha tomado uma garrafa inteira de Courvoisier e estava desmaiado no corredor. Sharon tentou me mover — mas eu era como um cadáver. No final, ela ficou tão brava comigo que pegou o garfo da bandeja de comida e começou a me furar. Claro que comecei a andar depois disso. Mas pelo menos agora eu sabia o que era — um verdadeiro alcoólatra praticante. Não podia fingir mais que estava só me divertindo ou que beber era algo que todo mundo fazia quando ganhava um pouco mais de dinheiro. Eu tinha uma doença e ela estava me matando. Eu costumava pensar: Até um animal não chega perto de algo se aquilo faz com que passe mal, então por que eu continuo bebendo isso?

O show era no Rock in Rio, um festival de dez dias com Queen, Rod Stewart, AC/DC e Yes. Um milhão e meio de pessoas compraram ingressos. Mas eu fiquei desapontado com o lugar. Tinha esperado ver a Garota de Ipanema em cada esquina, mas não vi nenhuma. Havia só um monte de crianças pobres correndo pelo lugar como ratos. As pessoas eram ou absurdamente ricas ou viviam nas ruas — parecia não haver nada no meio.

Nunca vou me esquecer de ter conhecido Ronnie Biggs, o Ladrão do Trem Pagador, naquela viagem. Naqueles dias ele estava exilado no Brasil e parecia estar aproveitando muito bem — afirmava ter trepado com duas mil e quinhentas garotas enquanto estava lá. Mas ainda era um tipo de prisão para ele, porque sentia saudades de casa. Ele veio para o hotel usando uma camiseta que dizia: "Rio — um lugar maravilhoso para fugir", mas ele só ficava perguntando: "Então, como está a Inglaterra, Ozzy? Ainda existe essa ou aquela loja ou essa ou aquela cerveja?".

Senti pena do cara. Ninguém em sã consciência ia lhe dar um emprego, então ele levava esses turistas ingleses para sua casa, cobrava cinquenta libras de cada, fazia com que pagassem algumas cervejas e um pouco de maconha, aí contava a história do Grande Assalto. Ele chamava isso de "The Ronnie Biggs Experience". Acho que era melhor do que ficar na cadeia. Era um cara legal. Não era ruim e todo mundo sabia que ele nem estava no trem quando o maquinista foi atacado, mesmo assim foi condenado a trinta anos. Você pode violentar uma criança e matar sua avó e pegar menos de trinta anos hoje em dia. As pessoas dizem: "Ele se deu bem no final, não é?". Mas não acho. O cara estava muito infeliz. Não fiquei surpreso quando ele finalmente voltou para a Grã-Bretanha, mesmo que isso significasse ser preso em Heathrow e ser levado diretamente para a cadeia.

Lar, doce lar, no final, mesmo se for atrás das grades. Pelo menos, ele conseguiu sua liberdade no final, apesar de só ser porque estava à beira da morte. Ronnie sempre disse que seu último desejo era "entrar num pub inglês e comprar uma cerveja". Mas, pelo que eu ouvi, ele terá de esperar até a próxima vida por esse prazer.

No verão depois do Rock in Rio, concordei em fazer o Live Aid com o Black Sabbath. Sharon já estava grávida de novo e não queríamos voar para a Filadélfia, então decidimos pegar o *Queen Elizabeth 2* até Nova York, depois ir de carro o resto do caminho.

Depois da primeira hora no mar, já tínhamos nos arrependido. Naqueles dias, estávamos acostumados a chegar a Nova York em três horas no Concorde. O *QE2* demorou cinco malditos dias, que pareceram mais como cinco bilhões de anos. Que merda há para *fazer* num barco, além de vomitar por causa do enjoo? No final do primeiro dia, eu estava esperando bater num iceberg, só para ter um pouco de ação. E o tédio só piorou a partir daí. No final, fui ver o médico do navio e implorei para que me desse sedativos, assim eu poderia dormir o resto do caminho. Acordei quarenta e oito horas depois, bem quando estávamos chegando no porto. Sharon estava muito brava — ela precisou se divertir sozinha enquanto eu estava desmaiado —, foi um milagre que não me jogou para fora do navio. "Lembra-se de mim? Seu *merda*", foi a primeira coisa que disse quando eu abri os olhos.

Para ser honesto com vocês, eu estava muito estressado por fazer o Live Aid. Não falava com Tony há anos, então não foi exatamente a situação mais confortável do mundo. Aí os organizadores nos colocaram entre Billy Ocean e os porras dos Four Tops... às dez da manhã. Não sei o que eles estavam pensando. As pessoas ficavam nos falando que precisavam de mais shows de negros, então talvez tivessem pensado que *nós* éramos negros — como quando tocamos na Filadélfia na nossa primeira turnê.

Não tinha sido um bom começo.

Quando eu estava no lobby do hotel, fazendo o check-in antes do show, apareceu um cara e me falou: "Ei, Ozzy, posso tirar uma fotografia?", e eu respondi "Está bem". Aí o cara disse: "Desculpe, preciso fazer isso", e me entregou uma notificação judicial. Era do meu sogro. Ele estava me processando — pouco antes da porra de um show de caridade.

Quando todo mundo no backstage ficou sabendo daquilo — não me pergunte sobre o que era, ou o que aconteceu, porque deixei tudo nas mãos de Sharon —, um dos roadies veio até mim e disse:

— Ele é uma figura, esse seu sogro, não?

— Como assim? — perguntei.

— Ele disse que a capa de *Born Again* o fazia lembrar de seu neto.

Se você não viu aquela capa — *Born Again* foi o terceiro disco do Black Sabbath depois que eu saí —, tem um bebê demônio abortado com dentes e garras. Que coisa inacreditável para se falar!

Por um lado, tocar no Live Aid foi ótimo: era por uma grande causa e ninguém tocava as velhas músicas do Sabbath como eu, Tony, Geezer e Bill. Por outro lado, foi um pouco embaraçoso. Para começar, eu ainda estava muito gordo — no vídeo, parece que sou gigante. Também, nos seis anos desde que tinha saído da banda, tinha me tornado uma celebridade nos Estados Unidos, enquanto o Black Sabbath havia ido na outra direção. Então recebi tratamento especial, apesar de não ter pedido nada disso. Eram simples coisas estúpidas, como ter ganho uma jaqueta do Live Aid e eles não. Mas foi muito estranho. E não lidei com isso de uma forma correta, porque meu ego de rock star influenciado pela cocaína estava descontrolado. Lá no fundo, uma parte de mim queria dizer para eles: "Vocês me mandaram embora e agora eu não preciso de vocês, então vão se foder". Olhando para trás, agora tudo que penso é: Por que eu era assim? Por que precisava ser tão estúpido?

Mas o show foi bastante bom. A gente fez o check-in no hotel, se encontrou na passagem de som, repassou a lista de músicas, foi até lá, tocou e foi pra casa.

Quanto ao processo de Don Arden, eu provavelmente não deveria ter ficado surpreso. A Jet Records tinha tomado um golpe pesado quando saímos. E muitas outras coisas estavam dando errado para ele também. Por exemplo, foi nessa época que o irmão de Sharon, David, terminou sendo processado na Inglaterra por supostamente sequestrar, chantagear e bater num contador chamado Harshad Patel. Foi uma coisa muito feia. David foi sentenciado a dois anos em Wandsworth pela sua participação, mas só cumpriu alguns meses. No final, foi transferido para a Ford Open Prison.

Depois foi a vez de Don, que ainda estava vivendo na casa de Howard Hughes no alto de Benedict Canyon. No final, Don percebeu que ia ser extraditado, então foi para a Inglaterra por vontade própria para enfrentar o julgamento. Contratou os melhores advogados em Londres e saiu livre.

Alguns meses depois do Live Aid, em 8 de novembro de 1985, Jack nasceu. Eu estava muito travado para lembrar algo disso — passei a maior parte do tempo no pub em frente ao hospital —, mas lembro de Sharon esperando para que ele fosse circuncidado. Não fui contra. Afinal, o mais engraçado é que, apesar de a minha mãe ser católica, ela *me* circuncidou. Nenhum dos meus irmãos foi — só eu. Lembro de perguntar à minha mãe que merda estava pensando e ela só falou: "Oh, era a moda". Não pude acreditar no que estava ouvindo. "Era *moda* cortar meu pau!!!", lembro de ter gritado para ela.

Mas devo admitir, é mais higiênico assim. E como Jack era meio judeu — por causa de Don Arden, cujo nome verdadeiro era Harry Levy — parecia a coisa certa a fazer.

A coisa mais impressionante em relação ao nascimento de Jack é que ele foi nosso terceiro filho em três anos. Não tínhamos planejado isso. Só aconteceu. Sempre que caíamos na estrada, Sharon e eu ficávamos juntos o tempo todo — claro —, uma coisa levava à outra, aí nove meses depois Sharon estava dando à luz outro Osbourne.

Era louco, realmente, porque eu acabava tocando no mundo todo como o Príncipe das Trevas com três crianças a reboque, o que não era exatamente bom para a imagem. Durante alguns anos, passei mais tempo entre os shows em pânico tentando encontrar o bichinho de pelúcia de Jack, que era um ursinho amarelo chamado Baby. Jack ficava louco se não estivesse abraçado com Baby. Mas viajávamos tanto que Baby sempre acabava esquecido. Acabei ficando obcecado com aquela porra de urso. Saía do palco depois de cantar "Diary of a Madman" e a primeira coisa que falava era: "Onde está o Baby? Alguém viu o Baby? *Alguém, por favor, confirme que não esquecemos o Baby*".

Em mais de uma ocasião, tivemos de mandar nosso jato particular cruzar metade dos Estados Unidos só para pegar Baby, que tínhamos esquecido no hotel onde havíamos ficado na noite anterior. Gastávamos vinte mil em combustível, só para resgatar Baby. E não pensem que não tentamos comprar um substituto. Ele era muito esperto — não queria nem saber. Você encontrava outro que era absolutamente idêntico a Baby, mas Jack dava uma olhada, jogava de volta e chorava até conseguir o verdadeiro Baby de volta. E, é claro, com o tempo, Baby precisou passar por várias cirurgias de reconstrução depois de ser comido pelos cachorros da Sharon algumas vezes, assim, no final, não havia como confundi-lo.

Por mais que eu estivesse bêbado e ausente a maior parte do tempo, adorava ser pai. É muito divertido ver essas pequenas pessoas que você trouxe ao mundo enquanto estão se desenvolvendo e crescendo. Sharon adorava ser mãe também. Mas estava bom depois de três. Após o nascimento de Jack, lembro que ela me falou: "Ozzy, não chegue nem perto de mim depois que terminar a próxima turnê. Parece que estou eternamente grávida, não aguento mais".

Então eu fiz uma vasectomia. Uma experiência muito estranha.

— O senhor sabe que a operação não pode ser revertida, não, Sr. Osbourne? — perguntou o médico.

— Sei.

— Então, tem certeza?

— Tenho, sim.

— Certeza absoluta?

— Doutor, pode acreditar, tenho certeza.

— Certo, então, assine aqui.

Depois da operação, minhas bolas incharam, ficando do tamanho de melões. Doíam muito também. "Ei, doutor", falei. "Posso tomar algo que deixe o inchaço, mas acabe com a dor?"

No final, não recomendo, como cirurgia. Quando você ejacula depois da vasectomia, só sai poeira. É como um espirro seco. Muito estranho, realmente.

Aí, nove meses depois, Sharon ficou com vontade de ter outro filho. Então voltei ao médico e pedi para ele desfazer.

— Ah, merda — ele falou. — Eu *disse* que não dava para desfazer. Mas podemos tentar, acho.

Não funcionou. Como o médico falou, é muito difícil reverter uma vasectomia. Desistimos de ter mais filhos depois disso. Ainda assim, não está mal ter cinco crianças na vida toda — e eu adoro todas elas.

São as melhores coisas da minha vida, sem dúvida.

Outro problema com a vasectomia foi que ela me fez pensar que eu de repente tinha a liberdade de fazer o que quisesse — ou pelo menos o que eu *achava* que queria, quando bebia além da conta. Mas minha esposa foi criada no meio do rock 'n' roll e pode farejar uma mentira a dez mil quilômetros de distância. E eu sou mesmo o pior mentiroso do mundo.

Então ela sabia exatamente o que eu estava querendo. E, é claro, odiava, mas aguentava. No começo.

Eu não estava tendo casos com outras. Só queria pensar que era Robert Redford por uma hora. Mas nunca fui bom nesse jogo. A maior parte do tempo, quando estava com uma garota, ela tinha de chamar uma ambulância ou me carregar de volta pro meu quarto de hotel num táxi enquanto eu ficava vomitando. Começava a noite como James Bond e terminava como uma merda no chão. E a culpa que se seguia era sempre fatal. Eu odiava. Sentia-me um bosta. E sou terrivelmente hipocondríaco, então estava sempre com medo de pegar algum vírus raro e mortal. Posso ficar doente pela TV. Vou tomar alguma pílula para me ajudar a dormir, aí vejo um anúncio na TV e o locutor diz: "Efeitos colaterais podem incluir vômitos, sangramento e, em raras ocasiões, morte", e já me convenço de que estou a caminho do necrotério. Cheguei a um ponto em que tive médicos vindo olhar meu pinto duas vezes por semana, só para me sentir seguro.

Aí apareceu a aids.

Não fiquei preocupado no começo. Como a maioria das pessoas, achei que era uma coisa de gays. E não importava quão bêbado ou drogado eu estava, nunca senti vontade de pular na cama com um cara de bunda peluda.

Mas não demorou muito para todo mundo perceber que não era preciso ser gay para pegar aids. Aí, uma noite, transei com uma garota no Sunset Marquis Hotel, em West Hollywood. Assim que terminei, *tive certeza* de que algo não estava bem. Então, às duas da manhã, liguei para a recepção e perguntei se eles tinham um médico de plantão. Tinham — esses hotéis luxuosos sempre têm médicos — e ele veio até o meu quarto, olhou minhas partes íntimas e disse que eu devia fazer um teste.

— Como assim, um teste? — perguntei.

— Um teste de HIV — ele falou.

Era isso. Para mim, já estava morto.

Por alguns dias fiquei meio louco de preocupação. Era impossível ficar perto de mim. Aí contei tudo para Sharon. Dá para imaginar como foi. Pensem naquela bomba de cem megatons que os russos soltaram uma vez no Ártico. Essa era Sharon quando contei que precisava fazer um teste de HIV porque tinha trepado com uma garota horrível de um bar de hotel. Brava realmente não a descreve. Foi uma cena tão feia, comecei a pensar que estar morto poderia ser melhor do que estar vivo e aguentar outra briga daquelas.

Bom, acabei fazendo o teste. E uma semana depois fui com Sharon pegar os resultados.

Nunca vou me esquecer do médico entrando naquela salinha, sentando-se, pegando o arquivo:

— Bem, Sr. Osbourne, a boa notícia é que o senhor não tem herpes, chato ou sífilis.

Assim que ele falou isso, eu sabia que havia algo.

— Qual é a má notícia? — perguntei.

— Bom, infelizmente não há uma forma fácil de dizer isso — ele falou, e todo o meu corpo paralisou de medo. — Mas o senhor é HIV positivo.

Eu caí literalmente de joelhos, coloquei minhas mãos na cabeça e gritei:

— QUE MERDA VOCÊ QUER DIZER COM ISSO, HIV POSITIVO? É UMA PORRA DE UMA SENTENÇA DE MORTE, SEU BOSTA.

Vocês precisam lembrar que naqueles dias o HIV não era algo que podia ser tratado, como agora. Se você tinha HIV, significava ter AIDS — e morrer. O Final. E se eu era HIV positivo, então provavelmente Sharon também era. O que significava que eu tinha matado a mãe dos meus filhos.

Não podia nem olhar para Sharon, estava me sentindo muito mal. Ela deve ter me *odiado* naquele momento. Mas não disse nada. Acho que o choque deve ter sido tão ruim para ela quanto para mim.

Aí o telefone da mesa do médico tocou. Eu ainda estava de joelhos e gritando, mas logo calei a boca quando percebi que era o laboratório, ligando para falar sobre os meus resultados. Ouvi o médico falar e mexer a cabeça. Aí ele desligou e disse:

— Na verdade, Sr. Osbourne, deixe-me esclarecer: seu teste ficou no limite, não foi positivo. Isso significa que precisamos refazê-lo. Desculpe pela confusão.

Confusão? Se não estivesse tão arrasado, me levantaria e daria uma porrada no maldito.

Mas eu não conseguia fazer nada.

— Quanto tempo vai demorar? — falei, tentando não vomitar.

— Outra semana.

— Não vou *durar* mais uma semana — falei. — Sério, doutor, vou acabar me matando até lá. Há *alguma* outra forma de ser mais rápido?

— É caro.

— Não importa.

— Está bem. Vou conseguir para amanhã. Enquanto isso, Sra. Osbourne, sugiro que faça o teste, também.

Sharon assentiu, branca.

No dia seguinte, voltamos para pegar meus resultados. Eu tinha passado a noite muito mal, mas Sharon não estava exatamente com vontade de ser simpática. A única vontade dela era se divorciar. Eu honestamente pensei que meu casamento iria acabar.

— Então, Sr. Osbourne — começou o médico. — Fizemos outro teste e fico feliz em dizer que o senhor parece não ter HIV. Apesar de que deveríamos fazer o teste mais uma vez, para ter certeza.

Segurei a cabeça com as mãos, soltei todo o ar de meus pulmões e agradeci a Deus como nunca tinha agradecido antes. Enquanto isso, ouvi Sharon soltar um soluço de alívio e assoar o nariz.

— A confusão parece ter surgido por causa do estado do seu sistema imunológico — disse o médico. — Basicamente, Sr. Osbourne, seu sistema imunológico não está funcionando. Para nada. No começo, o laboratório não conseguiu entender. Então fizeram alguns testes e encontraram alguns... bem, hã, alguns *fatores de estilo de vida* que provavelmente explicam a anomalia.

— Fatores de estilo de vida?

— Seu sangue tem quantidades quase fatais de álcool e cocaína, Sr. Osbourne, sem mencionar várias outras substâncias controladas. O laboratório nunca viu nada assim.

— Então eu realmente *não* tenho HIV?

— Não. Mas seu corpo acha que tem.

— Bom, é um alívio.

— Sr. Osbourne, o senhor pode não ser HIV positivo, mas sua vida ainda está correndo grande perigo se não diminuir o ritmo.

Eu assenti, mas já não estava mais ouvindo. Estava muito ocupado planejando a bebedeira para comemorar. Mas eu mudei uma parte do meu estilo de vida — nunca mais traí Sharon.

Com o fim da crise da aids, voei de volta para a Inglaterra para preparar a próxima turnê. Só voltei uma ou duas semanas depois, quando recebi um telefonema desesperado de Sharon, que ainda estava na Califórnia.

— Ozzy, pegue o próximo voo para cá.

Ela parecia mal.

— O que foi? *Por quê?* — perguntei.

—Vá até o aeroporto, compre uma passagem, aí ligue para o Beverly Hills Hotel e me avise em qual voo você está.

— Está tudo bem?

— Não. Mais uma coisa, Ozzy.

— O quê?

— NÃO. FIQUE. BÊBADO.

Clique.

Quinze horas depois, eu estava passando pela imigração no LAX quando uns dez mil flashes começaram a disparar. Pensei que havia alguma visita real chegando ou algo assim. Aí um repórter meteu uma câmera de TV na minha cara e disse:

— O que você acha, Ozzy?

— Oh, hã, bem, a galinha estava um pouco passada — falei. — Mas fora isso foi um voo bastante decente.

— Estou falando do garoto. O garoto que morreu. Algum comentário?

— *O quê?*

— O suicídio. Sua opinião?

— Não tenho a menor ideia do que você está falan...

Antes que eu pudesse dizer outra coisa, uns dez seguranças empurraram o câmera e formaram um círculo ao meu redor. Eles me acompanharam até o lado de fora e me colocaram numa limusine escura.

Esperando dentro estava Howard Weitzman, meu advogado.

— O nome do garoto é, ou melhor, *era* John McCollum — ele explicou, entregando-me uma cópia do *Los Angeles Times*. — Dezenove anos. Grande fã seu. De acordo com seus pais, estava bebendo e ouvindo *Speak of the Devil* quando se deu um tiro com o .22 do pai. Ainda estava com os fones de ouvido quando foi encontrado. E estão culpando você.

— Eu?

— O pai diz que seu filho estava fazendo o que a letra de "Suicide Solution" mandava fazer.

— Mas *Speak of the Devil* é um disco ao vivo com músicas do Black Sabbath. "Suicide Solution" nem está lá.

— Exato.

— E ele chegou a *ler* a letra?

— Olha, você e eu sabemos que a música trata dos perigos de beber muito, mas ele não vê dessa forma.

— Ele acha que eu quero que meus fãs se matem? Como esse merda acha que eu planejo vender mais discos?

— Não é tudo, Ozzy. Estão dizendo que suas músicas possuem mensagens subliminares, instruindo os jovens e pessoas impressionáveis a "conseguir uma arma", "terminar com tudo agora", "atirar-atirar-atirar", esse tipo de coisa. Está tudo no processo. Mandei uma cópia para o seu hotel.

— Por quanto eles estão me processando?

— Tudo. Mais danos.

— Você está brincando.

— Infelizmente, não. Estamos a caminho de uma entrevista coletiva. Deixe que eu falo.

A entrevista coletiva foi num clube de tênis. Eu estava com jet lag, bêbado (não consegui evitar) e em choque. Tudo piorou quando fui levado a esse pequeno palco para encarar as câmeras. Já estava acostumado a dar entrevistas a revistas de música e coisas assim, mas não por essa gangue de jornalistas de TVs nacionais. Era como estar de volta à escola com o Sr. Jones. Os repórteres ficavam fazendo tantas perguntas ao mesmo tempo, que eu tinha vontade de sair correndo e me esconder.

Um cara disse:

— Ouça, Sr. Osbourne, não é verdade que o senhor canta em uma das suas músicas, "Paranoid": "I tell you to *end* your life"? [Estou dizendo para você *acabar* com sua vida]

Precisei de um momento para repassar a letra de Geezer na minha cabeça. Aí respondi:

— Não, eu canto "*enjoy* life" [*aproveitar* a vida].

Mas os outros repórteres já estavam gritando suas perguntas seguintes, então ninguém conseguia ouvir.

— É ENJOY life — eu ficava repetindo. — ENJOY life.

Ninguém ouviu.

— Ozzy — disse outro repórter. — O advogado do Sr. McCollum disse que foi a um dos seus concertos e que se parece com Nuremberg, com a multidão cantando seu nome. Algum comentário?

— *Nuremberg*? — eu devia ter dito. — Não acho que Hitler passava muito tempo em Nuremberg fazendo o sinal da paz e gritando "rock 'n' roll".

Mas não falei. As palavras não saíam. Eu simplesmente congelei.

Eles começaram, então, a perguntar sobre "Suicide Solution". Tudo que consigo me lembrar é de Howard Weitzman gritando acima da multidão:

— A canção é autobiográfica. É sobre a batalha bem conhecida do Sr. Osbourne contra o alcoolismo, que ele acredita ser uma forma de suicídio, como ficou evidente com a trágica morte do grande amigo do Sr. Osbourne, Bon Scott, cantor da banda australiana AC/DC.

— Mas, Ozzy — gritaram os repórteres —, não é verdade que...

Finalmente, aquilo acabou e eu voltei para o hotel, tremendo. Caí na cama, liguei a TV e lá estava Don Arden, discutindo o caso. "Para ser perfeitamente honesto, duvido que o Sr. Osbourne soubesse o sentido da letra — se é que tem *algum* sentido —, porque seu conhecimento da língua inglesa é mínimo", ele falou.

Acho que essa era a maneira de ele mostrar seu apoio.

A entrevista coletiva foi assustadora e deu uma demonstração do que estava por vir. Tornei-me o inimigo público número um dos Estados Unidos. Abri o jornal uma manhã em Nova York e havia uma foto minha com uma arma apontada para a minha própria cabeça. Eles devem ter feito uma montagem, porque nunca posei para isso, mas fiquei muito assustado, mesmo assim. Aí comecei a receber ameaças de morte em todos os lugares. Os policiais usavam isso para tentar cancelar os shows. Uma vez, no Texas, o chefe de polícia local ligou para nosso tour manager e disse: "Foi roubada uma quantidade de dinamite de um canteiro de obras e recebemos uma carta de uma fonte anônima dizendo que será usada para explodir o Ozzy".

Tinha medo de que fizessem algo com as crianças, mais do que tudo. Falei para as babás nunca pararem para ninguém na rua. Era 1986, pouco mais de cinco anos desde que John Lennon tinha autografado uma cópia de *Double Fantasy* para um fã e logo depois sido assassinado pelo mesmo cara. E eu estava bem consciente de que os próprios fãs podiam ser os mais loucos. Um cara começou a me seguir com uma presa de mamute que tinha uns cinco milhões de anos. Outro cara me mandou um vídeo da sua casa: ele tinha pintado meu nome em todos os lugares, dentro e fora. Aí, me mandou outro vídeo de uma garotinha usando um par de botas e dançando com a música "Fairies Wear Boots".

Aquele cara era louco. Construiu uma tumba para que ele e eu pudéssemos passar o resto da eternidade juntos. Eu conseguia pensar em coisas melhores para fazer com minha eternidade, para ser honesto. Chegou um ponto em que os policiais tinham de levá-lo preso sempre que eu fazia um show perto de onde ele vivia. E se houvesse uma sessão de autógrafos na área, eles me obrigavam a usar um colete à prova de balas, só para garantir.

Eu fiquei muito puto com essas loucuras, depois de um tempo. Lembro de uma vez, quando meu assistente Tony e eu estávamos num voo de Tóquio para LA. Havia um atraso de umas seis horas e eles nos deram cupons para bebidas grátis, então todo mundo estava meio bêbado. Mas uma garota norte-americana não me deixava em paz. Estava sentada atrás de mim e a cada dois segundos dava um tapa no assento e dizia:

— Eu *conheço* você.

Tony ficou falando para ela:

— Ei, senhorita, por favor vá embora. Não queremos ser incomodados — mas ela não ouvia.

No final, ela saiu do seu assento, deu a volta e queria uma fotografia. E eu deixei que tirasse:

— Já sei! Você é Ozzy Bourne!

Foi demais.

— VAI SE FODER! — gritei.

Uma aeromoça veio e pediu para eu não ser rude com os outros passageiros.

— Bom, então mantenha essa mulher longe de mim! — falei.

Mas ela continuava enchendo. Sem parar.

Finalmente, pensei: Certo, vou fazer algo para acabar com isso.

Naqueles dias, costumava levar comigo uma coisa chamada Doom Dots. É basicamente hidrato de cloral e é vendido em pequenas cápsulas de gel. Tudo que você precisa fazer é colocar a coisa na bebida de alguém. Quando ouvir falar de "colocar droga na bebida das pessoas", foi isso que aconteceu — colocaram uma Doom Dot. Bom, esperei até essa garota se levantar e ir mijar, aí me virei e coloquei uma Doom Dot na taça de vinho dela.

Quando ela voltou, falei para o Tony:

— Fica de olho e me diz o que está acontecendo.

Ele falou:

— Hum, ela está bem agora, mas está se inclinando um pouco para a frente. Está parecendo um pouco enjoada. Oh, espere um pouco, ela vai, ela vai, ela...

Senti um empurrão no meu assento.

— O que aconteceu? — perguntei ao Tony.

— De cara na bandeja. Sono rápido.

— Mágica — falei.

— Ei. É uma pena que ela não tirou a sopa do caminho antes. Pobre. Vai ficar toda suja.

Mas os loucos de Jesus eram os piores. Enquanto o caso de "Suicide Solution" estava no tribunal, eles me seguiam por todos os lados. Faziam piquetes nos meus shows com placas com as frases: "O Anticristo está aqui". E sempre cantavam: "Deixe Satã para trás! Coloque Jesus na sua frente!".

Uma vez, eu fiz minha própria placa — uma cara sorridente com as palavras "Tenha um bom dia" — e saí para me juntar a eles. Os caras nem perceberam. Aí, pouco antes do começo do show, abaixei a placa e falei "A gente se vê", e voltei para o meu camarim.

O momento mais marcante aconteceu em Tyler, Texas. Naquela época, eu recebia ameaças de morte todo dia, então tinha um segurança, um veterano do Vietnã chamado Chuck, que estava comigo o tempo todo. Chuck era tão barra-pesada que não entrava nem em restaurantes chineses. "Se eu vir alguém que se parece com um oriental, vou dar porrada", ele dizia. Deixou de ir a uma turnê comigo no Japão, porque não conseguiria aguentar. Sempre que ficávamos num hotel, ele passava a noite se arrastando pelos jardins ou fazendo flexões no corredor. Um cara realmente intenso.

Bom, em Tyler, fizemos o show, saímos pela cidade e voltamos ao hotel lá pelas sete da manhã. Eu tinha marcado com um médico no lobby do hotel ao meio-dia — minha garganta estava me incomodando —, então fui para a cama, dormi por algumas horas, aí Chuck bateu na minha porta e lá fomos nós ver o médico. Mas a gente não o encontrou, então eu falei para a garota da recepção: "Se aparecer um cara de jaleco branco, diga que estamos na lanchonete".

Mas eu não tinha ideia de que o evangelista local estava fazendo uma campanha na TV contra mim antes do show, dizendo a todos que eu era o Demônio, que estava corrompendo a juventude dos Estados Unidos e que ia levar todo mundo para o inferno comigo. Então, metade da cidade estava lá para me pegar, mas eu não tinha ideia. Lá estava eu, sentado na cafeteria, com Chuck ao meu lado. Passaram-se trinta minutos. Nada do médico. Mais trinta minutos. Ainda nada do médico. Aí, finalmente, aparece um cara e diz:

— Você é o Ozzy Osbourne?

— Sou.

— DEIXE SATÃ PARA TRÁS! COLOQUE JESUS NA SUA FRENTE! DEIXE SATÃ PARA TRÁS! COLOQUE JESUS NA SUA FRENTE! DEIXE SATÃ PARA TRÁS! COLOQUE JESUS NA SUA FRENTE!

Era o pregador da TV. E acontece que a lanchonete estava cheia de discípulos dele, então, assim que ele começou a fazer aquela merda, todas as outras pessoas se uniram, até eu ficar cercado por uns quarenta ou cinquenta loucos de Jesus, todos com o rosto vermelho e cuspindo as mesmas palavras.

E Chuck ficou completamente louco. Tudo aquilo deve ter criado um flashback do Vietnã, porque o cara simplesmente endoideceu. Completamente. O cara deve ter derrubado uns quinze loucos de Jesus nos primeiros dez segundos. Havia dentes, Bíblias e óculos voando por todos os lados.

Não fiquei para ver o que iria acontecer depois. Só dei uma cotovelada no saco do pastor e caí fora.

O mais engraçado é que, na verdade, eu me interesso pela Bíblia e tentei lê-la várias vezes. Mas só cheguei à parte em que Moisés tinha 720 anos e pensei: "O que essas pessoas fumavam na época?". O resumo é que não acredito num cara chamado Deus sentado numa nuvem fofa, não mais do que acredito num cara chamado Demônio com um tridente e um par de chifres. Mas acredito que existem o dia e a noite, há o bem e o mal, há o negro e há o branco. Se existe um Deus, é a natureza. Se existe um Demônio, é a natureza. Sinto-me da mesma forma quando as pessoas me perguntam se músicas como "Hand of Doom" e "War Pigs" são contra a guerra. Acho que a guerra é parte da natureza humana. E sou fascinado pela natureza humana — principalmente o lado obscuro. Sempre fui. Isso não faz de mim um adorador do Demônio, não mais do que ter interesse em Hitler faz de mim um nazista. Quero dizer, se sou nazista, como me casei com uma mulher que é parte judia?

Tudo que aqueles loucos de Jesus precisavam fazer era ouvir meus discos, e ficaria óbvio. Mas eles só queriam me usar para fazer publicidade. E acho que eu não ligava tanto porque, cada vez que eles me atacavam, minha cara feia aparecia na televisão e eu vendia mais algumas centenas de milhares de discos. Eu deveria enviar um cartão de Natal para eles.

Mas, no final, até o sistema judiciário norte-americano ficou do meu lado.

O processo foi iniciado em janeiro de 1986 e recusado em agosto daquele ano. Numa audiência, Howard Weitzman disse ao juiz que se fossem banir "Suicide Solution" e me responsabilizar porque algum pobre jovem se matou, então deveriam banir Shakespeare porque *Romeu e Julieta* trata de suicídio também. Disse ainda que a letra da música estava protegida pelo direito de liberdade de expressão nos Estados Unidos. O juiz concordou, mas seu discurso final não foi exatamente amigável. Disse que, apesar de eu ser "totalmente questionável e repulsivo, o lixo também é protegido pela Primeira Emenda".

Eu precisei ler aquela sentença cinco vezes antes de perceber que o cara tinha decidido a nosso favor.

A única coisa que os McCollums estavam certos era que *havia* uma mensagem subliminar em "Suicide Solution". Mas não era "Pegue a arma, pegue a arma, atire-atire-atire". O que dizia na verdade era: "Get the flaps out, get the flaps out, bodge-bodge-bodge". Era uma piada estúpida que tínhamos na época. Se uma garota tirasse a roupa, dizíamos que estava "getting her flaps out". E "bodge" era só uma palavra que tínhamos para foder. Então eu basicamente estava dizendo: "Tire a roupa de uma garota e transe com ela", que era algo muito diferente de dizer: "Estoure sua cabeça".

Mas a mídia ficou obcecada com isso por muito tempo. O que era uma ótima publicidade para nós. A coisa chegou a um ponto em que se você colocasse uma etiqueta de "parental advisory" no seu disco, dizendo que ele continha letras explícitas, vendia o dobro de cópias. Aí você *tinha* de ter uma dessas etiquetas, ou o disco nem chegava às paradas.

Depois de um tempo, comecei a colocar mensagens subliminares em todas as músicas que pudesse. Por exemplo, em *No Rest for the Wicked*, se você tocar "Bloodbath in Paradise" de trás para frente, pode me ouvir dizer claramente: "Sua mãe vende moluscos em Hull".

A coisa mais triste desse período não foi que os loucos de Jesus ficavam me enchendo o saco. Foi que meus velhos companheiros de banda Bob Daisley e Lee Kerslake decidiram me atacar também. Parece que alguém tinha colocado olho gordo em mim, só porque eu estava ganhando dinheiro.

Eles afirmavam que lhes devíamos dinheiro por causa de *Blizzard of Ozz* e *Diary of a Madman,* por isso nos processaram. E nós fomos para a briga, porque não devíamos nada. Bob e Lee eram músicos de estúdio. Ganharam um salário semanal para gravar, outro diferente para fazer as turnês e outro diferente para ficar em casa. Eu até pagava pela porra da gasolina que eles gastavam para ir e vir ao estúdio. Sim, eles ajudaram a escrever algumas das músicas nos primeiros dois discos, mas tinham royalties por isso — e recebem até hoje. Então, o que mais queriam? Eu obviamente não sou um gênio do Direito, mas até onde entendo eles disseram que eu não era um artista solo e que éramos parte de uma banda. Mas se eu fosse só o cantor e estivéssemos todos no mesmo nível, como eu os teria escolhido? E como eu já falava em *Blizzard of Ozz* anos antes de conhecê-los? E onde cacete estão todos os discos de sucesso *deles*, antes e depois dos dois discos comigo?

As pessoas me perguntam por que eu não fiz um acordo. Mas foi o que Michael Jackson fez, e olha o que aconteceu com ele. Se você tem um pouco de dinheiro suado no banco e diz para quem o está processando: "Está bem, quanto você quer para acabar com isso?", abre a porta para todo doido e safado do mundo tentar conseguir uma grana. Você precisa se defender porque essa indústria pode ser bastante feia — principalmente quando as pessoas pensam que você dorme em cima de uma grande montanha de grana.

No final, o processo de Bob e Lee foi rejeitado por todos os tribunais dos Estados Unidos. O que realmente me deixa bravo é que Bob e Lee nunca me disseram: "Ozzy, precisamos sentar. Queremos conversar com você". Eles só ficaram atirando para todos os lados. A primeira vez que fiquei sabendo disso foi quando fui citado. Eles tinham ficado falando mal de mim nas minhas costas, ligado para outras pessoas que tinham tocado nos meus discos, tentando envolvê-las. Eu tentei ignorar, mas eles fizeram com que eu me sentisse o criminoso do século e isso realmente encheu o saco.

Sharon me poupava de vários detalhes, porque sabia quanto eu me preocupava. No final, ela ficou doida e regravou as partes de Bob e Lee naqueles dois discos. Quando eles foram relançados, uma etiqueta tinha sido colocada nas capas contando às pessoas o que tinha acontecido. Não tive nada a ver com aquela decisão e não posso dizer que fiquei contente com ela. Disse a Sharon que não me sentia bem com aquilo, mas entendi, sabem? Entendi por que ela sentia que devia fazer aquilo. Sempre que ultrapassávamos um obstáculo, aparecia outro. Não parava nunca. O caso se arrastou por *vinte e cinco anos* depois que *Blizzard of Ozz* foi gravado. Tudo que eu queria fazer era continuar a tocar rock 'n' roll e, em vez disso, acabei me tornando um porra de um Perry Mason, dando depoimentos aqui, ali, em todo lugar.

O que realmente me mata é que eu trabalhei com Bob durante anos, e gostava muito dele e da sua família. É um cara muito talentoso. Éramos bons amigos. Eu certamente não me virei contra ele e o processei quando o meu estava na reta pela música "Suicide Solution", apesar de ele ter escrito uma parte da letra. Mas às vezes, na vida, você precisa seguir em frente. No final, deixei de falar com ele, porque tinha medo de dizer algo errado — e aí voltaríamos aos tribunais. Eu também odeio confrontos. É um dos meus maiores problemas.

Não quero nunca mais passar por essa merda de novo. Antes eu trabalhava com qualquer um; agora, digo para o cara conseguir um advogado, peço que o advogado dele faça um contrato com o meu advogado, depois leia, pense, tenha certeza de que está feliz, duplamente e triplamente feliz, e depois *nunca* venha dizer que foi roubado.

Porque eu nunca faço isso — não importa o que Bob Daisley e Lee Kerslake possam falar.

Minha última boa lembrança dos anos 80, antes de tudo apagar, foi ser enviado até Wormwood Scrubs. Não porque eu tinha feito algo errado — por incrível que pareça —, mas porque me convidaram para tocar ali.

Que louca experiência foi aquela. Eu posso ter passado por algumas cadeias durante esses anos, mas nunca tinha colocado os pés numa prisão de verdade desde que saí de Winson Green em 1966. As barras de ferro, as galerias, até os guardas, tudo parecia igual a vinte anos antes, mas foi o cheiro que me fez lembrar de tudo: como um banheiro público, multiplicado por dez. Tão ruim que irritava os olhos. Não consigo entender como alguém quer trabalhar em um lugar desses. Acho que são caras que deram baixa no exército, então estão acostumados.

Talvez pudesse ter sido o meu fim, se o exército não mandasse eu me foder.

Fui convidado a fazer o show porque a prisão tinha sua própria banda, chamada Scrubs, formada por guardas e presos. Eles tinham composto uma música e doado os royalties para caridade. Aí me escreveram e perguntaram se eu gostaria de tocar com eles. O acordo era que eles fariam um show, então eu tocaria e depois faríamos uma jam de "Jailhouse Rock".

Então fomos até a prisão e eles me levaram por todas as cercas, portões e portas, depois me mostraram um quarto onde havia um cara gordo fazendo chá. Era um cara muito legal, amigável e me ofereceu uma xícara.

Eu perguntei:

— Quanto tempo para terminar sua sentença?

— Oh — ele falou —, nunca vou sair daqui.

Continuamos conversando um pouco e eu bebi o chá, mas aí fiquei curioso e perguntei:

— Então, por que você recebeu essa sentença tão longa?

— Eu matei oito pessoas.

Que barra-pesada, pensei, mas continuei conversando. Aí fiquei curioso de novo:

— Então, como você fez isso? — perguntei, dando outro gole no meu chá. — Quero dizer, como você matou essas pessoas?

— Oh, eu as envenenei — ele falou.

No ato, joguei minha xícara de chá na parede. E o que estava na minha boca saiu pelo nariz. É engraçado, quando você pensa num assassino, sempre imagina alguém alto, sombrio, um monstro com olhar maligno. Mas pode ser um cara normal, feliz e gordo, com um fio solto na cabeça.

O show em si foi surreal.

O cheiro de maconha no lugar onde tocamos quase me derrubou. Era como um casamento jamaicano ali. Outra coisa que me surpreendeu foi que eles tinham um bar bem do lado de fora, onde todos os guardas iam. Quanto aos membros do Scrubs, o baixista era um vietnamita que tinha queimado trinta e sete pessoas alguns anos antes ao jogar gasolina num clube underground no Soho e botado fogo no lugar (o maior assassinato em massa na história britânica à época); o guitarrista era um garoto que tinha matado um traficante com uma barra de ferro; e havia dois guardas: um cantava, outro tocava bateria.

Nunca vou esquecer nossa vez de entrar no palco. Jake E. Lee tinha saído da banda, e Zakk Wylde tinha assumido como guitarrista. Era jovem, musculoso e tinha cabelos compridos loiros. No segundo em que ele subiu ao palco, a galera começou a assobiar e gritar: "Pode se abaixar, garotinho, pode se abaixar, garotinho!". Aí todos começaram a pular, doidões, enquanto os guardas formavam uma fila de separação. Foi louco. Tinha dito a Sharon antes de entrarmos: "Pelo menos, se tocarmos mal, ninguém poderá ir embora". Agora eu estava pensando: Não, eles vão me matar.

Num momento, olhei pra baixo e na primeira fila estava Jeremy Bamber, o cara que tinha matado toda a sua família com um rifle numa fazenda em Essex e depois tentou fingir que tinha sido sua irmã doente mental que havia feito aquilo. Seu rosto esteve na primeira página de todos os tabloides na Grã-Bretanha durante meses. Ele me deu um grande sorriso.

No final, quando estávamos tocando "Jailhouse Rock", houve uma invasão ao palco, liderada por um dos garotos que tinham tentado cortar a cabeça daquele policial, Keith Blakelock, no levante em Broadwater Farm. Eu sabia que era ele porque um dos guardas no palco tinha me contado. A última coisa que vi foi esse garoto tirando o sapato e batendo na própria cabeça com ele.

Foda-se essa brincadeira de soldado, pensei. Bom ver vocês, estou indo nessa.

E não olhei para trás.

Uma manhã, pouco depois daquele show, Sharon me perguntou:

— Você se divertiu ontem à noite, Ozzy?

— Como assim?

— Na festa de aniversário da Kelly. Você se divertiu?

— Claro, acho que sim.

Eu só conseguia me lembrar de brincar com as crianças no jardim, fazer o Jack rir com cócegas na barriga, contar algumas piadas e comer muitos pedaços de bolo de aniversário. Tínhamos até contratado um palhaço para a ocasião — um cara chamado Ally Doolally —, que tinha montado um lindo show de marionetes. O resto estava meio apagado, porque eu tinha tomado um ou dois drinques.

— Você deveria se ver — disse Sharon.

— Como assim?

— Estou dizendo que *você deveria se ver.*

— Não estou entendendo, Sharon. Eu estava um pouco alegre, verdade, mas era uma festa de aniversário. Todo mundo estava um pouco alegre.

— Não, de verdade, Ozzy, você deveria *ver o que fez*. Na verdade, você gostaria de ver? Eu tenho o vídeo.

Oh, *merda*, pensei.

Sharon tinha filmado tudo. Ela colocou a fita no aparelho e não pude acreditar nos meus olhos. Na minha mente, eu tinha sido o pai legal que todo mundo quer ter por perto. Aí eu vi a realidade. Jack estava aterrorizado e chorando. Kelly e Aimee estavam se escondendo no meio dos arbustos, também chorando. Todos os outros pais estavam indo embora e resmungando. O palhaço, com o nariz sangrando. E eu estava ali no meio de tudo aquilo, balofo, mijado, bolo por toda a minha cara, pingando por estar molhado com alguma coisa, louco, gritando, bêbado.

Eu era uma besta. Completamente amedrontador.

Depois que saí do Betty Ford Center, comecei a falar para mim mesmo: "Bem, posso ser alcoólatra, mas tenho o emprego perfeito para ser alcoólatra, então tudo bem ser alcoólatra".

De certa forma, era verdade. Quer dizer, que outro emprego paga para você ficar fora de órbita o tempo todo? Quanto mais travado eu ficava quando subia ao palco, mas a audiência sabia que ia ser uma noite boa. O problema era que a bebida me deixava tão mal que eu não conseguia mais funcionar bem sem pílulas ou cocaína. Aí não conseguia dormir — ou tinha ataques de pânico ou tinha delírios paranoicos —, então tentava sedativos, que conseguia de médicos enquanto estava em turnê. Sempre que tomava demais, o que acontecia o tempo todo, eu culpava minha dislexia: "Desculpe, doutor, pensei que eram *seis* a cada *uma* hora, não *um* a cada *seis* horas".

Eu tinha um médico diferente em cada cidade — "médicos dos shows", eu os chamava — e colocava um contra o outro. Quando você é viciado em drogas, metade da emoção é consegui-la. Quando descobri o Vicodin, por exemplo, costumava manter um frasco e colocava umas pílulas nele, depois dizia: "Oh, doutor, tenho esses Vicodins, mas estão terminando". Ele olhava a data e as duas pílulas no frasco, aí me dava outras cinquenta. Então eu conseguia cinquenta pílulas antes de cada show. Eu estava tomando vinte e cinco por dia numa época.

É preciso entender que, se você é uma celebridade nos Estados Unidos, não precisa se esforçar muito para conseguir o que quiser com os médicos. Um desses médicos de show vinha de carro e a consulta era ali mesmo na picape dele. Na parte de trás, ele tinha um desses gabinetes cheio de muitas drogas. Toda a merda pesada que eu queria. No final, Sharon descobriu o que estava acontecendo e bateu o pé. Ela agarrou o médico pela nuca e disse: "Não dê nenhuma droga a meu marido sob nenhuma circunstância ou vou colocá-lo na cadeia".

Lá no fundo, eu sabia que toda a bebida e as drogas tinham me deixado amargo; que tinha deixado de ser engraçado e louco, e começado a ficar triste. Corria quilômetros para conseguir uma bebida. Fazia qualquer coisa por um trago. Costumava ter uma geladeira cheia de cerveja na cozinha e quando acordava a primeira coisa que fazia de manhã era abrir uma Corona e, ao meio-dia, já estava completamente travado. E quando estava tomando Vicodin e toda aquela merda, estava sempre mexendo com a porra do nariz. Dá para ver como eu estava mal no documentário de Penelope Spheeris, *O Declínio da Civilização Ocidental — Parte II*. Todo mundo achou engraçadíssimo me ver tentando fritar um ovo às sete da manhã depois de ter ficado muito bêbado a noite toda, bebendo várias garrafas de vinho.

A bebida faz coisas terríveis quando se bebe muito como eu. Por exemplo, comecei a cagar em mim mesmo regularmente. No começo, eu fazia piadas, mas aí aquilo parou de ser engraçado. Uma vez, eu estava em um hotel qualquer na Inglaterra, andando pelo corredor até meu quarto, mas de repente senti que a merda estava escorrendo. Eu precisava ir ao banheiro. Naquele momento. Ia fazer ou no tapete ou nas minhas calças e já estava cansado de fazer nas calças. Então, me agachei, abaixei minhas calças e caguei bem ali no corredor.

Naquele exato momento, um mensageiro estava saindo do elevador. Ele olhou para mim e gritou:

— *Que merda você está fazendo?*

Não consegui nem começar a pensar em algo para explicar. Então peguei minha chave e disse:

— Tudo bem, estou hospedado aqui.

— Não está, não — ele respondeu.

Muitos alcoólatras cagam em si mesmos. Pense nisso: um galão de Guinness faz suficiente asfalto para pavimentar quase vinte quilômetros da M6. E quando você acorda no dia seguinte, seu corpo quer se livrar de tudo: quer expelir toda a merda tóxica que você engoliu na noite anterior. Eu tentei mudar de Guinness para Hennessy. Mas colocava suco de laranja ou Coca-Cola o tempo todo, o que piorava a situação. E estava bebendo quatro garrafas de Hennessy por dia, mais a cocaína e as pílulas e a cerveja. No começo, quase não tinha ressaca, mas com o passar do tempo elas foram ficando cada vez piores, até que não consegui mais aguentá-las.

Então voltei para a reabilitação. Estava tão cansado de me sentir mal. Se você bebe algum líquido que o faz se sentir bem, é uma coisa. Mas se você bebe um líquido que o faz se sentir pior do que estava antes, então qual é o sentido? E eu sentia que estava *morrendo.*

Não poderia encarar Betty Ford de novo, então fui à Hazelden Clinic, em Center City, Minnesota. Era inverno, um frio de matar. Ficava o tempo todo tremendo, vomitando e sentindo pena de mim.

No primeiro dia, o terapeuta juntou vários pacientes e disse: "Quando voltarem a seus quartos esta noite, quero que escrevam quanto vocês acham que gastaram em bebida e drogas desde que começaram a usar. Somem tudo e voltem aqui".

Aquela noite, eu peguei uma calculadora e comecei a somar. Eu meio que queria conseguir um número grande, então exagerei muito, tipo quantas canecas bebia por dia — coloquei vinte e cinco — e quanto custava cada uma. No final, eu terminei com um número obsceno. Um número enorme e ridículo. Algo como um milhão de libras. Aí tentei dormir um pouco, mas não conseguia.

No dia seguinte, mostrei meus cálculos para o cara e ele disse:

— Oh, muito interessante.

Fiquei surpreso porque achei que ele ia dizer: "Ah, está bem, Ozzy, mostre-me um número real".

Aí ele falou:

— Então isso é só da bebida?

— E das drogas — respondi.

— Hummm. E você tem certeza de que isso é *tudo*? — perguntou.

— É um milhão de libras! — falei. — Quanto mais poderia ser?

— Bom, você já foi multado por causa da bebida?

— Algumas vezes, sim.

— Já perdeu um show ou foi banido de lugares por beber?

— Algumas vezes, sim.

— Precisou pagar advogados para livrá-lo de encrencas por causa da bebida?

— Algumas vezes, sim.

— Contas médicas?

— Muitas.

— E você acha que pode ter perdido dinheiro em vendas de discos porque seu trabalho foi afetado pela bebida?

— Provavelmente.

— *Provavelmente?*

— Certo. Com certeza.

— Última pergunta: você já perdeu alguma propriedade ou outro bem material num divórcio causado pela bebida?

— Claro, perdi tudo.

— Bem, Ozzy, fiz algumas pesquisas e alguns cálculos por minha conta ontem à noite e você quer saber quanto *eu* acho que seus vícios custaram?

— Pode falar.

Ele me contou. Eu quase vomitei.

10

Blackout

Acordei gemendo.

Estou fodido, pensei, quando meus olhos começaram a entrar em foco: devo ter tomado todas ontem à noite. Estava deitado num chão de concreto numa sala quadrada. Havia grades na janela, um balde num canto e merda nas paredes. Por um segundo, pensei que era um banheiro público. Mas não: as barras na janela eram a dica.

Um dia daqueles, pensei, eu realmente preciso parar de acordar em celas.

Toquei meu rosto. *Argh! Merda*, está dolorido.

Por alguma razão, eu estava usando somente uma das minhas camisetas velhas e fedidas — do tipo que usava para dormir — e uma calça brilhante de smoking. Pelo menos é melhor do que acordar com um dos vestidos da Sharon, pensei.

Fiquei tentando descobrir que horas seriam. Sete da manhã? Nove? Dez? Meu relógio tinha desaparecido. Minha carteira também. Os policiais devem ter pegado minhas coisas quando me ficharam. A única coisa que eu tinha no bolso era um recibo amassado de um restaurante chinês local, o Dynasty. Lembrei como era a parte de dentro do local — vermelho, como o inferno — e me vi sentado em uma das cadeiras de couro, brigando com Sharon e esmagando pílulas num daqueles... como se chamam? Um daqueles pilões pequenos. Que merda eu tinha tomado na noite anterior? Coca? Pílulas para dormir? Anfetaminas? Tudo isso e mais um pouco, me conhecendo bem.

Sentia-me mal. Todo o meu corpo doía — principalmente meu rosto, meus dentes e meu nariz.

Precisava de um pouco de gelo.

Precisava de um banho.

Precisava de um médico.

— OLÁ! — gritei pelo meio das barras. — TEM ALGUÉM AÍ?

Nenhuma resposta.

Tentei pensar o que meu irmão gêmeo do mal, bêbado e cheirado, poderia ter feito para me colocar atrás das grades. Mas meu cérebro estava vazio. Branco. Só aquela imagem minha no Dynasty, depois um monte de estática. Provavelmente tinha sido pego mijando da rua de novo, pensei. Mas se fosse esse o caso, por que estaria usando minha camiseta de pijama? Será que tinha sido preso na minha *casa*? Não sei o que tinha tomado, mas estava sentindo a mãe das dores de cabeça. Esperava não ter usado minha ligação de direito porque precisava contar a Sharon que estava na cadeia, assim ela viria me tirar. Ou talvez ela tivesse ido para os Estados Unidos. Estava sempre indo para os Estados Unidos para se afastar de mim, principalmente depois de uma briga feia. Nesse caso, eu teria de ligar para Tony Dennis.

O velho e bom Tony.

Ele ia resolver tudo.

Era 3 de setembro de 1989.

Nessa época, tínhamos mudado de vez para a Inglaterra. Tínhamos comprado um lugar chamado Beel House em Little Chalfont, Buckinghamshire. A casa era do século XVII ou foi o que Sharon me contou. Dirk Bogarde já tinha vivido ali. Era uma casa *de verdade*, não a merda falsa, de filme, que se consegue na Califórnia. Mas o que eu mais gostava daquele lugar era do vizinho, George, que era químico e produzia seu próprio vinho. Todo dia eu batia na porta dele e dizia: "Me dá uma garrafa de seu supervinho, George". Era como um combustível de foguete, aquele vinho dele. As pessoas vinham dos Estados Unidos, tomavam um gole, os olhos se abriam e elas diziam: "Que merda é essa?". Uns copos de Chateau d'George eram suficientes para derrubá-lo. O mais engraçado era que George não bebia. Era abstêmio. Falava: "Oh, Sr. Osbourne, eu vi que o senhor colocou fogo na cozinha ontem à noite. Deve ter sido um vinho bom. Ajude-me a lembrar, foi o sabugueiro ou o folha de chá?".

Mas Sharon estava atrás de mim, o tempo todo, então eu não podia beber as fermentações de George na frente dela. E não podia esconder as garrafas no forno, tampouco. Então comecei a enterrar a coisa no jardim. O problema era que sempre escondia a bebida quando estava bêbado, então na noite seguinte nunca conseguia lembrar onde estava aquela porra. Eu saía com uma pá às duas da manhã, cavando buracos por todo o lugar. Aí Sharon descia para tomar o café da manhã, olhava pela janela e via aquelas valas por todos os lados. "Que foda, Sharon", eu dizia, "aquelas toupeiras estão fazendo um estrago, não?"

No final, coloquei luzes para me ajudar a encontrar a bebida. Custou uma fortuna.

Aí Sharon se deu conta e foi o fim daquilo.

— Eu deveria ter percebido que você nunca poderia estar desenvolvendo um súbito interesse em horticultura — ela falou.

Provavelmente foi bom eu ter sido pego porque meu corpo não estava aguentando aquela coisa. Eu estava com quarenta anos e meu organismo estava começando a deixar de funcionar. Sabia que tinha algo muito errado quando fui ao pub uma vez e acordei *cinco dias* depois. As pessoas me encontravam e diziam: "Olá, Ozzy", e eu perguntava: "Eu conheço você?". E elas contavam: "Passei três meses morando na sua casa durante o verão. Você não se lembra?".

Tinham me avisado sobre os blackouts quando fui ao Betty Ford Center, depois que Kelly nasceu. O médico me explicou que minha tolerância acabaria chegando a zero e que meu corpo e meu cérebro acabariam falhando. Mas pensei que era besteira para me assustar. "Você sabe qual é meu verdadeiro problema com a bebida?", dizia para ele. *"É que não consigo encontrar uma merda de um bar nesse lugar."*

Mas aí começaram os blackouts, exatamente como o médico tinha dito. Não parei de beber por causa deles, no entanto. Só me deixaram preocupado, o que me fazia beber ainda mais. Depois do que acontecera com Vince Neil e o acidente de carro, meu maior medo era acordar num tribunal um dia com alguém apontando o dedo para mim e dizendo: “Foi ele! Foi ele quem matou meu marido!”. Ou “Foi ele! Foi ele quem matou meu filho!”.

“Mas eu tive um blackout, Vossa Excelência” seriam minhas últimas palavras antes de me trancarem e jogarem a chave fora.

— OLÁ? — gritei novamente. — TEM ALGUÉM AÍ?

Estava ficando nervoso — o que significava que toda a bebida e a coca da noite anterior deviam estar perdendo efeito. Assim que eu sair dessa merda, falei, vou beber um pouco para me acalmar.

Silêncio.

Esperei.

E esperei.

E esperei.

Onde merda tinha ido todo mundo?

Eu estava suando e tremendo. E realmente precisava dar uma cagada.

Finalmente apareceu um policial: um cara grande, da minha idade — talvez mais velho —, com um olhar de raiva.

— Com licença — falei para ele. — Alguém poderia me dizer o que estou fazendo aqui?

Ele ficou parado, olhando para mim como se eu fosse uma barata no jantar dele.

— Você realmente quer saber? — ele perguntou.

— Quero.

Ele se aproximou das barras, deu uma boa olhada em mim e disse:

— Normalmente, não acredito nas pessoas quando elas têm convenientes perdas de memória enquanto estão cometendo crimes. Mas no seu caso, depois de ver o seu estado ontem à noite, posso abrir uma exceção.

— Hã?

— *Você precisava se ver.*

— Olha, você vai me contar por que estou aqui ou não?

— Vou contar uma coisa — disse o policial. — Por que não vou lá pegar seu arquivo? Aí posso ler as acusações.

Ler as acusações?

Eu quase caguei nas calças quando ele disse isso.

Que merda eu tinha feito? Matado alguém? Comecei a pensar no documentário a que tinha assistido umas semanas antes na TV norte-americana, sobre um assassino em Nova York. Ele estava sendo julgado e sabia que ia pegar prisão perpétua, então pegou um pouco de pasta de amendoim e passou na bunda, aí, pouco antes de o júri sair para decidir seu veredicto, ele enfiou a mão nas calças, raspou da bunda e começou a comer.

Conseguiu ser considerado louco.

O problema era que eu não tinha nenhuma pasta de amendoim. Então, se quisesse fingir que estava comendo minha própria merda, *eu precisava mesmo comer minha própria merda.*

Sabe, mesmo depois que Sharon me mostrou o vídeo do aniversário de Kelly — aquele em que eu fiz todas as crianças chorarem —, nunca realmente pensei que era um bêbado *que dava medo.* Não conseguia entender por que estava causando tanto mal. Pensava que tudo se resumia a sair, tomar umas cervejas, ir para casa, cagar nas calças, depois molhar a cama. Todo mundo fazia isso, não? Era só dar umas risadas, claro, com as coisas que eu fazia. Mas na reabilitação eles falaram: "Olha, o que você precisa fazer é inverter os papéis. Como se sentiria se chegasse em casa e fosse Sharon que estivesse caída no chão numa poça formada por sua merda e mijo, louca, a cozinha pegando fogo e ela não cuidasse das crianças? Quanto tempo você ficaria com ela? Como se sentiria nesse casamento?".

Quando eles falaram desse jeito, consegui entender o que diziam.

Mas demorou até esse ponto para eu perceber quão assustador e estranho era tudo aquilo. Eu era somente um porco. Bebia uma garrafa de conhaque, desmaiava, acordava, depois bebia outra. Não estou exagerando quando digo que estava bebendo quatro garrafas de Hennessy por dia.

Até agora, tenho dificuldades em entender por que Sharon ficou comigo — ou por que ela se casou comigo, para dizer a verdade.

Quero dizer, ela realmente tinha medo de mim na maior parte do tempo.

E a verdade era que *eu* tinha medo de mim, também. Medo do que podia fazer para mim mesmo ou, até pior, para outra pessoa.

Durante muito tempo, Sharon ia embora do país quando eu estava ficando louco. "Até mais, estou indo para os Estados Unidos", dizia. Foi nessa época que começou a trabalhar com outros artistas, porque eu era tão volátil que ela não queria ser totalmente dependente de mim. Mas isso me deixou preocupado com que me trocasse por algum cara jovem e gostoso. Eu nem poderia culpá-la — não era nada divertido ficar comigo. Ficar ao meu lado era o mesmo que cair num abismo.

Uma noite, quando Sharon estava fora, paguei para o George, o químico, cinquenta libras por uma garrafa de vinho superextraforte e me emborrachei completamente junto com meu tecladista, John Sinclair. Acontece que eu tinha uma consulta médica naquele dia, então engoli um monte de pílulas: para dormir, contra dor, Temazepam, todas que se possa imaginar. Os médicos sempre me davam um monte de frascos daquelas merdas, o tempo todo. Então, enquanto eu enchia a cara, ficava tomando aquelas coisas, uma atrás da outra, até finalmente desmaiar.

Quando acordei na manhã seguinte, estava na cama com Johnny e estávamos abraçados. Mas quando eu fui checar meu pinto, para ter certeza de que nada tinha acontecido, percebi que não conseguia sentir nada. Estava entorpecido. Completamente.

Estava deitado ali e comecei a gritar: "Porra! Porra! Não consigo sentir minhas pernas!".

Aí ouvi um murmúrio perto de mim.

— É porque essas são as *minhas* pernas — disse Johnny.

Precisei tomar três banhos depois disso. Tremo só de lembrar daquilo. Na verdade, me senti tão mal que disse: "Certo, chega. Basta de bebida, basta de pílulas, chega de tudo isso. É ridículo. Sharon vai me deixar se eu continuar assim".

Tentei parar de uma vez.

O que, como muitos viciados podem contar, é a coisa mais estúpida que se pode fazer. Quando Sharon voltou para casa, Jack correu até ela gritando: "Mãe! Mãe! Papai parou de beber! Ele parou de beber!". Eu me arrastei para fora da cama, sentindo-me horroroso, mas sem conseguir dormir. Então eu me enchi de Excedrin PM, porque achei que aquilo não era droga.

Aí eu *realmente* fiquei entorpecido.

Não sentia nada.

Quando voltei a abrir meus olhos, tudo que conseguia ver era Sharon debruçada sobre mim e falando: "Qual é o meu nome? Qual é o meu nome?". Eu não conseguia responder porque me sentia como se estivesse sob a água. Aí ela falava: "Quantos dedos estou mostrando? Quantos dedos, Ozzy?". Mas eu não conseguia contar. Tudo que queria era dormir. Pela primeira vez em anos, toda a minha dor havia desaparecido. De repente, eu sabia o que significava a frase "experiência extracorporal". Foi a melhor, mais rica e mais agradável sensação da minha vida.

Não queria que terminasse.

Era linda, muito linda.

Aí Sharon e Tony estavam me arrastando até o carro e íamos em círculos, tentando encontrar um médico. Finalmente, eu estava numa cama com todos os tubos saindo de mim, e numa voz abafada eu podia ouvir o médico dizendo para Sharon: "Seu marido entrou em coma alcoólico. É muito, muito sério. Demos medicamentos para estabilizá-lo, mas vamos continuar monitorando a noite toda. Ele pode não sair dessa".

Aí, pouco a pouco, a sensibilidade voltou.

Primeiros os dedos do pé. Depois, as pernas. Aí, o peito. Eu sentia que estava sendo levantado do fundo do mar. Então, de repente, meus ouvidos destamparam e eu conseguia ouvir o monitor cardíaco atrás de mim.

Blip Blip. Blip. Blip.

— Quantos dedos? — Sharon estava perguntando. — Quantos dedos, Ozzy?

Blip. Blip. Blip. Blip.

— Ozzy, qual é o meu nome? Qual é o meu nome?

Blip. Blip. Blip. Blip.

— Seu nome é Sharon. Me desculpe, Sharon. Sinto muito por tudo. Amo você.

Clomp, clomp, clomp, clomp.

O policial caminhou até as grades da minha cela com um pacote de papel na mão. Olhei para ele, eu estava suando, respirando e engolindo rápido, as mãos inchadas, querendo morrer.

Ele estava olhando para mim.

Aí limpou a garganta e começou a ler:

> John Michael Osbourne é acusado de tentativa de homicídio por estrangulamento de sua esposa, Sharon Osbourne, durante uma briga doméstica que aconteceu nas primeiras horas do domingo, 3 de setembro de 1989, em Beel House, Little Chalfont, no condado de Buckinghamshire.

Foi como se alguém tivesse me batido na cabeça com uma pá. Eu caí para trás, bati contra a parede cheia de merda, depois escorreguei para o chão, a cabeça no meio das mãos. Queria vomitar, desmaiar e gritar, tudo ao mesmo tempo. *Tentativa de homicídio? Sharon?* Era meu pior pesadelo. Vou acordar num minuto, pensei. Isso não pode estar acontecendo. "Amo minha esposa!", queria falar para o policial. "Amo minha esposa, ela é minha melhor amiga, salvou minha vida. *Por que merda eu iria querer matar minha esposa?*"

Mas não disse nada.

Não conseguia falar.

Não conseguia fazer nada.

— Espero que esteja orgulhoso — disse o policial.

— Ela está bem? — perguntei, quando consegui recuperar a voz.

— O marido dela acabou de tentar matá-la. Como você *acha* que ela está?

— Mas por que eu faria isso? Não consigo entender.

— Bom, aqui diz que depois de voltar de um restaurante chinês, onde vocês tinham ido para comemorar o sexto aniversário de sua filha Aimee, você ficou bastante intoxicado com vodca russa, entrou no quarto pelado e disse, vou ler: "Tivemos uma conversinha e está claro que você precisa morrer".

— Eu disse *o quê?*

— Segundo consta, você passou a noite toda reclamando por trabalhar demais, porque tinha acabado de voltar do Festival da Paz de Moscou... isso está certo, não?... e aí precisava ir para a Califórnia. Parece mais férias do que trabalho, para mim.

— Não pode ser verdade — falei. — *Nunca* tentaria matá-la.

Mas é claro que *poderia* ser verdade. Sharon há anos dizia que nunca sabia qual versão minha ia entrar pela porta: Ozzy Mau ou Ozzy Bom. Normalmente, era o Ozzy Mau. Principalmente quando eu voltava das turnês e me sentia terrivelmente inquieto. Só que dessa vez tinha decidido matar algo mais do que minhas galinhas.

— Outra coisa — disse o policial. — Sua esposa nos contou que se tivesse acesso a uma arma na hora do ataque, ela teria usado. Apesar de que vejo que ela conseguiu dar umas boas arranhadas nos seus olhos. Ela é boa de briga, a sua senhora, não é mesmo?

Não sabia o que falar. Então tentei aliviar um pouco e falei:

— Bom, pelo menos vou dar alguma notícia para a imprensa.

O policial não gostou nada daquilo.

— De acordo com a severidade das acusações — ele falou —, não acho que isso seja muito *engraçado*, você acha? Está preso por tentativa de homicídio, seu merda. Sua esposa poderia estar morta se outras pessoas na casa não tivessem ouvido os gritos dela. Eles vão deixá-lo na cadeia por um *bom* tempo, ouça o que eu digo.

— Sharon sabe que eu a amo — falei, tentando não pensar em Winson Green e Bradley, o molestador de crianças.

— Logo vamos descobrir isso, não é mesmo?

Seria justo dizer que os policiais em Amersham não gostavam muito de mim. Minha dancinha, meu ego, nada me ajudava aqui. Eu não era o herói roqueiro comedor de morcegos, que mijava no Alamo e cantava "Crazy Train". Toda essa merda de celebridade não queria dizer nada para a polícia do Vale do Tâmisa.

Principalmente quando o prendem por tentativa de assassinato.

Eles me deixaram preso naquela cela por umas trinta e seis horas no final. A única coisa que me fez companhia era a merda nas paredes. Aparentemente, Don Arden tentou me ligar quando eu estava ali. Tony Iommi também. Mas eles não conseguiram — e eu não teria falado com eles, de qualquer jeito. Alguns repórteres ligaram também. Os policiais me disseram que eles queriam saber se era verdade que Sharon estava tendo um caso ou se era verdade que eu ia voltar para a Jet Records para reformar o Black Sabbath. Vai saber onde eles tinham ouvido toda essa merda.

Tudo que eu queria era conservar minha família.

Fui levado, então, para o Tribunal de Beaconsfield. Eles me deixaram sair da cela para me limpar um pouco, mas quem tinha cagado nas paredes da cela tinha feito o mesmo no chuveiro, então eu não queria entrar. Tony Dennis veio com uma calça, uma camisa preta e um par de brincos. Eu coloquei tudo e tentei parecer inteligente e respeitável, mas estava passando por uma séria síndrome de abstinência. Minha aparência era horrível. Eu me sentia horrível. Meu cheiro era horrível. Quando chegou a hora de ir embora, os policiais me acompanharam até a porta dos fundos — longe da imprensa — e me enfiaram na traseira de um carro. Tony me seguiu de perto no Range Rover.

A corte era um zoológico. Era a entrevista coletiva de "Suicide Solution" repetida. Só que dessa vez a coisa era *realmente* séria. Eu estava me cagando de medo. Don Arden tinha enviado um capanga seu para ficar sentado no fundo e ouvir. Meu contador, Colin Newman, estava lá. O mais engraçado é que não consigo me lembrar se Sharon estava lá — o que provavelmente quer dizer que não estava. Por sorte, todo aquele papo de advogados e bater de martelo não durou muito.

— John Michael Osbourne — disse o juiz, no final —, concedo fiança sob três condições: que você entre imediatamente em um programa certificado de reabilitação de sua escolha; que você não tente fazer contato com sua esposa; e que não tente voltar para Beel House. Entendido?

— Sim, Excelência. Obrigado, Excelência.

— Ozzy! — era a imprensa. — É verdade que Sharon quer o divórcio? É verdade sobre o caso? Ozzy! Ozzy!

Tony já tinha reservado uma clínica: Huntercombe Manor, a uns vinte minutos de distância. No caminho, passamos por uma banca de jornal: "AMEAÇA DE MORTE FAZ COM QUE OZZY VÁ PARA CLÍNICA", dizia a manchete. É estranho, sabe, quando você vê os momentos mais particulares da sua vida tornarem-se públicos assim. Muito estranho.

Huntercombe Manor era um lugar legal. Bom, não era exatamente Palm Springs, mas não era um lixo, tampouco. O custo era bastante alto: quase quinhentas libras por noite em dinheiro de hoje.

Depois de ter entrado, fiquei sentado sozinho no meu quarto, fumando, bebendo Coca-Cola, sentindo-me muito infeliz. Queria tanto tomar um trago — mas tanto, que até sentia dor física.

Devo ter ficado naquele lugar por uns dois meses, no final.

As outras pessoas ali eram os alcoólatras e drogados crônicos de sempre. Havia um gay que tinha se envolvido no Caso Profumo; havia um aristocrata, Lorde Henry; e uma jovem asiática cujo nome não consigo me lembrar. A reabilitação não era algo tão avançado na Inglaterra naqueles dias, como é hoje. Ainda havia muita culpa agregada.

No final, Sharon veio me visitar. Falei como estava arrependido, quanto eu a amava, quanto amava as crianças, quanto queria manter nossa família unida. Mas sabia que era inútil.

— Ozzy — ela falou, com voz tranquila e calma. — Tenho uma notícia importante que acho que você vai querer ouvir.

É isso, pensei. Está terminado. Ela encontrou outra pessoa. Ela quer se divorciar.

— Sharon — falei — está bem, eu enten...

— Vou retirar a queixa.

Não podia acreditar no que tinha ouvido.

— O quê? *Por quê?*

— Não acredito que você seja capaz de cometer homicídio, Ozzy. Não é algo que está em você. Você é um homem doce e gentil. Mas quando está bêbado, Ozzy Osbourne desaparece e alguma outra pessoa toma conta. Quero que essa outra pessoa vá embora, Ozzy. Não quero vê-lo de novo. *Nunca mais.*

— Vou parar — falei. — Prometo, vou parar.

Enquanto isso, a imprensa estava ficando louca. Eles tinham fotógrafos escondidos nos arbustos, pendurados no alto das árvores. A história não tinha terminado, para eles. E mesmo depois de Sharon ter retirado a queixa, o Serviço de Promotoria da Coroa disse que estava determinado a continuar com a acusação de ataque. Eu ainda não podia voltar para Beel House. Mas aí — no Halloween — eles retiraram as acusações.

Finalmente, estava tudo acabado.

A imprensa nem se importou, no entanto. Um dos jornais enviou um repórter para a casa da minha mãe em Walsall, e depois publicou alguma merda exagerada sobre como ela tinha sido uma péssima mãe e que porcaria de educação tinha me dado. Foi horrível. Aí minha mãe começou a brigar com eles, o que só fez com que a história continuasse. A coisa chegou a tal ponto que meus filhos não podiam ir à escola, porque eram perseguidos no portão. Então liguei para minha mãe e falei: "Olha, sei que não é verdade o que eles falaram, mas você não vai conseguir ganhar uma briga com os tabloides. E se continuar a fazer essa confusão, eles vão continuar transformando a vida dos meus filhos em um inferno. Não é melhor eu ir na BBC essa semana e acertar tudo? Aí podemos esquecer isso, não?".

Minha mãe concordou, então fui até o Tommy Vance Show na Radio 1 e dei minha resposta — que meus pais tinham sido ótimos, que a imprensa estava contando mentiras, tudo.

Consertado. Terminado. Finalizado. Chega.

Mas aí descobri que minha mãe estava exigindo uma retratação de um dos jornais, e a coisa toda explodiu de novo. E se arrastou por outros três meses com as crianças longe da escola.

Finalmente, ela me ligou e disse:

— Você vai ficar feliz ao saber que consegui a retratação.

— Está feliz agora? — perguntei, ainda bravo com ela.

— Estou muito feliz. Eles agora estão trabalhando no acordo.

— Acordo?

— Eu pedi cinquenta mil e eles me ofereceram quarenta e cinco mil.

— Então tinha a ver com *dinheiro*? Eu podia ter dado a porra do dinheiro, mãe. Estava tentando proteger meus filhos!

Olhando para trás, não posso culpar minha mãe por agir desse modo. Ela tinha sido sempre pobre, então cinquenta mil era uma boa quantia. Mas ainda acho isso muito deprimente. Tudo aquilo tinha a ver com grana? Era esse o sentido da vida? Quero dizer, os amigos me disseram na época: "Você acha isso porque já *tem* dinheiro", e há uma certa verdade nisso. Mas o que me matava era o fato de que se um dos *meus* filhos me dissesse: "Olha, pai, por favor pare de fazer isso porque está fazendo mal para a minha família", eu pararia imediatamente. E minha mãe não estava passando necessidade — eu lhe dava dinheiro toda semana. Mas por alguma razão ela não conseguiu entender que quanto mais infernizasse a imprensa e reclamasse, mais a imprensa viria atrás de mim. Foi algo que abalou muito a minha relação com ela, no final. Estávamos sempre brigando por alguma coisa e depois nos reconciliávamos, mas eu fiquei sem vê-la um bom tempo depois dessa retratação. Parecia que sempre terminávamos falando sobre dinheiro e eu jamais gostei de conversar sobre isso.

Comecei uma grande missão para me limpar depois da reabilitação. Perdi bastante peso. Aí fui a um cirurgião plástico para tirar quarenta e quatro das minhas quarenta e cinco papadas. Tudo que ele fez foi fazer um buraco, enfiar um aspirador ali e sugar toda a banha. Foi mágico.

Lembrem-se de que parte da razão pela qual fiz isso foi para poder tomar um pouco de Demerol, que eu achava que era a melhor droga.

Enquanto estava lá, tirei um pouco de gordura das minhas coxas, também. Não tenho nenhum problema com cirurgias plásticas. Se algo está atrapalhando e você pode consertar, então conserte, é o que sempre digo. Sharon fez um monte — ela pode até desenhar um mapa, se você pedir. E está ótima. É como tudo na vida: pagando, consegue-se tudo.

Eu me senti muito melhor depois de perder uns quilos. E consegui ficar longe da bebida por um bom tempo, apesar de nunca ir às reuniões do AA. Nunca me senti confortável naqueles lugares. É a pior parte. Eu me levanto e canto tudo que quiserem na frente de duzentas mil pessoas num festival de rock, mas quando preciso falar sobre a forma como me sinto para pessoas que nunca encontrei antes, não consigo. Não há nada que possa usar como esconderijo.

Em LA, esses encontros são como convenções de estrelas de rock. Uma vez, nessa clínica em LA, eu estava sentado numa sala com um monte de outros alcoólatras sorridentes e vi Eric Clapton. Foi um momento terrível, na verdade, porque na época eu estava convencido de que Clapton me odiava. A gente já tinha se encontrado numa entrega de algum prêmio uns dez anos antes e alguém quis tirar uma fotografia de nós dois juntos com Grace Jones, então fizemos uma pose para a foto, mas eu estava muito travado com bebida e coca, e terminei fazendo uma dessas caretas loucas. Tive a impressão de que Clapton ficou assustado ou simplesmente não foi com a minha cara, e por alguma razão fiquei convencido de que ele ligou pessoalmente para o fotógrafo e destruiu a foto.

Assim, quando eu o vi na reunião, tentei fugir o mais rápido que pude pela porta dos fundos. Aí o encontrei novamente, uns dias depois, e tentei evitá-lo, mas dessa vez Clapton veio atrás de mim.

— Ozzy! — ele gritou, quando eu estava a ponto de cruzar a rua até meu carro.

— Oh, hã, olá, Eric — disse.

— Está morando aqui agora? — ele perguntou.

— Estou.

— O que está achando?

E continuamos conversando. Foi até bem legal, na verdade. E uns quinze dias depois, eu estava folheando uma revista e lá estava a foto que tiramos juntos com Grace Jones; eu com uma cara estúpida e Eric sorrindo. Eu tinha imaginado a coisa toda.

Ainda odiava aquelas reuniões do AA. No final, parei de ir. Sempre que saía da linha, conseguia que alguém viesse em casa e fizesse uma dessas desintoxicações caseiras para que eu voltasse ao programa de novo. Eu realmente queria fazer aquilo, por um tempo. Poções, massagens, banhos de ervas orgânicas — qualquer merda que vocês puderem imaginar, eu fiz. Aí, um dia, apareceu um cara e me deu uma garrafa de solução para limpeza de cólon.

— Tome um copo disso toda manhã — ele falou — e você vai se sentir muito bem, prometo.

Não me animei a usá-lo por um bom tempo — não gostava da ideia, para dizer a verdade —, mas aí finalmente, uma manhã, falei: "Foda-se, comprei a coisa, devo experimentar, pelo menos". A solução era feita de cascas de sementes, e as instruções diziam para tomar um copo de uma só vez, antes que ela tivesse a chance de se expandir na sua garganta. E foi o que fiz. O gosto era horroroso — como serragem molhada, até pior. Aí fui com Sharon olhar umas casas, o que era algo raro, porque para mim não existe nada pior que procurar casas. Mas nessa ocasião Sharon realmente queria que eu visse um lugar que era de Roger Whittaker, o cara das baladas, porque tinha um estúdio de gravação no porão. Não tinha nada mais para fazer, então não consegui evitar.

Quando chegamos na casa, a corretora estava esperando por nós do lado de fora. Era uma mulher elegante perto dos quarenta anos, com uma jaqueta verde, pérolas, conjunto completo. Aí ela tirou um monte de chaves e nos abriu a porta da frente. Mas assim que pisei no corredor comecei a sentir um estrondo apocalíptico na bunda. Pensei: Ai, ai, lá vamos nós, o limpa-cólon vai fazer efeito. Perguntei então à mulher onde era o banheiro mais próximo, corri o mais rápido que pude sem chamar muito a atenção, bati a porta, sentei e liberei uma corrente massiva de merda líquida. Durou tanto que parecia que eu era a nascente do rio Mississippi. Quando finalmente terminou, comecei a procurar o papel higiênico. Mas não havia nenhum. Eu me levantei e pensei: Merda, vou ter de ficar sujo até chegar em casa. Aí percebi que a merda havia escorrido pela minha perna, então não tinha jeito — eu *precisava* me limpar com algo. Mas não havia sequer um paninho.

Acabei ficando lá, calças abaixadas, paralisado, tentando pensar no que fazer.

Aí Sharon bateu na porta.

Bam! Bam! Bam!

— Ozzy? Você está bem?

— Eu, hã, estou bem, querida — respondi.

— Você está demorando muito.

— Vou sair logo, querida.

— Vai *rápido*.

Finalmente, vi: as cortinas. *Vou limpar minha bunda com as cortinas!* Eu as arranquei e fiz o que precisava ser feito. Mas aí tinha outro problema em mãos: que merda deveria fazer com um par de cortinas do Roger Whittaker cheias de merda? Não podia sair do banheiro com elas e perguntar à corretora onde era o lixão mais próximo. Foi então que pensei: Bem, talvez o melhor seja deixar um bilhete. Mas o que escreveria? "Caro Roger, perdão por cagar nas suas cortinas. Adoro seus assobios! Abraços, Ozzy."

No final, eu as enrolei e escondi na banheira.

Se estiver lendo isso, Roger, eu sinto muito mesmo. Mas que tal comprar uns rolos de papel higiênico no futuro?

Muitas pessoas pensam que é preciso estar muito fodido para escrever boas músicas, mas eu acho que o disco que fiz depois de sair de Huntercombe Manor, *No More Tears*, foi um dos melhores em anos. Uma parte disso pode ser porque eu falei para a banda antes de começarmos:

"Vejam, devemos tratar cada música como se fosse um hit, mas sem ser muito afetado ou exagerado".

E funcionou bastante bem.

Tudo pareceu funcionar bem no disco. Meu novo guitarrista, Zakk Wylde, era um gênio. Meus produtores foram incríveis. E Sharon produziu uma bela capa. Ela é uma ótima artista, embora muita gente não saiba disso. A capa é um retrato meu em sépia com uma asa de anjo no meu ombro. A ideia era dar um ar mais maduro ao disco. Quero dizer, não dava para continuar com a coisa de sangue saindo da boca — estava começando a ficar exagerado. Lembro bem da sessão de fotos para a capa em Nova York, na verdade: normalmente, demora uns quinhentos rolos para se conseguir uma foto como aquela, mas para *No More Tears* a coisa foi só *clique-clique-clique*: "Está bem, já terminamos, até mais".

A única coisa de que não gostei em *No More Tears* foi o vídeo de "Mama I'm Coming Home". Foi um daqueles trabalhos de alta tecnologia, com alto custo, mas tudo que eu queria era algo simples, como o vídeo de "Smells Like Teen Spirit", do Nirvana. Então, no final, fiz um segundo vídeo que custou cinquenta mil dólares com o câmera do Nirvana e ficou perfeito. Essa música, "Smells Like Teen Spirit", teve um grande impacto em mim — e fiquei muito orgulhoso quando descobri que Kurt Cobain era meu fã. Eu o achava sensacional. Achei todo o disco *Nevermind* sensacional. Foi uma enorme tragédia o que aconteceu.

É incrível que eu não tenha terminado como Kurt Cobain. Eu estava sóbrio depois de *No More Tears* — pelo menos, a maior parte do tempo —, mas o que eu cortava na área da bebida, compensava com pílulas. Já era um especialista em enganar médicos: ia a um diferente cada dia da semana e pegava novas receitas para algo diferente. Durante um tempo, só com sintomas falsos, mas quando Sharon percebeu e começou a ligar antecipadamente para os médicos, alertando-os sobre o que eu estava fazendo, tive de começar a ter sintomas reais. Então, eu acertava minha própria cabeça com um pedaço de madeira e dizia:

— Caí da bicicleta, você pode me dar um pouco de Vicodin, por favor?

O médico dizia:

— Tem certeza de que caiu da bicicleta, Sr. Osbourne?

— Caí, sim.

— É que o senhor tem um prego com lascas de madeira na cabeça, Sr. Osbourne.

— Oh, devo ter caído num pedaço de madeira, então.

— Certo, está bem. Tome cinco desses.

— Abraços.

Mas eu não ia só a médicos. Tinha traficantes também. Lembro que uma vez, acho que foi na Alemanha, visitei um cara para comprar pílulas para dormir — eu era mais viciado em pílulas para dormir do que qualquer outra coisa. Ele estava sem, mas perguntou se eu queria Rohypnol no lugar. Eu sabia bem o que era o Rohypnol. A imprensa fazia matérias o tempo todo, chamado-a de "droga do estupro", mas, para ser honesto, achei que aquilo era besteira. Uma droga que poderia deixá-lo completamente paralisado, enquanto você permanecia acordado? Está bem, parecia bom demais para ser verdade. Mas comprei umas doses da coisa e decidi tomar, como um tipo de experiência científica.

Engoli todas as pílulas com um pouco de conhaque assim que voltei para o quarto de hotel. E esperei. Bom, é realmente um monte de besteiras, pensei. Dois minutos depois, enquanto estava deitado na beira da cama, tentando achar um filme na TV com o controle remoto, de repente a coisa fez efeito. *Me fodi, essa coisa é real!* Não conseguia me mover. Totalmente paralisado. Mas estava acordado. Foi a sensação mais estranha. O único problema foi que eu estava na ponta da cama quando meus músculos pararam de responder, então terminei escorregando para o chão e batendo a cabeça na mesinha de cabeceira. Doeu muito. E eu fiquei preso entre a cama e a parede, incapaz de me mover ou falar, por umas cinco horas.

Não dá para recomendar essa experiência.

Minha saúde piorou muito nessa época.

Eu comecei a perceber um tremor na minha mão. Minha fala começou a enrolar. Estava sempre exausto. Tentei escapar de tudo aquilo me drogando, mas desenvolvi tal tolerância a todas as drogas que precisava tomar uma overdose para sentir algo. Cheguei ao ponto de precisar fazer uma lavagem estomacal a cada duas semanas. Eu cheguei perto da overdose em várias ocasiões. Uma vez, roubei um frasco de codeína de um médico em Nova York e engoli todo o conteúdo. Quase tive uma parada respiratória. Tudo que me lembro é de estar deitado numa cama de hotel, suando e sentindo-me sufocar, e o médico me dizendo pelo telefone que se eu tomasse muita codeína meu cérebro pararia de mandar que meus pulmões continuassem a funcionar. Tive sorte de sobreviver. Apesar de que, do jeito que estava me sentindo, teria ficado feliz se nunca mais acordasse.

Quanto pior eu ficava, mais me preocupava a ideia de que Sharon me deixaria. E quanto mais eu me preocupava, pior ficava. Na verdade, não conseguia entender por que ela ainda estava comigo. Eu ouvia as pessoas dizendo: "Oh, sua esposa só quer o seu dinheiro". Mas é só por causa dela que eu estou vivo para conseguir ganhar algum dinheiro. E as pessoas se esquecem de que quando nos conhecemos era *ela* quem tinha dinheiro. Eu estava a caminho da falência.

O resumo é: Sharon salvou minha vida, Sharon *é* minha vida e eu a amo. Tinha pavor de pensar que poderia perdê-la. No entanto, por mais que quisesse que tudo ficasse normal, eu estava muito doente, física e mentalmente. Não conseguia nem subir no palco.

Tentei me suicidar algumas vezes para não precisar fazer shows. Quer dizer, eu não estava realmente tentando me matar. Se você está determinado a cometer suicídio, vai estourar seu cérebro ou vai pular de um edifício alto. Vai fazer algo a que não consiga sobreviver, em outras palavras. Quando você "tenta se matar" tomando muitas pílulas — como eu fazia —, sabe que provavelmente alguém vai encontrá-lo. Então, só está mandando uma mensagem. Mas é um jogo mortal e perigoso. Veja o que aconteceu com meu velho amigo Steve Clark, do Def Leppard. Tudo que ele precisou foi um pouco de brandy, um pouco de vodca, alguns analgésicos e antidepressivos, e foi o fim. Apagaram-se as luzes.

Para sempre.

Aí, um dia, Sharon me disse:

— Está bem, Ozzy, vamos para Boston. Quero que você veja um médico.

— O que tem de errado com os médicos da Inglaterra?

— Esse é um especialista.

— Um especialista em *quê*?

— No que está errado com você. Estamos partindo amanhã.

Eu achei que ela estava falando de um médico que sabia muito sobre vício em drogas, então concordei e voamos para Boston.

Mas esse médico era barra-pesada. O melhor dos melhores. Era professor no St. Elizabeth's Medical Center — e tinha mais diplomas pendurados na parede do que eu tinha discos de ouro.

— Certo, Sr. Osbourne — ele falou. — Gostaria que o senhor ficasse parado no meio da sala e viesse caminhando na minha direção, lentamente.

— Por quê?

— *Faça o que ele está mandando* — disse Sharon.

— Tudo bem, então.

Caminhei até o cara e acho que não tinha bebido naquele dia porque consegui andar em linha reta.

Mais ou menos.

Ele me mandou seguir o dedo dele enquanto subia e descia a mão e de um lado para o outro. Que merda isso tinha a ver com o vício em drogas?, eu pensava. Mas a coisa não parou por aí. Em seguida, ele me mandou pular com uma perna só, fazer exercícios de levantamento e correr em círculos com os olhos fechados.

Parecia a porra de uma aula de Educação Física.

— Hummm, certo — ele falou. — Bom, posso contar o seguinte, Sr. Osbourne. O senhor não tem esclerose múltipla.

Que m...?

— Mas eu nunca pensei que *tinha* esclerose múltipla — falei.

— E o senhor não tem mal de Parkinson.

— Mas eu nunca pensei que *tinha* Parkinson.

— Mesmo assim — ele continuou —, o senhor claramente possui alguns sintomas que poderiam ser causados por essas duas doenças e o diagnóstico pode ser difícil. Tudo que posso dizer é que, por agora, o senhor está cem por cento bem.

— *O quê?*

Olhei para Sharon.

Ela olhou para o chão.

— Ozzy, eu não queria contar — ela disse, como se estivesse segurando o choro. — Mas depois dos seus últimos exames físicos, os médicos me disseram que estavam preocupados. É por isso que estamos aqui.

Tudo isso vinha acontecendo havia seis meses, aparentemente. Meus médicos em LA estavam bastante convencidos de que eu tinha ou EM ou Parkinson, motivo pelo qual tivemos de ir a Boston para ver esse especialista. Mas apesar de o médico ter me liberado, só o som das palavras "EM" e "Parkinson" me deixou em pânico. A pior coisa foi que, se eu tivesse alguma dessas doenças, tudo faria muito sentido — meu tremor estava completamente fora de controle. Por isso Sharon e eu quisemos outra opinião. Então, o médico recomendou que fôssemos ver um colega dele que dirigia um centro de pesquisa na Universidade de Oxford e lá fomos nós. Ele fez os mesmos testes de antes e me disse a mesma coisa: eu estava bem. "Tirando seu vício em drogas e seu alcoolismo, o senhor é um homem saudável, Sr. Osbourne", ele disse. "Minha opinião médica é que o senhor deveria sair do meu consultório e aproveitar a vida."

Então eu decidi me aposentar. Em 1992, fiz a turnê para promover *No More Tears*. Demos a ela o nome de *No More Tours*. Foi isso. Eu estava acabado. Era o fim. Já fazia turnês há vinte e cinco anos, mais ou menos. Era como um rato numa roda: disco, turnê, disco, turnê, disco, turnê, disco, turnê. Eu comprava todas aquelas casas e nunca pude viver nelas. É o problema de vir da classe trabalhadora: você sente que nunca pode parar de trabalhar. Mas, depois de ver o médico em Boston, pensei: Por que estou fazendo isso? Não preciso trabalhar. Não preciso do dinheiro.

Então, quando voltamos para a Inglaterra, Sharon disse:

— Não fique louco, mas eu comprei uma casa nova.

— Onde?

— Chama-se Welders House. Fica numa vila chamada Jordans em Buckinghamshire.

— Tem um pub por perto?

— É uma vila quaker, Ozzy.

Ela não estava brincando. Welders está provavelmente mais distante de um pub do que qualquer outra casa na Inglaterra. Eu fiquei seriamente puto com Sharon por comprar aquele lugar — fiquei sem falar com ela por uns seis meses porque a casa estava em péssimo estado. "Dilapidada" nem começava a descrevê-la e precisamos alugar outra em Gerrards Cross por um ano enquanto o lugar era reformado. Até hoje, acho que não chega nem perto, em termos de beleza, de Beel House. Mas, por dentro, é magnífica. Dizem que foi construída pelo Primeiro-Ministro Benjamin Disraeli como presente de casamento para sua filha. Tornou-se uma casa de convalescença para oficiais do Exército durante a Segunda Guerra Mundial. Quando Sharon a comprou, o proprietário era um dos caras que fizeram os efeitos especiais de *Guerras nas Estrelas.*

Eu acabei perdoando Sharon, porque, quando finalmente nos mudamos, foi algo mágico. O clima estava perfeito naquele verão e, de repente, eu tinha toda aquela terra — duzentos e cinquenta acres — e podia ficar andando o dia todo nos meus quadriciclos, sem precisar me preocupar com nada. Minha saúde melhorou muito. Eu até parei de me preocupar com EM e mal de Parkinson. Eu só pensava: Bom, se tiver que ser, que se dane.

Mas, assim que me senti melhor, fiquei entediado. Muito. Comecei a pensar em meu pai — sobre como ele se aposentou e depois acabou no hospital assim que terminou de fazer o jardim. Comecei a pensar nas contas da reforma e no custo dos funcionários da empresa de management, e como todo o dinheiro para manter a máquina rodando agora ia sair das minhas reservas. Aí pensei: Como posso me aposentar com apenas *quarenta e seis anos*? Quero dizer, não é como ter trabalhado para outra pessoa.

E o que eu faço para viver não é um emprego, na verdade. Ou, se for, é o melhor emprego no mundo, sem dúvida.

Uma manhã, então, eu acordei, preparei uma xícara de chá para mim e disse a Sharon, casualmente:

— Você não me consegue um show em um desses festivais norte-americanos este ano?

— Do que você está falando, Ozzy?

— Eu gostaria de fazer um show. Voltar aos palcos.

— Tem *certeza*?

— Estou entediado, Sharon.

— Certo. Se você estiver falando sério, eu vou fazer algumas ligações.

Então, ela ligou para os organizadores do Lollapalooza.

E eles mandaram ela se foder.

"Ozzy Osbourne? Ele é uma droga de um dinossauro", disseram, em poucas palavras.

Isso deixou Sharon muito mal, dá para imaginar. Alguns dias depois, ela falou:

— Dane-se, vamos fazer nosso próprio festival.

— Espere um minuto, Sharon — falei. — O que você quer dizer com: "Vamos fazer nosso próprio festival?".

— Vamos marcar alguns shows e nós mesmos vamos organizar. Dane-se essa bosta de Lollapalooza.

— Não vai ser caro?

— Não vou mentir para você, Ozzy, poderia ser muito caro. Mas a vida tem a ver com correr riscos, não é?

— Certo, mas antes de começar a sair para alugar estádios a torto e a direito, vamos fazer alguns testes antes, tudo bem? Comece pequeno, como fizemos com *Blizzard of Ozz*. Aí, se a coisa rolar, a gente aumenta.

— Olha só para você, de repente virou um Homem de Negócios.

— Como você está querendo chamar esse festival?

— Ozzfest.

Assim que ela disse a palavra, eu só conseguia pensar em uma coisa: "Beerfest". Era perfeito.

Foi assim que começou. Nossa estratégia era pegar todas as indesejáveis, todas as bandas que não conseguiam tocar em nenhum outro lugar, e juntá-las, dar-lhes uma audiência. Funcionou melhor do que poderíamos ter esperado, porque não existia nada para essas bandas na época. As coisas no meio musical chegaram a um ponto em que, se você quisesse fazer um show, os lugares obrigavam a comprar as entradas com antecipação, então você era obrigado a distribuí-las de graça ou organizar a venda. O Black Sabbath nunca teve de lidar com esse tipo de besteira no começo. Nunca teríamos saído de Aston, se a coisa funcionasse desse jeito na época. Onde teríamos conseguido a grana?

Um ano depois, em 1996, estávamos prontos.

E fizemos exatamente o que dissemos que íamos fazer. Começamos de forma pequena em apenas duas cidades — Phoenix e Los Angeles —, como parte da minha turnê para promover o disco *Ozzmosis* (a turnê *Retirement Sucks* [A aposentadoria é uma merda], como ficou conhecida). Não poderia ter sido melhor. Foi um monstro, desde o primeiro dia.

Assim que terminou, Sharon virou para mim e disse:

— Sabe qual banda seria perfeita como principal para o Ozzfest 97?

— Quem?

— Black Sabbath.

— *O quê?* Está brincando? Acho que Tony foi o único que ficou. E o último disco deles nem entrou nas paradas, não foi?

— Não, o *verdadeiro* Black Sabbath: você, Tony, Geezer e Bill. Juntos depois de dezoito anos.

— Ah, tá bom.

— Está na hora, Ozzy. Abaixem as armas. De uma vez por todas.

Eu tinha falado uma ou duas vezes com Tony desde o Live Aid. Apesar de termos feito um show mais ou menos juntos, em Orange County, no final da turnê *No More Tours*, em 1992. Não consigo me lembrar se fui eu que liguei para ele ou o contrário, mas depois que começamos a falar sobre a reunião tivemos algumas longas conversas por telefone. Durante uma delas, finalmente perguntei por que o Black

Sabbath tinha me mandado embora. Ele me falou o que eu já sabia — que eu tinha falado mal da banda pela imprensa e que meu alcoolismo se tornou impossível de administrar —, mas pela primeira vez eu realmente entendi. Não estou falando que concordei, mas entendi, sabem? E não pude reclamar, por que, se Tony não tivesse me mandado embora, onde eu estaria agora?

Naquele verão, caímos novamente na estrada.

No começo, não era a formação original completa: éramos só eu, Tony e Geezer, com Mike Bordin, do Faith No More, assumindo o lugar de Bill na bateria. Eu honestamente não sei por que Bill não tocou nesses primeiros shows. Mas me contaram que ele estava com vários problemas de saúde, incluindo uma questão séria de agorafobia, então talvez estivéssemos tentando protegê-lo do estresse. No final do ano, entretanto, ele voltou para fazer dois shows no Birmingham NEC, que foram fenomenais. Apesar de eu sempre ter tocado músicas do Sabbath no palco, nunca é a mesma coisa como quando estamos nós quatro. Hoje, quando ouço a gravação desses shows — nós lançamos no ano seguinte com o nome de *Reunion* —, ainda me emociono. Não mudamos nada no disco. Quando você toca aquele CD, é *exatamente* o que se ouviu naquelas duas noites.

Tudo ia tão bem que decidimos tentar fazer um novo disco juntos, que seria o primeiro desde *Never Say Die*, em 1978. Então fomos para o Rockfield Studios, no sul de Gales — onde eu tinha deixado a banda vinte anos antes.

No começo, tudo ia bem. Fizemos algumas canções bônus para o disco *Reunion* — "Psycho Man" e "Selling My Soul". Mas aí as pegadinhas recomeçaram.

Ou foi o que eu pensei.

— Ozzy — disse Bill, depois que terminamos o primeiro ensaio —, você pode me fazer uma massagem? Minha mão está doendo.

Lá vamos nós, pensei.

— Sério, Ozzy. *Argh,* minha mão.

Eu só fiz uma careta e saí da sala.

Logo depois vejo uma ambulância subindo a estrada com todas as luzes piscando. Parou de repente na frente do estúdio e quatro paramédicos saíram correndo. Um minuto depois, saíram do estúdio com Bill na maca. Eu ainda achava que era uma piada. Todos tinham tirado um sarro de Bill por causa de sua saúde, então achamos que ele estava se vingando de nós. Eu fiquei bastante impressionado: o cara estava se esforçando muito para nos zoar. Tony achou que ele estava tirando um sarro também. Ele estava saindo para dar uma caminhada quando a ambulância chegou, olhou para o veículo e disse: "Deve ser para o Bill".

Bill sempre foi um mentiroso, sabem? Lembro que uma vez, há muito tempo, eu estava em sua casa e ele disse:

— Ei, oi, Ozzy. Você não vai acreditar! Acabei de sair de um coma.

— Como assim, um coma? É um passo antes de morrer. Você sabe disso, não é, Bill?

— Tudo que sei é que fui dormir na sexta e agora é terça, e acabei de acordar. Isso é um coma, não é?

— Não, isso é tomar muitas drogas, beber muita sidra e dormir três dias seguidos, seu merda.

Mas dessa vez Bill não estava sacaneando. A dor na mão era o primeiro sinal de um forte ataque do coração. Os seus pais tinham morrido de doenças cardíacas, então é algo genético. Ele ficou muito tempo no hospital e mesmo depois de sair não pôde trabalhar por um ano. Então tivemos de fazer uma turnê sem ele, o que foi muito chato. Quando finalmente se sentiu bem, tentamos voltar ao estúdio, mas nesse momento a coisa simplesmente não funcionou.

A imprensa culpou meu ego por não conseguirmos gravar um novo disco. Mas, honestamente, não acho que foi esse o problema. Eu simplesmente mudei. Nós mudamos. Não era mais o cantor louco que passava a maior parte do tempo caído em algum pub, mas podia ser chamado para fazer uma gravação rápida sempre que Tony criava um riff. Não era assim que funcionava. E eu tinha uma carreira solo há mais tempo do que fui membro do Black Sabbath. Para ser honesto, estar sóbrio não ajudava a ser criativo também— apesar de eu ainda ser viciado em drogas. Eu contava com um médico em Monmouth, que me dava receitas de Valium. Também estava tomando uns vinte e cinco Vicodins por dia, que trouxe escondido dos Estados Unidos. Precisava de *algo* para me acalmar. Quero dizer, as expectativas para o disco eram muito altas. E se não fosse tão bom quanto antes, para que gravar? Não *havia* nenhum motivo, para mim.

Então nunca gravamos.

Eu estava em LA, numa casa alugada em Malibu, quando o telefone tocou. Era Norman, meu cunhado.

Ah, merda, pensei. Certeza que não eram boas notícias.

Não eram mesmo.

— John? — disse Norman. — É a sua mãe. Ela não está muito bem. Você deveria vir vê-la.

— Agora?

— Sim. Desculpe, John. Mas os médicos disseram que ela está mal.

Já tinham se passado onze anos desde a briga sobre as desculpas dos jornais, e eu não tinha visto muito minha mãe — apesar de falarmos bastante pelo telefone. Claro, eu agora gostaria de ter passado mais tempo com ela. Mas minha mãe não era uma pessoa fácil, ainda mais falando de dinheiro o tempo todo. Eu deveria ter dado mais dinheiro para ela, acho. Mas sempre achei que a minha grana era temporária.

Assim que recebi a ligação de Norman, voei de volta para a Inglaterra com meu assistente, Tony. Aí fomos de carro até o Manor Hospital, em Walsall, onde ela estava internada.

Minha mãe tinha oitenta e sete anos e já estava doente há um bom tempo. Era diabética, tinha problemas nos rins, e seu coração não estava na melhor forma. Ela sabia que tinha chegado sua hora. Nunca a tinha visto ir à igreja, mas de repente tinha se tornado muito religiosa. Metade do tempo que fiquei ali ela passou rezando. Tinha sido criada como católica, então acho que pensou que deveria colocar a lição de casa em dia, antes de passar para o outro lado. Mas ela não parecia amedrontada e não estava sofrendo — ou, se estava, não demonstrava. A primeira coisa que falei para ela foi:

— Mãe, você sente dor? Não está fingindo, não é?

— Não, querido, estou bem — ela falou. — Você sempre se preocupou muito. Desde quando era um bebê.

Eu fiquei com ela uns dias. Minha mãe ficava sentada na cama conversando comigo com uma sonda presa ao braço e conectada à máquina de diálise. Ela parecia tão bem que comecei a me perguntar por que tanta confusão. Então, no meu último dia, ela pediu para eu aproximar minha cadeira, porque tinha algo muito importante para me perguntar.

Eu me inclinei bem perto, sem saber o que esperar.

— John — ela perguntou —, é verdade?

— O que é verdade, mãe?

— Você é realmente *milionário*?

— Oh, puta me... — eu precisei me forçar a parar. Afinal, minha mãe estava morrendo. Então, falei: — Não quero realmente falar sobre isso.

— Oh, vamos, John, me conta. *Por favooooor.*

— Certo. Sou, sim.

Ela sorriu e seus olhos brilharam como os de uma adolescente. Pensei: Bem, pelo menos finalmente a deixei feliz.

Aí, ela continuou:

— Mas, me diga, John, você é um multi-multi-multi-*multi*-milionário?

— Vamos, mãe — eu falei. — Não quero falar sobre isso.

— Mas eu quero!

Eu suspirei e disse:

— Está bem, então. Sou, sim.

Ela deu um sorriso enorme. Uma parte de mim estava pensando: Isso é realmente *tão* importante para ela? Mas, ao mesmo tempo, sabia que esse momento era o mais próximo que tivemos nos últimos anos.

Então, ri. E ela também.

— Como é? — ela perguntou, com uma risadinha.

— Poderia ser pior, mãe — falei. — Poderia ser pior.

Depois disso, nos despedimos e eu voltei para a Califórnia com Tony. Assim que aterrissei, precisei fazer um show com o Black Sabbath no Universal Amphitheatre. Não consigo lembrar muito do show porque não conseguia me concentrar. Só ficava pensando na minha mãe perguntando se eu era milionário. Depois do show, voltei para a casa em Malibu. Quando abri a porta, o telefone estava tocando.

Era Norman.

— John — ele disse. — Ela faleceu.

Eu chorei.

Chorei e chorei e *chorei*.

Era 8 de abril de 2001 — só quarenta e oito horas desde que conversamos pela última vez no hospital.

Não sei por que, mas foi muito duro para mim. Uma coisa que aprendi sobre mim durante esses anos é que não sou bom em lidar com a morte das pessoas. Não tenho medo — sei que todo mundo vai morrer no final —, mas não consigo evitar pensar que há poucas formas de ser trazido para esse mundo, enquanto há um monte de formas de ir embora. Não que minha mãe tenha morrido sofrendo: Norman me contou que ela simplesmente dormiu uma noite e nunca acordou.

Não pude ir ao funeral — não depois do que tinha acontecido no do meu pai. Além disso, não queria que fosse um evento para a imprensa, o que teria sido, com as pessoas pedindo uma foto do lado de fora da igreja. Eu só queria que minha mãe fosse em paz, sem que eu virasse a estrela do evento. Eu já tinha causado muita tristeza em todos aqueles anos e não queria acrescentar mais um pouco. Então, não fui.

Ainda acho que foi a decisão correta — inclusive porque minha lembrança final da minha mãe é muito boa. Consigo me lembrar muito bem dela, deitada na cama do hospital, sorrindo para mim, perguntando como é ser um "multi-multi-multi-*multi*-milionário", e minha resposta: "Poderia ser pior, mãe. Poderia ser pior".

11

Morto novamente

A primeira vez que permitimos câmeras de TV na nossa casa foi em 1997, o ano em que o Black Sabbath voltou. Estávamos alugando a casa antiga de Don Johnson e Melanie Griffith em Beverly Hills. Eu não bebia mais — bom, pelo menos estava a maior parte do tempo sóbrio —, mas ainda estava enganando os médicos para conseguir o máximo de pílulas possível. Estava fumando muito também. Charutos, principalmente. Achava que era muito aceitável acender um cubano de trinta centímetros deitado na cama às nove da noite. Eu perguntava para Sharon: "Você se importa?", e ela levantava os olhos de sua revista e dizia: "Oh, não, por favor, não se importe comigo".

Não acho que os caras da TV acreditavam no que estavam vendo na maior parte do tempo. No primeiro dia, lembro que um produtor se virou para mim e disse:

— É sempre assim?

— Assim como?

— Como uma sitcom.

— Como assim, "uma sitcom"?

— É o ritmo — ele falou. — Você entra por uma porta, o cachorro sai pela outra, aí sua filha diz: "Pai, por que o cachorro anda desse jeito?", e você responde: "Porque ele tem quatro patas". Ela fica brava e sai chutando tudo, deixando a cena. Não daria para escrever um roteiro tão bom.

— Não estamos tentando ser engraçados, sabe.

— Sei. Por isso é tão engraçado.

— Essas coisas acontecem com a minha família — falei. — Mas essas coisas acontecem com *todas* as famílias, não?

— Não desse jeito — ele falou.

Uma empresa chamada September Films fez o documentário — *Ozzy Osbourne Uncut*, foi o nome que deram —, que passou no Channel Five na Grã-Bretanha e no Travel Channel nos Estados Unidos. As pessoas adoraram. No ano seguinte, o Channel Five reprisou muitas vezes. Não acho que alguém conseguiu entender que tínhamos de lidar com as mesmas merdas monótonas como qualquer outra família. Quer dizer, claro que sou um roqueiro doido que arrancou a cabeça de um morcego e mijou no Alamo, mas ainda tenho um filho que adora zoar os controles da minha televisão, assim, quando faço uma xícara de chá, levanto meus pés e tento assistir a um programa no History Channel, não consigo ligar aquela merda. Esse tipo de coisa deixava as pessoas loucas. Acho que elas tinham a ideia de que quando eu não estava preso por bebedeira, ia para uma caverna e ficava pendurado de cabeça para baixo, bebendo sangue de cobra. Mas eu sou como um palhaço: no final do dia, vou para casa, tiro a maquiagem e meu nariz vermelho e viro Papai.

O documentário ganhou um prêmio Rose d'Or no festival de TV de Montreux, na Suíça, e de repente todo mundo queria fazer programas de TV com a gente. E eu jamais gostei de aparecer na televisão. Eu me sentia muito mal fazendo aquilo. Para piorar, não consigo ler os roteiros, e quando me vejo na tela tenho ataques de pânico. Mas Sharon queria fazer, então assinamos um contrato com a MTV para fazer uma aparição no *Cribs*, que era uma versão norte-americana mais legal de *Through the Keyhole*. Nessa época, já não estávamos mais alugando a casa de Don Johnson e eu tinha morrido com mais de seis milhões de dólares numa casa de esquina em Doheny Road 513. Estávamos vivendo ali, indo para Welders House só quando estávamos na Inglaterra a negócios ou para as visitas familiares.

Novamente, as pessoas ficaram loucas. Aquele episódio de *Cribs* se tornou um clássico da noite para o dia. Então uma coisa levou à outra e a MTV terminou oferecendo um programa só nosso.

Não me perguntem como todas aquelas coisas foram feitas, porque isso é o departamento de Sharon. Até onde sei, só acordei uma manhã e tínhamos essa coisa chamada *The Osbournes*. Eu fiquei feliz pela Sharon, porque ela adorava todo o caos na casa. Ela adora aparecer na TV. Diz abertamente: "Sou uma vagabunda da TV". Ela gostaria de ter uma TV própria se fosse possível.

Mas, para ser honesto, estava esperando que tudo fosse arquivado antes de ir ao ar.

Alguns dias antes de concordarmos com a filmagem, tivemos uma reunião familiar, para ter certeza de que as crianças concordavam com aquilo. É comum ouvir as pessoas dizendo: "Como eles puderam expor seus filhos a esse tipo de fama?", mas não tínhamos ideia de como o programa ficaria popular. E nossos filhos já nasceram no show business, de qualquer forma. Aimee saiu em turnê conosco quando tinha menos de um ano; Kelly era o tipo de garota que ficava parada na frente de um avião e cantava "Little Donkey" para todos os passageiros; e Jack costumava ficar sentado nos meus ombros quando eu fazia o bis no palco. Era a vida que eles conheciam.

Então não ficamos surpresos quando Jack e Kelly disseram que concordavam com *The Osbournes.*

Aimee tinha outra opinião. Desde o começo, ela não quis ter nada a ver com isso.

Respeitamos sua opinião. Aimee gosta de ser anônima, e nunca a forçamos a fazer nada que não quisesse. Na verdade, digo para todos os meus filhos: "Veja, se você alguma vez quiser se envolver com isso, será como entrar numa montanha-russa — impossível parar".

Jack e Kelly entenderam. Ou pelo menos disseram que entenderam. Para ser honesto, acho que nenhum dos dois realmente compreendeu.

Enquanto isso, Aimee tinha se decidido. "Divirtam-se. Vou nessa."

Ela é esperta, a Aimee. Não entendam errado. Não estou dizendo que fomos todos idiotas ao assinar o contrato, porque de várias formas *The Osbournes* foi uma grande experiência. Mas eu nunca concordaria com nada daquilo se soubesse em que estava me metendo. De jeito nenhum. Concordei em fazer aquilo principalmente porque achei que havia poucas chances de que fosse virar um programa de verdade. Mesmo *se* for ao ar, lembro de pensar, não terá mais do que um ou dois episódios. A TV norte-americana é brutal. Os xingamentos e as traições que acontecem quando as câmeras não estão filmando são inacreditáveis — fazem com que a indústria do rock pareça uma piada. E é por isso que pouquíssimos programas viram sucesso. Estava convencido de que *The Osbournes* seria um fracasso.

Nosso primeiro grande erro foi permitir que eles filmassem na nossa casa verdadeira. Na maior parte dos programas na TV, tudo é gravado num estúdio, aí eles cortam para uma filmagem na rua ou num bar ou outro lugar para parecer que é aí que a cena está acontecendo. Mas ninguém tinha feito um programa como *The Osbournes* antes, então a MTV foi criando tudo enquanto filmava.

Primeiro, eles montaram um escritório na nossa garagem — Forte Apache, eu chamava, porque era como um posto de comando militar. Eles colocaram todos os monitores de vídeo ali e pequenos cubículos e uma mesa enorme, de onde acompanhavam tudo que tínhamos planejado para os dias seguintes. Ninguém dormia no Forte Apache, até onde eu sei. Eles tinham turnos, assim havia sempre técnicos, operadores de câmera e produtores indo e vindo o tempo todo. Foi muito impressionante a forma como a MTV organizou a logística; aqueles caras poderiam invadir um país, de tão bons que são.

E eu preciso admitir que foi muito engraçado por uma ou duas semanas. Era divertido ter todas essas pessoas em volta. E eram caras legais — tornaram-se parte da família depois de um tempo. Mas aí começamos a pensar: *Por quanto tempo mais isso vai continuar?* Se alguém tivesse me chamado depois daquelas primeiras semanas de filmagem em 2001 e me dissesse que aquilo ainda estaria rolando três anos depois, eu teria me dado um tiro no saco, só para escapar dali. Mas eu não tinha ideia.

Nenhum de nós tinha.

Nos primeiros dias, a vida da equipe de produção ficou bem mais fácil porque eu tinha uma rotina bem específica. Toda manhã, nunca mudava, eu acordava, tomava café, espremia um pouco de suco e ia malhar na academia por uma hora. Então, tudo que precisavam fazer era colocar umas câmeras estáticas naqueles lugares e deixá-las ligadas. Mas depois de um tempo essas câmeras começaram a aparecer por toda a casa, até que eu senti que não conseguia mais escapar delas.

— Certo, é isso — falei um dia. — Preciso de um bunker, uma zona de segurança, ou vou ficar louco.

Então, eles marcaram esse quarto onde eu podia coçar o saco ou espremer uma espinha ou nocautear alguém, sem que isso acabasse na televisão. Quero dizer, é preciso colocar um limite na realidade.

Mas, um dia, eu estava sentado na sala de segurança, fumando um baseado e aproveitando para dar uma bela coçada nas minhas partes baixas, quando comecei a ter uma sensação estranha. No começo pensei: O estresse desse programa está me deixando louco, porque estou começando a ter um ataque da velha paranoia. Mas procurei pelo quarto da mesma forma. E ali no canto, escondida sob uma pilha de revistas, estava uma pequena câmera espiã. Fiquei louco com isso.

— Para que ter uma sala de segurança se há uma porra de câmera de TV? — gritei para eles.

— Não se preocupe, Ozzy, não está gravando nada. É só para sabermos onde você está.

— Estúpidos — falei. — Livrem-se dela.

— Mas como vamos saber onde você está?

— Se a porta estiver fechada, é porque estou lá!

O programa foi transmitido pela primeira vez em 5 de março de 2002 — uma terça-feira à noite. Na quarta de manhã, era como se eu tivesse mudado para outro planeta. Num minuto eu era um dinossauro que tinha sido esnobado pelo Lollapalooza; no seguinte, estava amarrado a um foguete e explodia na estratosfera com uma dobra espacial dez. Posso dizer honestamente que nunca conheci o poder da televisão até a transmissão de *The Osbournes*. Quando você tem um programa de sucesso nos Estados Unidos, isso é o máximo da fama. Maior do que uma estrela de cinema. Maior do que um político. E *muito* maior do que ser o ex-cantor do Black Sabbath.

Não posso dizer que me sentei e assisti a algum dos episódios inteiro. Mas, pelos clipes que vi, ficou evidente que a equipe de produção tinha feito um trabalho fenomenal — principalmente na edição das milhares de horas de filmagem que eles deviam ter. Até mesmo a sequência de abertura — Pat Boone fazendo uma versão jazzística de "Crazy Train" naquela voz melodiosa dele — era genial. Adoro quando as pessoas ficam recriando em estilos musicais diferentes — é algo tão legal. E o engraçado é que vivemos ao lado de Pat Boone por um tempo em Beverly Drive. É um cara adorável, na verdade: um cristão renascido, mas nunca nos encheu o saco.

Soubemos imediatamente que *The Osbournes* seria grande. Mas demorou alguns dias para percebermos *quão* grande. Naquele fim de semana, por exemplo, Sharon e eu fomos até Beverly Hills para caminhar por esse mercado que eles têm no parque, como fazíamos sempre. Mas literalmente, no segundo em que saímos do carro, uma garota se virou, gritou, aí correu para mim com seu celular e ficou falando: "Ozzy! Ozzy! Posso tirar uma foto com você?".

— Ah, claro — eu falei.

Mas aí todas as outras pessoas se viraram e começaram a gritar, o que fez com que mais gente se virasse, e *também* começassem a gritar. Em pouco mais de três segundos, parecia que milhares de pessoas estavam gritando e querendo tirar uma porra de uma foto.

Ter a equipe da MTV atrás da gente tampouco ajudava muito.

Foi aterrorizante. Eu não estava reclamado porque *The Osbournes* estava me dando toda uma nova audiência, mas tudo aquilo parecia a Beatlemania com LSD. Não podia acreditar. E certamente não podia entender. Nunca tinha sido tão famoso — nem de longe. Então fugi para a Inglaterra, para escapar daquilo. Mas a mesma coisa aconteceu ali. Assim que desci do avião em Heathrow, havia uma parede de flashes e milhares de pessoas gritando e berrando e pedindo: "Ei, Ozzy! Aqui! Uma foto!".

Obviamente, eu não era mais famoso por ser cantor. Era famoso por ser aquele cara que xingava todo mundo na televisão — o que me fez sentir estranho e nem sempre me senti bem com isso.

Fui muito criticado também. Algumas pessoas disseram que tinha me vendido porque estava na televisão. Mas isso é um monte de merda, claro. A coisa é que ninguém como eu tinha feito um reality show antes. Mas sempre acreditei que você precisa se adaptar aos tempos. É preciso tentar criar coisas novas ou fica parado no meio da estrada. Se ficar igual talvez faça algumas pessoas felizes — como aquelas que pensam que qualquer tipo de mudança é se vender —, mas cedo ou tarde sua carreira vai estar uma merda. E muitas pessoas esquecem que no começo *The Osbournes* era somente uma experiência da MTV. Ninguém esperava que aquilo explodisse como aconteceu. Mas eu não mudei nem um pouco. Quando estava no programa, nunca fingi ser alguém diferente de quem sou. Até agora, quando estou fazendo comerciais na televisão, não finjo ser outra pessoa. Então, como isso é se vender?

Agora, há coisas que aconteceram em *The Osbournes* que ainda não consigo entender. Como quando Sharon recebeu uma ligação de Greta Van Susteren, uma das âncoras da Fox News.

— Estava querendo saber se você e Ozzy não querem jantar na semana que vem com o Presidente dos Estados Unidos — ela falou.

— Ele está em maus lençóis de novo? — perguntou Sharon.

Greta riu.

— Não que eu saiba.

— Graças a Deus.

— Vocês irão?

— Claro que iremos. Seria uma honra.

Quando Sharon me contou, não acreditei. Sempre achei que acabaria num pôster de "Procurado" no Salão Oval, não convidado para o chá.

— Sobre o que o Presidente Bush quer conversar? — perguntei. — Sobre o Black Sabbath?

— Não se preocupe — respondeu Sharon. — Não seremos só nós quatro. É o jantar anual de Correspondentes da Casa Branca. A Fox News tem uma mesa, então haverá muitas outras pessoas lá.

— George Bush já foi governador do Texas, não? — perguntei.

— Foi.

— Bom, eu mijei naquele Alamo uma vez. Ele não vai ficar bravo por causa disso, vai?

— Tenho certeza de que ele já se esqueceu disso, Ozzy. Ele mesmo gosta de tomar uns copos, sabia?

— É mesmo?

— Com certeza.

E lá fomos nós para Washington. O jantar aconteceu no Hilton, onde Ronald Reagan tinha recebido um tiro. Foi perto do 11 de Setembro, então eu estava me sentindo bastante paranoico sobre a questão da segurança. E quando chegamos lá, estava um pandemônio. Havia umas cinco mil câmeras do lado de fora e só um pequeno detector de metal com um par de seguranças cuidando. Eu precisei me segurar na jaqueta de Greta só para atravessar a multidão. Enquanto isso, meu assistente, Tony — que é um cara baixinho —, passou por baixo da corda e conseguiu entrar sem passar pelo detector de metais, sem que ninguém percebesse. Aquilo era uma piada. Eu poderia ter entrado com uma porra de um míssil balístico naquele lugar, e ninguém teria dito uma palavra.

Sentei na mesa e comecei a ter um horrível ataque de pânico. Lá estava eu, uma estrela de rock malparida, num salão com todos esses Gênios e o Líder do Mundo Livre. Que *merda* eu estava fazendo ali? O que todas essas pessoas queriam de mim? *The Osbournes* só estava no ar há uns dois meses, e meu cérebro já estava lutando para processar tudo aquilo.

No final, eu simplesmente fiquei doido. Não conseguiria sobreviver nem mais um segundo naquele lugar. Então agarrei uma garrafa de vinho de um dos garçons, enchi uma taça, tomei, enchi, tomei, enchi, tomei e continuei até a garrafa ficar vazia. Aí peguei outra. Enquanto isso, Sharon estava me olhando do outro canto da mesa. Eu a ignorei. Não hoje, querida, pensei.

Aí a primeira-dama entrou no salão, com George W. Bush atrás. E a primeira coisa que ele falou quando subiu ao palco foi: "Laura e eu estamos honrados de estar aqui esta noite. Obrigado pelo convite. Que fantástica plateia temos esta noite: políticos de Washington, celebridades, estrelas de Hollywood... e Ossie Ozz-Burn!".

Nesse momento, eu já estava bastante travado, então assim que ouvi meu nome pulei da mesa como um louco bêbado e gritei: "*Yeeeeeehh-haaaaaaa!*". Todo mundo riu. Mas eu estava tão *louco* que não sabia quando parar. Só fiquei lá gritando "*Yeeeeeehhhaaaaaaa!*" até todo o salão de mil e oitocentas pessoas ficar em silêncio.

Bush olhou para mim.

— *Yeeeeeehhhaaaaaaa!* — gritei de novo.

Silêncio.

— *Yeeeeee...*

— Certo, Ozzy — disse Bush. Na fita, dá para ouvi-lo dizendo: — Isso deve ter sido um erro.

Finalmente voltei a me sentar — na verdade, acho que foi Greta que me puxou. Aí Bush começou a contar uma piada sobre mim:

— O melhor de Ozzy é que ele criou muitos hits: "Party with the Animals", "Face in Hell", "Bloodbath in Paradise"...

Eu estava a ponto de subir na mesa e contar que nenhum desses eram sucessos, mas aí ele mandou a piada.

— Ozzy — ele falou. — Minha mãe adora suas músicas.

Todo o salão ficou louco de tanto rir.

Não me lembro de muita coisa depois disso.

Sabe, desde que fui àquele jantar, as pessoas me perguntam o que acho de Bush. Mas não posso dizer que tenho uma opinião, porque não sei o suficiente sobre política. Quero dizer, *alguém* deve ter votado nele, certo? Em 2000 *e* em 2004. E acho que muita coisa daquela merda terrorista doida já ocorria antes de ele subir ao poder. Não acho que eles estavam sentados numa caverna e de repente disseram: "Oh, vejam, Bush está na Casa Branca. Vamos jogar uns aviões no World Trade Center".

A questão é: Estou morando nos Estados Unidos como convidado, então não devo falar nada, sabe? Continuo tentando explicar isso para o

Jack: "Não fale sobre política aqui, porque você não é norte-americano. Eles vão dizer: 'Vai embora do nosso país, se não está gostando'". A gente vive bem nos Estados Unidos. Devemos ser gratos.

Um mês depois, eu conheci a Rainha.

Ela se aproximou e apertou minha mão depois que eu cantei uma música no concerto Party at the Palace, durante o fim de semana do Jubileu de Ouro. Uma mulher magnífica, foi o que sempre pensei. Tenho muito respeito por ela. Eu a encontrei novamente, pouco depois, no Royal Variety Performance. Estava parado ao lado de Cliff Richard. Ela nos olhou e disse: "Oh, então *isso* é o que chamam de variedade?", e começou a rir.

Eu honestamente achei que Sharon devia ter colocado algum ácido no meu cereal aquela manhã.

Sério, no entanto, eu me dou muito bem com a realeza. Sou até embaixador do Prince's Trust, de modo que já me encontrei algumas vezes com Charles. Um cara muito legal. A imprensa o ataca muito, mas, se você se livrar da monarquia, vai colocar o que no lugar? O Presidente Gordon "Peido Molhado" Brown? Pessoalmente, acho que a família real fez muita coisa boa. As pessoas acham que eles vivem naquele palácio e passam a vida toda segurando cetros e assistindo à televisão, mas eles trabalham muito. Estão cheios de compromissos. E o dinheiro que ganham para a Grã-Bretanha é uma fortuna absurda a cada ano.

Não fico muito confortável com políticos. Conhecê-los sempre foi um pouco estranho e assustador, não importa quem seja. Por exemplo, eu conheci Tony Blair durante o período de *The Osbournes* num evento chamado Prêmio do Orgulho Britânico. Ele era legal, acho; bastante charmoso. Mas não consegui esquecer que nossos jovens soldados estavam morrendo no Oriente Médio e ele encontrava tempo para conversar com estrelas da música.

Aí ele se aproximou de mim e disse:

— Sabia que eu já participei de uma banda de rock?

— Acredito, Primeiro-Ministro — respondi.

— Mas nunca consegui tocar os acordes de "Iron Man".

Eu queria dizer: "Vai se foder, Tony, isso é uma informação muito importante. Quer dizer, estamos em guerra com o Afeganistão, as pessoas estão explodindo por todos os lados, então quem de verdade se importa um cacete que você nunca tenha conseguido tocar os acordes de 'Iron Man'?".

Mas são todos iguais, então não vale a pena se preocupar com eles.

Por um período, depois que *The Osbournes* estava no ar, parecia que todo mundo no planeta queria aparecer ao meu lado. Aí fizemos uma festa na nossa casa e Elizabeth Taylor apareceu. Para mim, foi o momento mais surreal de todos, porque quando eu era criança meu pai me disse: "Quero que você veja a mulher mais linda do mundo". Aí ele me fez ficar acordado até tarde para assistir a *Gata em Teto de Zinco Quente*. Isso foi o que Elizabeth Taylor sempre significou para mim — a mulher mais linda do mundo. Mas, é claro, não consigo me lembrar o que disse para ela, porque estava bêbado, mais uma vez.

De todas as pessoas que conheci, no entanto, a mais especial foi provavelmente Paul McCartney. Claro, eu era fã desde que tinha catorze anos. Mas que merda você deve falar para ele, hein? É como tentar conversar com Deus. Por onde começar? "Oh, então você fez a Terra em sete dias. Como foi?" Estávamos na festa de aniversário de Elton John: Paul de um lado, Sting do outro e Elton em frente. Era como se eu tivesse morrido e ido pro Céu do Rock. Mas sou imprestável quando preciso conversar com pessoas que admiro. Acredito muito em somente deixá-los sozinhos, em geral. Nesse momento, sou muito tímido. Havia rumores na imprensa de que Paul e eu íamos fazer um dueto, mas posso dizer honestamente que nunca ouvi nada saindo da boca dele. E fico feliz por não ter feito porque terminaria cagando nas calças, com certeza.

Ele tocou no Brits quando Sharon e eu apresentamos, por outro lado. Lembro que Sharon se virou para mim e sussurrou:

— Você alguma vez imaginou que estaria no mesmo palco que um Beatle?

— Nunca, nem em um milhão de anos — foi a resposta.

Não parecia fazer muito tempo que eu olhava a foto dele na parede do meu quarto em Lodge Road 14.

A gente troca uns e-mails de vez em quando (o que significa que eu falo e Tony digita o que falei no computador, porque não tenho paciência para toda essa merda de internet). Começou quando eu ouvi uma música chamada "Fine Line" num comercial da Lexus. Pensei: Puta merda, nada mal, acho que vou roubá-la. Aí a mencionei — de passagem — para um cara que costumava trabalhar comigo chamado John Roden, que também trabalhava com Paul.

— Você sabe quem escreveu isso, não? — perguntou John.

Eu disse que não tinha a mínima ideia.

— Meu *outro* chefe — ele falou.

Obviamente eu deixei a música em paz depois disso.

Então, de repente, chegou uma carta dizendo: "Obrigado por não roubar 'Fine Line', Ozzy". Foi impossível tirar o sorriso do meu rosto por vários dias. E continuou a partir daí. A gente não troca e-mails com muita frequência, mas se tiver algum disco saindo ou se aparece algo na imprensa, eu mando uma linha para ele. A última que enviei foi para parabenizá-lo por aquele disco *Fireman*. Se vocês não ouviram, deveriam, porque é simplesmente fenomenal.

Nem todo mundo amou *The Osbournes*.

Bill Cosby, por exemplo.

Ele realmente detestou aquilo tudo.

Acho que ficou ofendido porque a imprensa ficava comparando nosso programa com o dele: um dos jornais até falou que eu era o "Novo Pai Favorito dos Estados Unidos". Por isso ele escreveu uma carta. Dizia mais ou menos isto: "Vi você na televisão e sua linguagem chula é um mau exemplo".

É verdade, pensei.

Mas, sabe, xingar é parte de quem somos — estamos sempre xingando. E toda a ideia de *The Osbournes* era ser real. Mas eu preciso dizer que sempre pensei que os *blips* nos xingamentos acabaram melhorando o show. No Canadá, eles não tinham nenhum *blip* e eu reconheço que não era tão engraçado. É a natureza humana — não? — ficar mais atraído às coisas que são tabu. Se alguém manda você parar de fumar, aí você quer fumar. Se eles disserem: "Não use drogas", você quer usar drogas. É por isso que eu sempre achei que a melhor maneira de fazer com que as pessoas parem de tomar drogas é legalizar a coisa toda. Demoraria cinco minutos para todos perceberem que ser viciado é pouco atrativo e uma forma de vida patética, enquanto no momento ela ainda representa um certo tipo de rebeldia, sabe?

De todo modo, Sharon respondeu para Bill Cosby.

"Mande-me calar se já ouviu isso antes, Sr. Cosby", ela escreveu. "Mas pessoas com telhado de vidro não deveriam jogar pedras e todos sabemos sobre seu caso extraconjugal, que apareceu em todos os jornais, então que tal arrumar sua casa antes de atacar a nossa?"

Ela também falou que quando se liga a televisão nos Estados Unidos, sempre há um cara tomando tiro ou sendo arrastado pelo asfalto e ninguém nem pisca por isso. Mas se alguém disser "foda-se", todo mundo fica bravo. É uma loucura, se você pensar bem.

Matar, tudo bem; xingar, não.

Para ser justo com Bill, recebemos uma ótima resposta dele, dizendo: "Eu me rendo, vocês me pegaram, peço desculpas".

No final, ficou tudo bem.

A MTV ficou com muito medo quando *The Osbournes* ficou tão grande, em ritmo tão rápido, porque eles não tinham feito um contrato de longo prazo conosco. Assim começou toda a loucura — e vocês me conhecem, não aguento essa merda.

Mas isso não impediu que tentassem me arrastar para dentro daquilo.

Pouco depois de o índice de audiência ficar louco, lembro que Sharon e eu estávamos em Nova York para participar do programa *Total*

Request Live no prédio da MTV, em Times Square. Assim que saímos do ar, chegou um executivo e disse:

— Ei, tenho uma surpresa para vocês.

— Que surpresa? — perguntei.

— Sigam-me e vocês vão ver.

Esse cara então nos levou a uma sala de reunião no andar mais alto. Havia uma grande mesa no meio com telefones e cadeiras, e janelas enormes que mostravam todo o horizonte de Nova York.

— Estão prontos? — ele nos perguntou.

Eu olhei para Sharon e ela olhou para mim. Nenhum dos dois sabia que merda estava acontecendo. Aí o cara apertou o botão do telefone e surgiu uma voz estilo *As Panteras*.

— Você está com o presente? — falou a voz.

— Estou — disse o cara.

— Certo, entregue a eles.

O cara enfiou a mão no bolso da jaqueta, tirou um envelope dourado e me entregou.

Eu abri e vi um cheque de 250 mil dólares.

— O que é isso? — perguntei.

— Um presente — disse o cara. — Da MTV.

Mesmo não sendo um grande homem de negócios, até eu sabia que descontar um cheque de 250 mil podia ser visto como uma espécie de contrato. Se aquela coisa tivesse ido parar na minha conta bancária, as negociações para as próximas temporadas seriam muito diferentes. Pode ser que *fosse* realmente só um presente. Talvez eles não estivessem tentando fazer alguma palhaçada. Mas a coisa ainda me deixou preocupado. Até Sharon ficou sem saber o que falar.

— Muito obrigado — falei. — Você se importaria de mandá-lo para o escritório do meu advogado? Ele é quem lida com essas coisas.

Eu sei como nadar com a porra dos tubarões.

No verão de 2002, parecia que *The Osbournes* era a maior coisa do planeta. E o estresse estava me matando. Depois de enfiar o pé na jaca no Jantar dos Correspondentes, eu estava enchendo a cara todo dia. E ainda tomava todo tipo de remédio que conseguisse encontrar — e era *muito*. Em um momento, cheguei a tomar quarenta e dois tipos diferentes de pílulas por dia: sedativo, remédio para dormir, antidepressivo, anfetamina, anticonvulsivo, antipsicótico. Eu tomava todos eles. Estava ingerindo uma quantidade inacreditável de drogas. Metade das pílulas era só para cancelar os efeitos colaterais das outras.

E nenhuma delas me trazia alívio. Meus tremores eram tão fortes que eu parecia um epiléptico. Minha fala estava terrível. Eu até comecei a desenvolver um pouco de gagueira, algo que nunca tive antes — apesar de existirem vários casos na minha família. Se alguém me fizesse uma pergunta, eu entrava em pânico e, quando as palavras chegavam à minha boca, vindas do cérebro, saíam todas misturadas. E isso me deixava ainda mais estressado, porque achei que aquilo era o começo do fim. A qualquer momento, pensei, um médico vai me puxar de lado e dizer: "Sinto muito, Sr. Osbourne, mas os testes retornaram e o senhor tem EM". Ou mal de Parkinson. Ou algo igualmente horrível.

Comecei a ficar preocupado com isso. Lembro de ter assistido a uns clipes de *The Osbournes* — e nem *eu* entendia o que estava falando. É verdade que nunca tive problema em ser o palhaço, mas quando isso se torna uma piada nacional em que ninguém consegue entender uma merda de uma palavra que estou falando, a coisa fica um pouco diferente. Comecei a sentir como se estivesse na escola, quando não conseguia ler uma página do livro, e todo mundo ria e me chamava de idiota. Então eu ficava mais puto e me drogava mais. Mas a bebida e as drogas pioravam minhas tremedeiras — o que era o exato oposto do que eu queria, porque os alcoólatras sofrem de *delirium tremens* quando *param* de beber, não quando *estão* bebendo. E as pílulas que meus médicos estavam me dando deveriam parar com a tremedeira.

Parecia existir só uma explicação racional para tudo isso.

Eu estava morrendo.

Por isso, a cada semana eu fazia um novo teste. Era como um novo hobby. Mas nenhum dos resultados deu positivo. Comecei a me perguntar se estava fazendo os testes corretos. Quer dizer, o câncer matou meu pai, não o mal de Parkinson. Então fui ver um especialista em câncer.

— Veja — disse para ele —, existe algum tipo de scan de alta tecnologia que você possa usar para saber se tenho câncer?

— Que tipo de câncer?

— Qualquer tipo de câncer.

— Bom — ele falou. — Sim, mais... ou menos.

— O que você quer dizer com "mais ou menos"?

— Há uma máquina. Mas ela só vai estar disponível daqui a uns cinco anos, no mínimo.

— Por que daqui a cinco anos?

— Porque ainda não terminaram de inventá-la.

— Existe algo mais que você possa fazer, então?

— Sempre é possível fazer uma colonoscopia. Apesar de que, o senhor sabe, eu realmente não vejo nenhum sinal...

— Não importa — falei. — Vamos fazer.

Ele me deu esse kit para preparar minha bunda para o close. Eram basicamente quatro garrafas com um líquido e era preciso beber duas delas à tarde, cagar tudo que conseguisse, lavar, beber as outras duas, cagar de novo e ficar sem comer pelas vinte e quatro horas seguintes. Dava para ver a luz solar através da minha bunda no final, de tão limpa. Aí voltei para fazer o exame.

Primeiro ele mandou que eu deitasse numa mesa e colocasse os joelhos no peito.

— Certo — ele falou —, vou lhe dar um pouco de Demerol. Aí vou inserir uma câmera na sua passagem retal. Não se preocupe: você não vai sentir nada. E vou gravar tudo num DVD, aí você poderá assistir na sua hora de lazer.

— Está bem.

Ele me deu uma injeção e enquanto estava esperando o efeito percebi uma enorme TV de tela plana ao meu lado. De repente, senti algo do tamanho de uma pequena casa entrando na minha bunda. Chorei um pouco e fechei os olhos; quando voltei a abri-los a tela de TV estava mostrando uma imagem de alta definição de uma grande caverna vermelha.

— Isso é dentro da minha bunda? — perguntei.

— Como é que você *não* está dormindo? — perguntou o médico.

— Não sei.

— Não se sente tonto?

— Não mesmo.

— Nem mesmo um pouco?

— Nada.

— Vou dar um pouco mais de Demerol.

— Você é quem manda, doutor.

Ele me deu outra injeção daquela maravilha. *Ahhh*. Dois minutos depois, ele perguntou:

— Como você está se sentindo?

— Bem, obrigado — disse, ainda olhando a *Viagem ao Centro da Minha Bunda* na tela da TV.

— Jesus *Cristo* — ele falou. — Você *ainda* está acordado? Vou dar outra injeção.

— Manda bala.

Outros minutos.

— E agora, Sr. Osbourne? Pisque se puder me ouvir.

— Piscar? Por que não posso falar?

— Isso é impossível! Você não é humano!

— Como posso dormir durante este exame? — perguntei. — A qualquer minuto você vai encontrar algum par de abotoaduras perdidas ou talvez um velho relógio, talvez uma calcinha da Sharon.

— Não posso permitir que fique acordado. Vou aplicar uma última inje...

Desmaiei.

Quando terminou, o médico me contou que tinha encontrado algumas protuberâncias anormais na minha bunda — pólipos, é o nome deles — e precisava mandá-los para análise. Nada para se preocupar, ele falou. E estava certo, porque quando os resultados dos testes voltaram, estava tudo bem.

Mas eu estava convencido de que Sharon também precisava fazer uma colonoscopia — porque ela nunca fez check-ups regulares. No final, enchi tanto o saco dela que acabou concordando antes de voarmos para NovaYork com as crianças para umas filmagens. Ela ainda estava lá quando os resultados chegaram. Dessa vez, não foram bons: o laboratório tinha encontrado "tumores cancerosos". Por mais devastadoras que fossem as notícias, a maneira como descobrimos foi completamente inacreditável. A mulher que trabalhava com o médico ligou para o escritório de Sharon em LA e deixou um recado na secretária eletrônica. Deveria ter sido *eu* a dar a notícia, pessoalmente. Em vez disso, ela descobriu quando alguma garota do escritório ligou com sua lista de mensagens do fim do dia: "Oh, por falar nisso, você está sentada? Está com câncer".

A primeira coisa que Sharon fez foi me ligar.

— Ozzy, por favor, não entre em pânico — ela falou. — Estou indo para casa esta noite e amanhã vou para o hospital.

Silêncio completo.

— Ozzy, vai dar tudo certo. Pare de entrar em pânico.

— Não estou em pânico.

Assim que ela desligou, eu estava literalmente no chão, uivando. Quando era jovem, ninguém *nunca* se recuperava de câncer. Quer dizer, os médicos sempre diziam que era possível vencê-lo, mas todo mundo sabia que era besteira para acalmar as pessoas.

Mas eu precisava me recuperar antes de o avião de Sharon pousar em LA. Então tomei um banho, passei a loção pós-barba que ela adorava e vesti um terno negro com um lenço de seda branco. Queria parecer o melhor possível para minha esposa.

E fui para o aeroporto. Quando Sharon finalmente desceu do avião com as crianças e os cachorros, nos abraçamos e choramos muito. Por mais que eu quisesse parecer forte, estava completamente fodido. Eu já estava mal *antes* do medo do câncer, mas isso tinha me mandado para o fundo do abismo. Meus médicos estavam fazendo hora extra, aumentando a dose de todos os remédios. Parecia que minha cabeça estava flutuando um metro acima dos meus ombros.

— Vou resolver isso — foi a primeira coisa que Sharon disse para mim.

Aí voltamos para casa e a equipe da MTV estava esperando. Eles disseram:

— Olha, tudo bem se vocês quiserem nos mandar embora. É só nos avisar. A decisão é de vocês.

Mas Sharon não quis saber.

— Essa é uma *reality* TV — falou. — Não dá para ser mais real do que isso. Deixe as câmeras ligadas.

Achei que ela foi muito corajosa por falar isso. Mas essa é a minha esposa. Muito forte.

Olhando para trás, tive um colapso nervoso intenso em julho de 2002, que piorou muito por causa de toda a merda que eu estava engolindo, vinte e quatro horas por dia. Não é suficiente dizer que amo Sharon. Devo minha vida a ela. O pensamento de perdê-la era insuportável. Mas eu nunca desisti. Quando algo pesado como isso acontece, você cria um campo de força ao seu redor e as coisas que normalmente encheriam seu saco parecem perder a importância. É difícil descrever — eu estava com a cabeça em outro lugar.

A operação de Sharon foi no dia 3 de julho de 2002. Quando terminou e o câncer tinha sido removido, o médico disse que ela tinha se recuperado completamente. Mas, enquanto estavam olhando ali dentro, fizeram testes com alguns nódulos linfáticos. Alguns dias depois, o laboratório confirmou que o câncer tinha se espalhado por ali. O que significava que o pior ainda não tinha terminado — nem de longe. Não sabia na época, mas as chances de sobrevivência de Sharon eram de apenas 33%. Tudo que eu sabia era que ela precisava passar por meses de quimioterapia, algo bastante doloroso.

Foram os dias mais soturnos, tristes, terríveis, fodidos de toda a minha vida. E nem posso imaginar como deve ter sido ruim para Sharon. Quase imediatamente, seu cabelo começou a cair, então ela mandou fazer umas perucas. E sempre que fazia a quimio, voltava para casa tão desidratada — por causa dos vômitos — que tinha convulsões. O que acontecia era que no primeiro dia que voltava do hospital ela estava medicada, no segundo dia ficava bastante desconectada, e no terceiro dia começavam as convulsões. E ficavam cada vez piores.

Uma noite, fui jantar com as crianças e quando voltamos Sharon estava pior do que nunca: em vez de ter uma convulsão, ela estava tendo uma após a outra. Foi terrível. Não havia como esperar por uma ambulância, então corri até o Forte Apache e gritei para os caras da MTV: "Tragam um dos seus caminhões. Precisamos levá-la para o hospital, *agora*, porque se esperarmos por uma ambulância vai ser tarde demais". Aí voltei correndo para o quarto, peguei Sharon e a carreguei pelas escadas e pelo corredor.

Os caras tinham um caminhão esperando do lado de fora. Dois dos membros da equipe subiram na frente, enquanto eu entrei atrás com Sharon. Nós a amarramos a uma maca, mas ela estava chacoalhando tanto a porra da coisa, não dava para acreditar. Era selvagem, como se fosse parte do filme *O Exorcista*. Os espasmos eram tão intensos que ela parecia levitar. Então, quando chegamos ao hospital — demorou uns três minutos —, todas as enfermeiras estavam correndo e gritando. Foi uma cena terrível, a pior que se pode imaginar.

Depois disso, contratei uma equipe de enfermeiras para morar conosco na Doheny Road, porque não quis que Sharon passasse por aquilo novamente. Também pedi para meu agente ligar para Robin Williams, para que ele viesse animar Sharon. Sempre acreditei que a melhor forma de ajudar é fazer com que a pessoa ria quando está doente — e eu tinha a impressão de que Robin sentia o mesmo depois de ver o filme que ele fez, *Patch Adams*. Então ele veio um dia quando eu estava no estúdio e aparentemente Sharon chorou de rir a tarde toda. Até hoje, acho que esse foi o maior presente que dei a minha esposa e estou em dívida eterna com Robin. Realmente, "obrigado" não chega nem perto, certo? O cara é realmente um ser humano magnífico. Mas, apesar do show de Robin, Sharon teve outra convulsão aquela noite e terminou voltando ao hospital.

Eu ficava paranoico sempre que Sharon estava no hospital. Um único germe, ficava pensando, e ela podia pegar uma infecção e morrer.

No começo, pedi para as crianças usarem máscaras e luvas sempre que estavam perto dela. Mas, então, elas traziam os cachorros, o que me deixava louco. Na verdade, a cadela Minnie de Sharon não saiu do lado dela nem por um minuto durante a quimio. Eu nunca via aquela cadela comer. Nunca a via fazer xixi. No final do tratamento, a cadela estava tão desidratada quanto Sharon. Uma vez, fui até o hospital e as duas estavam deitadas lá, lado a lado, com soro. Minnie foi como o anjo da guarda de Sharon. Mas ela não gostava nem um pouco de mim. Na verdade, ela não gostava de homens, ponto final. Mesmo quando estava nas últimas, aquela cadela sempre encontrava forças para rosnar para mim. A última coisa que Minnie fez foi me dar um de seus olhares fulminantes, como quem diz: "*Urgh*".

Eu sofri fisicamente durante a doença de Sharon, também, mas no meu caso o sofrimento era autoinfligido. Bebia cerveja de manhã, fumava um monte de maconha na hora do almoço, tentava acordar com speed, aí ia correr. Pelo menos isso atenuava a realidade da situação, mas no final era uma casca. Um dia, Sharon disse para mim: "Pelo amor de Deus, Ozzy, vá fazer alguns shows. Você está me deixando louca".

Foi o que eu fiz. Eu já tinha perdido umas datas do Ozzfest nessa altura, mas retomei a turnê no dia 22 de agosto em Denver. Estava tão chateado que não deixava ninguém falar sobre câncer. Se ouvisse a palavra, entrava em pânico. Mas umas noites depois, quando estávamos em outra cidade — não me pergunte qual —, estava a caminho do palco e pensei: Foda-se, não posso ficar negando que isso está acontecendo. Então falei para a multidão: "Quero contar sobre o progresso da Sharon. Ela está bem e vai vencer esse câncer. Ela vai dar um pé na bunda dessa coisa!".

A multidão ficou doida. Juro por Deus, eles me deixaram muito bem. Foi mágico. O poder das pessoas, quando estão focadas em coisas positivas, nunca deixa de me espantar. Alguns dias depois, fui ver meu fisioterapeuta por causa de uns problemas nas costas que estava tendo.

— Tem uma coisa que eu queria contar — ele falou. — Posso ver pelo seu rosto que você está aterrorizado, mas quero que saiba que há dez anos eu tive o mesmo que a sua esposa. E consegui me curar completamente.

— Você sobreviveu à quimio? — perguntei.

— Completamente — ele falou.

Foi a primeira coisa realmente positiva que ouvi sobre a doença de Sharon. Ou, pelo menos, foi a primeira vez que *ouvi* algo positivo. Na minha mente, câncer era igual a morte. E acho que muitas outras pessoas achavam o mesmo que eu. Elas me diziam: “Sinto muito pelo que está passando com a Sharon”, sem nem olhar para mim, como se *soubessem* que ela estava morrendo. Mas esse cara foi diferente e mudou minha atitude naquele instante.

E ele estava certo: quando a quimio terminou, o câncer de Sharon parecia estar completamente destruído.

Lembro de ir ao hospital e um dos médicos me contar:

— Para você entender, para se recuperar da quimio, sua esposa vai levar o mesmo tempo que levou para se recuperar do câncer.

Eu respondi:

— Deixe-me contar algo sobre a minha esposa. Assim que receber alta, ela vai sair correndo, e você não será capaz de impedi-la.

— Não quero discutir, Sr. Osbourne — ele falou. — Mas, acredite em mim, ela não será capaz de fazer muita coisa.

Uma semana depois, ela recebeu alta.

E só dava para ver o rastro de poeira.

Quando começamos a gravar *The Osbournes*, Sharon não falava com seu pai há quase vinte anos. Era algo muito triste porque eu sabia que lá no fundo, em algum lugar, ela adorava o cara. Mas depois de tudo que ele fez, ela desistiu dele. Até contou às crianças que o avô tinha morrido durante a guerra — mas não demorou para elas descobrirem a verdade. Lembro inclusive do dia em que isso aconteceu: estávamos juntos no carro, dirigindo por Beverly Hills, quando Sharon pisou no freio de repente, fez uma curva proibida e parou na porta da confeitaria Nate ‘n Al’s.

Antes que alguém pudesse perguntar que merda ela estava fazendo, Sharon se inclinou para fora da janela e começou a gritar: "Seu merda fodido! SEU MERDA FODIDO!".

Aí eu vi Don parado na rua. Ele imediatamente começou a gritar também. A última coisa de que me lembro é ele se aproximando da janela do carro, até ficar a centímetros da cara da Sharon e chamando-a de "puta do caralho". Aí Sharon pisou no acelerador, deixando-o tossindo e cuspindo no meio de uma nuvem negra de fumaça dos pneus.

Enquanto isso, dentro do carro, todos estavam em silêncio. Eu não tinha ideia de como explicar às crianças o que tinha acontecido. Aí ouvimos a vozinha de Aimee no banco de trás.

— Mãe, por que o Tony Curtis a chamou de puta?

— PORQUE TONY CURTIS É UM MERDA FODIDO — foi a resposta.

Até hoje, não tenho ideia de por que Aimee achou que Don era Tony Curtis. Talvez tenha sido o que Sharon contou ou talvez ela tenha visto Tony Curtis na televisão — na época ele era muito parecido com Don. Mas não importou, porque foi quando Sharon contou tudo para as crianças.

Não foi a única vez que encontramos Don em LA. Em outra ocasião, fomos assistir a um filme no shopping da Century City e estávamos esperando o manobrista no estacionamento. De repente, eu vi Don atrás de Sharon.

— Prometa-me que não vai ficar louca — eu falei.

— *Por quê?*

— Só me prometa.

— Certo, eu prometo.

— Seu pai está parado bem atrás de você.

No momento em que eu disse isso, um dos manobristas apareceu com o nosso carro. Graças a Deus por isso, pensei.

— Entre no carro — mandou Sharon.

— Você não vai fazer nada louco, vai? — eu perguntei.

— Não.

— Tem certeza?

— ENTRE NA PORRA DO CARRO.

Entrei no lado do passageiro e fechei a porta. Sharon subiu no banco do motorista. Aí ela se transformou nessa mulher satânica. Pisou no acelerador e foi direto na direção do pai. Ele precisou pular para sair do caminho. Ela quase o matou — com umas cinquenta pessoas como testemunhas. Foi horrível.

Depois disso, não vimos nem soubemos nada de Don por anos. Aí, no final dos anos 90, a mãe de Sharon morreu. Não sei todos os detalhes, mas a mãe dela tinha seus problemas e o resultado foi que as duas pararam de se falar também. São uma família muito intensa, esses Ardens. Elas sempre tiveram de aguentar muito abuso verbal — o que às vezes acho que pode ser pior do que abuso físico. De qualquer forma, um ano e pouco depois da morte de sua mãe, ouvimos por alguém da família na Inglaterra que Don estava doente e passando por maus momentos. Apesar de ainda não conversarem, Sharon conseguiu um lugar para ele viver. Aí eu recebi uma ligação do irmão de Sharon, David. “Tenho más notícias”, ele falou. “Don tem mal de Alzheimer.”

Não havia como esconder isso de Sharon.

No começo, ela ignorou, dizendo que já o apoiava financeiramente. Mas eu falei: “Veja, não sei quais são seus verdadeiros sentimentos em relação a seu pai, mas eu a aconselho, se quiser falar algo com ele, mesmo se for para chamá-lo novamente de bosta, que faça isso agora. Porque, a cada dia que passa, ele vai morrer um pouco mais”.

A coisa é: nunca acreditei em brigas de longo prazo. Não me entendam errado: já fiquei bravo com pessoas. *Muito* bravo — com pessoas como Patrick Meehan, ou aquele advogado que tentou me cobrar a bebida ou Bob Daisley. Mas eu não os odeio. E não quero que sofram nenhum mal. Eu assumo que odiar alguém é uma completa perda de tempo e esforços. O que você consegue no final? Nada. Não estou tentando ser o Arcanjo Gabriel. Só acho que, se você está bravo com alguém, chame-o de bosta, tire isso do seu sistema e siga em frente. Não vamos ficar na terra por muito tempo.

De todo modo, Sharon finalmente decidiu que queria revê-lo, então ele voltou para nossas vidas. Até acabou participando de uns episódios de *The Osbournes.* E eu fiquei feliz com isso, sabe — apesar de ele ter me chamado de Vegetal a maior parte da nossa vida em comum. Então, quando Sharon decidiu que queria renovar nossos votos de matrimônio — ela ainda estava passando pela quimio na época —, fizemos Don participar da cerimônia, que aconteceu no Ano-Novo no Beverly Hills Hotel. Fizemos o ritual no estilo judaico — com uma pequena cobertura, os copos quebrados, tudo o mais.

Um monte de pessoas veio me perguntar naquela noite: "Como você e Sharon conseguiram ficar tanto tempo juntos?". Minha resposta, naquele momento, foi a mesma que repito agora: nunca parei de falar para minha esposa que a amo, nunca parei de levá-la para jantar, nunca parei de surpreendê-la com pequenos presentes. Infelizmente, também nunca parei de beber e consumir drogas, então a cerimônia terminou de uma forma muito parecida com nosso casamento original: eu caído num corredor, completamente bêbado.

O Don Arden que conheci desde o começo dos anos 70 desapareceu depois disso. A luz estava acesa, mas não havia ninguém em casa. É uma forma terrível de morrer. Estou dizendo, tendo visto o que aconteceu com meu sogro, não desejo nem que meu pior inimigo tenha Alzheimer. Mesmo depois de tudo o que aconteceu entre nós durante vários anos — apesar de ele ter se metido até no processo de Bob Daisley —, senti muita pena dele nos seus últimos anos.

No final, nós o colocamos numa clínica.

Lembro que ele tinha muita cera nos ouvidos e sempre que íamos visitá-lo eu pingava umas gotas no ouvido dele. Não sei por que achava que era minha obrigação, eu simplesmente fazia. Acho que tinha algo a ver com a imensa pena que sentia. Esse homem rude, poderoso, assustador tinha se tornado uma criança.

— Pai — perguntou Jack um dia. — Quando você está na televisão, acha que as pessoas estão rindo *com* ou *de* você?

Evidentemente, ele tinha pensado naquilo durante um tempo.

— Sabe o quê? — respondi. — Enquanto estiverem rindo, eu não me importo.

— Mas por quê, pai? Por que você quer ser o palhaço?

— Porque eu sempre fui capaz de rir de mim mesmo, Jack. O humor me manteve vivo durante todos esses anos.

E é verdade, sabe. Quero dizer, não é preciso muito para me deixar louco, é verdade — apesar de que, quanto mais fico velho, mais penso: Foda-se, para que isso, tudo vai dar certo de uma forma ou de outra —, mas o humor salvou a minha vida muitas vezes. E não começou com *The Osbournes*. Até no Black Sabbath eu era o palhaço. Sempre estava fazendo os outros rirem.

Mas senti pena de Jack.

Nem sempre foi fácil para ele, principalmente durante aqueles dois primeiros anos do programa, quando eu estava tremendo, balbuciando, totalmente fodido. Não consigo imaginar como deve ter sido para ele, para ser honesto. O mesmo com Kelly. Quando nos tornamos essas megacelebridades, foi a primeira vez que eu realmente entendi por que essas atrizes jovens de Hollywood se drogam e vão para a reabilitação a cada semana. É a pressão — é muito ridículo. Sem parar. Todo dia. No primeiro ano que fomos para o ar, Kelly cantou "Papa Don't Preach" no MTV Movie Awards. Ela precisou descer um lance de escada com todas as maiores estrelas olhando para ela. Mas fez tudo direito. E, é claro, terminou adorando tudo aquilo, assim como a plateia.

Mas ela teve seus problemas, como todos nós. E fiquei muito triste quando Jack começou a fazer merda também. Ele ficou muito mal com o câncer de Sharon, a ponto de terminar tomando OxyContin, que chamam de "heroína caipira" aqui em LA. Lembro que tivemos uma puta briga sobre isso e eu falei: "Que merda, Jack! Por que você está sempre fazendo bosta? Você nunca quis nada na vida? *O que você quer da vida?*".

Ele só olhou para mim e disse: "Um pai".

Não vou esquecer esse momento tão cedo.

Foi a primeira vez que realmente precisei enfrentar o custo de como estava vivendo durante todos esses anos — o custo para meu filho, que eu amava muito, de quem sentia muito orgulho, mas que nunca ajudei de verdade. Foi uma sensação muito ruim.

Tudo que consegui falar foi: "Jack, me desculpe".

Jack ficou sóbrio depois disso. Mas eu, não.

Em agosto de 2003, estava tremendo tanto que não conseguia andar, não conseguia segurar nada, não conseguia me comunicar. Chegou um ponto em que Sharon começou a ficar brava com os médicos. As coisas que eles estavam me dando pareciam me deixar *pior*, não melhor.

Então, arranjei um médico novo, Allan Ropper, que trabalhava no mesmo hospital-escola em que tinham me falado que eu não tinha EM, no começo dos anos 90. Ele estava tratando o mal de Parkinson de Michael J. Fox na época — Sharon tinha lido um artigo sobre ele na revista *People*. A primeira coisa que o Dr. Ropper fez quando voamos até lá para vê-lo foi jogar fora todas as pílulas que eu estava tomando. Aí ele me internou no hospital por cinco dias e fez em mim todos os testes que já foram inventados. Depois disso, precisei esperar outra semana pelos resultados.

Finalmente, Sharon e eu voltamos ao consultório dele para descobrir que merda estava errada comigo, de uma vez por todas.

— Acho que encontrei o problema — ele falou. — Basicamente, Sr. Osbourne, o senhor tem uma doença muito, muito rara, que é causada porque seu pai e sua mãe possuem o mesmo cromossomo com problemas no DNA deles. E quando digo que é muito rara, pensem em algo como um em um bilhão. A boa notícia é que não estamos falando de EM ou mal de Parkinson. A má notícia é que não existe um nome para isso. A melhor descrição é provavelmente síndrome parkinsoniana.

— É o que me faz tremer?

— Exatamente.

— E é hereditário? Não tem nada a ver com a bebida ou as drogas?

— O álcool e algumas das drogas que você estava tomando faziam tudo piorar. Mas não eram a causa primária.

— Dá para tratar?

— Dá. Mas primeiro preciso dizer uma coisa, Sr. Osbourne. Se o senhor continuar bebendo e abusando das drogas, terá de encontrar outro médico, porque não vou querer que seja meu paciente. Sou um homem ocupado, tenho uma lista *muito* longa de espera e não posso perder meu tempo.

Nenhum médico tinha falado comigo dessa forma antes. E, do jeito que ele olhava para mim, eu entendi que era sério.

— Está bem, doutor — falei. — Vou fazer o máximo de esforço.

— Muito bom. Vou receitar duas pílulas por dia. Isso deverá resultar numa visível melhora em sua saúde.

E ele não estava brincando.

Meus tremores diminuíram quase da noite para o dia. Eu conseguia andar. Minha gagueira diminuiu. Até consegui voltar ao estúdio e gravar uma nova versão de "Changes" com Kelly.

Eu tinha prometido fazer uma música para Kelly desde que dei o nome de Aimee a uma das faixas do disco *Ozzmosis*. Ela vivia dizendo: "Por que a Aimee tem uma música e eu não?". Na verdade, eu fiz uma música para Jack também — "My Little Man" —, que também está no *Ozzmosis*. Então, eu tinha essa dívida com Kelly — e queria ajudá-la, porque ela é minha garotinha especial, sabe? Claro que eu amo todos os meus filhos de maneira igual, mas Kelly sempre parece terminar na linha de fogo, por várias razões.

Então fizemos "Changes", uma das minhas músicas favoritas, com a letra um pouco modificada para funcionar com o dueto de pai e filha. Ficou tão bom que achei que tínhamos um "número um" de Natal nas mãos. Então voamos de volta para a Inglaterra em dezembro para divulgá-lo. Nesse momento, eu tinha parado de beber — por causa das ordens do Dr. Ropper —, mas ainda estava tomando todo tipo de pílula. Não dá para deixar de ser viciado em drogas de uma hora para a outra. Eu estava numa roleta-russa todo dia. Na época, tomava hidrato de cloral, que é um dos remédios para dormir mais antigos do mundo. Mesmo assim, era um avanço diante da ridícula quantidade de narcóticos que estava tomando nos meses anteriores, e consegui fazer uma aparição com Kelly no *Top of the Pops* sem problemas. Dirigi até Welders House, com meu assistente, Tony, para passar o fim de semana.

A MTV já tinha uma equipe de câmeras lá, porque nossa rotina familiar estava chata, e eles estavam desesperados por material novo. Mas não havia muito para ser filmado. Eu tinha um quadriciclo, uma Yamaha Banshee 350cc — que era como uma bala sobre rodas —, e ficava andando pelo campo durante horas. Passava a maior parte do fim de semana fazendo isso. E na segunda de manhã, 8 de dezembro — o dia em que "Changes" começou a ser vendido —, peguei a moto de novo.

Nessa altura, a equipe estava um pouco de saco cheio, acho. Eles nem estavam filmando. Lembro de sair da moto para abrir um portão, fechando depois que todos tinham passado, de ter voltado para a moto, andado por uma trilha fechada e de apertar os freios quando cheguei a uma descida brusca. Mas o problema com aquele quadriciclo era que não tinha um daqueles aceleradores como os de moto. Tinha apenas uma pequena alavanca que você aperta para ir mais rápido. E era muito fácil tocar na alavanca acidentalmente, enquanto se estava tentando controlar a moto, principalmente quando ela ficava instável. Foi exatamente o que aconteceu quando eu cheguei ao fim da descida: os pneus da frente bateram num buraco, minha mão direita escorregou e bateu na alavanca, o motor ficou doido e a coisa saiu voando, fez um giro no ar e me jogou na grama. Por um milionésimo de segundo, eu pensei: Oh, bem, não foi tão ruim.

Aí a moto caiu em cima de mim.

Crack.

Quando abri meus olhos, meus pulmões estavam cheios de sangue e meu pescoço estava quebrado — pelo menos foi o que meus médicos me contaram mais tarde.

Então, *agora* estou morrendo, pensei.

Foi culpa dos nazistas, acreditem se quiserem. O buraco era uma pequena cratera, feita por uma bomba alemã que tinha sido jogada durante a guerra. Eu não sabia disso na época, mas havia vários deles na terra ao redor de Welders. Os pilotos alemães soltavam as bombas antes de chegar nas grandes cidades — onde poderiam ser derrubados —, assim, bombardeavam a região de Buckinghamshire, falavam que tinham cumprido suas missões e iam para casa.

Não me lembro muito do que aconteceu nas duas semanas seguintes. Nas primeiras horas, eu revezava entre consciente e inconsciente o tempo todo. Tenho uma vaga lembrança de Sam, meu guarda-costas, me levantando, colocando-me atrás da sua moto e me levando embora. Depois, tudo que me lembro são lampejos dentro da ambulância, e em seguida muitos médicos me examinando.

— Como vocês o levaram até a ambulância? — um deles perguntou.

— Nós o colocamos na garupa da moto — respondeu uma voz desconhecida.

— Vocês poderiam tê-lo deixado paralítico! Ele está com o *pescoço* quebrado, pelo amor de Deus. Vai ter sorte se andar novamente.

— Bom, como *deveríamos* tirá-lo do meio do bosque?

— Um helicóptero estava a caminho.

— *Não sabíamos disso.*

— Isso é óbvio.

Aí tudo começou a desaparecer.

Aparentemente, a última coisa que fiz antes de perder a consciência foi puxar o médico pelo colarinho e sussurrar em seu ouvido: "Não importa o que você fizer, não ferre com as minhas tatuagens".

Sharon estava em LA, então Tony ligou para ela e colocou o médico responsável na linha. Ele contou tudo e os dois concordaram que eu precisava fazer uma cirurgia imediatamente.

Eu estava bastante machucado. Além de ter quebrado o pescoço, tinha fraturado oito costelas e perfurado o pulmão, que estava cheio de sangue. Enquanto isso, quando minha clavícula quebrou, ela cortou uma artéria importante do braço, então o sangue não corria. Por um tempo, os médicos acharam que teriam de amputá-lo. Depois de terminarem com a operação, me colocaram em coma induzido, porque era a única maneira de eu suportar a dor. Se eu soubesse disso, teria ficado feliz: passei toda a minha vida adulta tentando entrar num coma induzido. Eles me mantiveram assim por uns oito dias. Depois começaram a me fazer voltar lentamente. Demorou mais uns seis dias para eu ficar totalmente acordado. E durante esse tempo tive o sonho mais insano da minha vida. Era tão vívido, quase uma alucinação. Tudo que posso dizer é que o Sistema de Saúde deve ter me dado coisas de alta qualidade, porque ainda consigo ver cada detalhe como se fosse ontem.

Começava comigo em Monmouthshire — onde eu costumava ir ensaiar com o Black Sabbath e minha banda solo. Estava chovendo — uma tempestade. Aí eu estava nesse corredor no Rockfield Studios e, na minha frente, havia uma cerca camuflada, como as que existiam nas trincheiras durante a Segunda Guerra Mundial. À minha esquerda, havia uma janela. Quando olhei por ela, do outro lado estava Sharon, no meio de uma festa. Ela não podia me ver, mas eu, sim. Seguia-a até o lado de fora e vi quando ela se encontrava com um cara bonitão e rico, que tinha um avião particular. No sonho, pensei: Lá está minha esposa e ela está me deixando. Era terrivelmente triste. O cara tinha uma pista de pouso no quintal e, no final, havia um canhão. De repente, ele conseguia me ver — então eu oferecia uns binóculos de visão noturna, porque queria ser amigo dele. O cara me mandou embora e eu me senti rejeitado novamente. Nesse ponto, todos os convidados da festa vieram correndo até o jardim. A multidão foi crescendo até que no final tinha se tornado um grande festival de música.

Foi aí que Marilyn Manson apareceu.

Foi uma puta loucura, cara.

Em seguida, eu estava no avião do cara rico indo para a Nova Zelândia e estavam servindo Guinness na cabine de comando. Achei que aquilo tinha algo a ver com o casamento de meu filho Louis na Irlanda, que eu ia perder porque estava no hospital. Na Nova Zelândia, era noite de Ano-Novo, Jack estava lá — ele tinha descolorido completamente o cabelo, até ficar branco, e estava soltando fogos de artifício. E acabou sendo preso.

Nesse ponto, Donovan entrou no sonho e começou a tocar "Mellow Yellow".

O que deixou a coisa ainda mais estranha foi que eu tinha momentos de consciência, então alguns aspectos do sonho eram reais. Por exemplo, eu achava que estava vivendo num restaurante de peixe com batata, mas na verdade minha cama ficava perto da cozinha do hospital, por isso eu conseguia sentir o cheiro da comida. Aí vi meu guitarrista Zakk Wylde — que no sonho eu achei que era impossível porque ele vivia nos Estados Unidos — mas depois descobri que ele tinha voado para me ver, então o cara estava realmente ali.

Eu também o vi usando um vestido de babado, dançando com uma vassoura e um balde.

Mas isso *não era* real.

Ou pelo menos espero que não tenha sido.

— Ozzy, *Ozzy*, consegue me ouvir?

Era Sharon.

Depois de quase duas semanas, eles finalmente me tiraram do coma.

Abri os olhos.

Sharon sorriu e enxugou as lágrimas com um lenço.

— Tenho notícias para você — ela falou, apertando minha mão.

— Tive um sonho — falei, antes que ela pudesse continuar. — Você me deixava por um cara rico com um avião.

— O que você está falando, Ozzy? Não seja tonto. Ninguém vai deixar ninguém. Todos te amam. Você deveria ver quantas flores seus fãs deixaram do lado de fora do hospital. Vai ficar emocionado. São lindas — ela apertou minha mão novamente. — Quer ouvir a boa notícia?

— Qual é? As crianças estão bem?

— Você e Kelly estão em primeiro lugar. Finalmente você conseguiu.

— Com "Changes"?

— Isso! Você até quebrou um recorde, Ozzy. Nunca ninguém demorou trinta e três anos desde que entrou nas paradas até chegar ao primeiro lugar. Só a Lulu chegou perto.

Eu sorri.

— Eu deveria ficar contente com isso? — falei. E ri.

Não é uma boa ideia com oito costelas quebradas.

Normalmente eu odeio o Natal. Quer dizer, quando se é alcoólatra e está bebendo, o Natal é a melhor coisa do mundo. Mas se não está bebendo, é uma merda de uma agonia. E odeio ter de comprar presentes para todos. Não porque sou mão de vaca — só porque é obrigatório.

Tudo sempre me pareceu uma bosta.

Mas o Natal de 2003 foi uma exceção. Kelly e eu não conseguimos ficar em primeiro lugar — fomos vencidos na última semana por Michael Andrews e Gary Jules, com a cover de "Mad World" —, mas eu consegui continuar vivo. O que é algo bastante inacreditável, quando penso nisso. A única tristeza que tenho dessa época é que nenhum dos meus companheiros de Black Sabbath ligou para dizer que tinha gostado de "Changes" ou para dizer "Parabéns pelo primeiro lugar". Mesmo se ligassem para dizer que tinham achado um lixo, seria melhor do que o silêncio. Não é à toa que chovia muito em Monmouthshire quando eu estava lá, no sonho.

Mas tudo bem. Não é algo muito importante.

O hospital onde fiquei em coma, Wexham Park, não podia ser melhor. Mas eu estava de saco cheio no final. Queria ir para casa porque já não aguentava mais, mas eles me falaram que eu não podia sair de jeito nenhum. Naquele momento, ainda não conseguia andar; tinha um colar para imobilizar o pescoço; meu braço ainda não tinha voltado a viver e eu sentia muita dor. Mas meu sonho tinha me deixado doido. Estava convencido de que Sharon estava voando pelo mundo num jato particular com uma banheira no fundo, enquanto trepava com um bilionário qualquer. Se eu ficasse no hospital, pensei, não teria nenhuma chance de reconquistá-la. Mas, quando Sharon correu até o hospital com as crianças pela milionésima vez para dizer que estava tudo bem, que tudo tinha sido um sonho, já era tarde demais: eu tinha conseguido sair. Então Sharon precisou conseguir uma cama de hospital para colocar em Welders House e uma enfermeira para limpar minha bunda e balançar meu pinto. Durante semanas, eu só conseguia ir de um lado para o outro na cadeira de rodas e toda noite precisava ser carregado para a cama.

No final, consegui me recuperar completamente. Ou o melhor que pude. Minha memória de curto prazo pareceu ficar pior, mas talvez seja por causa da idade ou das pílulas para dormir. E meu peito ainda está cheio de parafusos e varetas de metal. Quando passo por um detector de metais hoje em dia, um alarme toca no Pentágono.

Mas não posso reclamar, sabe? Lembro quando voltei pela primeira vez aos Estados Unidos depois do acidente e precisei ir ao médico fazer um check-up. Ele tirou um raio X do meu peito, colocou contra a luz e começou a assobiar.

— Bom trabalho — falou. — Deve ter sido bem caro, no entanto. Quanto custou? Mais de um milhão? Uns dez milhões?

— Nada, na verdade — falei.

Ele não podia acreditar.

— Como assim?

— Sistema de saúde britânico — falei e dei de ombros.

— Puta merda — ele falou. — Não é à toa que vocês aguentam o clima ruim.

Quando pude deixar a cadeira de rodas e o colar no pescoço, era momento de renegociar nosso contrato com a MTV — *de novo*. Mas eu não ia aguentar outra temporada com *The Osbournes*.

Já era suficiente.

De todo modo, a MTV tinha matado o programa por tentar arrancar cada centavo que conseguia. Parecia estar no ar vinte e quatro horas por dia. E quando você superexpõe um programa como aquele, as pessoas se cansam. Você quer que as pessoas em casa digam: "Oh, são nove horas. Está na hora de *The Osbournes*". Quer que as pessoas fiquem esperando. Mas quando está no ar toda noite, eles só dizem: "*Bah*, vai passar de novo amanhã". Fizeram a mesma coisa com *Who Wants to be a Millionaire*? Era brilhante por cinco minutos, depois ninguém aguentava mais.

Outro problema era que, depois de três anos fazendo o programa, filmamos tudo que podíamos. Então, na última temporada, tínhamos de inventar umas palhaçadas — e éramos tão famosos que havia uma multidão sempre que saíamos de casa. Começou a parecer bastante falso, o que era o contrário do que o programa deveria ser.

Então foi o fim. Em 2005, o programa terminou. O Forte Apache foi desmontado e a equipe foi embora. Pouco depois, Jack e Kelly se mudaram também. Mas eu gosto de pensar que deixamos nossa marca na TV. Especialmente na MTV. Eles adoram reality shows agora, muito. É preciso ficar acordado até as três da manhã para conseguir assistir a um videoclipe hoje em dia. E, claro, muitas pessoas quiseram ganhar crédito por *The Osbournes*, agora que ele terminou. Mas eu nunca tive dúvidas de quem são os *verdadeiros* criadores de *The Osbournes.*

Foram os Osbournes.

Uma das melhores coisas do programa foi que ele permitiu que Sharon começasse uma carreira de sucesso na TV. Depois de terminar a quimioterapia, tudo que eu queria era que Sharon fosse feliz e, quando ela conseguiu entrar como jurada no *X Factor*, adorou. Quando quis sair, depois da quarta temporada, eu falei: "Olha, você tem certeza absoluta de que quer fazer isso? Porque se for, eu a apoio completamente". E no final deu certo, porque agora está se dando muito bem no *America's Got Talent*.

Preciso dizer que acho que minha vida ficou um pouco mais normal depois do fim de *The Osbournes*. Welders House quase queimou três vezes, para começar. Depois eu quase matei um ladrão no meio da noite no meu próprio banheiro.

Juro que esse tipo de merda só acontece comigo.

Se não fosse por minha bexiga, nem teria visto o cara. Mas eu estou sempre me levantando no meio da noite. É porque bebo muito líquido, mesmo quando não estou enchendo a cara. As xícaras de chá que faço são do tamanho de pratos de sopa. E eu posso tomar várias delas por dia. Tudo que faço sempre precisa ser em excesso.

Bom, o cara entrou em casa pouco antes do nascer do sol, na segunda-feira, 22 de novembro de 2004. Eu acordei querendo mijar e por sorte não estava doido, só com as pílulas de sempre, então não estava caindo em cima das coisas, como sempre. Só saí da cama, completamente pelado, e andei até o banheiro, passando pelo trocador. Acendi as luzes, levantei a tampa da privada e, enquanto mijava, olhei para a penteadeira de Sharon.

Lá estava: um cara do meu tamanho, vestido de preto, uma máscara de esqui na cara, agachado, mas incapaz de se esconder.

É difícil descrever o tipo de susto que se toma quando algo assim acontece. Mas então a urgência da situação toma o controle. Assim que percebeu que eu o tinha visto, o cara correu para a janela e tentou escapar. Por alguma razão — sabe Deus por quê, já que sou um completo covarde —, corri atrás dele e lhe dei uma chave de braço antes que pudesse passar todo o corpo pela janela. Lá estava ele, esse ladrão, de costas, com os olhos piscando para mim, e eu estava com meu braço ao redor do pescoço dele. De repente, começo a pensar: Bom, e agora? Parece que ficamos ali por muito tempo, nenhum de nós dizendo nada, enquanto eu decidia o que fazer.

Se o puxasse para dentro, pensei, ele poderia ter um pé de cabra ou uma arma. Também pensei que ele poderia ter um amigo do lado de fora, esperando para ajudar numa emergência. E eu não estava querendo exatamente brigar às quatro da manhã. Não estava com minha fita de Rambo amarrada na cabeça, digamos. Então pensei: Por que não mato o maldito? Afinal, ele estava na minha casa, sem ter sido convidado. Mas eu realmente queria viver com o fato de ter tirado a vida de alguém, sabendo que poderia tê-lo deixado ir embora?

No final, acabei soltando o cara pela janela, que estava no segundo andar. Consegui ouvi-lo caindo pelos galhos da árvore até lá embaixo. E fiquei olhando enquanto ele fugia pelo jardim, mancando um pouco. Com alguma sorte, ele quebrou algo.

Ele escapou com dois milhões de libras em joias e a polícia nunca conseguiu encontrá-lo. Tudo estava no seguro, mas nunca conseguimos receber o valor total dessas coisas. Acho que deveria ter gritado para Sharon apertar o botão de alarme, mas não pensei nisso. E ela não ouviu nada.

Mas são apenas coisas, sabe? E poderia ter sido muito pior. Ele poderia ter me acertado com um bastão de beisebol enquanto eu estava dormindo. Poderia ter violentado Sharon. Sempre estamos ouvindo as pessoas no pub dizendo: "Oh, eu *adoraria* que isso acontecesse comigo, eu ia dar uma lição no maldito", mas, acredite, quando você é pego de surpresa assim, a coisa é bem diferente.

Comprei umas armas depois disso, saibam, assim se houver outro cara não vai ser tão fácil. Mas, repito, não sei se teria coragem de atirar em alguém. E é preciso ter muito cuidado com armas. É como meu pai sempre disse para mim, se você puxar uma arma para alguém — não importa por quê —, precisa estar completamente preparado para usá-la, porque, se não estiver, o outro cara verá a dúvida em seus olhos e vai tentar pegá-lo. Aí você *realmente* vai estar em dificuldades.

No dia seguinte ao roubo, a imprensa ficou louca, como sempre faz com histórias em que estou envolvido. "OZZY PELADO E VIOLENTO LUTA CONTRA LADRÃO DE JOIAS EM SUA CASA", era a manchete do *Sun*. Outros jornais enviaram repórteres até Aston para escrever sobre quando eu tinha roubado a loja de roupas Sarah Clarke's e sobre a ironia de que agora eu estava reclamando por ter sido vítima de um roubo. Achei tudo isso um pouco exagerado, para ser honesto. Eu era apenas um garoto estúpido quando entrei na loja; não tinha nada a ver com um ladrão profissional. E aprendi minha lição.

Em 1965, as roupas que roubei valiam umas vinte e cinco libras e eu achei que estava rico. Nunca poderia acreditar que, quarenta anos depois, eu teria coisas que valessem dois milhões de libras e que alguém iria querer roubá-las — e tanto dinheiro a ponto de não sentir falta desses dois milhões. É ridículo, de verdade. Minha vida nunca deveria ter sido assim. Mas, pode acreditar, sou muito grato por tudo. Não passo nem um dia sem pensar de onde vim e onde terminei, e como ninguém em sã consciência poderia adivinhar que isso ia acontecer.

Notas sobre o paciente

Hidden Hills, Califórnia

2009

— Certo, Sr. Osbourne. Vou fazer uma pergunta — disse o médico. — O senhor já tomou alguma "droga de rua"?

Era um cara novo que fui ver quando decidi deixar as drogas. Tinha passado quase quarenta anos bebendo e me drogando, então pareceu ser uma boa ideia ver quais danos eu tinha feito em mim mesmo.

— Bem — eu contei, depois de limpar a garganta. — Fumei, uma vez, um pouco de maconha.

— Só isso?

— É, só isso.

O médico continuou insistindo e olhando suas anotações. Aí, ele parou e perguntou:

— Tem certeza?

— Bem — falei, limpando de novo a garganta. — Eu tomei um pouco de anfetamina. Há muito tempo, sabe?

— Então foi um pouco de maconha e de anfetamina?

— Mais ou menos isso.

O médico continuou fazendo suas anotações. Mas, depois de um tempo, ele parou de novo:

— O senhor tem *absoluta* certeza de que foi somente maconha e anfetamina?

— Bom, acho que também dei umas cheiradas quando era jovem — disse. Eu estava começando a esquentar.

— Então maconha, anfetamina e… umas carreiras de cocaína?

— Isso mesmo.

— Está seguro disso?

— Uh-huh.

— Só quero ter absoluta certe…

— Heroína conta?

— Sim, heroína conta.

— Oh. E heroína então. Só uma ou duas vezes, claro.

— Tem *certeza* de que foram só uma ou duas vezes?

— Ah, tenho. Essa heroína é uma droga de merda. Já experimentou?

— Não.

— Muito vômito para meu gosto.

— A náusea pode ser intensa, é verdade.

— Só serve para desperdiçar cerveja, isso sim.

— Certo — cortou o médico. — Vamos direto ao ponto. Há alguma droga que o senhor *não* tenha tomado, Sr. Osbourne?

Silêncio.

— Sr. Osbourne?

— Não que eu saiba.

Mais silêncio.

Finalmente, o médico falou:

— E álcool? O senhor mencionou que bebe. Quantas unidades por dia?

— Ah, umas quatro? Mais ou menos.

— Pode ser mais específico?

— Garrafas de Hennessy. Mas depende.

— Do quê?

— De quanto tempo fico desmaiado entre elas.

— E é só Hennessy?

— Bom, cerveja não conta, ou conta?

O médico balançou a cabeça, soltou um longo suspiro e começou a esfregar os olhos. Parecia querer ir para casa. Então, perguntou:

— E o senhor fuma, Sr. Osbourne?

— De vez em quando.

— Que surpresa. Quantos por dia?

— Ah, uns trinta?

— Que marca de cigarro?

— Charutos. Não conto os cigarros.

O médico começou a ficar branco. Finalmente, disse:

— Há quanto tempo essa tem sido sua rotina diária?

— Em que ano estamos? — perguntei.

— 2004.

— Quase quarenta anos, então.

— E há alguma coisa no seu histórico médico que eu deveria saber? — perguntou o médico.

— Bem — falei. — Um avião quase me acertou uma vez. Mais ou menos. E quebrei o pescoço com um quadriciclo. Depois morri duas vezes durante um coma. Tive aids por vinte e quatro horas, também. E pensei que tinha EM, mas acabou sendo um tremor parkinsoniano. Quebrei meu pinto uma vez. Ah, peguei chato algumas vezes. E um ou dois ataques, como quando tomei codeína em Nova York ou quando usei a droga do estupro em mim mesmo, na Alemanha. Isso é tudo, a menos que você queira contar o abuso de medicamentos com receita.

O médico assentiu.

Limpou sua garganta, afrouxou a gravata e disse:

— Tenho uma última pergunta, Sr. Osbourne.

— Pode mandar, doutor.

— *Como o senhor ainda está vivo?*

Ele estava certo, não há nenhuma razão médica plausível que explique como eu ainda estou vivo. Há menos motivos para eu estar saudável. Hoje em dia, eu não estou tão mal assim — é sério.

Tudo bem, minha memória recente não anda muito bem desde o acidente de moto — faço tratamento com uma terapeuta para ajudar com isso — e ainda gaguejo um pouco. Mas meu coração está em boa forma e meu fígado está como novo. Depois de um milhão de testes, o máximo que os médicos encontraram foi que eu tenho "um pouco de colesterol". Mas isso é bastante comum para um cara de sessenta anos criado na terra dos sanduíches e das batatas fritas.

Posso dizer honestamente que nunca esperei chegar até minha sétima década — e ainda estar de pé. Quando era criança, se você me encostasse na parede junto com os outros caras e perguntasse qual de nós chegaria ao ano de 2009, qual de nós terminaria com cinco filhos, quatro netos e casas em Buckinghamshire e Califórnia, eu nunca apostaria em mim. Preciso rir muito, porque cresci com todo o sistema contra mim. Fui mandado embora da escola com quinze anos sem nem conseguir ler uma frase de forma correta.

Mas ganhei no final.

Todos nós — Tony, Geezer, Bill e eu.

E me sinto ótimo. Melhor do que nunca.

Claro que ainda tenho problemas. Desenvolvi uma fobia de conhecer gente nova, apesar de que isso nem sempre acontece. E estou muito supersticioso. Se estou malhando numa academia, sempre faço mais de treze repetições. *Sempre*. E não uso, sob nenhuma circunstância, a cor verde. O verde me deixa paranoico. Não sei por quê — talvez seja porque tive um carro verde que estava sempre quebrando. E juro que ficar sóbrio me deixou um pouco paranormal também. Falo para Sharon: "Como será que tal pessoa está?" — alguém que não vejo há anos — e logo em seguida essa pessoa aparece do nada.

Tive algo parecido quando a Princesa Diana morreu, sabem?

Na semana anterior ao acidente, sonhei com aquilo. Foi tão forte que contei para Tony Dennis. Alguns dias depois, ela morreu. "Nunca sonhe *comigo*", disse Tony.

As pessoas me perguntam se estou realmente, *verdadeiramente* sóbrio agora.

Não posso dar a resposta que elas querem ouvir. Tudo que posso falar é que estou sóbrio hoje. É tudo que tenho. É tudo que vou ter.

Mas com certeza estou mais sóbrio do que nunca estive nesses últimos quarenta anos. Uma das últimas vezes que fiquei mal de verdade foi há alguns anos, depois de um show em Praga. A cerveja estava tão boa que não consegui resistir. E eu estava com Zakk, meu guitarrista, que é a companhia mais perigosa do mundo para um alcoólatra. O cara pode beber quantidades inacreditáveis. É uma máquina. Foi uma noite memorável. Depois de festejar pela cidade, voltamos para minha suíte no nono andar em um hotel chique e atacamos o minibar. Depois, lá pela uma da manhã, pensei numa coisa.

— Você sabe o que eu *nunca* fiz? — falei para Zakk.

— Deve ser uma lista muito curta, cara — ele respondeu.

— Sério, Zakk — falei. — Há uma coisa clássica no rock que nunca fiz, em todos esses anos.

— O quê?

— Jogar uma televisão pela janela de um hotel.

— Que merda, cara — ele disse. — É melhor resolvermos esse problema.

Então tiramos a televisão do gabinete e levamos até a janela, que começamos a abrir. Mas eles colocaram uma janela que só dá para abrir uns centímetros. Tivemos de bater na dobradiça com um peso de papel, até a coisa finalmente abrir o suficiente para passar uma TV de cinquenta polegadas.

E empurramos.

Whoooooosssssssssh!

Foi direto, passou pelo oitavo, pelo sétimo, pelo sexto, pelo quinto, pelo quarto andar...

— Aquele cara está fumando um cigarro? — perguntei a Zakk.

A TV continuou caindo.

— Não se preocupe — disse Zakk. — Ele está a quilômetros de distância.

BANG!

Dava para ver a coisa explodindo. Puta merda. Foi como uma bomba. O pobre cara fumando quase engoliu o cigarro, apesar de estar no outro lado da praça.

Quando nos cansamos de olhar o desastre, eu subi no gabinete onde antes estava a TV e fingi ler o jornal. O telefone tocou. Era o gerente do hotel.

— Posso falar com o Sr. Osbourne? — ele disse. — Houve um... incidente.

— Ele não está aqui — disse Zakk. — Está na TV.

No final, o gerente nos mudou para outro quarto — a janela ficou em péssimo estado — e, quando eu fui embora, acrescentaram um "item geral" à minha conta: trinta e oito mil dólares! Justificaram isso dizendo que o quarto teria de ficar fechado por um mês. O que era besteira. Cobraram outros dez mil do Zakk. E mais mil de bebidas do minibar.

Mas valeu a pena, de certa forma.

Quando paguei essa conta, percebi que não queria mais ser aquela pessoa. Chegou um ponto em que eu só pensava: O que você vai fazer, Ozzy? Vai continuar com um pé na cova, até terminar como outro dos roqueiros trágicos? Ou vai sair desse buraco de vez?

Eu cheguei ao fundo do poço, em outras palavras. Tinha demorado quatro décadas para chegar ali, mas finalmente alcancei esse ponto. Não gostava de nada na minha vida. Tinha medo de viver, mas tinha pavor de morrer.

O que é uma não existência, podem acreditar.

Então fiquei sóbrio.

Primeiro deixei os cigarros. As pessoas perguntavam: "Como você conseguiu fazer *isso*?", mas eu estava tão cansado de comprar esses adesivos, tirá-los, fumar um cigarro, colocá-los de volta, que pensei: *Foda-se* e parei de uma vez. Simplesmente não quis fumar mais.

Depois fiz o mesmo com a bebida. Depois de ter ficado sóbrio por um tempo, perguntei a Sharon:

— Posso beber alguma coisa agora?

Tudo que ela disse foi:

— Você é velho o suficiente para tomar suas próprias decisões.

— Mas eu nunca fui bom em tomar decisões — falei. — Sempre tomo as erradas.

— Bom, você *quer* beber, Ozzy? — ela perguntou.

Pela primeira vez na minha vida, a resposta honesta foi "não". Nos velhos tempos, sempre que eu parava de beber, costumava ficar pensando nos bons momentos que estava perdendo. Agora, tudo que penso é como esses bons momentos sempre — e realmente *sempre* — acabavam mal.

Não sei dizer quanto custa uma caneca de cerveja agora e não quero saber. O que é incrível, considerando quanto minha vida costumava girar ao redor de um pub. Simplesmente não estou mais interessado. Na outra semana, estava no Beverly Hills Hotel e encontrei Ronnie Wood, do Rolling Stones. Ele parecia ter tomado algumas. E eu pensei: Que merda, ele ainda está bebendo. Também me encontrei com Keith Richards recentemente, numa entrega de prêmios. "Como você está, Keith?", perguntei. Ele respondeu: "Oh, até que estou bem para uma lenda viva". Eu quase respondi: "*Viva?* Keith, nós somos dois mortos-vivos fodidos".

Muitos dos meus antigos companheiros de copo ainda bebem, na verdade. Mas estão chegando à idade em que simplesmente não vão mais conseguir lidar com os problemas. Um deles morreu há pouco tempo de cirrose. E todos foram para o pub depois do enterro. Estavam lá parados no balcão com suas roupas de velório, bebendo rum. "Vocês estão querendo se encontrar com ele?", perguntei.

Mas assim são as pessoas na Inglaterra — elas vão para o pub homenagear a vida de alguém que acabou de se matar porque ia muito ao pub. É uma cultura alcoólica. Quando eu era mais jovem, costumava pensar que o mundo todo estava bêbado. Depois, me mudei para os Estados Unidos e percebi que só a *Inglaterra* está bêbada.

Deixei as drogas também, no final. Tirando o remédio que tomo para meus tremores e os antidepressivos, sou um cara livre de drogas. Quando vou ao médico agora, a primeira coisa que digo é: "Olha, sou viciado, sou alcoólatra, então não ouça merda nenhuma do que eu disser". Tony vai comigo a todas as minhas consultas, também, para garantir.

As drogas que estou tomando agora não têm muitos efeitos colaterais — ao contrário das outras que conseguia com os antigos médicos que costumava frequentar. Apesar de que o antidepressivo mexeu bastante com meu desejo sexual. Eu consigo ter uma ereção, mas nada de ejaculação. Então termino bombando em cima da Sharon como uma furadeira a noite toda, mas nada acontece. Tentei Viagra, mas quando ele fez efeito Sharon já estava no sétimo sono. Então era eu e essa barraca armada na minha frente, assistindo ao History Channel.

Quando perguntei ao médico sobre essa situação, ele disse:

— Oh, você ainda faz *isso*?

— É a única porra de prazer que me sobrou! — contei.

Nunca senti a tentação de sair com garotas mais jovens, como alguns caras da minha idade fazem. Afinal, que merda eu teria para falar com uma garota de vinte anos? Sobre o mercado imobiliário? A situação no Afeganistão? Seria como conversar com uma criança.

Já devo estar sóbrio há quatro ou cinco anos. Não fico contando. Não sei exatamente em que data parei. Não é uma porra de uma corrida. Só levanto da cama a cada manhã e *não* bebo e *não* tomo drogas. Ainda evito essas reuniões de AA, no entanto. Para mim, parece que é uma substituição do vício em bebida pelo vício no programa. Não digo que seja inútil, porque pode ajudar muita gente. Mas a mudança deve vir *de mim*.

A terapia ajudou muito, apesar de eu não ter entendido bem como isso funcionava, no começo. Caí no mesmo erro que tinha cometido na reabilitação — achando que estaria curado. Mas falar sobre ele é só uma forma de aliviar um problema. Ajuda porque, se não falar sobre algo, isso fica na sua cabeça e no final você acaba ficando louco.

Tenho um padrinho, também: Billy Morrison, o guitarrista do Camp Freddy. Eu o conheci via AA. Se sinto vontade de fumar um baseado porque isso poderia me ajudar a escrever uma música ou algo assim, ligo para Billy. E isso me faz esquecer o pensamento. Ele vai dizer: "Um baseado vai fazer com que você se sinta bem nos dois primeiros minutos, mas no final do dia vai acabar engolindo uma garrafa de Scotch". É um bom sistema porque são os segredos e as mentiras que o levam a beber de novo.

Não poderia ser padrinho de ninguém, por outro lado. Tenho muitos problemas para confiar nas pessoas e, como falei, não vou às reuniões, então nunca completei os doze passos, como se deve. Não é a coisa de Deus que me afasta, porque não é preciso acreditar em Deus para fazer todo o programa. Você precisa aceitar que existe um poder superior — pode ser a lâmpada no canto do seu quarto, isso não importa para eles. Algumas pessoas usam a natureza, o oceano, o próprio pinto — o que vier à sua mente.

A questão de ficar sóbrio é importante porque, se eu escorregar agora, existe uma boa chance de morrer. A tolerância desaba muito quando você para. Um ou dois copos e eu estaria fodido. Então não saio muito quando não estou fazendo turnês. Não preciso: tenho minha esposa, tenho meus amigos, tenho meus cachorros — todos os dezessete — e tenho meus campos. E vocês deveriam ver nossa nova casa em Hidden Hills. É uma verdadeira mansão de estrela de rock. Quando estou deitado na cama, tudo que preciso fazer é apertar um botão e uma TV gigante de tela plana sobe do chão e fica balançando em cima da minha cabeça. E os banheiros — puta merda, gostaria que meu velho pai pudesse ter vivido o suficiente para ter usado um dos meus banheiros. Cresci tendo de mijar num penico porque não havia banheiro dentro de casa e agora tenho uma privada japonesa supertecnológica com assento aquecido e que lava e seca sua bunda com o toque de um botão. Mais uns dois anos e vou ter uma privada com um braço de robô que vai puxar meu cocô, assim não terei de fazer força.

Não é uma vida ruim, digamos.

E continuo bastante ocupado. Por exemplo, vou fazer outro teste de direção. Na verdade, eu dirijo há uns quarenta anos — mas nunca legalmente e, em geral, estava bêbado. Então é melhor fazer a coisa de forma correta, antes de bater as botas. Vejam, meu instrutor quer que eu aprenda num carro com dois volantes. Besteira. Falei para o cara: "Vamos fazer isso no meu Range Rover ou não vamos fazer". Mas depois da última aula que tivemos, não ficaria surpreso se ele aparecesse na semana que vem com um capacete. Ele acha que estou louco. Sempre que viro uma esquina, ele estremece como se eu fosse enfrentar um caminhão.

Acho que é compreensível, pelas loucuras que falaram de mim durante todos esses anos. "Ele arrancou a cabeça de um morcego." Certo. "Ele arrancou a cabeça de uma pomba." É justo. Mas não sou um assassino de criancinhas ou um adorador do demônio ou alguém que quer que seus fãs explodam a própria cabeça. Toda essa loucura me persegue. As pessoas aumentam as histórias, sabe? São como crianças na escola: uma delas diz: "Johnny cortou o dedo", mas quando isso chega ao outro lado do pátio, Johnny já perdeu a cabeça.

Hoje em dia, quando estou em casa, pinto enquanto ouço velhos discos dos Beatles no fone de ouvido. São apenas rabiscos. Não sou bom. Só faço padrões e fico mexendo, crio formas loucas em cores brilhantes — como a Pop Art dos anos 60. Isso me afasta de problemas. Oh, e coleciono memorabilia nazista. Tenho bandeiras, adagas da SS, casacos de couro, tudo — mas não tenho muitas chances de usar as suásticas, não com uma senhora com sangue judeu. Muitas das coisas que compro acabam indo para Lemmy, que gosta mais disso do que eu.

Vocês deveriam ver a casa dele. É como um museu.

Hoje em dia, passo muito mais tempo com minha família do que quando bebia. Aimee, Kelly e Jack estão indo bem. E vejo Jess e Louis o tempo todo agora. Os dois herdaram a inteligência de Thelma: Jess é uma perita em construções e Louis é formado em Direito. Os dois me deram quatro netos, que é algo muito louco. E ainda converso com minha irmã mais velha, Jean, todo domingo. "Algo para informar?", sempre pergunto. "Está tudo bem?"

As coisas estão bem com o Black Sabbath, mas no momento há uma disputa sobre quem é o dono do nome. Minha posição é que deveria ser igualmente de todos. Vamos ver o que acontece, mas espero que tudo se resolva, porque tenho muito respeito por Tony Iommi. Faz um tempo que não falo com Geezer — ele sempre está com o nariz enfiado num livro —, mas mantenho muito contato com Bill. Ele está sóbrio há vinte e cinco anos. E se você o conhecesse há um quarto de século, saberia que isso é um belo milagre.

Quanto a mim, só quero passar o resto dos meus dias sendo um roqueiro. Claro que não quero fazer mais televisão, exceto uns poucos comerciais de vez em quando, desde que sejam engraçados. Sabe, me acostumei com as pessoas não me entendendo, fiz uma carreira a partir desse problema. Eu até exagero um pouco porque é isso que as pessoas esperam de mim.

Acho que ainda tenho a ambição de conseguir chegar ao primeiro lugar das paradas com um disco nos Estados Unidos. Mas se isso não acontecer, não vou reclamar. Consegui fazer todo o resto que queria. Estou realmente muito grato pela *minha vida*, por estar aqui, por ainda conseguir aproveitar a vida que tenho.

Se não viver nem mais um dia, terá sido uma boa vida. A única coisa que peço é que, se eu terminar com morte cerebral em algum hospital por aí, desliguem os botões, por favor. Mas duvido que isso vá acontecer. Do jeito que me conheço, vou morrer de alguma forma estúpida. Vou escorregar na porta de casa e quebrar o pescoço. Ou vou me afogar com alguma pastilha para a garganta. Ou um pássaro vai cagar em mim e transmitir algum vírus estranho de outro planeta. Olhem o que aconteceu com o quadriciclo: eu tomava misturas letais de bebidas e drogas há décadas, mas foi passar por cima de um buraco no meu quintal a três quilômetros por hora que quase me matou.

Não me entendam mal: não fico preocupado com esse tipo de coisa o dia todo. Acredito que tudo na vida já está preestabelecido. Assim, sempre que alguma merda acontece, não há nada a fazer. Só seguir em frente. E, no final, a morte vai chegar, para todo mundo.

Eu falei para Sharon: "Não me creme, de jeito nenhum". Quero ser enterrado, num jardim bonito em algum lugar, com uma árvore plantada em cima da minha cabeça. Uma macieira, de preferência, para que as crianças possam fazer vinho e se embebedar.

Quanto ao que vão colocar na minha lápide, não tenho nenhuma dúvida.

Se fecho os olhos, consigo ler:

Ozzy Osbourne, nascido em 1948.
Morreu, tanto faz.
Ele arrancou a cabeça de um morcego.

Agradecimentos

Minha querida esposa, Sharon, que sempre me apoiou — eu te amo.

Meus maravilhosos filhos: Aimee, Kelly, Jack, Jessica e Louis.

Meus queridos netos: Isy, Harry, Mia e Elijah.

Colin e Mette Newman, não teria conseguido sem vocês.

Para meus irmãos e irmãs: Paul, Tony, Iris e Gillian, sem esquecer minha maravilhosa irmã mais velha, Jean — que sempre foi minha outra mãe, mais que irmã —, e, é claro, meus cunhados, Norman Russell e Tom, e meu sobrinho, Terry.

Minha mãe e meu pai, que tornaram tudo isso possível.

Gina e Dean Mazlin e seus filhos, Oliver e Amelia.

Meus grandes amigos Billy e Jen Morrison — que me ajudaram a reencontrar meu caminho.

Meus amigos de toda a vida no Black Sabbath: Bill Ward, que sempre me apoiou, Deus o abençoe sempre, Tony Iommi e Terence "Geezer" Butler.

Para minha equipe, que é parte da família: Michael Guarracino, sua esposa, Denny, e o filho, Jesse; John Fenton e sua esposa, Sandee; Kevin Thomson; Silvana Arena; Lynn Seager; Claire Smith; David e Sharon

Godman; Jude Alcala; Bob Troy; Saba; Dari; Trino; Steve e Melinda Varga, Lukey e a garota Scarley (quem disse isso?).

Um agradecimento especial a meu melhor amigo, Tony Dennis (muito bem, filho, venha tomar uma cerveja, seu pai tem um barco e sua mãe tem uma bicicleta).

Meus queridos amigos, Sra. Delores Rhoads; Pete Mertens, sua esposa, Danielle, e a filha, Phoebe; Gloria Butler e meu amigo e coprodutor Kevin Churk.

Antonia Hodgson, que me deixou louco tentando me convencer a escrever este livro.

Chris Ayres, meu coautor neste livro. Obrigado por organizar as histórias da minha vida em forma de livro. Não teria conseguido sem você.

Zakk e Barbaranne Wylde, meu afilhado Jesse, Haley-Rae e Hendrix Wylde.

Minha banda: Mike Bordin e família; Merilee, Abby e Violet; Blasko e sua esposa, Carol; Adam Wakeman e sua família.

E todos os meus anjos de quatro patas que cagam na minha casa todo dia.

Créditos fotográficos

Seção Um

Página 4: (no alto) © WireImage; (embaixo) © Michael Putland/Retna

Página 5: (em cima à esquerda) © Chris Walter/Photofeatures/Retna; (em cima à direita) © Chris Walter/WireImage; (embaixo) © Richard E. Aaron/Redferns/Getty Images

Página 6: (no alto) © Michael Putland/Retna UK; (embaixo) © Richard E. Aaron/Redferns/Getty Images

Página 8: (no alto) © Chris Talter/WireImage; (embaixo) © Jon Sievert/ Getty Images

Seção Dois

Página 9: (embaixo) © Preston/Retna UK

Página 10: (embaixo) © David McGough/Time & Life Pictures/Getty Images

Página 11: (no alto e embaixo) © London Features International

Página 13: (embaixo) © Lynn Goldsmith/Corbis

Página 14: (no alto) © London Features International

Página 15: (no alto) © Ron Galella/WireImage; (embaixo) © Rex Features

Seção Três

Página 17: (no alto) © Ann Clifford/Time & Life Pictures/Getty Images; (embaixo à esquerda e à direita) © David McGough/Time & Life Pictures/Getty Images

Página 18: (no alto) © Terry Smith/Time & Life Pictures/Getty Images; (embaixo) © David McGough/Time & Life Pictures/Getty Images

Página 19: (embaixo) © George Chin

Página 20: (no alto) © Joe Giron/Corbis; (embaixo) © Christina Radish/Redferns/Getty Images

Página 21: (no alto) © Mick Hutson/Redferns/Getty Images; (embaixo) © Christina Radish/Redferns/Getty Images

Página 23: (no alto e embaixo) © Mark Leialoha

Página 24: (no alto) © Rex Features; (embaixo) © Getty Images

Seção Quatro

Página 25: (no alto) © Vince Bucci/Stringer/Getty Images; (embaixo) © Albert L. Ortega/WireImage

Página 26: (no alto) © Getty Images; (embaixo) © George Chin

Página 27: (no alto) © George Chin

Página 28: (no alto à esquerda) © Rex Features; (no alto à direita e embaixo) © Frank Micelotta/Stringer/Getty Images

Página 29: (embaixo) © Advertising Archives

Página 30: (no alto à esquerda) © George Chin; (embaixo) © Getty Images

Página 31: (no meio) © Frank Micelotta/Stringer/Getty Images

EU SOU